비물질노동과 다중

 V 아우또노미아총서 07

비물질노동과 다중 Immaterial Labor & Multitude

지은이 질 들뢰즈·안또니오 네그리 외
옮긴이 서창현 외

펴낸이 조정환
책임운영 신은주
편집부 김정연
디자인 조문영
홍보 김하은

펴낸곳 도서출판 갈무리 등록일 1994. 3. 3. 등록번호 제17-0161호
초판 1쇄 2005년 6월 10일 초판 3쇄 2019년 11월 25일
종이 화인페이퍼 출력 경운출력 인쇄 중앙피엔엘·예원프린팅
라미네이팅 금성산업 제본 경문제책

주소 서울 마포구 동교로18길 9-13 [서교동 464-56] 2층
전화 02-325-1485 팩스 02-325-1407
website http://galmuri.co.kr e-mail galmuri94@gmail.com

ISBN 978-89-86114-79-8 04300 / 978-89-6195-003-9(세트)
도서분류 1. 사회과학 2. 정치학 3. 사회학 4. 철학 5. 경제학 6. 사회운동

값 21,000원

이 도서의 국립중앙도서관 출판시도서목록(CIP)은 서지정보유통지원시스템 홈페이지(http://seoji.nl.go.kr)와 국가자료공동목록시스템(http://www.nl.go.kr/kolisnet)에서 이용하실 수 있습니다. (CIP제어번호 : CIP2005001009)

비물질노동과 다중

정보사회, 탈산업사회, 주목경제,
포스트포드주의란 무엇인가?
에 대한 자율주의의 응답

Immaterial Labor & Multitude

기획 자율평론
저자 질 들뢰즈 안또니오 네그리
　　 마우리찌오 랏짜랏또 빠올로 비르노
　　 마이클 하트 조정환 정남영 승준
역자 서창현 김상운 자율평론번역모임

갈무리

차례

서문 | 11

1부 정동과 비물질노동

정동이란 무엇인가? 질 들뢰즈_서창현 옮김

뱅센느대학 강의_1978년 1월 24일 | 21

뱅센느대학 강의_1980년 12월 12일 | 68

뱅센느대학 강의_1981년 1월 20일 | 72

    블레이흔베르흐:합성과 관계들의 해체 | 72

    본질의 순수한 순간성 | 79

    본질의 귀속 영역 | 83

    정서는 정동을 봉인한다 | 84

    지속은 이행, 살아 있는 이행이다 | 85

    정동, 힘의 증대와 감소 | 89

    모든 정서는 순간적이다 | 91

    영원한 본질, 능력(puissance)의 정도 | 108

    무한에 관해 메이어에게 보내는 편지 | 110

    어떻게 합리적으로 되는가? | 114

    나는 무엇을 할 수 있는가? | 118

뱅센느대학 강의_1981년 3월 24일 | 122

정동적 노동 마이클 하트_자율평론 번역모임 옮김 | 139
탈근대화 | 141
비물질노동 | 145
삶능력(Biopower) | 153

가치와 정동 안또니오 네그리_자율평론 번역모임 옮김 | 159
해체 | 163
구성 | 169
정치경제학으로 돌아가기 | 174
다시 한번 분석을 시작하기 | 177

2부   지성과 비물질노동

비물질노동 마우리찌오 랏짜라또_조정환 옮김 | 181
재구조화된 노동자 | 183
고전적 정의 속에서의 "비물질노동" | 188
비물질노동의 생산적 상승작용들의 자율성 | 190

비물질적 생산의 순환 | 193
대규모 산업 및 서비스들 | 194
미적 모델 | 199
비물질노동 순환의 특유한 차이들 | 201
창조와 지적 노동 | 204

"일반지성"에 관하여   빠올로 비르노_조정환 옮김 | 207

유럽의 문화적 전통과 지식 생산 및 유통의 새로운 형식들
마우리찌오 랏짜라또_서창현 옮김 | 221

자본―노동에서 자본―삶으로   마우리찌오 랏짜라또_서창현 옮김 | 239
요약 | 240
서문 | 241
소통/소비 | 243
"가능한 것들"의 생산 | 251
노동자―단자의 자율과 책임 | 254
금융과 표현의 기계들 | 258
공장 없는 회사와 지성들 사이의 협력 | 262

지성들 사이의 협력의 생산물:공통재 | 267
자본주의와 삶의 비천한 길들 | 270
현대 자본주의의 반생산적 기능들 | 276
자본-노동 관계에서 자본-삶의 관계로 | 278
지성들 사이의 협력의 양식 | 281

비물질노동과 주체성　마우리찌오 랏짜라또 · 안또니오 네그리_김상운 옮김
비물질노동의 헤게모니로 | 287
'대중의 지성'과 새로운 주체성 | 291
새로운 노동규정에 대한 철학적 반향들 | 298
새로운 적대:탈산업사회 속에서 구성 대안들 | 301
지식인, 권력 그리고 소통 | 304

3부 비물질노동과 다중

비물질노동과 새로운 주체성의 출현　승준
비물질노동을 둘러싼 쟁점 | 311
비물질노동 개념의 다층적 차원 | 323
맑스와 비물질노동 | 329

오늘날의 코뮤니즘의 의미 | 336

현대 자본주의와 미적 생산　정남영

들어가며 | 341

자본주의의 새로운 단계의 특징들 | 344

자본주의적 주체성과 전복적 창조적 주체성 | 348

미적 생산의 핵심 원리로서의 재특이화 | 351

언어에서의 특이성 생성의 사례 | 357

맺으며 | 360

비물질노동과 시간의 재구성　조정환

맑스주의와 시간 | 363

공장노동, 형식적 포섭, 그리고 시간의 공간화 | 365

실제적 포섭에서 시간의 공간화 | 370

비물질노동, 가상실효적 포섭, 그리고 시간의 초시간화 | 373

비물질노동, 삶시간, 그리고 구성 | 377

참고문헌 | 381

찾아보기 | 387

일러두기

1. 인명이나 지명, 그리고 작품명은 될 수 있는 한 「외래어 표기법」(문교부 고시 제85-11호, 1986년 1월 7일)과 이에 근거한 『편수자료』(1987년, 국어연구소 편)를 참조해 표기했으나 주로 원어에 가깝게 표기하는 것을 원칙으로 삼았다. 단, '이탈리아'나 '벤야민'처럼 이미 굳어진 경우에는 가급적 관행을 따랐다.

2. 본문에 들어 있는 [ ] 안의 내용은 옮긴이가 읽는 이의 이해를 돕기 위해 덧붙인 것이다.

3. 원래 영역본과 불역본에서는 본문에 간단하게 표기되었을 뿐인 주석의 경우 여기에서는 각주로 처리하였는데, 맨 앞의 것은 불역본을, [ ] 안의 것은 영역본을 가리킨다. 또 옮긴이 주가 필요한 경우에는 그 옆이나 문단을 바꿔 "[옮긴이]"라고 표기했다. 한편 저자가 인용하는 저작 중 한국어판이 있는 경우나 인용문에서 영역본과 불역본의 차이가 두드러진 경우 무엇을 기준으로 삼을 것인지를 각각의 상황에 따라 판단하였고 이를 "옮긴이 주"에서 설명했다.

4. 용어의 미묘한 차이 및 번역어 선택의 이유 등에 관해서는 해당하는 내용이 있는 쪽수에 "[옮긴이]"를 명기하고 설명했다.

5. 단행본, 전집, 정기간행물, 영상·음반·공연물에는 겹낫표(『 』)를, 논문·논설·기고문·단편 등에는 홑낫표(「 」)를, 단체명은 고딕으로 표기했다.

서문

　이 책에서 우리는 탈근대성을 '비물질노동'의 개념을 통해 이해하려고 한다. 제국과 다중은 종종 마주보고 달리는 두 열차처럼 오해되곤 했다. 이 책에서 우리는 비물질적 노동의 헤게모니하에서 이루어지는 노동과정의 탈근대적 재구성 과정이 제국 및 다중과 맺고 있는 복합적 관계를 해명하려고 한다. 이 시도는 불가피하게 기존의 두 가지 통념에 대해 비판적 거리를 취하지 않을 수 없다. 첫째로, 비물질노동 개념은 가치법칙으로 설명할 수 없는 노동형태의 출현을 시사하며 가치 관념 그 자체의 전환을 예시하는 것이다. 그러므로 이것은 가치법칙의 운명과 맑스주의의 운명을 동일시하려는 20세기의 주류 맑스주의 전통들의 통념과 충돌한다. 정당이나 대학의 현실주의적 요청에 따라 오랜 시간에 걸쳐 '정치경제학화'한 결과, 철학 비판이자 정치학 비판으로, 그리고 무엇보다도 정치경제학 비판으로 정립된 맑스의 비판적 영혼을 묻어버린 이 전통적 관점으로부터의 분리 없이 맑스주의의 혁신은 불가능하다. 둘째로, 비물질노동 개념은 탈근대에 노동이 수행하는 근본적 역할을 탐구한다. 따라서 이것은 노동의 종말 혹은 역사의 종말이라는 입장에서 맑스주의 일반의 시효상실을 주장하는 탈근대주의적 통념과 충돌한다. 오늘날 탈근대주의는 지구제국의 환타지적 요청에 따라 시간과 역사를 신비화하면서 명령으로서의 가치를 정당화하는 것에 복무한다. 이 탈근대적 신비주의의 동력학의 규명과 그것으로부터의 탈출 없이는 '무엇을 할 것인가?'의 문제에 접근조차 할 수 없는 것이 우리가 처한 현실이다.

'비물질노동'에 대한 논의의 역사는 오래 되었다. '비물질적 생산'에 대한 맑스의 분석을 제외하더라도, 실제로는 1950년대의 탈산업사회 논쟁부터 이 문제가 토론되어 온 셈이기 때문이다. 하지만 '비물질노동'이라는 개념으로 새로운 노동형태를 설명하려는 시도는 그렇게 오래되지 않았다. 구체적으로 그것은 1980년대 이후 이탈리아 자율주의 운동의 이론적 발전 맥락 속에서 실험적으로 논의되어 왔다. 이 책의 편집체제 속에서 우리는 그간 지식(knowledge)과 정보(information)와 소통(communication) 활동을 중심으로 논의되어 온 비물질노동에 대한 논의구조를 정동(affect)을 중심으로 재편성할 필요가 있음을 암시했다. 역사적 실천과정에서 정보매체운동과 페미니즘운동의 긴장으로 나타났던 이 긴장은 일반지성인가 대중지성인가를 둘러싼 논의 속에서 부분적으로 표현되어 왔던 것이다. 이 긴장 속에서 우리가 정동에 좀더 강조점을 두려고 하는 것은 상대적으로 이 측면이 소홀히 되어 왔다는 점 외에도 오히려 정동이 지식, 정보, 소통, 정감 등을 아우르는 깊이의 층위를 보여줄 수 있지 않을까 하는 생각에서이다.

1부의 첫머리에 정동에 관한 질 들뢰즈의 연속강의를 배치한 것은 이러한 생각과 무관하지 않다. 이 강의는 비물질노동의 핵심주제인 '정동'이 무엇인가를 철학적 맥락에서 구체적이면서 알기 쉽게 설명해 준다. 이에 이어지는 마이클 하트의 글은 여성노동으로부터 삶정치적이고 해방적인 힘을 읽어내면서 정동적 노동의 의미를 설명하며 안또니오 네그리의 글은 정동의 문제에서 전통적 가치론이 직면하는 한계를 분석한다.

2부에서는 마우리찌오 랏짜라또와 빠올로 비르노의 글을 배치했다. 여기에서 우리는 맑스의 『정치경제학 비판 요강』의 재독해를 통해 탈근대사회를 이해하려는 이탈리아 자율주의 운동의 이론적 고투를 읽어볼 수 있다. 일반지성이라는 맑스 개념의 재해석으로부터 현대 생산의 새로운 특질과 새로운 주체성의 잠재력을 탐구하려는 노력 속에서 지적 생산의 문제는 초미의 화두가 된다. 하지만 1부와 2부를 양자택일적 선택의 문제로 읽기보다 상호보완적인 것으로 읽도록 권하고 싶다. 왜냐하면 2부의 마지막 줄인 「자본-노동에서 자본-삶으로」(마우리찌오 랏짜라또)에서 우리는 이 두 경향의 내밀한 접근을 읽을 수 있기 때문이다.

3부에는 새로운 주체성, 미적 생산, 시간의 재구성의 문제를 실마리로 비물질노동 개념을 발전시켜 보려는 우리 나름의 이론적 개입을 담았다. 승준의 글은 객관주의에 의해 침윤된 전통적 맑스주의 관점들이 비물질노동 개념을 이해할 수 없게 되는 이론적 메커니즘을 드러내면서 비물질노동 개념이 맑스의 정치경제학 비판 담론과 맺는 연관성을 밝히는 한편, 비물질노동이 코뮤니즘적 주체성의 잠재력임을 규명한다. 정남영의 글은 '전례 없는 존재의 질을 생성하는 것'이며 '모든 것이 처음부터 시작되는 원리'로서의 '재특이화'를 미적 생산의 핵심 원리로 제기한다. 조정환의 글은 힘으로서의 시간에 대한 이중의 부정 — 시간의 공간화(사물화)와 시간의 초시간화(신비화) — 을 비판하면서, 새로운 시작을 부단히 가능케 하는 영원의 화살로서의 '때(時)'에 기초한 구성의 시간을 제안한다.

　이 책의 키워드 중의 하나는 '정동'(情動)이라는 용어이다. 우리는 이것을 라틴어 affectus, 영어와 불어의 affect에 상응하는 말로 사용했다. 네그리·하트와 들뢰즈·가따리의 저작에서 주요하게 사용되어 온 이 용어는 '변양'(『천 개의 고원』), '정서'(『제국』), '감화'(『시네마·1』), '정감'(『영화·1』), '감응'(『질 들뢰즈』) 등 여러 용어로 번역되어 왔다. 이런 가운데 '정동'이라는 용어를 더하는 것이 혼란을 부채질하는 것일 수도 있겠다. 하지만 우리는 이 가중되는 해석상의 혼란을 전진을 위한 디딤돌로 만들고 싶다. 우리가 주로 정신분석학이나 심리학에서 사용되는 '정동'이라는 다소 거친 용어를 선택하는 이유는 잠재성의 술어인 affectus=affect와 현실성의 술어인 affectio=affection을 엄격히 구분하지 않고는 스피노자, 니체, 베르그송, 들뢰즈, 네그리 등에 의해 발전되어온 잠재성(virtuality)의 사유를 온전히 이해할 수 없고 또 새로운 개념창조에 커다란 어려움을 겪게 된다는 판단 때문이다. 게다가 affect-affection은 percept-perception과 act-

action을 연결하는 존재론적 의미망 속에서 파악되지 않으면 안 된다. 우리는 무엇보다도 '정동'을 '비재현적 사유양식'으로, '확장적인 행동의 힘', '자유의, 존재론적 개방의, 전 방위적 확산의 힘'으로 이해한다. 이에 비추어보면 지금까지 affect에 해당하는 용어로 선택되어 온 대부분의 용어들은 affect의 현실화의 형태인 affection에 더 가까운 뜻을 갖는 술어들이다. 그래서 우리는 가급적이면 다음과 같은 용어표에 따라 용어를 사용하려고 노력했다.

	외부로부터	내면성의 장	외부로
현실성	perception	affection	action
	지각	정서, 감정, 감응	행위
잠재성	percept	affect	act
	감지	정동	행동

또 하나의 문제적인 용어는 영어 power이다. 불어에서 그것은 pouvoir/puissance로 분화되어 사용된다. 다양한 생각들을 담고 있는 책에서 용어를 통일하는 것은 어려우며 또 반드시 좋은 것도 아니다. 우리는 power 역시 affect의 경우에서처럼 최소한 현실성과 잠재성이라는 두 개의 차원을 가진다고 생각한다. 이 책에서 우리는 이 두 차원을, 문맥이 허용하는 한에서, 철학적 맥락에서는 힘(pouvoir)/능력(puissance)이라는 용어쌍으로 정치학적 혹은 정치경제학적 맥락에서는 권력/능력, 혹은 권력/활력의 용어쌍으로 구분하려고 노력했다. 이 구분이 큰 의미를 갖지 않는 맥락에서는 단순히 '힘'으로 표현한 경우가 많다.

마지막으로 이 책에서 virtual/virtuality는 많은 경우에 actual/actuality와 대비되는 철학적 맥락에서 사용되었다. 이 때 우리는 그것을 잠재적/잠재성으로 표현했다. 하지만 우리말 '잠재'는 virtual의 넓은 의미를 모두 다 포괄하지는 못한다. 그래서 때로 우리는 가상실효적/가상실효성이라는 표현을 사용했는데, 이 때는 virtual/virtuality가 자본 및 권력의 기능 혹은 그 테크놀로지로 포섭되어 나타날 때이다.

이 책을 준비하기 시작한 것은 2004년초 제2회 맑스코뮤날레를 위한 주관단체 주제를 정하면서부터이다. 우리는 〈비물질노동과 다중〉이라는 주제를 제출한 후 수개월 동안 이 주제에 대한 이해를 심화시키기 위한 독서모임을 가졌다. 『자율평론』 편집모임은 *Multitude*(M. Hardt & A. Negri), 『들뢰즈 사상의 진화』(마이클 하트), 『혁명의 시간』(안또니오 네그리), 『다중』(빠올로 비르노) 등에 대한 공부를 진행했고 『자율평론』 번역모임은 관련 글들을 번역했다. 이에 기초하여 2005년 1월부터 3주에 걸쳐 세 사람의 발표자들이 각자의 발표주제를 가지고 〈다중네트워크센터〉에서 대중강의를 열었다. 이 강의와 토론, 그리고 2005년 2월의 맑스코뮤날레 워크샵은 우리의 생각을 정리하고 문제의식을 심화시킬 좋은 기회를 제공해 주었는데 이것이 이 책의 3부를 이루었다. 3월부터 우리는 '『비물질노동과 다중』 단행본 발간을 위한 준비모임'을 만들어 게릴라 세미나를 진행하면서 1부와 2부에 필요한 번역글들을 다시 한번 집단적으로 검토하여 수정하고 새롭게 번역할 필요가 있는 글들을 번역하고 다듬었다.

그러므로 이 책은 약 2년여에 걸쳐 〈자율평론〉과 〈다중네트워크센터)에서 함께 활동한 사람들의 지적 정서적 실천적 네트워크의 산물이다. 특별히 서창현은 『비물질노동과 다중』 발간을 위한 게릴라 세미나에서 김문갑, 김원태, 방혜신, 이승철, 최윤식 등과 더불어 새로운 자료를 집중적으로 번역하고 수정하는 데 많은 애를 썼다. 김상운은 「정동이란 무엇인가?」 1980~81년 강의분 붙어본 번역초고를 제공해 주었고 「비물질노동과 주체성」 번역 작업을 기꺼이 맡아 주었다. 이종호는 맑스코뮤날레 총무단의 자율평론 파견자로서 이 기획의 실현을 위해 많은 노력을 기울였다.

이외에 이 책의 형성에 참가했던 여러 사람들이 있다.

지난 시간에 함께 진행한 세미나와 강좌에서 이 책의 주제를 함께 토론했던 김병만, 김조영혜, 김주환, 노시현, 보쳉, 아사바 유끼, 안보경, 윤영광, 은국, 전경남, 최미정, 최소연, 표광소, 허혜경, 홍철기, 그리고 비물질노동과 다중 개념의 형성에서 질 들뢰즈의 미학적 철학적 기여를 밝혀 온 들뢰즈 미학 세미나와 들뢰즈 중기철학 세미나의 김미정, 박서현, 박필현, 방민호, 백소연, 신은주, 신현호, 이충희, 조슬기, 조영실, 채희숙, 또 아감벤의 삶정치 개념을 하트·네그리의 삶정치 개념과 비교할 수 있도록 도와준 아감벤 세미나의 김희진, 복도훈, 이재원, 비물질노동 개념의 맑스적 기원을 밝히는 데 도움을 준 『자본론』 세미나와 탈근대맑스주의 세미나의 강서진, 문병호, 장수용, 진성철, 오정민, 최정은, 최해수, 「정동적 노동」의 초기번역을 맡았던 이택진 및 여기에 실린 글들에 대한 다른 번역본을 제공하여 우리의 이해와 작업을 도운 여러 협력하는 정신들, 그리고 갈무리 출판사 대표 장민성 등 여러 사람들과 출간의 기쁨을 함께 나누고 싶다.

아울러 〈자율평론〉과 〈다중네트워크센터〉의 활동에 변함없는 관심을 기울여 주고 있는 오영건, 프랑스에서 전개되고 있는 자율적 사상의 동향을 구체적으로 알려주고 있는 유학생 양창렬, 그리고 폴란드 홈리스갤러리 운동에 관한 소중한 정보를 제공해 준 미국의 소수자 화가 이윤홍에게도 고마움을 전한다.

25년 전 광주, 그 코뮨의 시간을 생각하며
2005년 5월 18일
자율평론
대표집필 조정환

1부

정동과 비물질노동

정동이란 무엇인가?
질 들뢰즈 _ 서창현 옮김

정동적 노동
마이클 하트 _ 자율평론 번역모임 옮김

가치와 정동
안또니오 네그리 _ 자율평론 번역모임 옮김

정동이란 무엇인가?*

질 들뢰즈 | 서창현 옮김

뱅센느대학 강의_1978년 1월 24일

오늘 우리는 연속적인 변이에 대한 우리의 공부를 멈추고, 일시적으로 한 학기 동안, 매우 엄밀한 요점에 대해 다루고 있는 철학사로 돌아가 볼까 합니다. 이것은 하나의 휴지(休止) 같은 것으로 여러분들의 요청에 따른 것입니다. 이 매우 엄밀한 요점이란 다음 내용과 관계됩니다. 스피노자에게서 관념이란 무엇이고 정동이란 무엇인가?

---

* 스피노자의 정동 개념에 대한 강의록 영어본에는 1981년 1월 20일 강의 일부(「무한에 관해 메이어에게 보내는 편지」 ~ 「나는 무엇을 할 수 있는가」)가 빠져 있다. 이 부분은 불어본(한글번역: 김상운)으로 보충했다. Gilles Deleuze, "Lecture Transcripts on Spinoza's Concept of Affect". http://www.webdeleuze.com/php/sommaire.html

스피노자에게서 관념과 정동. 여러분의 요청에 따라 우리는 또한 3월 동안 짬을 내어 칸트에게서 종합의 문제와 시간의 문제에 대해 고찰해 볼 것입니다.

내가 볼 때 이것은 역사로의 회귀에 대한 흥미로운 효과를 낳습니다. 나는 그냥 여러분이 이 철학 소사(小史)를 간단히 역사로 받아들였으면 합니다. 무엇보다도 철학자는 개념들을 발명하는 사람일 뿐만 아니라, 또한 어쩌면 지각의 방식들을 발명하기도 합니다. 나는 대부분 일람표(enumeration)를 가지고 진행할 것입니다. 나는 주로 용어에 대해 언급하면서 시작할 것입니다. 나는 그 [철학사의] 방이 상대적으로 복잡하다고 생각합니다. 나는 철학사가 우리에게 이야기해 주고 있는 모든 철학자들 중에서 스피노자가 매우 예외적인 위치에 놓여 있다고 생각합니다. 자신의 책에 빠져 드는 사람을 다루는 그의 방식은 따를 자가 없습니다.

여러분이 그를 읽었건 안 읽었건 그것은 거의 문제가 되지 않습니다. 왜냐하면 제가 한 편의 이야기를 해 드릴 테니까요. 몇 가지 용어상의 주의사항들에서부터 시작합니다. 『에티카』라 불리며 라틴어로 씌어진, 스피노자의 주요한 책에는 두 개의 단어가 나옵니다. affectio[정서]와 affectus[정동]가 그것입니다. 어떤 번역가들은, 참 이상한 노릇인데, 이 둘을 똑같이 번역합니다. 이것은 불행한 일입니다. 그들은 affectio와 affectus라는 두 용어를 [모두] "affection"으로 번역합니다. 내가 이것을 불행하다고 하는 것은 다음과 같은 이유에서입니다. 어떤 철학자가 두 개의 단어를 쓸 때에는 원칙적으로 그럴 만한 [충분한] 이유를 갖고 있기 때문에 그러는 것입니다. 특히 프랑스어는

affectio와 affectus에 엄밀하게 대응하는 두 개의 단어를 가지고 있습니다. 다시 말해 affectio에는 "affection"[정서]이, affectus에는 "affect"[정동]가 대응합니다. 일부 번역가들은 affectio를 정서(affection)로, affectus를 감정(sentiment)으로 번역합니다. 이것은 이 둘을 똑같은 단어로 번역하는 것보다는 낫지만, 프랑스어가 "affect"라는 단어를 가지고 있기 때문에 "sentiment"라는 단어에 의지할 필요는 없을 것 같습니다. 따라서 내가 affect(정동)를 사용할 때는, 그것은 스피노자의 affectus를 가리키는 것이고, affection(정서)이라는 단어를 말할 때에는 affectio를 가리키는 것입니다.

첫 번째 요점 : 관념이란 무엇인가? 우리가 실로 스피노자의 가장 단순한 명제들을 이해하기 위해서, 관념은 무엇이어야만 하는가? 이 요점과 관련해서 스피노자가 처음은 아닙니다. 스피노자는 모든 사람이 그것을 늘 받아들여 왔다는 의미에서 "관념"(idea)이라는 단어를 받아들이고자 합니다. 모든 사람이 철학사에서 늘 그것을 받아들여 왔다는 의미에서 관념이라 불리는 것은 무언가를 재현하는[표상하는] 사유의 양식입니다. [이것은] 사유의 재현적인 양식입니다. 예를 들어, 삼각형의 관념은 삼각형을 재현하는 사유양식입니다. 아직도 용어상의 관점에서 볼 때, 중세시대 이래로 관념의 이러한 측면이 그것[관념]의 "객관적 실재"로 불려 왔다는 점을 아는 것이 매우 유용합니다. 17세기와 그 이전의 텍스트들에서 관념의 객관적 실재를 마주치게 된다면 이것은 언제나 무언가의 재현으로서 상상된 관념을 의미합니다. 관념은 그것이 무언가를 재현하는 한, 하나의 객관적 실재를 갖는다고 합니다. 그것은 관념과, 그리고 그 관념이 재현하는

대상과의 관계입니다. 따라서 우리는 매우 단순한 것에서 시작합니다. 즉 관념이란 그것의 재현적 특징에 의해 규정된 사유양식이라는 것입니다. 이것은 이미 관념과 정동을 구별하기 위한 첫 번째 출발점을 제공해 줍니다. 왜냐하면 우리는 어떤 것도 재현하지 않는 사유양식을 일컬어 정동이라고 하기 때문입니다. 그렇다면 이와 같은 것이 의미하는 바는 무엇일까요? 사람들이 정동 혹은 감정(feeling)으로 부르는 것들, 예컨대, 어떤 희망, 어떤 고통, 어떤 사랑을 아무렇게나[임의로] 들어 보지요. 이것들은 재현적이지 않습니다. 분명 사랑을 받는 것이라는 관념은 존재합니다. 희망하는 어떤 것이라는 관념이 존재합니다. 그렇지만 희망 그 자체나 사랑 그 자체는 아무 것도, 정말로 아무 것도 재현하지 않습니다.

비재현적인 모든 사유양식은 정동이라고 불릴 것입니다. 어떤 의지력(volition), 어떤 의지는 엄밀히 말한다면 무엇을 의지하는 것이며, 내가 의지하는 것은 재현의 대상이고, 내가 의지하는 것은 하나의 관념 속에 주어져 있습니다. 하지만 의지한다는 사실이 관념은 아닙니다. 그것은 비재현적 사유양식이기 때문에 정동입니다. 사태는 이러합니다. [전혀] 복잡하지 않습니다.

스피노자는 이것으로 정동에 대한 관념의 선차성을 직접적으로 판단합니다. 그리고 이것은 17세기 전반에 걸쳐 공통적입니다. 그래서 우리는 스피노자에게[만] 특유한 것 속으로 아직 들어가지 않았습니다. 다음과 같은 매우 단순한 이유로 인해 정동에 대한 관념의 선차성이 존재합니다. 사랑하기 위해서는 [내가] 사랑할 것에 대한 관념 – 그것이 아무리 혼란스럽다 할지라도, 그것이 아무리 비결정적이라

할지라도 — 을 갖는 것이 필요하다는 이유 말입니다.

의지하기 위해서는 의지되고 있는 것에 대한 관념 — 그것이 아무리 혼란스럽거나 비결정적이라 할지라도 — 을 갖는 것이 필요합니다. 누군가 자신이 무엇을 느끼는지를 모른다고 말할 때조차, 대상에 대한 재현 — 그것이 혼란스럽다 할지라도 — 이 존재합니다. 혼란스러운 관념이 존재합니다. 따라서 정동에 대한 관념의 선차성 — 이것은 시간의 순서에 따르면서 동시에 논리적입니다 — 이 존재합니다. 이것은 비재현적 사유양식들에 대한 재현적 사유양식들의 선차성을 말하는 것입니다. 만일 독자가 환원을 통해 이러한 논리적 선차성을 변형하게 된다면 그것은 굉장히 불행한 의미 역전이 될 것입니다. 정동이 관념을 전제한다는 것은 무엇보다도 그것이 관념이나 혹은 관념들의 어떤 결합으로 환원된다는 것을 의미하지 않습니다. 우리는 다음과 같은 요점, 즉 관념과 정동이 본성상 차이가 나는, 하나가 다른 하나로 환원될 수 없지만 정동이 관념 — 그것이 아무리 혼란스럽다 할지라도 — 을 전제하는 것과 같은 관계 속에서 단순히 선택되는, 두 종류의 사유양식들이라는 점에서 시작해야 합니다. 이것이 첫 번째 요점입니다.

이제 두 번째의 요점입니다. 이것은 관념-정동 관계를 드러내는 덜 표면적인 방식입니다. 여러분은 우리가 관념의 매우 단순한 특징에서 출발했던 것을 기억할 겁니다. 관념은 그것이 재현적인 한 하나의 사유이며, 재현적인 한 하나의 사유방식입니다. 그리고 이러한 의미에서 우리는 관념의 객관적 실재에 대해 이야기할 것입니다. 하지만 관념은 객관적 실재를 가질 뿐만 아니라, 신성한 용어법을 따른다면,

형식적 실재를 갖습니다. 관념의 형식적 실재란 무엇일까요? 관념이 무언가를 재현하는 한에서 객관적 실재가 관념의 실재라고 말한다면, 우리는 관념의 형식적 실재란 ― 하지만 어떤 시점에서 그것은 훨씬 더 복잡하게 되고 훨씬 더 흥미롭게 됩니다 ― 관념이 그 스스로 무언가인 한에서 관념의 실재라고 말할 것입니다.

삼각형이라는 관념의 객관적 실재는 그것이 삼각형을 사물로서 재현하는 핸[삼각형 그 자체를 재현하는 핸] 삼각형의 관념입니다. 더욱이 그것이 무언가인 한 나는 이 사물에 대한 관념을 형성할 수 있고, 언제나 그 관념에 대한 관념을 형성할 수 있습니다. 그러므로 나는 다음과 같이 말하겠습니다. 모든 관념은 무언가이다. 모든 관념이 무언가의 관념이라고 말하는 것은 모든 관념이 객관적 실재를 가지고 있다고, 그것이 무언가를 재현한다고 말하는 것이다. 또한 다음과 같이 말하겠습니다. 관념은 그것이 하나의 관념인 한에 있어서 그 자체로 무언가이기 때문에 하나의 형식적 실재를 갖는다.

이것이 의미하는 것은 무엇일까요? 관념의 형식적 실재란 무엇일까요? 우리는 지금 단계에서 훨씬 더 앞으로 나아갈 수 없을 것입니다. 우리는 이것을 [잠시] 제쳐두어야만 할 것입니다. 단지 다음과 같은 점을 덧붙이는 것이 필요합니다. 관념의 이 형식적 실재는 스피노자가 매우 자주, 관념이 그 자체로 가지고 있는 일정 정도의 실재 혹은 완전성(perfection)이라고 칭한 어떤 것일 것이다. 그 자체로 모든 관념은 일정 정도의 실재 혹은 완전성을 가지고 있습니다. 의심할 바 없이 실재나 완전성의 이 정도는 그것이 재현하는 대상과 연결되어 있습니다. 하지만 그것은 그 대상과 혼동되어서는 안 됩니다. 다시 말해 관념의 형식적 실재 – 관념이 [바로 그것인] 사물 혹은 그것이 원래 소유하고 있는 실재나 완전성의 정도 – 는 그것의 내적인 특징입니다. 관념의 객관적 실재 – 자기가 재현하는 대상에 대해 관념이 갖는 관계 – 는 그것[관념]의 내적인 특징입니다. 외적인 특징과 내적인 특징은 근본적으로 연결되어 있을 수 있지만, 그것들이 동일한 것은 아닙니다. 신의 관념과 개구리의 관념은 서로 다른 객관적 실재들을 갖습니다. 즉 그것들은 동일한 것을 재현하지 않습니다. 하지만 그것들은 동일한 내적 실재를 갖지 않음과 동시에, 동일한 형식적 실재도 갖지 않습니다. 다시 말해 그것들 중의 하나는 – 여러분은 이것을 매우 잘 이해하고 있습니다 – 다른 것보다 무한히 더 큰 실재의 정도를 갖습니다. 신이라는 관념은 하나의 형식적 실재, 즉 유한한 사물의 관념인 개구리의 관념보다 무한히 더 큰 실재 혹은 더 큰 내적인 완전성의 정도를 갖고 있습니다. 여러분이 이와 같은 것을 이해했다면 여러분은 거의 모든 것을 이해한 것입니다. 따라서 관념의 형식적 실재가 있습니다. 이것은 관념이 그 자체로 무언가임을 말하는 것입니다. 이 형식적 실재는 그것의 내적인 특징이자 그것이 스스로 안에 봉인하고 있는 실재 혹은 완전성의 정도입니다.

이제 막 내가 관념에 대해 그것의 객관적 실재로서 혹은 그것의 재현적 특징으로서 규정했을 때, 나는 정동이 정확히 아무런 재현적 특징을 갖지 않는 사유양식이라고 말함으로써, 관념을 직접적으로 정동에 대립시켰습니다. 이제 관념을 다음과 같이 규정하고자 합니다. 모든 관념은 무언가이며, 그것은 무언가의 관념일 뿐만 아니라 또한 무언가이다. 이것은 그것이 그것에 고유한(proper) 실재의 정도를 갖고 있다고 말하는 것입니다. 따라서 이 두 번째 단계에서 나는 관념과 정동 사이의 근본적인 차이를 발견해야 합니다. 삶 속에서는 구체적으로 무엇이 발생할까요? 두 가지 일들이 발생합니다. 그리고 여기에서 스피노자가 어떻게 기하학적 방법을 채택하는가 하는 것은 흥미롭습니다. 알다시피 『에티카』는 명제들, 증명들 등등의 형태로 제시되고 있습니다만, 그와 동시에 그것이 더 수학적이면 그럴수록 대단히 더 구체적입니다.

내가 말하고 있는 모든 것, 그리고 관념과 정동에 대한 이러한 모든 논평들은 『에티카』의 제2부 및 제3부와 관계됩니다. 2부와 3부에서 스피노자는 우리에게 우리의 삶에 대한 일종의 기하학적 초상화를 그려 보여줍니다. 저에게는 이것이 정말 매우 설득력이 있어 보입니다. 이 기하학적 초상화는 대부분, 우리의 관념들이 끊임없이 서로 잇따라 온다는 점을 우리에게 말하는 것 속에 존재합니다. 예를 든다면 하나의 관념은 다른 관념을 뒤따르고, 하나의 관념은 즉각적으로 다른 관념을 대체한다는 것입니다. 하나의 지각(perception)은 일정한 관념 유형입니다. 우리는 왜 그런지를 간단하게 살펴볼 것입니다. 이제 막 나는 나의 고개를 저쪽으로 돌려, 그 방의 저쪽 구석을 보았습니다. 나는 고개를 돌립니다. …… 그것은 또 하나의 관념입니다. 나는 어떤 거리를 걸어 내려옵니다. 거기에 아는 사람들이 있습니다. 나는 "안녕 뻬에르"라고 말합니다. 그런 뒤에 고개를 돌려 "안녕 폴"이라고 말합니다. 그렇지 않으면 사태는 또 [다음과 같이] 바뀝니다. 나는 태양을 쳐다봅니다. 그리고 태양은 조금씩 사라집니다. 나는 밤의 어둠에 처하게 됩니다. 따라서 그것은 연속들의 계열, 관념들의 실존들의 계열, 관념들의 연속들의 계열입니다. 그렇지만 또한 어떤 일이 발생합니까? 우리의 일상적 삶은 서로 잇따르는 관념들로만 이루어져 있지 않습니다. 스피노자는 자동기계(automaton)라는 용어를 씁니다. 그의 말에 따르면 우리는 정신적인 자동기계들입니다. 말하자면 우리는 우리에게 확인된[긍정된] 관념들 이외의 관념들은 거의 갖고 있지 않다는 것입니다. 관념들의 이러한 연속을 별개로 한다면, 또 어떤 일이 발생합니까? 무엇인가 다른 것이 존재합니다. 다시 말해 내 안의 어떤 것은 결코 변이를 멈추지 않습니다. 관념들 자체들의 연속과 동일하지 않은 변이의 체제(regime)가 존재합니다. 변이들은 우리가 하고자 하는 것을 위해 우리에게 기여해야 합니다. 고민은 그가 이 단어를 쓰고 있지 않다는 것입니다. 이러한 변이는 무엇일까요? 다시 나의 사례를 들겠습니다. 거리에서 나는 삐에르와 우연히 만납니다. 나는 그에게 적대감을 느끼고 있습니다. 나는 지나쳐 가면서 삐에르에게 인사를 합니다. 아니 어쩌면 나는 그를 두려워하고 있습니다. 그리고 이번에는 너무 너무 매력적인 폴을 만납니다. 그래서 나는 안심을 하며 느긋하게 폴에게 인사를 합니다. 그렇다면, 이것은 무엇일까요? 부분적으로, [이것은] 두 관념들의 연속 ― 삐에르에 대한 관념과 폴에 대한 관념입니다. 그러나 무언가 다른 것이 존재합니다. 하나의 변이가 내 안에서 작동합니다. 이 지점에서 스피노자의 말들은 매우 정확합니다. 그걸 인용하겠습니다. 내 존재 능력의(변이), 스피노자는 [이것의] 동의어로 또 다른 단어를 씁니다. vis existendia ― 존재 능력, potentia agendi ― 행동 능력(puissance). 그리고 이러한 변이들은 영속적입니다. 스피노자에게는 존재 능력 혹은 행동 능력의 연속적인 변이 — 그리고 이것이, 존재한다는 것이 의미하는 바입니다 — 가 존재한다고 말하고 싶습니다.

하지만 이것이 어떻게, 나의 어리석은, 하지만 스피노자에게서 연원하는, 사례 — 안녕 삐에르, 안녕 폴 — 과 연결될까요? 내가 나를 불쾌하게 하는 삐에르를 볼 때, 하나의 관념, 삐에르에 대한 관념이 나에게 주어집니다. 나를 기쁘게 하는 폴을 볼 때, 폴에 대한 관념이 나에게 주어집니다. 나와 관계되는 이러한 관념들 각각은 일정 정도의 실재 혹은 완전성을 가지고 있습니다. 나는 나와 관련해서 폴에 대한 관념이 삐에르의 관념보다 더 내적인 완전성을 가지고 있다고 말하고자 합니다. 왜냐하면 폴에 대한 관념은 나를 만족시키고 삐에르에 대한 관념은 나를 당황케 하기 때문입니다. 폴의 관념이 삐에르의 관념의 뒤를 잇는다면, 나의 존재 능력이나 나의 행동 능력이 늘어나거나 좋아진다고 말하는 것은 동의할 만합니다. 그와 반대로, 상황이 역전된다면, 즉 나를 기쁘게 한 누군가를 본 뒤에 그리고 나서 나를 슬프게 하는 누군가를 본다면, 나의 행동 능력이 억제되거나 방해받는다고 말할 수 있습니다. 이 단계에서 우리는 더 이상, 우리가 여전히 용어상의 관습들 내부에서 작업하고 있는 것인지, 아니면 훨씬 더 구체적인 무언가의 안으로 이미 움직여 가고 있는 것인지를 정말이지 알지 못합니다.

나는 다음과 같이 말하겠습니다. 관념들이 우리 안에서 서로 잇따르는 만큼, 각각의 관념이 그 자신의 완전성 정도, 실재나 내적인 완전성의 정도를 소유하는 만큼, 이러한 관념들을 가지고 있는 사람은, 이 경우에는 내가, 절대로 완전성의 어떤 정도로부터 다른 정도로 통과하는 것을 멈추지 않는다고 말입니다. 다른 말로 하면, 그/녀가 가지고 있는 관념들에 따라 누군가의 행동 능력 혹은 존재 능력의 증대-감소-증대-감소의 형태로 연속적인 변이가 존재합니다. 이 운동(exercise)을 통해 아름다움이 얼마나 빛나는지 느껴 보세요. 실존의 이러한 재현은 이미 나쁘지 않으며, 그것은 진정으로 거리 안의 실존입니다. 거리를 산책하고 있는 스피노자를 상상하는 것이 필요합니다. 그는 정말 이러한 종류의 연속적인 변이로서의 실존을 살아갑니다. 하나의 관념이 다른 관념을 대체하는 만큼, 나는 절대로 완전성의 어떤 정도에서 다른 정도로 통과하는 것을 멈추지 않습니다. 그 차이가 아무리 사소하다 할지라도 말입니다. 그리고 이러한 종류의 연속적인 변이의 선율은 관념들과의 상호관계 속에서, 동시에 관념들과의 본성상의 차이 속에서 정동(affectus)을 규정할 것입니다. 우리는 이러한 본성상의 차이와 이러한 상호관계를 설명하고 있습니다. 그것이 여러분에게 맞는지 혹은 그렇지 않은지 말하는 것은 여러분에게 달려 있습니다. 우리는 [이제] 정동에 대한 아주 더 견고한 규정을 얻게 되었습니다. 스피노자에게 affectus(정동)는 변이입니다(그는 나의 입을 통해 이야기하고 있습니다. 그는 그것을 이런 식으로 말하지 않았습니다. 그는 너무 일찍 죽었기 때문이지요 ……). 그리고 이러한 변이가 어떤 사람이 가지고 있는 관념들에 의해 결정되는 한, [그것은] 존재 능력의 연속적인 변이인 것입니다.

  그 결과 제3부의 끝 부분에 있는 매우 중요한 텍스트("정동의 일반적 정의"라는 제목이 붙어 있습니다)에서, 스피노자는 우리에게 다음과 같이 말합니다. 무엇보다도 내가 이해하고 있는 바의 정동이 관념들의 비교에 의존한다고 생각하지 말라고 말입니다. 그가 의미하는 것은 다음과 같습니다. 관념은 정동과 관련하여 일차적이어야 한다. 관념과 정동은 본성상 차이나는 두 사태들(things)이다. 정동은 관념들의 지적인 비교로 환원될 수 없다. 정동은 살아 있는(lived) 추이, 즉 어떤 정도의 완전성에서 또 다른 정도의 완전성으로의 살아 있는 (lived) 이행에 의해 — 이러한 이행이 관념들에 의해 결정되는 한 — 구성된다. 하지만 본래 그것은 하나의 관념 안에 존재하는 것이 아니라 오히려 정동을 구성한다. 삐에르의 관념으로부터 폴의 관념으로 이행할 때, 나는 내 행동 능력이 증대한다고 말합니다. [반대로] 폴의 관념에서 삐에르의 관념으로 이행할 때, 나는 내 행동 능력이 감소한다고 말합니다. 결국은 삐에르를 만날 때 나는 슬픔에 정동되고,[1] 폴을 만날 때 기쁨에 정동된다고 말하는 셈이 됩니다. 그리고 정동에 의해 구성된 이러한 연속적인 변이의 선율 위에 스피노자는 두 가지 양극, 기쁨-슬픔 — 그에게 이것들은 근본적인 수동[정념]들(passions)이 될 것입니다 — 을 할당할 것입니다. 슬픔은 나의 행동 능력의 감소를 포함하는 모든 수동[정념]이 될 것이고, 기쁨은 나의 행동 능력의 증대를 포함하는 모든 수동[정념]이 될 것입니다. 이러한 생각에 힘입어 스피노자는, 예컨대, 자신에게 정치적인 문제를 던지는 방식이 될 매우 근본적인 도덕적·정치적 문제를 인식하게 됩니다. 그 문제란, 어떤 영역에서이건 힘(pouvoir)을 갖고 있는 사람들이 어떤 슬

---

1. [옮긴이] 한글에서 '정동'은 명사로만 사용되지만, affect와 그 변태들이 한글 번역에서 의미 일관성을 유지하도록 만들기 위하여 불가피하게 '정동하다' '정동되다'라는 표현을 만들어서 사용한다.

픈 방식으로 우리를 정동할 필요가 있다는 사실이 어떻게 발생하는가 하는 것입니다. 필수적인 것으로서의 슬픈 수동[정념]들. 슬픈 수동[정념]들을 생기게 하는 것은 힘의 실행에 필수적입니다. 그리고 스피노자는 『신학정치론』에서, 이것이 폭군과 사제 – 이들은 모두 자신들의 백성들(subjects)의 슬픔을 필요로 합니다 – 사이의 뿌리 깊은 연결점이라고 말합니다. 여기에서 여러분은 스피노자가 슬픔을 모호한 의미로 받아들이고 있지 않음을, 그가 슬픔을 그가 그것에 부여해야 하는 것으로 알고 있는 엄밀한 의미로 받아들였음을 알고 있습니다. 슬픔이란 그것이 나의 행동 능력의 감소를 포함하는 한, 정동입니다.

나는 관념과 정동을 구별하려는 첫 번째 시도[2]에서, 정동이 아무 것도 재현하지 않는 사유양식이라고 말했을 때, 나는 이것이 단지 하나의 단순한 명목적인 정의가 아니며, 또한, 여러분은 이것을 더 좋아하겠지만, 단지 하나의 외부적이거나 외적인 규정도 아니라는 것을 전문어로 말했습니다.

두 번째 시도에서, 다른 한편으로 관념이 본래 하나의 내적인 실재를 갖고 있는 것이라고 말할 때, 그리고 정동이 연속적인 변이, 혹은 하나의 실재 정도에서 다른 실재 정도로의, 혹은 하나의 완전성 정도에서 다른 완전성 정도로의 이행이라고 말할 때, 우리는 더 이상 소위 명목적인 정의들의 영역에 있는 것이 아닙니다. 여기에서 우리는

---

2. [옮긴이] 원문에는 "관념이란 아무 것도 재현하지 않는 사유양식이다"라는 문장이 물음표와 함께 표기되어 있으나, 불필요한 것으로 판단하여 삭제한다.

이미 하나의 실제적인 정의, 다시 말해 그것이 사물[사태]을 정의함과 동시에 또한 이 사물의 바로 그 가능성을 보여주는 어떤 정의를 확보한 것입니다. 중요한 것은, 스피노자에 의거하여 우리가 이러한 정신적인 자동기계들로 만들어져 있다는 것을 여러분이 이해하는 것입니다. 이러한 정신적인 자동기계들로서의 우리 안에는 서로 잇따르는 관념들의 전체 시간이 존재합니다. 그리고 관념들의 이러한 연속과의 조화 속에서 우리의 행동 능력이나 존재 능력은 연속적인 방식으로, 연속적인 선 위에서 증대하거나 감소합니다. 그리고 [바로] 이것이 우리가 정동이라고 부르는 것이며, 존재한다고 부르는 것입니다.

정동은 그러므로 누군가의 존재 능력의 연속적인 변이입니다. 이 변이가 그/녀가 가지고 있는 관념들에 의해 결정되는 한에서 말입니다. 그러나 다시 한번 말하건대, "결정되는"은 변이가 누군가 갖고 있는 관념들로 환원된다는 것을 의미하지 않습니다. 왜냐하면 내가 가지고 있는 관념이 그것의 결과, 다시 말해 내가 그때 당시 가지고 있던 관념과 관련하여 그것이 나의 행동 능력을 증대시킨다는, 혹은 그와 반대로 감소시킨다는 사실을 설명하지는 않기 때문입니다. 그리고 그것은 비교의 문제가 아니라, 일종의 미끄러짐, 행동 능력에서의 추락 혹은 상승입니다. [이것은] 아무런 문제도 되지 않습니다. 스피노자에게는 세 종류의 관념들이 존재합니다. 우리는 당장은 더 이상 affectus와 정동에 대해서는 이야기하지 않을 것입니다. 왜냐하면 사실상 정동은 누군가 가지고 있는 관념들에 의해 결정되기 때문입니다. 그것은 그가 가지고 있는 관념들로 환원될 수 없습니다. 그것은 그가 가지고 있는 관념들에 의해 결정됩니다. 따라서 본질적인 것은 어떤 관념들이 정동들을 결정하는 관념들인가를 아는 것입니다. 정동이 사람들이 가지고 있는 관념들로 환원될 수 없다는 사실을, 그것은 절대로 환원불가능하다는 사실을 항상 염두에 두면서 말입니다. 그것은 또 다른 질서에 관한 것입니다. 스피노자가 구별하고 있는 세 종류의 관념들은 정서(affectio) 관념들입니다. 우리는 affectus(정동)에 대립되는 것으로서의 affectio(정서)가 일정한 종류의 관념임을 살펴볼 것입니다. 그러니까 첫째 자리에 정서 관념들이 존재할 것이고, 둘째로 우리는 스피노자가 통념들(notions)이라고 부른 관념들에 도달할 것이며, 셋째로 너무 어려워서 우리 중 소수에게나 적합한, 본질 관념들을 갖게 될 것입니다. 다른 모든 것 앞에 이러한 세 종류의 관념들이 존재합니다.

정서(affectio)란 무엇일까요? 여러분의 얼굴이 말 그대로 무너져 내리는 게 보이는군요. …… 하지만 이것은 도리어 참 재미있습니다. 언뜻 보아서는, 그리고 스피노자의 텍스트의 문자에 충실해 보자면, 이것은 관념과 아무런 관련이 없지만, 정동과도 아무런 관련이 없습니다. 정동은 행동 능력의 연속적인 변이로 결정되었습니다. 정서가 뭐라구요? 첫 번째 결정에서 정서는 다음과 같은 것입니다. 그것은 한 신체의 상태입니다. 그것이 또 다른 신체의 행위에 종속하는 한에 있어서 말입니다. 이것은 무엇을 의미할까요? "나는 태양이 내게 내리쬐는 것을 느낀다." 아니면 "한 줄기의 햇빛이 너에게 떨어진다." 이것은 여러분의 신체의 정서입니다. 여러분의 신체의 정서란 무엇일까요? [그것은 태양이 아니라, 태양의 행위 혹은 여러분에게 내리쬐는 태양의 효과입니다. 다른 말로 하면, 효과, 하나의 신체가 다른 신체 위에 생산하는 행위입니다. 『물리학』의 논거들을 기초로 해서 볼 때, 스피노자가 멀리 떨어진 곳에서의 행위를 믿지 않는다는 점이 주목됩니다. 행위는 언제나 어떤 접촉을 함축합니다. 그것은 심지어 신체들의 혼합이기도 합니다. affectio(정서)는 두 신체들의 혼합입니다. 즉 다른 신체 위에 작용한다고 말해지는 하나의 신체가 있으며, 그리고 또 하나의 신체는 첫 번째 신체의 흔적을 받아들입니다. 신체들의 모든 혼합은 정서라고 칭해질 것입니다. 스피노자는 이로부터, 신체들의 혼합으로 정의되는 affectio가 변경된 신체의 성질, 정서적인 혹은 정동된 신체의 성질을 가리킨다고 판단합니다. 정서는 정동하는 신체의 성질을 가리키는 것 이상으로 정동된 신체의 성질을 가리킵니다. 그는 자신의 유명의 사례 ― "나는 태양을 거리가 3백 피트 떨어져 위치한 편평한 원판이라고 생각한다" ― 를 분석합니다. 그와 같은 것이 하나의 affectio(정서), 아니면 최소한 affectio(정서)에 대한 지각입니다. 태양에 대한 나의 지각이 태양이 구성되는 방식을 가리키는 것보다 훨씬 더 풍부하게 내 신체의 구성을, 내 신체가 구성되는 방식을 가리킨다는 점은 분명합니다. 나는 나의 시각적 지각력들의 상태에 의해 이런 식으로 태양을 지각합니다. 파리는 또 다른 방식으로 태양을 지각할 것입니다.

자신의 술어의 엄격함을 유지하기 위해 스피노자는 affectio(정서)가 변경을 가하는 신체의 성질보다는 오히려 변경된 신체의 성질을 가리킨다고 말할 것입니다. 그리고 그것이 변경을 가하는 신체의 성질을 봉인한다고 말할 것입니다. 나는 스피노자에게 첫 번째 종류의 관념들이 신체의 정서를 재현하는 모든 사유양식이라고 말하겠습니다. …… 이것은 한 신체와 다른 신체와의 혼합, 즉 내 신체 위에 가해진 다른 신체의 흔적이 정서의 관념으로 칭해질 것이라고 말하는 것입니다. 바로 이러한 의미에서 그것이 하나의 정서-관념, 즉 관념들의 첫 번째 유형이라고 말할 수 있는 것입니다. 그리고 관념들의 이 첫 번째 유형이, 스피노자가 첫 번째 종류의 인식(connaissance), 가장 낮은 인식이라고 칭한 것에 대응합니다. 그것이 왜 가장 낮은 것일까요? 정서의 이러한 관념들이 사물들을 그것들의 효과들에 의해서만 알기(connaissent) 때문에 가장 낮은 것이라는 점은 분명합니다. 나는 나에게 내리쬐는 태양의 정서를, 나에게 내리쬐는 태양의 흔적을 느낍니다. 그것은 내 신체 위에 내리쬐는 태양의 효과입니다. 그러나 그 원인들, 다시 말해 내 신체인 것, 태양의 신체인 것, 그리고 하나의 신체가 다른 무언가가 아닌 다른 신체 위에 특별한 효과를 낳는 것과 같은 이러한 두 신체들 사이의 관계, 이러한 것들에 대해 나는 전혀 아무 것도 알지(sais) 못합니다. 다른 사례를 들어 보지요. 태양은 밀랍을 녹이고 진흙을 굳힌다. 이러한 요점들은 아무 것도 아닌 게 아닙니다. 그것들은 affectio(정서)의 관념들입니다. 나는 [녹아] 흘러내리는 밀랍을 보고, 그 오른쪽 옆으로 딱딱해지는 진흙을 봅니다. 이것은 왁스의 정서이며 진흙의 정서입니다. 그리고 나는 이러한 정서들의 관념을 갖습니다. 나는 효과들을 지각합니다. 어떤 육신적(corporeal) 구성에 힘입어 진흙이 태양의 행위 아래에서 굳어집니까? 내가 정서의 지각 안에 머무르는 한, 나는 그것에 대해 아무 것도 알지 못합니다. 정서-관념들이 자기의 원인들을 갖지 않는 효과들의 재현물들이라고 말할 수 있을 것입니다. 그리고 정확히 이것들이 스피노자가 부적실한 관념들이라고 부르는 것들입니다. 이것들은 그 혼합물의 원인들로부터 분리된 혼합물의 관념들입니다.

그리고 요컨대, 삶의 질서 속의 정서-관념들이 무엇이기에, 정서-관념들의 단계에서 우리가 단지 부적실하고 혼란스런 관념들만을 가지고 있다는 사실이 제대로 이해될까요? 그리고 의심할 바 없이(슬픈 일이긴 하지만), 철학을 충분히 하지 않은 우리들 중 많은 사람들이 그와 같이 살고 있습니다. 한 번, 단 한 번, 스피노자는 꽤 이상하지만 매우 중요한 'occursus'라는 라틴어를 씁니다. 문자 그대로 이것은 마주침입니다. 내가 정서-관념들을 가지고 있는 한, 나는 우연한 마주침들을 겪습니다. 나는 거리를 걷습니다. 나를 기쁘게 하지 않는 삐에르를 봅니다. 그것은 그의 신체와 영혼의 구성과 내 신체와 영혼의 구성의 기능입니다. 나를, [나의] 신체와 영혼을 불쾌하게 만드는 누구, 이게 의미하는 것이 무엇일까요? 스피노자가 왜 정신과 영혼에 대해 끊임없이 이야기함에도 불구하고 유물론이라는 대단한 평판을 얻게 되었는지, 신에 대해 끊임없이 이야기함에도 불구하고 무신론이라는 평판을 얻게 되었는지를 여러분에게 이해시키고 싶습니다. 이것은 매우 흥미로운 일입니다. 우리는 왜 사람들이 이것이 순전히 유물론적이라고 말해 왔는지를 매우 잘 이해하고 있습니다. 내가 "이 사람은 나를 기쁘게 하지 않는다"라고 말할 때, 그것은 문자 그대로, 그의 신체가 나의 신체에 미치는 효과가, 그의 영혼이 나의 영혼에 미치는 효과가 나를 불쾌하게 정동한다는 것을 의미합니다. 그것은 신체들의 혼합물 혹은 영혼들의 혼합물입니다. 영혼의 단계에서만큼이나 신체의 단계에서도, 유독한 혼합물 혹은 좋은 혼합물이 존재합니다.

그것은 정확히 다음과 같은 것입니다. "나는 치즈를 좋아하지 않아." "나는 치즈를 좋아하지 않아"가 의미하는 바는 무엇일까요? 이것이 의미하는 것은, 그것이 내가 불쾌하게 변형되는 방식으로 나의 신체와 뒤섞인다는 점입니다. 따라서 정신적인 공감들과 신체적인 관계들 사이의 차이들을 만들어 내기 위한 어떠한 이유도 존재하지 않습니다. "나는 치즈를 좋아하지 않아"에는 또한 영혼에 관한 것이 존재하지만, "삐에르나 폴은 나를 기쁘게 하지 않는다"에는 또한 신체에 관한 것이 존재합니다. 이것은 모두 동일한 것에 다름없습니다. 간단히 말해서, 이것, 그러니까 이 정서-관념, 이 혼합물이 왜 혼란스런 관념일까요? 그것은 불가피하게 혼란스럽고 부적실합니다. 왜냐하면 이러한 단계에서, 삐에르의 신체나 영혼이 무엇으로 그리고 어떻게 구성되어 있는지, 어떤 식으로 그것이 나의 것과 일치하지 않는지, 혹은 어떤 식으로 그의 신체가 나의 신체와 일치하지 않는지 전혀 모르기 때문입니다. 나는 그것이 나와 일치하지 않는다고 말할 수밖에 없습니다만, 두 신체들 중의 어떤 구성에 의한 것인지, 정동하는 신체와 정동되는 신체 중의 어떤 구성에 의한 것인지, 작용하는 신체와 [작용을] 받는 신체 중의 어떤 구성에 의한 것인지, 이 단계에서는 아무 것도 알 수 없습니다. 스피노자가 말하는 바에 따르면, 이것들은 자신들의 전제들에서 분리된 결과들입니다. 혹은 오히려 그것은 원인들의 인식으로부터 독립한 결과들의 인식(connaissance)입니다. 따라서 그것들은 우연한 마주침들입니다. 우연한 마주침들 속에서 어떤 일이 생길 수 있을까요?

그러나 신체란 무엇일까요? 나는 그와 같은 것이 특강(特講)의 대상일 수 있다는 점을 진술하려는 것이 아닙니다. (결국 동일한 것으로 되는) 신체, 혹은 심지어 영혼이 무엇인지에 대한 이론은 『에티카』의 제2부에서 발견됩니다. 스피노자에게, 신체의 개체성은 다음과 같은 것에 의해 규정됩니다. 그것은 운동과 정지의 일정한 혼합 혹은 복합 관계(나는 이 지점에서, 매우 혼합적이고 매우 복합적인 것을 강조합니다)가 신체의 부분들을 정동하는 모든 변화들을 통해 보존될 때 [규정됩니다. 그것은 고찰되고 있는 신체의, 무한에 이르는, 모든 부분들을 정동하는 모든 변화들을 통한 운동 및 정지 관계의 영속성입니다. 나의 눈, 예를 들어 나의 눈과 나의 눈의 상대적인 불변성(constancy)은 나의 눈의 다양한 부분들의 모든 변용들(modifications)을 통한 운동과 정지의 일정한 관계에 의해 규정됩니다. 그러나 이미 부분들의 무한을 갖고 있는 나의 눈 자체는 나의 신체의 부분들 중의 한 부분입니다. 눈은 이번에는 얼굴의 일부분이고 얼굴은 이번에는 나의 신체의 일부분입니다. 따라서 여러분은 이러저러한 정도의 개체성을 형성하기 위하여 서로 결합될 모든 종류의 관계들을 갖게 됩니다. 그러나 이러한 단계들 혹은 정도들의 각 층위에서, 개체성은 운동과 정지로 구성된 일정한 관계에 의해 규정될 것입니다.

만일 나의 신체가 이런 식으로, 그러니까 부분들의 무한을 포섭하는 운동과 정지의 일정한 관계에 의해 만들어진다면 무슨 일이 일어날 수 있을까요? 두 가지 일이 발생할 수 있습니다. 나는 내가 좋아하는 어떤 것을 먹는다. 혹은 또 다른 사례로, 나는 어떤 것을 먹고 쓰러진다. 독이 든 것을 먹은 것이지요. 글자 그대로 말하자면, 첫 번째 경우에는 좋은 마주침을 가진 것이고, 두 번째 경우에는 나쁜 마주침을 가진 것입니다. 이 모든 것은 마주침(occursus)의 범주 안에 존재합니다. 내가 나쁜 마주침을 가질 때, 이것은 나의 신체와 뒤섞인 그 신체가 나의 구성적 관계를 파괴하거나, 나의 종속적 관계들 중의 하나를 파괴하는 경향이 있다는 것을 의미합니다. 예를 들어, 나는 어떤 것을 먹고 나를 죽이는 복통을 얻을 수 있습니다. 이것은 나의 하위-관계들 중에서 파괴되거나 억제된, 손상된 관계를 갖습니다. 그것은 나를 합성하는 관계들 중의 하나입니다. 그래서 나는 어떤 것을 먹고 죽습니다. 이것은 나의 혼합된 관계를 해체시켜 버린 것입니다. 그것은 나의 개체성을 규정한 복합적인 관계를 해체시켜 버린 것입니다. 그것은 나의 하위-개체성들 중의 하나를 구성한 나의 종속적 관계들 중의 하나를 단순히 파괴해 버린 것이 아닙니다. 그것은 내 신체의 특징적인 관계를 파괴해 버린 것입니다. 그리고 반대의 사태가 나에게 맞는 어떤 것을 먹을 때 발생합니다.

　스피노자는 무엇이 악한 것인가를 묻습니다. 우리는 이것을 그의 서한집 속에서, 더없이 악했던 젊은 네덜란드인에게 보냈던 편지들 속에서 발견합니다. 이 네덜란드인은 스피노자를 좋아하지 않았고 그를 끊임없이 공격했으며, "당신이 생각하기에 악한 것이 무엇인지 나에게 말해 보시오"라고 그에게 요구했습니다. 알다시피, 당시에는 편지들이 매우 중요했으며 철학자들은 편지들을 많이 보냈습니다. 정말 매우 선량한 마음씨를 가지고 있는 스피노자는 처음에는 이 사람이 배우고자 하는 젊은이라고 생각하지만, 조금씩 이 사람이 전혀 그렇지 않음을, 이 네덜란드인이 자신의 목숨(skin)을 원하고 있음을 이해하게 됩니다. 편지를 주고받으면서, 선한 기독교인인 블레이흔베르흐의 분노는 치밀어 오르고 [결국에는] 스피노자에게 다음과 같이 말하는 것으로 끝냅니다. "하지만 당신이 악마로군요!" 스피노자는 악이란 어렵지 않다고, 악은 나쁜 마주침이라고 말합니다. 우리 자신의 신체와 나쁘게 뒤섞이는 신체와 마주치는 것. 나쁘게 뒤섞이는 것은 여러분에게 속하거나 여러분을 구성하는 관계들 중의 하나가 위협받거나 손상당하거나 심지어는 파괴당하는 것과 같은 조건들 속에서 뒤섞이는 것을 의미합니다.

더욱더 기쁨을 가지고, 자신이 옳다는 것을 보여주기를 원하면서, 스피노자는 그만의 방식으로 아담의 사례를 분석합니다. 우리가 살고 있는 조건들 속에서, 우리는 실제로 오직 한 종류의 관념, 즉 정서-관념만을 가지고 있다고 비난을 받는 것 같습니다. 어떤 기적에 의해 우리는 (실존하기 위해 우리를 기다려 주지 않는) 이러한 신체들의 행위들로부터 벗어날 수 있을까요? 어떻게 우리가 원인들에 대한 인식[connaissance]에 도달할 수 있을까요?

우선은 우리는 우리에게 주어진 것이 정서의 관념들, 혼합물의 관념들이라는 점을 분명하게 이해하고 있습니다. 우선 우리는 태어난 이래 우리가 우연한 마주침들에 운명지워져 왔음을, 그래서 일들이 잘 돌아가고 있지 않다는 점을 분명히 이해하고 있습니다. 이것이 함축하는 것은 무엇일까요? 그것은 이미 데카르트에 대한 격렬한 반작용을 함축합니다. 왜냐하면 스피노자가 [『에티카』의] 제2부에서, 우리가 [우리] 자신만을 알 수 있을 뿐이며 외부적 신체들이 우리 자신의 신체 위에서 생산하는 정서들에 의해 외부적 신체들에 대해서 알 수 있을 뿐이라는 점을 강하게 긍정할 것이기 때문입니다. [스피노자에게서] 한 사람의 꼬마 데카르트를 상기할 수 있었던 사람들이 보기에, 이것은 기본적으로 반데카르트적 명제였습니다. 왜냐하면 그것이 사물 그 자체를 사고하는 것에 대한 모든 견해(apprehension)를 배제하기 때문입니다. 다시 말해 그것은 코기토의 모든 가능성을 배제합니다. 나는 오직 신체들의 혼합물들을 알 뿐이며, 나에게 가해지는 다른 신체들의 작용에 의해서, 혼합물들에 의해서 내 자신을 알 뿐입니다.

이것은 반데카르트주의적일 뿐만 아니라 반기독교적이기도 한데, 왜 그럴까요? 신학의 근본적인 논점들 중의 하나는 최초로 창조된 인간의 직접적인 완전성이기 때문입니다. 이것은 신학에서 아담의 완전성 이론이라고 불리는 것입니다. 죄를 범하기 전에 아담은 가능한 한 완전하게 창조되었습니다. 그래서 나중에 그의 죄의 이야기는 정확히 인간의 타락의 이야기가 됩니다. 하지만 인간의 타락은 그가 창조된 것인 한에 있어서 완전한 아담을 전제로 합니다. 스피노자는 이러한 관념이 매우 재미있다는 것을 발견합니다. 그의 생각은 이것이 가능하지 않다는 것입니다. 만일 최초의 사람이라는 관념이 주어진다면, 이러한 관념은 가장 무력한 존재라는 관념으로 주어질 수밖에 없습니다. 최초의 사람이란 우연한 마주침 속에서, 그리고 그 자신의 신체에 가해지는 다른 신체들의 작용 안에서 존재할 수밖에 없기 때문에 거기에는 가장 불완전한 것이 존재할 수밖에 없을 것입니다. 따라서 아담이 존재한다는 가정 안에서는, 그는 절대적인 불완전성과 부적실성의 양태로 존재합니다. 그는 완전히 우연한 만남들에 빠지는 어린 아기의 양태로 존재합니다. 만일 그가 보호 환경 속에 있지 않다면 말입니다. 하지만 나는 [이에 대해] 너무 많이 이야기했습니다. 보호 환경이란 도대체 무엇일까요?

악은 나쁜 마주침입니다. 이것은 무엇을 의미할까요? 스피노자는 그 네덜란드인과 주고받은 편지들에서 그에게 다음과 같이 말합니다. "당신은 항상, 사과를 먹지 못하도록 금지한 신의 사례를 저와 관련시킵니다. 그리고 당신은 이것을 어떤 도덕법의 사례로 인용합니다. 최초의 금지라고 말입니다." 스피노자는 그에게 말합니다. "하지만 이것은 정말이지 실제 사태와 다릅니다." 그런 뒤에 스피노자는 아담의 전체 이야기를 어떤 식중독의 형태와 관련시켜 설명합니다. 실제로 어떤 일이 일어났던 것일까요? 신은 무슨 일이든지 간에 결코 그것을 아담에게 금지시키지 않았습니다. 신은 아담에게 하나의 계시를 내려주었던 것입니다. 아담은 사과의 신체가 그 자신의 신체의 구성에 대해 갖게 될 유해한 효과를 내다보았습니다. 다른 말로 하면, 사과는 아담에게 하나의 독인 것입니다. 사과의 신체는 이러한 특징적인 관계 아래에서 존재합니다. 이러한 것이 그것의 조건인바, 그것은 아담의 신체의 관계를 해체함으로써 아담의 신체 위에서 작용할 수 있을 뿐인 그런 조건입니다. 그리고 만일 그가 신의 말을 귀담아 듣지 않은 것이 잘못이라면, 이것은 그가 이 문제에 있어서 복종하지 않았다는 의미에서가 아니라 그가 아무 것도 이해하지 못했다는 의미에서입니다. 이러한 상황은 또한, 자기에게 해가 되는 것을 피하는 본능을 가진 어떤 동물들 가운데에서도 존재합니다. 하지만 이러한 본능을 가지고 있지 않은 동물들도 있습니다. 내가 나를 변용시키는, 나에게 작용을 가하는 신체 관계가 내 자신의 관계, 내 자신의 신체의 특징적인 관계와 결합되는 것과 같은 마주침을 가질 때, 무슨 일이 일어날까요? 나는 내 행동 능력이 증대된다고 말할 수 있을 것입니다. 적어도 그것은 이 특별한 관계와 관련해서 증대됩니다. 그와 반대로 내가 나를 변용시키는 신체의 특징적인 관계가 내 관계들 중의 하나를, 혹은 나의 특징적인 관계를 손상하거나 파괴하는 것과 같은 마주침을 가지게 될 때, 나는 내 행동 능력이 감소하거나 심지어는 파괴된다고 말할 것입니다. 우리는 여기에서 두 개의 근본적인 정동들 혹은 affectus를 재발견합니다. 슬픔과 기쁨이 그것입니다. 이 단계에서 모든 것을 내가 가지고 있는 정서 관념들의 하나의 기능으로서 개괄하면, 두 종류의 정서 관념들이 존재합니다. 내 자신의 특징적인 관계에 이롭거나 유익한 효과의 관념과, 둘째로 내 자신의 특징적인 관계를 손상하거나 파괴하는 효과의 관념이 존재하는 것입니다. 이러한 두 가지 유형의 정서에는 정동 내(內) 변이의 두 가지 운동들이, 변이의 두 극단들이 상응할 것입니다. 즉 나의 행동 능력이 증대되고 기쁨의 정동을 경험하는 하나의 경우, 그리고 나의 행동 능력이 감소되고 슬픔의 정동을 경험하는 다른 경우가 있습니다.

스피노자는 모든 정념들을, 이러한 두 가지 근본적인 정동들 — 행동 능력의 증대로서의 기쁨, 행동 능력의 감소나 파괴로서의 슬픔 — 을 기초로 해서 상세하게 발생시킬 것입니다. 이것은 신체나 영혼 각각이 어떤 특징적이고 복합적인 관계에 의해 규정된다고 말하는 데까지 이어집니다. 하지만 나는 또한 신체나 영혼 각각이 정동되는 어

정동이란 무엇인가? 45

떤 능력에 의해 규정된다고 말하겠습니다. 모든 것은 마치 우리들 각자가 정동되는 어떤 능력을 가지고 있었던 것처럼 발생합니다. 만일 여러분이 동물들을 고려해 본다면, 스피노자는 동물들에서 중요한 것은 유(類)들이나 종(種)들이 결코 아니라고 확고하게 이야기할 것입니다. 유들과 종들은 완전히 혼란스런 관념들이자 추상적인 관념들입니다. 신체가 무엇을 할 수 있는지에 대한 물음은 어떤 중요성을 지닐까요? 그리고 그에 대해서 그는, 유일한 문제란 우리가 신체가 무엇을 할 수 있는지를 도무지 알지(savons) 못한다고 말함으로써, 우리가 영혼과 정신에 대해 쓸데없는 말을 늘어놓고 또 신체가 무엇을 할 수 있는지를 알지 못한다고 말함으로써, 그의 전체 철학에서 (그 이전에는 홉스와 몇몇 사람들이 있었습니다) 가장 근본적인 문제들 중의 하나를 펼쳐 놓습니다. 그러나 신체는 그것[신체]을 구성하는 관계들의 총화(ensemble)에 의해, 혹은 정확히 그와 동일한 것이 되는 것에 의해, 정동되는 그것의 능력에 의해 규정되어야 합니다. 여러분이 어떤 신체가 정동되어야 하는 힘이 무엇인지를 모르는 한, 여러분이 우연한 마주침들 속에서 그런 식으로 배우는 한, 여러분은 지혜로운 삶을 누리지 못할 것이며, 지혜를 갖지 못할 것입니다.

여러분이 무엇을 할 수 있는지를 안다는 것[어떤 능력을 갖고 있는지를 안다는 것]. 이것은 결코 도덕적인 문제가 아니라, 무엇보다도 신체에 대한 그리고 영혼에 대한 문제로서, 하나의 물리적 문제입니다. 신체는 근본적으로 숨겨진 무언가를 갖고 있습니다. 우리는 인간의 종에 대해, 인간의 유에 대해 말할 수 있었습니다. 하지만 이것은 우리에게 우리의 신체를 정동할 수 있는 것이 무엇인지, 신체를 파괴할 수 있는 것이 무엇인지 이야기해 주지 못할 것입니다. 유일한 문제는 정동되는 능력입니다. 무엇이 원숭이와 개구리를 구별해 줍니까? 스피노자의 말에 따르면, 그것은 종 특유의 혹은 종적인 특징들이 아닙니다. 오히려 그것은 그것들이 동일한 정서들을 가질 수 없다는 사실입니다. 따라서 각각의 동물에 대한, 정동들의 참된 차트들, 즉 어떤 동물이 할 수 있는 정동들의 차트들을 만드는 것이 필요할 것입니다. 그리고 사람들에 대해서도 마찬가지입니다. 인간이 할 수 있는 정동들을 만들어야 하겠지요. 우리는 이제 다음과 같은 점, 즉 문화에 의존해서는, 사회에 의존해서는, 그와 동일한 정동들을 결코 [소유]할 수 없다는 점을 주목해야 합니다.

어떤 정부들이 남미의 인디언들을 몰살했던 한 가지 방법이, 인디언들이 통과하는 오솔길들 위에 독감에 희생당한 사람들의 의복을, 병원들에서 모아진 의복을 남겨 놓는 것이었다는 것은 잘 알려져 있습니다. 왜냐하면 인디언들은 독감 정동을 견딜 수 없었기 때문입니다. 기관총조차 필요가 없었습니다. 그들은 파리처럼 쓰러져 갔습니다. 그것은 우리도 마찬가지입니다. 숲에서 살아가는 조건들에서 우리는 단명(短命)을 무릅써야 합니다. 스피노자는 [어쩌면] 다음과 같이 말할지도 모릅니다. 따라서 인간 유, 종 혹은 인류는, 여러분이 누군가 그 능력을 갖고 있는 — 그/녀를 막론하고 걸릴 능력을 갖고 있는 질병들까지 포함해서, "능력을 갖고 있는(capable)"이라는 단어의 가장 강한 의미에서 — 정동들의 목록을 만들지 않는 한 어떠한 중요성도 갖지 않는다고 말입니다. 경주마와 짐수레 말이 동일한 종임은, 동일한 종의 두 가지 품종임은 분명하지만, 그들의 정동들은 매우 다르고, 그들이 겪는 질병들도 완전히 다르며, 정동되는 역량들도 매우 다릅니다. 이러한 관점에서 우리는 짐수레 말이 경주마보다도 거세한 소(ox)에 더 가깝다고 말해야 합니다. 따라서 정동들의 생태학적 차트는 동물들의 유적 혹은 종적 결정과는 매우 다릅니다.

여러분은 정동되는 능력이 두 가지 방식으로 발휘될 수 있음을 알고 있습니다. 내가 중독될 때, 나의 정동되는 능력은 절대적으로[완전히] 발휘됩니다. 그러나 그것은 나의 행위 능력이 영(零)으로 향하는 것과 같은 방식으로 발휘됩니다. 말하자면 그것은 억제되는 것입니다. 역으로 내가 기쁨을 경험할 때, 즉 내 자신의 신체와 관계를 맺는 어떤 신체와 마주칠 때, 나의 정동되는 능력은 [앞에서와] 똑같이 발휘되고 내 행동 능력은 증대되고 …… 어디로 향한다고요?

나쁜 마주침의 경우, 나의 모든 행동 능력(vis existendi)은 집중되고, 다음과 같은 목표로 향하는 경향이 있습니다. 이 신체의 효과를 물리치기 위하여 나를 정동했던 신체의 흔적에 투여하기. 나의 행동 능력은 그에 따라 꼭 그만큼 감소합니다. 이것들은 매우 구체적인 것들입니다. 여러분은 두통이 있으면 "나는 이제는 읽을 수조차 없어"라고 이야기합니다. 이것은 여러분의 행동 능력이 편두통의 흔적에 완전히 투여해서(이것은 여러분에게 속하는 관계들 중의 하나에서 변화가 일어났음을 의미합니다), 그것이 여러분의 편두통의 흔적에 완전히 투여해서 여러분의 행동 능력이 그에 따라 감소됨을 의미합니다. 그와 반대로 여러분이 "나는 정말 기분이 좋아"라고 이야기할 때, 그리고 여러분이 만족해 할 때, 여러분은 또한, 신체들이 여러분의 관계에 유리한 비율로 그리고 그러한 조건들 아래에서 신체들이 여러분과 섞이기 때문에 만족해 하는 것입니다. 바로 그 때 여러분을 정동하는 신체의 능력은 여러분의 행동 능력이 증대하는 그와 같은 방식으로 여러분 자신의 신체와 결합됩니다. 그래서 그 두 경우에 있어서 여러분의 정동되는 능력은 완전하게 현실화될 것입니다. 그것은 행동 능력이 무한으로 감소하거나 혹은 그 대신 행동 능력이 무한으로 증대하는 방식으로 현실화될 수 있습니다.

무한으로라고요? 이게 사실일까요? 분명히 아닙니다. 왜냐하면 우리의 단계에서 존재 능력들, 정동되는 능력들(pouvoirs), 그리고 행동 능력들(puissances)은 불가피하게 유한하기 때문입니다. 오직 신만이 절대적으로 무한한 능력(puissance)을 갖고 있습니다. 맞습니다. 그러나 특정한 한계들 내에서 나는 내가 가지고 있는 관념들의 한 기능으로서의 행동 능력의 이러한 변이들을 끊임없이 관통해 갈 것입니다. 나는 내가 가지고 있는 정서-관념들과 내가 갖게 되는 마주침들의 한 기능으로서의 정동의 연속적인 변이의 선을 끊임없이 따를 것입니다. 이런 식으로, 각각의 순간에 나의 정동되는 능력은 완전히 현실화되고, 완전히 발휘됩니다. 단순하게 슬픔의 양태로 혹은 기쁨의 양태로 발휘됩니다. 물론 또한 양자는 동시에 이루어집니다. 왜냐하면 우리를 구성하는 하위-관계들 안에서 우리 자신들 중의 일부가 슬픔으로 이루어질 수 있고, 우리 자신들 중의 또 다른 일부가 기쁨으로 이루어질 수 있다는 것은 쉽게 이해되기 때문입니다. 국부적인 슬픔들과 국부적인 기쁨들이 존재합니다. 예를 들어, 스피노자는 간지럼에 대해서 그것이 하나의 국부적인 기쁨이라고 규정합니다. 이것은 간지럼 안의 모든 것이 기쁨이라는 것을 의미하지 않습니다. 그것은 또 다른 성질의 공존하는 자극(irritation) – 슬픔인 어떤 자극 – 을 포함하는 성질의 기쁨입니다. 나의 정동되는 능력은 초과되는(dépassé) 경향이 있습니다. 그/녀의 정동되는 능력을 초과하는 어떤 것도 어떤 사람에게 좋지 않습니다. 정동되는 어떤 능력은 정말로 하나의 강도 혹은 강도의 문턱입니다.

 스피노자가 참으로 하고자 원하는 것은 강도적 방식으로 누군가의 본질을 하나의 강도적 양으로 규정하는 것입니다. 여러분이 여러분의 강도를 알지 못하는 한, 여러분은 나쁜 마주침을 무릅씁니다. 그리고 여러분은 초과와 극단에 대해 그것이 아름답다고 말해야만 할 것입니다. …… [그러나 극단은 없습니다. 오로지 실패만이 존재합니다. 실패 이외에 아무 것도 없습니다. 과잉투여를 위한 조언. 이것은 정확히, 정동되는 능력이 총체적 파괴 속에서 초과되는 현상입니다. 확실히 나의 세대에 속하는 사람들은 평균적으로 철학에 훨씬 많이 탐닉하거나 훈련되었습니다. 당시 우리는 그것에 익숙했습니다. 그리고 다른 한편으로는 다른 영역들, 그러니까 음악, 회화, 영화 등에서는 매우 현저한 문화적 결핍을 겪었습니다. 나는 여러분들 중 다수에게 있어서 그 관계들이 변해 왔다는 인상을 갖습니다. 다시 말해 [이것은 여러분이 완전히 아무 것도, 철학에 대해서는 아무 것도 모르며, 그러니까, 오히려 여러분이 색깔과 같은 것들에 대해서는 구체적인 파악을 하고 있고, 소리가 무엇인지 혹은 이미지가 무엇인지 알고 있다고 말하고 있는 것입니다. 철학은 말하자면 개념(concept)들의 종합자입니다. 개념을 창조하는 것은 결코 이데올로기적이지 않습니다. 개념은 창조되는 것입니다.

지금까지 내가 규정했던 것은 단지 행동 능력의 증대와 감소입니다. 그리고 행동 능력이 증대하든 감소하든, 그에 상응하는 정동은 언제나 하나의 수동[정념](passion)입니다. 그것이 나의 행동 능력을 증대시키는 기쁨이든 혹은 내 행동 능력을 감소시키는 슬픔이든, 두 경우 이것들은 수동[정념]들 ― 기쁜 수동[정념]들과 슬픈 수동[정념]들 ― 입니다. 하지만 다시 스피노자는 슬픈 수동[정념]들로 우리를 정동하는 데 이해관계를 가지고 있는 사람들의 우주에 내재하는 하나의 플롯을 비난합니다. 사제는 자신의 신도들(subjects)의 슬픔을 필요로 합니다. 그는 이러한 신도들이 스스로 죄의식을 느끼게 할 필요가 있습니다. 자동-정서 혹은 능동적인(acitive) 정동들은 우리가 행동 능력을 지니고 있다고, 그리하여 이러저러한 점에서 우리가 행위들의 영역으로 들어가기 위해 수동[정념]들의 영역을 떠나왔다고 가정합니다. 이것은 이제 우리가 살펴보아야 할 바의 것입니다.

우리는 어떻게 정서-관념들을 떠나올 수 있었을까요? 우리는 어떻게 우리의 행동 능력의 증대나 감소에 존속하는 수동적(passive) 정동들을 떠나올 수 있었을까요? 우리는 어떻게 부적실한 관념들의 세계를 떠나올 수 있었을까요? 우리의 조건이 엄밀하게 이러한 세계에 운명지워져 있는 것처럼 보인다고들 말했었는데 말이지요. 그 때문에 우리는 『에티카』를 일종의 극적 전환을 예비하는 것으로 독해해야 합니다. 이 책은 수동[정념]들이 더 이상 존재하지 않는, 행동 능력이 이러한 모든 연속적인 변이들을 피하는 대신 그것들에 정복되는, 능동적인 정동들에 대해 우리에게 이야기하려고 합니다. 여기에는, 매우 엄밀한 요점이 있습니다. 윤리와 도덕 사이에는 근본적인 차이가 존재합니다. 스피노자는 어떤 도덕을 만들어 내지 않습니다. [그것은] 다음과 같은 매우 단순한 이유 때문입니다. 그는 결코 우리가 무엇을 해야 하는지 묻지 않습니다. 그는 언제나 우리가 무엇을 할 수 있는지, 우리의 힘(power) 안에 무엇이 있는지 묻습니다. 윤리는 힘의 문제이지, 결코 의무의 문제가 아닙니다. 이러한 의미에서 스피노자는 근원적으로 비도덕적입니다. 선과 악이라는 도덕적 문제와 관련해서 그는 행복한 본성을 가지고 있습니다. 왜냐하면 그는 이것이 의미하는 바를 파악조차 하지 않기 때문입니다. 그가 파악하고 있는 것은 좋은 마주침들, 나쁜 마주침들, 힘의 증대들과 감소들입니다. 그러므로 그는 윤리학을 만들고 있는 것이지 도덕을 만들고 있는 것이 아닙니다. 이것이 그가 왜 그렇게 니체의 마음을 울렸는가 하는 이유입니다.

우리는 이러한 정서-관념들 그리고 이러한 정서적인 기쁨과 슬픔의 연속적인 변이들의 세계에 완전히 둘러싸여 있습니다. 그래서 때때로 나의 행동 능력은 증대하고, 때때로 감소합니다. 그러나 그것이 증대하건 감소하건, 나는 수동[정념]의 내부에 머뭅니다. 왜냐하면 두 경우 모두 나는 그것을 소유하지 않기 때문입니다. 나는 여전히 나의 행동 능력과 분리되어 있습니다. 그래서 나의 행동 능력이 증대된다는 것은, 내가 상대적으로 나의 행동 능력으로부터 덜 분리되어 있다는 것을 의미합니다. 역으로 나의 행동 능력이 감소된다는 것은, 내가 나의 행동 능력과 형식적으로 분리되어 있다는 것을 의미합니다. 결국 행동 능력을 갖고 있지 못함을 의미합니다. 다른 말로 하면, 나는 나 자신의 정동들의 원인이 아닙니다. 그리고 내가 나 자신의 정동들의 원인이 아니기 때문에 그것들은 다른 무언가에 의해 내 안에서 생산됩니다. 그러므로 나는 수동적입니다. 나는 수동[정념]의 세계 속에 있습니다.

그러나 통념-관념들과 본질-관념들[3]이 존재합니다. 이미 통념-관념들의 단계에서 이러한 세계로부터의 일종의 탈출이 나타나려고 합니다. 하나는 절대적인 불능(impotence)의 세계에 완전히 휩싸이고 봉인되어 있습니다. 나의 행동 능력이 증대할 때조차도 그것은 변이의 한 단편 위에 존재합니다. 아무것도 나에게, 거리의 구석에서 내가 머리에 엄청난 일격을 당하리라는 것을, 그리고 나의 행동 능력이 다시 떨어지리라는 것을 보증하지 않습니다.

여러분은 정서-관념이 하나의 혼합물이라는 것을 기억합니다. 나의 신체 위에 가해진 어떤 신체의 효과에 대한 관념 말입니다. 하나의 통념-관념은 더 이상 내 신체 위에 가해진 또 다른 신체의 효과와 관련이 없습니다. 그것은 그것의 대상으로 두 신체들 사이의 특징적인 관계들의 일치 혹은 불일치를 갖고 있는, 그런 것들과 관계되는 신체입니다. 만일 이러한 관념이 존재한다면 – 우리는 그러한 것이 존재하는지 아직 알지 못합니다. 그러나 우리는 그것이 존재할 수 없다는 결론을 의미한다 할지라도 언제나 무언가를 규정할 수 있습니다 – 그것은 우리가 명목적 규정이라고 부르게 될 [어떤] 것입니다. 나는 그 통념에 대한 명목적 규정이란, 그것이 또 다른 신체 위에 가해지는 어떤 신체의 효과, 즉 두 신체들의 혼합물을 의미[재현]하는

---

3. [옮긴이] notion-ideas와 essence-ideas는 각각 통념-관념들과 본질-관념들로 옮긴다.

것이 아니라 두 신체들의 특징적인 관계들의 내적인 일치 혹은 불일치를 의미[재현]하는 관념이라는 것이라고 말하고자 합니다.

한 가지 사례를 들고자 합니다. 만약 내가 비소(砒素)라고 불리는 신체의 특징적인 관계에 대하여, 그리고 인간 신체의 특징적인 관계에 대하여 충분히 알고 있었다면, 이러한 두 관계들의 불일치에 대한 어떤 통념을 형성할 수 있었을 겁니다. 어떤 특정한 관계 아래에서는 비소가 나의 신체의 특징적인 관계를 파괴한다고 말해도 좋을 정도로 말입니다. 나는 [비소에] 중독되어 죽게 됩니다. 여러분은 그 통념이 정서의 관념과는 다르며, 한 신체의 다른 신체와의 외적인 관계의 포착이 아니라는 것을 알고 있습니다. 그 통념은 원인의 파악으로까지 고양됩니다. 즉 만일 그 혼합물이 이러저러한 효과를 갖는다면, 이것은 고찰되고 있는 두 신체들의 관계의 성질에 의해, 그리고 신체들 중의 한 신체의 관계가 또 다른 신체의 관계와 결합되는 방식에 의해 그러한 것입니다. 언제나 관계들의 합성(composition)이 존재합니다. 내가 중독될 때, 비소의 신체는, 나의 특징을 규정하는 관계가 아닌 다른 관계 속으로 내 신체의 부분들이 들어가도록 유도합니다. 바로 그 때 나의 신체의 부분들은 비소에 의해 유도된 새로운 관계 속으로 들어갑니다. 그것은 비소와 완전하게 결합됩니다. 비소는 나를 먹이로 하기 때문에 행복합니다. 스피노자가 매우 잘 표현하고 있듯이, 각각의 신체는 하나의 영혼을 갖고 있기 때문에, 비소는 기쁜 수동[정념]을 겪습니다. 따라서 비소는 기쁩니다. 하지만 나는 어떨까요, 나는 분명 기쁘지 않습니다. 그것은 그 자신의 신체, 즉 비소의 신체와 결합되는 관계 속으로 나의 신체의 일부가 들어가도록 유도했습니다. 나, 나는 슬픕니다. 나는 죽음을 향해 나아가고 있습니다. 여러분은 그 통념 – 그것에 다다를 수 있다면 – 이 가공할 사태임을 알고 있습니다.

우리는 해석 기하학에서 멀리 떨어져 있지 않습니다. 하나의 통념은 전혀 추상적이지 않습니다. 그것은 매우 구체적입니다. 이 신체는 여기 있고, 저 신체는 저기 있는 식으로 말입니다. 만일 내가, 내 자신과 나의 특징적인 관계에 대한 관계 속에서 이를테면 나를 불쾌하게 하는 것의 영혼 및 신체와 특징적인 관계를 가지고 있었다면, 나는 모든 것을 파악했을 것입니다. 그것들의 원인들과 분리된 효과들에 의해서만 아는 것이 아니라 원인들에 의해 알게 되었을 것입니다. 마치 왜 어떤 사람이 나를 기쁘게 하는지를 이해했던 것과 꼭 마찬가지로 말입니다. 나는 하나의 사례로 소화와 관련된(digestive) 관계들을 들었습니다만, 사랑의(amorous) 관계들을 위해 선(線)을 바꾸어야 할 필요는 없을 것입니다. 그것은 결코 스피노자가 소화 작용(digestion)을 이해하듯 사랑을 이해했다는 뜻이 아닙니다. 스피노자는 사랑을 이해하듯 마찬가지로 소화 작용을 이해했습니다. 『스트린드베르크』에 나오는 커플을 예로 들어볼까요? [여기에서는] 관계들에 대한 이러한 종류의 해체가 나타납니다. 그리고 나서 그들은 다시 시작하기 위해 재결합됩니다. 정동의 이러한 연속적인 변이는 무엇일까요? 어떻게 어떤 불일치가 어떤 사람들과는 일치할까요? 왜 어떤 사람들은 어떤 무한히 반복되는 가정불화 속에서 살아가야만 할까요? 그것들은, 마치 그것이 그들을 위한 냉수욕이었던 것처럼, 그것으로부터 출현합니다.

여러분은 통념-관념과 정서-관념 사이의 차이를 이해하고 있습니다. 통념-관념은 그것이 원인들에 의한 인식(connaissance)이기 때문에 필연적으로 적실합니다. 스피노자는 이 두 번째 종류의 관념을 설명하기 위하여 통념이라는 용어를 사용할 뿐만 아니라, 또한 공통 통념(common notion)이라는 용어를 사용합니다. 이 단어는 매우 애매합니다. 그것은 모든 정신들(minds)에 공통적일까요? 긍정과 부정, 이것은 스피노자에게서는 매우 엄밀합니다. 어쨌든, 가급적 공통 통념과 추상을 혼동하지 마세요. 스피노자는 언제나 공통 통념을 다음과 같이 규정합니다. 즉 그것은 모든 신체들이나 몇몇 신체들 - 적어도 두 신체들 - 에 공통적인, 그리고 전체 그리고 그 부분에 공통적인 어떤 것의 관념이다. 그러므로 모든 정신들(minds)에 공통적인 공통 통념들이 분명 존재합니다. 그러나 그것들은 오직 그것들이 우선 모든 신체들에 공통적인 어떤 것의 관념인 만큼만 모든 정신들(minds)에 공통적입니다. 그러므로 이것들은 전혀 추상적인 통념들이 아닙니다. 무엇이 모든 신체들에 공통적일까요? 예컨대 운동 안에 혹은 정지에 존재하기. 운동과 정지는 모든 신체들에 공통적이라고 말해지는 통념들의 대상들일 것입니다. 그러므로 모든 신체들에 공통적인 어떤 것을 가리키는 공통 통념들이 존재합니다. 두 신체들이나 두 영혼들 - 예컨대 내가 사랑하는 누구 - 에 공통적인 어떤 것을 가리키는 공통 통념들도 존재합니다. 다시 한번 [말하건대] 공통 통념은 추상적이지 않습니다. 그것은 종(種)이나 유(類)와 아무런 관계가 없습니다. 그것은 실제로 몇몇 신체들에 혹은 모든 신체들에 공통적인 무엇에 대한 언표(énoncé)입니다. 아니, 스스로 몇몇 신체들로 이루어지지 않은 단일한 신체란 존재하지 않기 때문에 각각의 신체 안에는 공통적인 사물들이나 공통적인 통념들이 존재한다고 말할 수 있습니다. 그러므로 우리는 다시 다음과 같은 질문에 의지하게 됩니다. 우리로 하여금 혼합물의 운명에 처하게 만드는 이러한 상황에서 어떻게 벗어날 수 있을까? 여기에서 스피노자의 텍스트들은 매우 복잡합니다. 이러한 벗어남[이탈]은 다음과 같은 방식으로 이해할 수 있을 뿐입니다. 대체로 말하자면, 내가 우연한 마주침들 속에서 정동될 때, 나는 슬픔에 정동되거나 혹은 기쁨에 정동될 것입니다. 내가 슬픔에 정동될 때, 나의 행동 능력은 감소합니다. 말하자면 이 능력으로부터 더욱더 분리되는 것이지요. 내가 기쁨에 정동될 때, 나의 행동 능력은 증대합니다. 말하자면 이 능력으로부터 덜 분리됩니다. 좋습니다. 만일 여러분이 스스로 슬픔에 정동되었다고 생각한다면, 나는 모든 것이 비참하다고, 하나의 단순한 이유로 출구가 더 이상 존재하지 않는다고 믿습니다. 여러분의 행동 능력을 감소시키는 슬픔 속의 어느 것도 여러분을 슬픔으로 정동하는 신체들과 여러분 자신의 신체에 공통적이게 될 어떤 것에 공통적인 하나의 통념을 형성하기 위하여 슬픔에서 여러분을 유도해 낼 수 없습니다. 여러분을 슬픔으로 정동하는 신체는 여러분 자신의 신체와 합치하지 않는 관계 속에서 여러분을 정동하는 만큼 여러분을 슬픔으로 정동할 뿐이라는 한 가지 매우 단순한 이유로 그렇습니다. 스피노자가 의미한 것은 매우 단순한 어떤 것, 즉 슬픔이 누구도 지성적으로 만들지 않는다는 것입니다. 슬픔 속에서는 비참해집니다. 권력(power-that-be; pouvoirs)이 슬퍼할 백성들을 필요로 하는 것은 바로 이러한 이유 때문입니다.

고뇌(agony)는 결코 지성이나 쾌활의 문화적 게임이었던 적이 없습니다. 여러분이 슬픈 정동을 가지고 있는 한, 하나의 신체가 여러분의 신체 위에, 하나의 영혼이 여러분의 영혼 위에, 여러분의 것들과 합치하지 않는 조건들과 그러한 관계 속에서 작용합니다. 그 때에 슬픔 속의 어느 것도 여러분으로 하여금 공통 통념, 즉 두 신체들과 두 영혼들 사이에 공통적으로 존재하는 어떤 것이라는 관념을 형성하도록 유도할 수 없습니다. 이것이 죽음을 생각하는 것이 가장 기본적인 것인 이유입니다. 스피노자는 죽음에 대한 명상인 철학 전통 전체에 반대합니다. 그의 정칙(定則)은 철학이 삶에 대한 명상이지 죽음에 대한 명상이 아니라는 것입니다. 명백히 죽음이란 언제나 나쁜 마주침이기 때문입니다.

또 다른 사례를 들어 보지요. 여러분은 기쁨으로 정동됩니다. 여러분의 행동 능력은 증대합니다. 이것은 아직 여러분이 그것을 소유하고 있다는 것을 의미하지 않습니다. 그러나 여러분이 기쁨으로 정동된다는 사실은 여러분을 정동하는 신체나 영혼이 여러분 자신의 신체와 결합되어 있는 어떤 관계 속에서 여러분을 정동한다는 것을 의미하고 지시합니다. 이것은 사랑의 정칙 그리고 소화적인 정칙을 향해 나아갑니다. 그러므로 기쁨의 정동 속에서, 여러분을 정동하는 신체는 여러분 자신의 신체와 맺는 관계를 결합하는 것을 가리키는 것이지 여러분 자신의 신체를 해체하는 관계를 가리키는 것이 아닙니다. 여기에서 무엇인가 여러분으로 하여금, 여러분을 정동하는 신체에 그리고 여러분 자신의 신체에 공통적인, 여러분을 정동하는 영혼에 그리고 여러분 자신의 영혼에 공통적인 어떤 통념을 형성하도록 유도합니다. 이러한 의미에서 기쁨은 사람을 지성적이게 만듭니다. 거기에서 우리는 그것이 흥미로운 일임을 느낍니다. 왜냐하면 기하학적인 방법이건 그렇지 않건, 그를 전부라고 가정합니다. 그는 그것을 증명합니다. 그러나 일종의 살아 있는 경험에 대한 명백한 호소가 존재합니다. 지각 방식에 대한, 그리고 더욱 많게는, 삶의 방식에 대한 명백한 호소가 존재합니다. 슬픈 수동[정념]들을 이렇게 증오한다는 것은 필연적입니다. 스피노자에게서 슬픈 수동[정념]들의 목록은 무한합니다. 그는 모든 보상의 관념이 슬픈 수동[정념]을 봉인하고 있다고, 모든 안전의 관념이 슬픈 수동[정념]을 봉인하고 있다고, 모든 궁지의 관념이 죄의식을 봉인하고 있다고 말하는 데에까지 더 나갑니다. 그것은 『에티카』에서 가장 놀라운 순간들 중의 하나입니다. 기쁨의 정동들은 하나의 도약판과 같습니다. 그것들은 슬픔들만이 존재했다면 결코 통과할 수 없었을 어떤 것을 우리가 관통하게 만들어 줍니다. 그는 우리가 정동하는 신체와 정동되는 신체에 공통적인 것에 대한 관념을 형성하도록 요구합니다. 이것은 실패할 수도 있지만 또한 성공할 수도 있고 [그 결과] 내가 지성적이 될 수도 있습니다.

라틴어에서 선하게 되어가는 사람은 동시에 사랑에 빠진 사람입니다. …… 이것은 수업 중에 이해가 됩니다. 그것은 무엇에 연결될까요? 그 사람은 어떻게 진보를 이루어 낼까요? 우리는 결코 하나의 동질적인 선 위에서 진보하지[전진하지] 않습니다. 여기에서의 무언가가 우리를 저곳으로 나아가게 합니다. 마치 하나의 작은 기쁨이 여기에서 방아쇠를 당겼던 것처럼 말입니다. 다시 어떤 지도를 그릴 필요성이 제기됩니다. 여기에서 풀어진 것이 저기에서 무엇을 일으켰을까요? 하나의 작은 기쁨이 슬픈 정동들을 일소하거나 투쟁의 과정 중에 있는 구체적인 관념들의 세계 속으로 우리를 뛰어들게 합니다. 이 모든 것은 연속적인 변이의 일부를 이룹니다. 그러나 그와 동시에 이 기쁨은 우리가 어쨌든 연속적인 변이를 넘어설 수 있도록 추동합니다. 그것은 우리가 최소한 공통 통념의 잠재력(potentiality)을 획득하도록 만듭니다. 이것을 매우 구체적으로 이해하는 것이 필요합니다. 이것들은 매우 국부적인 것들입니다. 만약 여러분이 하나의 공통 통념을 형성하는 데 성공한다면, 어떤 지점에서든지 여러분 자신이 이러저러한 사람과 혹은 이러저러한 동물과 관계를 맺게 된다면, 여러분은 다음과 같이 말할 것입니다. 나는 마침내 어떤 것을 이해한다. 나는 어제보다는 덜 어리석다. 여러분이 말하는 "나는 이해했다"라는 것은 때때로, 여러분이 하나의 공통 통념을 형성한 순간입니다. 여러분은 그것을 매우 국지적으로 형성했습니다. 그것은 여러분에게 모든 공통 통념들을 제공하지 않았습니다. 스피노자는 전혀 합리주의자처럼 사고하지 않습니다. 합리주의자들에게는 이성(reason)의 세계가 존재합니다. 관념들이 존재합니다. 당신이 하나를 가지고 있다면 당신은 그것들 전부를 가지고 있는 것이다. [고로] 당신은 합리적이다. 스피노자는 합리적이라고 하는 것이, 혹은 현명하다고 하는 것이, 하나의 특이한 방식으로 이성 개념의 내용들을 바꾸는, 되기(becoming)의 문제라고 사고합니다. 여러분과 합치하는 마주침들을 인식할 필요가 있습니다. 어떤 것이 그/녀의 정동되는 능력을 초과할 때 그것이 그/녀에게 좋다고 아무도 말할 수 없을 것입니다. 가장 아름다운 것은 경계들 위에서, 그/그녀 자신의 정동되는 능력의 한계에서, 기쁨의 한계와 슬픔의 한계가 존재하기 때문에 이것이 기쁜 한계가 되는 조건 위에서 살아가는 것입니다. 그러나 여러분의 정동되는 능력을 초과하는 것은 추합니다. 상대적으로 추한 것입니다. 파리들에게 좋은 것은 반드시 여러분에게 좋지 않습니다. …… 어떠한 추상적인 통념도 더 이상 없습니다. 인간 일반에 좋기만 한 어떤 정칙(定則)은 존재하지 않습니다. 중요한 것은 여러분의 어떤 능력[힘]이 여러분에게 적합한가 하는 것입니다. 로렌스는 자신의 유작들에서, 직접적으로 스피노자적인 것 – 당신의 정동되는 능력을 초과하는 강도는 나쁘다 – 을 말했습니다. 그것은 지당한 말입니다. 내 눈에 너무 강렬한 파란색을 보고 아름답다고는 하지 못할 것입니다. 그 파란색이 어쩌면 다른 누군가에는 아름다울 것입니다. [여러분] 모두에게 좋은 것은 존재한다고 말하는군요. 맞아요, 정동되는 능력들은 결합되어 있으니까요.

전체 우주의 정동되는 능력을 규정한 정동되는 능력이 존재했다고 추정하는 것은 분명 가능합니다. 모든 관계들이란 단지 어떠한 질서 속에서가 아니라 무한에 결합되어 있기 때문입니다. 나의 관계는 비소의 관계와 결합되지 않습니다. 그렇다면 이것이 무엇을 할 수 있을까요? 확실히 이것은 나에게 많은 것을 행합니다. 그러나 이 순간에 내 신체의 일부는 비소의 관계와 결합되는 새로운 관계 속으로 다시 들어갑니다. 어떤 질서 속에서 그 관계들이 결합되는지 아는 것이 필요합니다. 그러나 만일 우리가 어떤 질서 속에서 전체 우주의 관계가 결합되는지를 안다면, 우리는 전체 우주 – 우주(cosmos)가 될, 그것이 하나의 신체 혹은 영혼인 한에서 하나의 세계가 될 – 의 정동되는 능력을 규정할 수 있을 것입니다. 이 때 전체 세계는 결합되는 관계들의 질서를 따르는 하나의 단일한[특이한] 신체일 뿐입니다. 이 때 여러분은 정확히 말하자면 정동되는 우주적 능력을 갖게 됩니다. 신 – 그가 그 자신의 원인인 한 전체 세계인 신 – 은 본성상 정동되는 우주적 능력을 갖습니다. 그가 이상한 방식으로 신에 대한 관념을 사용하는 과정 중에 있다고 말하는 것은 소용이 없습니다.

여러분은 어떤 기쁨을 경험합니다. 여러분은 이 기쁨이 여러분과 관계있다고, 이것이 여러분의 주요한 관계들 – 여러분의 특징적인 관계들 – 과 관련하여 중요한 무언가와 관계있다고 느낍니다. 그렇다면 여기에서 그것은 하나의 도약판으로서 여러분에게 기여함에 틀림없습니다. 여러분은 다음과 같은 통념-관념을 형성합니다. 나를 그리고 나 자신의 신체를 정동하는 신체는 어떤 점에서 합치하는가? 나를 그리고 나 자신의 영혼을 정동하는 영혼은 어떤 점에서 합치하는가? 그것들의 관계의 합성의 관점에서 볼 때 그러한 것이지, 그것들의 우연한 마주침들의 관점에서 볼 때는 더 이상 그렇지 않습니다. 여러분은 일반적으로 행해지는 것과는 반대의 일을 하고 있는 것입니다. 일반적으로 사람들은 자신들의 불행들을 개괄하는 경향이 있습니다. 여기에서 노이로제나 우울증이 시작됩니다. 이 때 우리는 그 전체들(totals)을 상상하려고 시도합니다. 저런, 이것이 있네, 저것이 있네 하는 식으로 말입니다. 스피노자는 그것과는 반대의 것을 제안합니다. 우리의 슬픔들을 개괄하는 대신, 기쁨 위에서 국부적인 출발점을 취합니다. 기쁨이 정말로 우리의 관심을 끈다고 우리가 느낀다는 조건 위에서 말입니다. 그 출발점 위에서 우리는 공통 통념을 형성합니다. 그 출발점 위에서 우리는 국부적으로 승리하고자 애쓰고, 이 기쁨을 활짝 열어 놓으려고 애씁니다. 그것은 삶의 노동입니다. 사람들은 각자의 기쁨 몫에 비해 각자의 슬픔 몫을 감소시키고자 합니다. 그리고 다음과 같은 굉장한 일격을 시도합니다. 이러저러한 신체와 내 자신의 신체 사이의 합치의 관계들을 가리키는 공통 통념들은 충분히 납득할 만하다. 그렇다면 그와 동일한 방법을 슬픔에 적용시키고자 할 것이다. 그러나 슬픔을 기초로 해서 그것을 할 수는 없다. 말하자면 우리는 공통 통념을 형성하려고 할 것인데, 그 통념에 의해서 우리는, 이 몸과 저 몸이 불일치해서 어떠한 일치도 더 이상 거둘 수 없는 생생한 방식의 이해에 도달할 것입니다. 그것은 더 이상 연속적인 변이가 되지 않습니다. 그것은 하나의 종형 곡선(bell curve)이 됩니다.

여러분은 기쁜 수동[정념]들에서, 행동 능력의 증대에서 벗어납니다. 여러분은 그것들을 첫 번째 유형의 공통 통념들을 형성하기 위해, 즉 기쁨으로 나를 정동한 신체와 내 자신의 신체 사이에 공통적으로 존재했던 것에 대한 통념을 형성하기 위해 이용합니다. 여러분은 여러분의 살아 있는[생생한] 공통 통념들을 최대로 열어젖히고 다시 한번 슬픔을 향하여 하강합니다. 이번에는 어떤 식으로 이러한 신체가 여러분 자신의 신체와 불일치하는지, 어떤 식으로 이러한 영혼이 여러분 자신의 영혼과 불일치하는지 이해하기 위하여 여러분이 형성하는 공통 통념들을 가지고 그렇게 합니다. 이 때에 여러분은 이미, 여러분이 적실한 관념 안에 있다고 말할 수 있습니다. 실제로 여러분이 원인들에 대한 인식을 통과해 왔기 때문입니다. 여러분은 이미, 여러분이 철학 속에 있다고 말할 수 있습니다. 단 한 가지, 즉 삶의 양식이 중요합니다. 단 한 가지, 즉 삶에 대한 성찰이 중요합니다. 그것은 죽음에 대한 성찰이기는커녕 오히려, 죽음이 내 안에서 상대적으로 가장 작은 부분을 단지 마지막에만 정동하도록 만드는 데에서, 다시 말해 그것을 하나의 나쁜 마주침으로 실현하는 데에서 나타나는 작용입니다. 어떤 신체가 지쳐 있는 한 나쁜 마주침들의 가능성들이 증대한다는 것은 아주 잘 알려져 있습니다. 그것은 하나의 공통 통념, 불일치의 공통 통념입니다. 내가 젊은 한, 죽음은 정말 바깥으로부터 오는 어떤 것입니다. 몸 안의 질병의 경우를 제외한다면 그것은 정말 외부적인 사건입니다. [이런 경우에는] 공통 통념이 존재하지 않습니다. 또 다른 한편으로 하나의 신체가 나이가 들 때, 그 신체의 행동 능력은 감소한다는 것은 사실입니다. 나는 어제는 할 수 있었던 것을 이제는 더 이상 할 수 없습니다. 바로 이것, 이러한 종류의 행동 능력 감소는 나이가 들고 있는 나를 움츠러들게 합니다. 솔직히 말해 어릿광대(clown)란 무엇입니까? 그것은 정확히, 나이 드는 것을 받아들이지 않는 유형(type)입니다. 그는 충분히 빠르게 나이가 드는 방법을 알지 못합니다. 어릿광대가 되는 ― 나이 든 사람을 연기하는 ― 또 다른 방식 역시 존재하기 때문에 너무 빨리 나이들 필요는 없습니다. 나이가 들면 들수록 나쁜 마주침들을 덜 갖기를 원합니다. 그러나 젊을 때에는 나쁜 마주침의 위험 속으로 뛰어듭니다. 행동할 수 있는 그의 능력이 나이가 들어감으로 인하여 줄어드는 만큼, 정동될 수 있는 그의 능력은 변화합니다. 그렇게 되지 않을 때에는 계속해서 젊은이로서 행동하게 되는데, 그러한 유형은 흥미롭습니다. 그것은 매우 슬픕니다. 피츠제럴드의 소설들 중의 하나에는 흥미로운 대목(『밤은 부드럽고』의 수상스키 이야기)이 있습니다. 나이 드는 법을 모르는 것에 대한 정말 아름다운 10쪽 분량의 대목입니다. …… 여러분은 구경꾼들에게 거북하지 않은 스펙터클들을 알고 있습니다.

나이 드는 법을 아는 것은 공통 통념들이 여러분들로 하여금 사물들이나 다른 신체들이 어떤 식으로 여러분 자신의 신체들과 불일치하는지를 이해하도록 만들 수밖에 없는 순간에 도달하는 것입니다. 그 다음에는 반드시, 여러분의 나이에 걸맞은 우아함이 될, 무엇보다도 젊음에 매달리지 않는, 새로운 우아함을 발견하는 것이 필요할 것입니다. 그것은 일종의 지혜입니다. 그것은 "좋을 대로 삶을 살라"라고 말하게 하는 건강(good health)이 아닙니다. 그것은 더 이상 삶에 매달리고자 하는 의지가 아닙니다. 스피노자는 감탄스럽게도 어떻게 죽어야 할지를 잘 알고 있었습니다. 그러나 그는 자신이 무엇을 할 수 있는지를 매우 잘 알고 있었고, 다른 철학자들에게 "꺼져 버려"라고 말할 수 있는 방법을 알고 있었습니다. 라이프니츠는 하찮은 원고들을 훔치러 그에게 왔었습니다. 나중에 그것들이 자신의 것이었다고 말하기 위해서 말이지요. 이와 관련해서는 매우 흥미로운 이야기들이 있습니다. 그, 라이프니츠는 위험한 사람이었습니다. 나는 이 두 번째 단계에서 사람들이 통념-관념 – 여기에서 관계들이 결합됩니다 – 을 획득한다고 말하는 것으로 끝을 맺고자 합니다. 다시 한번 [말하자면] 이것은 추상적이지 않습니다. 내가 그것이 대단히 중요한 (vital) 기획(enterprise)임을 말하려고 노력했던 것을 보면 알 수 있듯이 말입니다. 우리들은 수동[정념]들을 뒤에 남겨 놓고 떠나왔습니다. 이제 우리는 행동 능력을 형식적으로는 소유하게 되었습니다. 추상적인 관념들이 아닌, 문자 그대로 삶의 규칙들인 통념들의 형성은 나로 하여금 행동 능력을 갖게 해 줍니다. 공통 통념들은 두 번째 종류의 인식(connaissance)입니다. 세 번째 종류의 인식을 이해하기 위해서는 먼저 두 번째 종류의 인식을 이해하는 것이 필요합니다. 스피노자만이 세 번째 종류의 인식으로 들어갔습니다. 공통 통념들을 초월하여 말이지요. …… 여러분들은 공통 통념들이 추상적이지 않으면서 한편으로 집단적임을, 그것들이 항상 어떤 다수성을 가리킨다는 것을, 그러나 그것들이 그럼에도 그 자체로는 개별적임을 [이미] 알고 있습니다. 그것들은 이러저러한 신체들이 일치를 이루는 방식들입니다. 그 한계에서 그것들은 모든 신체들이 일치를 이루는 방식들입니다. 그러나 그 순간 그것은 개별성인 전체 세계입니다. 따라서 공통 통념들은 항상 개별적입니다.

심지어 관계들의 합성을 넘어, 공통 통념들을 규정하는 내적 일치들을 넘어, 특이한 본질들이 존재합니다. 차이가 무엇일까요? 다음과 같이 말하는 것이 필요할 것입니다. 그 한계에서, 나를 특징지우는 관계 및 관계들이 나의 특이한 본질을 표현하지만, 그럼에도 불구하고 그것은 동일한 것이 아니다. 왜 그럴까요? 왜냐하면 나를 특징지우는 관계 …… 내가 여기에서 말하고 있는 것이 그 텍스트 안에 전혀 없지만 실천적으로 저기에 존재하기 때문입니다. 공통 통념들 혹은 나를 특징지우는 관계들은 여전히 내 신체의 외연적 부분들과 관계됩니다. 나의 신체는 무한(infinte)으로 확대된 부분들의 무한성

(infinity)으로 구성되어 있습니다. 그리고 이러한 부분들은 나의 본질과 상응하지만 나의 본질과 혼동되지는 않는 이러저러한 관계들 속으로 들어갑니다. 왜냐하면 나를 특징지우는 관계들이란 여전히 내 신체의 확장된 부분들이 [그 아래에서], 운동과 정지를 하면서, 관련되어 있는 규칙들이기 때문입니다. 반면 특이한 본질은 능력(puissance)의 어떤 정도입니다. 다시 말해 이것들은 내 강도의 문턱들입니다. 이것들은 가장 낮은 것과 가장 높은 것 사이에 있는, 나의 출생과 나의 죽음 사이에 있는 나의 강도적 문턱들입니다. 내가 보기에, 스피노자가 특이한 본질이라고 부르는 것은 하나의 강도적 자질입니다. 마치 우리들 각자가 그/녀의 본질과 관련된 강도들의, 또한 확장된 부분들, 외연적 부분들을 조절하는 관계들의 일종의 복합체에 의해 규정되었던 것처럼 말입니다. 그래서 내가 통념들에 대한, 다시 말해 그것들의 확장된 부분들의 관점에서, 그것들의 연장(extension)의 관점에서 신체들의 일치 혹은 불일치를 조절하는 운동과 정지의 관계들에 대한 인식(connaissance)을 갖고 있을 때, 나는 아직 그것이 강도인 정도까지 나의 본질에 대한 완전한 소유감을 갖고 있는 것이 아닙니다. 그리고 신이란 도대체 무엇입니까? 스피노자가 신을 절대적으로 무한한 능력(puissance)이라고 규정할 때, 그는 제대로 표현한 것입니다. 스피노자는 모든 용어들을 명시적으로 채택합니다. 라틴어로 gradus인 정도(degree)는 중세 철학에서의 오랜 전통과 관계됩니다. 외연적 부분들과는 반대로 혹은 그것과는 달리, 정도(gradus)는 강도적 양입니다. 따라서 각자의 특이한 본질을 이러한 종류의 강도로, 혹은 강도의 한계로 이해하는 것이 필요할 것입니

다. 그것은 특이합니다. 왜냐하면 그것이 우리의 유(類)의 커뮤니티이건 종(種)의 커뮤니티이건, 우리들이 예컨대 모두 인간이고 그러면서도 우리들 중 누구도 동일한 문턱을 가지고 있지 않기 때문입니다.

뱅센느대학 강의_ 1980년 12월 12일

이 대목에서 꽁트주의자들의 개입과 발언이 있었지만 카세트 청취가 불가능하여 기록되지 못했다.

질 들뢰즈 여러분과 나 사이에는 여전히 하나의 차이점이 있음을 느낍니다. 여러분은 어떤 진정으로 스피노자적인 개념을 매우 성급하게 강조하는 경향이 있습니다. 존재 안에서 유지하려는 경향에 대한 개념 말입니다. 지난 번 여러분은 나에게 코나투스, 다시 말해 존재 안에서 유지하려는 경향에 대해 말했습니다. 그리고 나에게 이렇게 물었습니다. 왜 그것을 다루지 않는 거죠? 나는 우선은 그것을 끌어들일 수 없는데, 왜냐하면 (내가 읽고 있는 것 중에서) 스피노자의 다른 개념들을 강조하고 있는 중이며, 존재 안에서 유지하려는 경향, 그것을 나에게 본질적인 개념들인 다른 개념들 – 능력(puissance)과 정동 – 로부터 끌어낼 것이라고 대답했습니다. 오늘, 여러분은 동일한 테마로 돌아왔습니다. 토론의 여지조차 없습니다. 여러분은 또 다른 독해, 즉 다르게 강조된 독해를 제안할 것입니다. 분별 있는[이성적인] 사람과 미친(insane) 사람에 관해서는, 따라서 나는 정확히 다음과 같이 대응할 것입니다. 스피노자에 따르면 무엇이 미친 사람과 분별 있는 사람을 구별하는가? 역으로 동시에 다음과 같은 질문도 가능합니다. 무엇이 그들을 구분하지 않는가? 어떤 관점에서 그들은 구별되지 않을 수 있는가? 어떤 관점에서 그들은 구별되지 않을 수 없는가? 내가 읽은 것에 의하자면, 나는 스피노자의 응답이 매우 엄밀하다고 말할 것입니다. 스피노자의 응답을 요약하자면, 이 요약은 나에게는 다음과 같이 보입니다. 어떤 관점에서 볼 때, 분별 있는 사람과 미친 사람을 구별할 이성(reason)은 존재하지 않습니다. 또 다른 관점에서 볼 때 [그러한] 구별을 할 이성(reason)은 존재한다.

첫째, 힘(power)의 관점에서 볼 때, 분별 있는 사람과 미친 사람 사이의 구별을 도입할 이성은 없습니다. 이것이 의미하는 것은 무엇일까요? 그것은 그들이 동일한 힘(power)을 갖고 있다는 것을 의미할까요? 아닙니다. 그것은 그들이 동일한 힘을 가지고 있다는 것을 의미하는 것이 아니라, 그들 각각이 자신 안에 있는 것만큼의 자신의 힘을 실현하거나 실행한다는 것을 의미합니다. 다시 말해서, 그들 각각은 자신 안에 있는 것만큼, 자신의 존재 안에서 유지하려고 노력합니다. 그러므로 힘의 관점에서 볼 때, 각자가 자연의 권리에 따라, 자신의 존재 안에서 유지하려고 노력하는 한, 즉 자신의 힘을 실행하려고 애쓰는(endeavor) 한 ─ 여러분은 내가 언제나 **노력**(effort)을 괄호 안에 넣는다는 것을 알고 있습니다 ─ 그는 유지하려고 노력한다, 혹은 그가 자신 안에 존재하는 만큼 자신의 존재 안에서 유지한다는 것을 의미하지 않습니다. 이런 이유로 나는 코나투스라는 관념, 노력(effort)이라는 관념을 좋아하지 않습니다. 이것은 스피노자의 사유를 번역해 내지 못합니다. 왜냐하면 존재 안에서 유지하려는 노력이라고 부르는 것은, 내 안에서 존재하는 만큼, 각각의 순간에 나의 힘을 실행한다는 사실을 가리키기 때문입니다. 그것은 어떤 노력이 아닙니다. 그러나 힘의 관점에서 볼 때, 따라서 나는 각자가 어떤 가치를 가지고 있는지 도무지 말할 수 없습니다. 왜냐하면 각자는 동일한 힘을 가지고 있을 것이기 때문입니다. 실제로 미친 사람의 힘은 분별 있는 사람의 힘과 같지 않습니다. 그러나 그 둘 사이에 공통적으로 존재하는 것은 그것이 어떤 힘이든지 각자가 자신의 힘을 실행한다는 것입니다. 그러므로 이러한 관점에서, 나는 분별 있는 사람이 미친 사람보다 더 낫다고 말하지 않을 것입니다. 나는 그럴 수 없습니다. 나는 그렇게는 말할 수 없습니다. 각자는 어떤 힘을 가지고 있습니다. 각자는 자신 안에 있는 것만큼의 힘을 실행합니다. 그것은 자연스러운 권리이며, 자연의 세계입니다. 이러한 관점에서 본다면 나는 분별 있는 사람과 미친 사람 사이의 질(質)에 어떠한 차이가 있는지 구별할 수 없을 것입니다.

 그러나 또 다른 관점에서 나는 분별 있는 사람이 미친 사람보다 **더 낫다는 것**을 매우 잘 알고 있습니다. 더 낫다는 것은 무엇을 의미할까요? 그 말의 스피노자적 의미로는 더 강력하다고 말할 수 있을 것입니다. 그러므로 이러한 관점에서 나는 분별 있는 사람과 미친 사람 사이를 구분해야만 하고, 또 실제로 그렇게 합니다. 이러한 관점은 무엇일까요? 스피노자에 따른다면, 나의 대답은 정확히 다음과 같은 것이 될 것입니다. 힘(power)의 관점에서 여러분은 분별 있는 사람과 미친 사람을 구별할 아무런 이성(reason)도 없습니다. 그러나 또 다른 관점에서, 다시 말해 정동들의 관점에서 여러분은 분별 있는 사람과 미친 사람을 구별합니다. 이러한 다른 관점은 어디에서 출현할까요? 여러분은 힘이 항상 현실적이라는(actual) 것을, 그것이 언제나 실행된다는 것을 기억하고 있습니다. 바로 이러한 정동들이 그것을 실행합니다. 정동들은 힘의 실행들입니다. 그것은 내가 능동[행위]과 수동[정념] 속에서 경험하는 것입니다. 바로 이것이 매순간 나의 힘을 실행합니다. 만일 분별 있는 사람과 미친 사람이 구분된다면, 그것은 힘에 의해서가 아닙니다. 각자는 자신의 힘을 실현합니다. 그것은 정동들에 의해서입니다. 분별 있는 사람의 정동들은 미친 사람의 정동들과 동일하지 않습니다. 그래서 이성(reason)의 전체 문제는 스피노자에 의해 정동들의 더욱 일반적인 문제의 특별한 경우로 전환될 것입니다. 이성은 정동의 일정한 유형을 가리킵니다. 그것이 바로 매우 새로운 것입니다.

이성이 관념들에 의해 규정되지 않게 될 것이라고 말하는 것, 맞습니다. 그것 역시 관념들에 의해 규정될 것입니다. 정동의 일정한 유형에 존재하는, 정동되는 일정한 방식에 존재하는 실천적인 이성(reason)이 존재합니다. 그것은 이성의 매우 실천적인 문제를 제기합니다. 그러한 순간에 이성적이 된다는 것은 무엇을 의미할까요? 필연적으로 이성은 정동들의 총화(ensemble)입니다. 그것이 정확히, 이러저러한 조건들 속에서 힘이 실행되는 형태들이라는 단순한 이유 때문에 말입니다. 그러므로 꽁트주의자들에 의해 막 제기되었던 물음에 비해 나의 대응은 상대적으로 다음과 같이 엄격합니다. 실제로 어떤 차이가 분별 있는 사람과 미친 사람 사이에 존재하는가? 어떤 관점에서 볼 때 아무것도 존재하지 않는다. 그것은 힘의 관점이다. 또 다른 관점에서 볼 때, 엄청난 차이가 존재한다. [그것은 힘을 실행하는 정동들의 관점에서이다.

뱅센느대학 강의_1981년 1월 20일

블레이흔베르흐 : 합성과 관계들의 해체

블레이은베르흐에게 보내는 편지들4에서 보이는 스피노자의 예를 봅시다: 나는 기본적으로 감각적인 욕구(appetite)나 그 외의 것에 의해 이끌린다. 또 다른 사례를 들어봅시다: 나는 진실한 사랑을 느낀다. 이러한 두 경우들은 무엇일까요? 스피노자가 우리에게 제공하는 기준에 따라 그것들을 이해하려고 노력하는 것이 필요합니다. 기본적으로 감각적인 욕구. 지극히 단순한 표현. 그것이 좋지 않다고, 나쁘다고 느낀다. 그것은 어떤 의미에서 나쁜 걸까요? 내가 기본적으로 감각적인 욕구에 의해 이끌릴 때 그것이 의미하는 것은 무엇일까요? 그것은 다음과 같은 것을 의미합니다. 그것 안에는 하나의 행위[능동], 즉 행위하려는 경향 – 예를 들어 욕망 – 이 존재합니다. 내가 기본적으로 감각적인 욕구에 의해 이끌릴 때 욕망에는 어떤 일이 일어날까요? 그것은 무엇의 욕망입니다. 이 욕망은 무엇일까요? 그것은 어떤 것의 이미지 – 예컨대 나는 부정한 여자를 욕망한다 – 와 관련

---

4. [옮긴이] 블레이흔베르흐와 교환된 서신은, 편지 18~27(25, 26 제외)이다. 특히, 본 세미나에서 들뢰즈의 주된 전거가 되는 것은 편지 21이라고 할 수 있다. 보다 구체적으로는 C. Appuhn의 불어판 206쪽을 보길 바란다.

하여 특징지어질 수 있을 뿐입니다.

리샤르 핀하스 여럿을! (일동 웃음) 아니 더 부정한, 훨씬 더 부정한 여자를! 여럿을!

질 들뢰즈 예. 그것은 무엇을 의미하죠? 그가 간통에서의 차이를 제시했을 때 우리는 그것의 일부를 보았습니다. 그게 전부입니다. 그 사례들의 우스운 측면은 잊으세요. 하지만 그것들은 우습지 않습니다. 그것들은 사례들입니다! 이러한 경우에, 그가 기본적으로 감각적이라고, 기본적으로 감각적인 욕구라고 부르는 것, 기본적으로 감각적인 것은 이러한 사실에 존재합니다. 즉 그 행위는, 모든 방식들로, 심지어 예를 들어 사랑을 하는 것, 그 행위는 하나의 덕입니다! 왜 그럴까요? 그것은 나의 신체가 행하는 어떤 것이기 때문입니다. 능력(puissance)의 테마를 절대 잊지 마세요. 그것은 내 신체의 능력 안에 있습니다. 그래서 그것은 하나의 덕입니다. 그리고 이런 의미에서 그것은 능력의 표현입니다.

그러나 만일 내가 그것과 함께 거기에 머문다면, 나는 기본적으로 감각적인 욕구를 사랑 중에서 가장 아름다운 사랑과 구분해 낼 아무런 수단도 갖지 못할 것입니다. 그러나, **천하게 감각적인 욕구가 있을 때, 이것은 무엇 때문인가요?** 그것은 사실 내가 나의 행위 혹은 나의 행위의 이미지를, 이 행위에 의해 그 관계가 분해되는, **한 사물의 이미지에 연합시키기 때문입니다.** 몇몇 다른 방식들로, 모든 방식들로, 스피노자가 취했던 바로 그러한 사례 속에서, 예컨대 만일 내가 결혼한 처지라면, 나는 하나의 관계를, 그 짝의 관계를 해체합니다. 혹은 만일 또 다른 사람이 결혼한 처지라면, 나는 그 짝의 관계를 해체합니다. 하지만 더욱이 기본적으로 감각적인 욕구 속에서 나는 모든 종류의 관계들을 해체합니다. 그것의 파괴를 위한 취향과 맺은 기본적으로 감각적인 욕구, 우리가 관계들의 해체들 위에서 다시 모든 것을 취하는 선, 관계들의 해체라는, 관계들의 파괴라는 일종의 매혹. 그와 반대로 사랑 중에서 가장 아름다운 사랑 속에서. 거기에서, 내가 결코 정신(mind)을 인용하고 있는 것이 아님을 주목하세요. 평행론에 따른다면, 그것은 스피노자적이지 않을 것입니다. 나는 사랑들 중에서 가장 아름다운 사랑의 경우에 속하는 어떤 사랑을, 가장 기본적으로 감각적인 사랑보다 신체적으로 [그에] 못지않은 사랑을 말하고 있는 것입니다. 차이는 단순히, 사랑 중에서 가장 아름다운 사랑, 나의 행위, 동일자, 정확히 동일자, 나의 육신적 행위, 나의 신체적인 행위는 그 관계가 직접적으로 결합되어 있는, 직접적으로 내 행위의 관계와 조합되어 있는 사물[사태]의 이미지와 관련된다는 점입니다. 바로 이러한 의미에서 그 두 개의 결합하는 개별자들은 그것들 양자를 부분들로 갖는 하나의 개별자를 사랑스럽게 형성하는 것입니다. 그와 반대로, 기본적으로 감각적인 사랑 속에서, 하나는 다른 하나를 파괴합니다. 다른 하나는 그 하나를 파괴합니다. 거기에서는 관계들의 해체의 전체 과정이 존재합니다. 간단히 말해, 그것들은 그것들 서로에게 난폭하게 대하고 있는 것처럼 사랑을 합니다.

이 모든 것은 매우 구체적입니다. 그것은 그렇게 작동합니다.

스피노자가 우리에게 이야기하는 바에 따르면, 우리는 언제나 다음과 같은 것에 직면할 뿐입니다. 여러분은 결국 여러분의 행위가 관련되는 사물의 이미지를 선택하지 않습니다. 그것은 원인들에 대한,

그리고 여러분이 잘 모르는 결과들에 대한 전체적인 유희를 끌어들입니다. 진정, 이 기본적으로 감각적인 사랑이 여러분을 사로잡도록 만드는 것은 무엇일까요? 여러분은 여러분 자신에게 '흥, 나는 다른 것을 할 수 있어!'라고 자신에게 이야기할 수 없습니다. 스피노자는 자유의지를 믿었던 사람들 중의 하나가 아니었습니다. 아니, 그것은 사물들의 이미지를 행위들에 관련시키는 전체적인 결정론입니다. 그렇다면 문제가 되는 것은 다음과 같은 정식입니다. 나는 내가 가지고 있는 정서들에 의해 될 수 있는 만큼 완전하다. 그것은 내가 만일 기본적으로 감각적인 욕구에 의해 지배된다면 내가 될 수 있는 한 완전하다고, 가능한 한 완전하다고, 그것이 나의 존재하는 힘(pouvoir) 안에서 그런 것만큼 완전하다고 이야기하는 것입니다.

그리고 나는 '나는 더 좋은 상태를 빼앗기고 있다'라고 말할 수 있었을까요? 스피노자는 매우 확고한 것처럼 보입니다. 블레이흔베르흐에게 보내는 편지들에서 그는 다음과 같이 말하고 있습니다. 나는 내가 더 좋은 상태를 빼앗기고 있다고 말할 수 없다. 나는 그것을 말할 수조차 없다. 왜냐하면 그것은 도무지 말이 안 되기 때문이다. 내가 기본적으로 감각적인 욕구를 경험하는 순간을 말한다는 것 – 만일 여러분이 이미 그것을 보지 못하였다면, 되돌아오는 이러한 사례를 그 텍스트 속에서 다시 한번 보게 될 것입니다. 왜냐하면 블레이흔베르흐가 거기에서 이 사례에 집착하기 때문입니다. 실제로 그것은 매우 단순합니다. 매우 명확합니다. 내가 말할 때, 내가 기본적으로 감각적인 욕구를 경험하는 그 순간에 '아, 나는 참된 사랑을 빼앗겼어!'라고 말할 때, 만일 내가 그렇게 이야기한다면, '나는 무언가를 빼앗졌어!'라고 말하는 것은 무엇을 의미할까요? 말 그대로 그것은 아무 것도, 스피노자에게 있어서는 정말 아무 것도 의미하지 않습니다! 그것은 단지 나의 정신이 내가 가지고 있는 어떤 상태를 내가 가지고 있지 않은 어떤 상태와 비교한다는 것을 뜻합니다. 다른 말로 하면 그것은 어떤 실재적인 관계가 아닙니다. 그것은 정신의 비교입니다. 정신의 순수한 비교 말입니다. 그리고 스피노자는 다음과 같이 말하는 데에까지 이릅니다. 돌이 시력을 빼앗겼다고 그 순간 거기에서 말하는 것이 낫다. 여러분은 그 순간 거기에서, 돌이 시력을 빼앗겼다고 말하는 것이 낫습니다. 실제로, 왜 나는 돌을 인간의 기관과 비교하지 않았을까요? 정신의 동일한 비교의 이름으로 나는 다음과 같이 말할 것입니다. 돌은 보이지 않는다. 그러므로 그것은 시력을 빼앗긴다. 그리고 스피노자는 분명하게 다음과 같이 언급했습니다. 나는 그 텍스트들을 찾지 않는다. 왜냐하면 당신이 내가 바라던 그것들을 읽고 있기 때문이다. 스피노자는 분명하게 블레이흔베르흐에게 다음과 같이 답합니다. 내가 기본적으로 감각적인 욕구를 경험한 순간에 더 좋은 사랑을 빼앗겼다고 말하는 것이 어리석었던 것만큼 그것에 대해 말함으로써 그것이 시력을 빼앗겼다고 말하는 것도 똑같이 어리석다.

정녕 그렇다면 이 단계에서 우리는 스피노자에 귀를 기울이게 됩니다. 그리고 우리는 작동하지 않는 무언가가 존재한다고 스스로에게 말합니다. 왜냐하면 스피노자의 비교 안에서 나는 두 가지의 판단을 받아들이고 돌에 대해서 다음과 같이 말하기 때문입니다. 돌은 볼 수 없다. 돌은 시력을 빼앗겼다. 그리고 나는 그들이 덕을 빼앗긴 기본적으로 감각적인 욕구를 경험하는 누군가에 대해 말합니다. 스피노자의 주장에 따른다면, 이 두 명제들은 동일한 유형에 속할까요? 그것들이 동일하지 않다는 것은 너무나 명백합니다. 만일 스피노자가 우리에게 그것들이 동일한 유형에 속한다고 말한다면 그것은 그가 도발적이 되기를 원하는 것임을 우리가 확신할 수 있음은 명백합니다. 그는 우리에게 다음과 같이 말하기를 원합니다. 나는 여러분이 그 두 명제들 사이의 차이에 대해서 말해 주기를 요구한다. 그러나 우리는 차이를 느낍니다. 스피노자의 도발은 우리로 하여금 어쩌면 그것을 발견하도록 해주고 있는 것인지 모릅니다. 두 경우에 있어서, 두 명제들의 입장에서 볼 때, 시력을 빼앗긴 돌(la pierre)은, 아니면 덕을 빼앗긴 삐에르(Pierre) — 이번에는 사람 이름 — 는 두 상태 — 내가 가지고 있는 상태와 내가 가지고 있지 않은 상태 — 사이의 정신(mind)의 비교일까요? 동일한 유형의 정신의 비교일까요? 분명히 아닙니다. 왜일까요? 돌이 시력을 빼앗겼다고 말하는 것은, 전반적으로 볼 때, 돌 안의 어떤 것도 볼 가능성을 포함하고 있지 않다고 말하는 것입니다. 반면, 내가 '그는 진정한 사랑을 빼앗겼어'라고 말할 때 그것은 동일한 유형의 비교가 아닙니다. 왜냐하면 이번에는 내가, 다른 순간들에 있어서 여기의 이 존재가 진정한 사랑을 닮았던 어떤 것을 경험했다는 점을 배제하지 않기 때문입니다. 다른 말로 하면, 문제는 이렇습니다. 동일한 존재 내부의 비교는 두 존재들 사이의 비교와 유사한가? 나는 매우 천천히 나아가고자 합니다. 비록 여러분이 이 모든 것이 언급되지 않은 채 지나간다는 인상을 받더라도 말입니다. 스피노자는 그 문제에 대해서 물러서지 않습니다. 그는 맹인의 예를 듭니다. 그리고 우리에게 조용히 말합니다. (그러나 다시 한번 그는 무슨 생각으로 이와 같은 것을 말했을까요? 이렇게 너무나 명백하게 부정확한 것을 말입니다.) 그는 우리에게 다음과 같이 말합니다. 맹인은 아무것도 빼앗기지 않았다. 왜일까요? 그는 그가 가지고 있는 정서들에 따를 때 최대한 완전합니다. 그는 시각적 이미지들을 빼앗겼습니다. 맹인이 된다는 것은 시각적 이미지들을 빼앗긴다는 것입니다. 이것이 의미하는 바는 그가 못 본다는 것입니다. 아울러 돌도 역시 못 봅니다. 그리고 스피노자는 다음과 같이 말합니다. 이러한 관점에서 볼 때 맹인과 돌 사이에는 아무런 차이가 없다. 즉, 그 하나는 다른 것과 마찬가지로 시각적 이미지들을 갖지 않기 때문입니다. 그래서 그것은 참으로 어리석을 뿐입니다. 스피노자의 말에 따르자면, 맹인이 시력을 빼앗겼다고 말하는 것은 돌이 시력을 빼앗겼다고 말하는 것만큼이나 어리석은 일입니다. 그렇다면 맹인은? 그가 최대로 완전하다고요? 무엇 때문에? 여러분은 심지어, 스피노자가 '그의 능력(puissance)에 따라서'라고 말하지 않는다는 것을 알고 있습니다. 그는 맹인이 그의 능력의 정서들에 따라 최대한 완전하다고 말합니다. 그것은 그가 행할 수 있는 이미지들에 따르는 것입니다. 그가 행할 수 있는 이미지들에 따르는 것, 그것은 그의 힘(power)의 진정한 정서들입니다. 그래서 그것은 다음과 같이 말하는 것과 완전히 똑같은 것이 될 것입니다. 돌은 시력을 갖지 않는다. 맹인은 시력을 갖지 않는다.

본질의 순수한 순간성

블레이흔베르흐는 여기에서 무언가를 이해하기 시작합니다. 그는 이해하기 시작합니다. 그렇지만, 스피노자는 왜 이러한 종류의 도발을 행하는 걸까요? 그리고 블레이흔베르흐는 다시 한번.[5] 내가 볼 때 그것은 블레이흔베르흐가 스피노자가 잘못되었음을 알아채지 못하기 때문에 그가 어리석다고 말함으로써, 주석가들이 잘못을 범하고 있는 바로 그 전형적인 사례의 지점인 것 같습니다. 블레이흔베르흐는 스피노자에게 즉각적으로 다음과 같이 대답합니다. 모든 것은 매우 아름답다. 그런데 당신은 본질의 일종의 순수한 순간성을 주장할지라도(스피노자는 이런 식으로 말한 적이 없습니다. 그러나 여러분은 그 텍스트가 정말로 동일한 것으로 귀결된다는 것을 알게 될 것입니다) 가까스로 그것을 알아챌 수 있을 뿐이다. 그것은 흥미로운 반론입니다. 그것은 훌륭한 반론입니다. 블레이흔베르흐는 다음과 같이 반박합니다. 당신은 맹인이 못 보는 것과 돌이 못 보는 것을 동일시할 수 없다. 당신은 단지, 그와 동시에, 본질의 일종의 순수한 순간성을 제기하는 한에서 그러한 동일시를 행할 수 있을 뿐이다. 다시 말해, 그것이 경험하는 한에서만 경험하는 현재적이고, 순간적인 정서만이 본질에 속하는 것이다. 여기에서 제기된 반론은 매우 강력합니다. 만약 내가 다음과 같이 말하고 있는 것이라면, 즉 나의 본질에는 오직 내가 지금 여기에서 경험하는 정서만이 속한다고 말하는 것이

---

5. [옮긴이] 원문에 서술어가 생략되어 있다.

라면, 그렇다면 실제로 나는 아무것도 빼앗기고 있지 않는 것입니다. 만일 내가 보이지 않는다면, 나는 시력을 빼앗기는 것이 아닙니다. 만일 내가 기본적으로 감각적인 욕구에 의해 지배된다면, 나는 더 나은 사랑을 빼앗기는 것이 아닙니다. 나는 아무것도 빼앗기지 않습니다. 정말로, 오직 내가 지금 여기에서 경험하는 정서만이 나의 본질에 속합니다. 그리고 스피노자는 다음과 같이 조용하게 대답합니다. 맞다. 그것이 사실에 부합한다.

이것은 흥미롭습니다. 무엇이 흥미로운 거죠? 그것은 본질이 영원하다고 우리에게 끊임없이 말하고 있는 게 동일 인물이라는 점입니다. 여러분의 것인, 그리고 나의 것인, 특이한 본질들. 모든 본질들은 영원하다. 그것이 본질은 지속하지 않는다고 말하는 한 가지 방식임을 주목하세요. 이제 사실상, 언뜻 보면 지속하지 않는 두 가지 방식 - 영원성의 방식 혹은 순간성의 방식 - 이 존재합니다. 이제 그가 한 가지 방식에서 다른 방식으로 어떻게 교묘하게 넘어가는가 하는 것은 매우 흥미롭습니다. 그는 우리에게 '본질들은 영원하다'라고 말하는 것으로 시작했고 지금은 '본질들은 순간적이다'라고 말합니다. 보다시피 그것은 매우 기괴한 입장이 되고 맙니다. 그 텍스트를 문자 그대로 따르자면 다음과 같습니다. 본질들은 영원하다. 그러나 본질에 속하는 그와 같은 것들은 순간적이다. 내가 현실적으로 경험하는 한에서 현실적으로 경험하는 것만이 나의 본질에 속한다. 그리고 실제로, 나의 본질을 규정하는 정서에 따라 나는 최대한 완전하다는 정칙은 이러한 엄격한 순간성을 함축합니다.

그것이야말로 그 서한의 최고의 요점입니다. 왜냐하면 가장 흥미로운 것이 일어나려고 하기 때문입니다. 스피노자는 그 서한에 점점 더 참을 수 없게 되어 이것에 매우 격한 반응을 보이게 됩니다. 여기에서 블레이흔베르흐는 항의조로 다음과 같이 말합니다. 그러나 결국 당신은 본질을 순간성에 의해 규정할 수 없게 되었다. 이것은 무엇을 의미하는가? 그렇다면 그것은 순수한 순간성인가? 때때로 당신은 기본적으로 감각적인 욕구를 갖는다. 때때로 당신은 더 나은 사랑을 갖으며, 그럴 때마다 매번 당신은 당신이 최대한 완전하다고 말할 것이다. 일련의 섬광들 속에서처럼 말이다. 다른 말로 하자면 블레이흔베르흐는 그에게 다음과 같이 말하고 있는 셈입니다. 당신은 지속의 현상을 몰아낼 수 없다. 하나의 지속이 존재한다. 그리고 당신이 더 나아질 수 있는 것은 정확히 이 지속에 의해서이다. 하나의 생성이 존재한다. 그리고 당신이 더 나아지거나 나빠질 수 있는 것은 바로 이 지속에 의해서이다. 여러분이 기본적으로 감각적인 욕구를 경험할 때, 당신에게 다가오는 것은 순수한 순간성이 아니다. 그것을 지속의 맥락에서 취하는 것이 필요하다. 요컨대, 당신은 전보다 더 나빠지게 된다. 그리고 더 나은 사랑이 당신 안에 형성되면, 물론 당신은 더 나아지게 된다. 지속의 환원불가능성이 존재한다. 다른 말로 하면, 본질은 그것의 순간적인 상태들 속에서 측정될 수 없다.

  실은 스피노자가 편지 왕래를 그만두고 있어서 흥미롭습니다. 이 지점에서부터 스피노자에게서는 아무런 대응이 없습니다. 그리고 그와 동시에 블레이흔베르흐는 경솔한 행동을 하고 맙니다. 이 말은, 그가 스피노자에게 중요한 질문을 제기했었지만, [지금은] 온갖 종류의 질문들을 던지기 시작한다는 것을 의미합니다. 그는 그가 스피노자를 [완전히] 간파했다고 생각합니다. 그래서 스피노자는 그에게 [자신을 가만히] 내버려두어 달라고 이야기합니다. 그는 그에게 잠시만이라도 그대로 두어 달라고, 평온을 유지하게 해 달라고 말합니다. 그는 잠시 서신 왕래를 끊고, 멈추어서, 더 이상 대꾸하지 않았던 것입니다.

이 모든 것은 매우 극적입니다. 왜냐하면 바로 다음과 같이 말해질 수 있기 때문이지요. '아! 그렇다면 그는 대답할 게 아무 것도 없었던 거야.' 만약 그가 대답해야 했다면, 스피노자는 대답을 할 수 있었을 테니까 말이야. 그리고 우리는 분명 그가 그 대답을 할 수 있었을 거라고 결론짓지 않을 수 없습니다. 그러므로 그가 대답을 하지 않았다면 그것은 그가 대답하고 싶지 않았기 때문이었고, 대답은 『에티카』 안에 모두 있습니다. 그러므로 그와 마찬가지로 어떤 점에서는 블레이흔베르흐와의 서신 왕래는 『에티카』보다 더 나아갔으며, 다른 점에서는, 그리고 내 생각으로는 단순한 이유로 인해 스피노자가 무엇보다도 블레이흔베르흐에게 자신이 이 책이 어떠한 것인가에 대한 생각을 이야기해 주고 싶지 않았기 때문입니다. 당시 모든 사람이 이야기하고 있던 그 책에 대해서 말이지요. 그는 엄청난 두려움을 느끼고 있었기에 숨기고 싶은 필요를 겪었는지도 모릅니다. 그는 블레이흔베르흐에게 그러한 생각을 전해 주고 싶지 않았던 것입니다. 그는 그가 적이 될 것이라고 느꼈습니다. 그래서 그는 『에티카』가 어떤 책인지에 대한 생각을 주고 싶지 않았습니다. 그래서 그는 서신 왕래를 끊습니다. 우리는 이러한 점에서 그가 주고 싶지 않은 대답을 가지고 있다고 생각할 수 있습니다. 그는 자신에게 다음과 같이 말합니다.

'나는 여전히 문제들을 가지고 있을 것이다.'

본질의 귀속 영역

그렇지만 우리는 이러한 대답을 재구성해 보고자 합니다. 스피노자는 지속(duration)의 존재에 대해 매우 잘 알고 있습니다. 여러분은 우리가 이제 세 가지 술어들 — 영원성, 순간성, 지속 — 을 가지고 유희하는 과정에 있다는 것을 알고 있을 것입니다. 순간성이란 무엇일까요? 우리는 아직 스피노자에게서 영원성이 무엇인지 전혀 모릅니다. 하지만 영원성은 본질의 양태(modality)입니다. 그것은 본질에 속하는 양태입니다. 본질이 영원하다 — 시간에 종속되지 않는다 — 고 가정해 봅시다. 이것이 의미하는 것은 무엇일까요? 우리는 [아직 그 대답을] 알지 못합니다.

순간성이란 무엇일까요? 순간성은 본질의 정서의 양태입니다. 다음과 같은 정식을 봅시다. '나는 언제나 지금 여기에서 내가 가지고 있는 정서들에 따라 최대한 완전하다. 그러므로 정서는 현실적으로 하나의 순간적인 단면이다.' 사실상 그것은 행위와 사물 이미지 사이의 수평적인 관계의 종(種)입니다. 그것은 세 차원을 갖습니다. 이것은 우리가 마치, 우리가 영역(sphere)이라고 부를 수 있는 것의 세 가지 차원을 구성하는 과정에 놓여 있는 것과 같습니다. 여기에서 나는 하나의 단어를 선택합니다. 그것은 전혀 스피노자적이지 않습니다만, 나는 이것을 다시 묶어주는 데 도움을 줄 하나의 단어를 선택합니다. 그것은 후설적인 단어입니다. 바로 본질의 귀속 영역입니다. 즉 본질은 그것이 속하는 바의 것입니다. 나는 스피노자가 이 본질의 귀속 영역이 세 가지 차원을 갖는다고 말할 것이라 생각합니다. 본질 자체가 존재합니다. 지금 여기 본질의 정서들이 존재합니다. 그것들은 너무나 많은 순간들, 즉 바로 이 순간 나를 정동하는 것 – 과 같습니다. 그렇다면 무엇이 존재하는 걸까요?

여기에서 스피노자가 정서와 정동을 엄밀하게 구별하는 그 용어법이 중요하다는 점이 드러납니다. affectio를 정서(affection)로 번역하는 사람들이 많지만(모든 번역자들이 affectio를 정서로 번역합니다), affectus를 감정(feeling)으로 번역하는 사람들도 많기 때문에 이것은 복잡합니다. 한편으로 이것은, 불어로는, 정서와 감정의 차이에 대해 별반 이야기해 주지 않고, 다른 한편으로 그것은 부끄러운 일입니다. 약간 더 거친 단어가 더 나을 것입니다. 하지만 내가 보기에는, affectus를 정동(affect)으로 번역하는 것이 더 좋을 것 같습니다. 왜냐하면 그 단어가 불어에 있기 때문입니다. 이 단어는 적어도 정서와 정동에 공통적인 동일한 뿌리를 유지시켜 주기 때문입니다. 그러므로 스피노자는, 그의 용어법에 의해서이긴 하지만, affectio와 affectus를, 정서와 정동을 제대로 구별하고 있습니다.

정서는 정동을 봉인한다

정동이란 무엇일까요? 스피노자는 그것이 정서가 봉인하는 어떤 것이라고 이야기합니다. 정서는 정동을 봉인합니다. 여러분은 정서가 문자 그대로 효과(effect)임을 기억할 겁니다. 매우 엄격한 정의를 내려 본다면, 그것은 나에게 가해지는 어떤 사물의 이미지의 순간적인 효과입니다. 예를 들어 지각들(perceptions)은 정서들입니다. 나의 행위와 연결되어 있는 사물들의 이미지가 정서입니다. 정서는 봉인하고 함축합니다. 이것들은 모두 스피노자가 빈번하게 사용하는 단어들입니다. 봉인한다는 것. 정말 그것들을 물질적 은유들로 받아들이는 것이 필요합니다. 다시 말해 정서 안에 정동이 존재하는 것입니다. 정동과 정서 사이에는 본성상 차이가 존재합니다. 정동은 정서에 의존하는 어떤 것이 아닙니다. 그것은 정서에 의해 봉인되어 있습니다. 그것은 정서와 다른 것입니다. 다시 한번 말합니다. 정동과 정서 사이에는 본성상 차이가 존재합니다. 나의 정서, 다시 말해 사물의 이미지 그리고 나에게 가해지는 이 이미지의 효과가 무엇을 봉인한다고요? 그것은 하나의 이행(passage) 혹은 변이(transition)를 봉인합니다. 이행과 변이를 매우 강렬한 의미로 받아들이는 것이 필요할 뿐입니다. 왜 그럴까요?

지속은 이행, 살아 있는 이행이다

알다시피 그것은 다음을 의미합니다. 그것은 정신의 비교 그 이상의 것입니다. 여기에서 우리는 더 이상 정신을 비교하는 영토 안에 있지 않습니다. 그것은 두 가지 상태에 놓여 있는 정신의 비교가 아닙니다. 그것은 정서에 의해, 모든 정서에 의해 봉인되는 이행, 혹은 변이(變移)입니다. 모든 순간적인 정서는 이행이나 변이를 봉인합니다. 변이? 무엇으로의 변이일까요? 이행? 무엇으로 이행일까요? 다시 한번 말하건대, 이것은 절대로 정신의 비교가 아닙니다. 좀더 찬찬히 나아가기 위해, 다음과 같은 것, 즉 '살아 있는 이행, 살아 있는 변이'를 덧붙여야 할 것 같습니다. 이것은 분명히 의식을 의미하는 것이 아닙니다. 모든 상태는 살아 있는 이행이나 변이를 함축합니다. 무엇에서 무엇으로의, 무엇과 무엇 사이의 이행일까요? 더 정확하게는, 시간의 두 계기[순간]들은 너무나 가까워서 나는 순간 A와 순간 A'를 생각하고 있습니다. 그러니까 이전의(antérieur) 상태로부터 현재의(actuel) 상태로의 이행이 존재하는 것입니다. 이전 상태에서 현재 상태로의 이행은 본성상 이전 상태와 차이가 나며 현재 상태와도 차이가 납니다. [여기에] 변이의 특유성이 있습니다. 그리고 바로 이것이야말로 우리가 지속이라고 부르는 것입니다. 바로 스피노자가 지속이라고 부르는 것입니다. 지속은 살아 있는 이행이며, 살아 있는 변이입니다. 지속이 무엇이라고요? 결코 한 사물에서 다른 사물로의 이행 이외의 것이 아닙니다. 단 그것이 살아 있는 것인 한에서라고 덧붙이는 것으로 충분합니다.

    몇 세기가 지난 후에 베르그송은 지속을 철학적 개념으로 만들 것입니다. 완전히 다른 영향력을 갖추고서 말입니다. 그것은 무엇보다도 그 나름의 방식으로 그러할 것입니다. 스피노자의 영향력 아래에서 그러하지는 않을 것입니다. 그럼에도 불구하고, 나는 베르그송적인 지속의 용법이 엄밀하게는 [스피노자의 용법과] 일치한다는 점을 지적하고 있는 것입니다. 베르그송은 자신이 지속이라고 부르는 것을 우리에게 이해시키고자 할 때 다음과 같이 이야기합니다. '당신은 심리 상태를 시간 속에서 당신이 원하는 만큼 밀착된 것으로 생각할 수 있다. 여러분은 상태 A와 상태 A'를 1분에 의해 분리되는 것으로, 아니 1초에 의해, 1,000분의 1초에 의해 완전히 분리되는 것으로 생각할 수 있다. 다시 말해, 당신은 더욱더 단면들을 분할하여, 점점 조밀하게[빈틈없이], 점점 서로 더 가까이 만들 수 있을 것이다.' 베르그송의 말에 따르면, 여러분은 시간을 해체하면서 무한에 이를지 모릅니다. 점점 더 빠른 속도로 단면들을 만들어 내면서 말이지요. 하지만 여러분은 겨우 [어떤] 상태들에 다다를 뿐일 것입니다. 또한 그는 상태들이 언제나 공간에 속한다고 덧붙입니다. 단면들은 언제나 공간적입니다. 그리고 여러분은 여러분의 단면들을 매우 잘 결합시켜 냈을 것입니다. 여러분은 반드시 무엇인가가 빠져나가도록 만들 것입니다. 그것은 한 단면에서 다른 단면으로의 이행입니다. 그것이 아무리 작다 할지라도 말입니다. 그렇다면, 그는 어떤 것을 가장 단순하게 지속이라고 부를까요? 그것은 한 단면에서 다른 단면으로의 이행입니다. 그것은 한 상태에서 다른 상태로의 이행입니다. 한 상태에서 다른 상태로의 이행은 하나의 어떤 상태가 아닙니다. 여러분은 나에게 이 모든 것이 강하지 않다고 말할 것입니다. 하지만 그것은 살아 있는 것(living)의 정말로 심원한 상(像)입니다. 어떻게 해서 우리는 이행에 대해서, 한 상태에서 다른 상태로의 이행에 대해서, 그것을 하나의 상태로 만들지 않고서, 한 상태에서 다른 상태로의 이행에 대해서 이야기할 수 있을까요? 이것은 표현, 문체, 운동의 문제들을 제기하는 것으로 연결됩니다. 그것은 모든 종류의 문제들을 제기하는 것으로 연결됩니다. 하지만 지속이란 다음과 같은 것입니다. 한 상태가 다른 상태로 환원될 수 없는 한에서, 어떠한 상태로도 환원될 수 없는 한에서, 그것은 한 상태에서 다른 상태로의 살아 있는 이행이다. 이것이 두 개의 단면들 사이에서 일어나는 일입니다.

어떤 의미에서 지속은 항상 우리의 등 뒤에 있습니다. 바로 우리의 등 뒤에서 지속은 발생합니다. 그것은 눈을 깜빡거리는 그 사이에 있습니다. '나는 누군가를 바라본다. 나는 누군가를 바라본다'와 같이 만약 여러분이 지속과 가까운 것을 원한다면, 지속은 여기에도 혹은 저기에도 없습니다. 지속은 어쩌면 다음과 같은 질문 속에 있을지 모릅니다. '그 둘 사이에 무슨 일이 일어났지?' 설령 내가 하고 싶은 대로 내가 재빨리 간다 할지라도, 지속은 훨씬 더 빨리 지나갑니다. 이것은 당연한 일입니다. 마치 속도의 가변계수에 의해 영향받은 것처럼 말입니다. 내가 가는 것처럼 빠르게 말입니다. 나의 지속은 더 빠르게 지나갑니다. 내가 아무리 빨리 한 상태에서 다른 상태로 통과해 간다 해도, 이행은 두 가지 상태들로 환원되지 않습니다. 모든 정서가 봉인하는 것이 바로 이것입니다. 나는 다음과 같이 말하겠습니다. 모든 정서는 우리가 그 정서에 도달하는 이행을 봉인한다. 아니 다음과 같이 말해도 똑같은 것이 될 것입니다. 모든 정서는 우리가 그 정서에 도달하는 이행을 봉인하며, 그 이행으로서 우리는 다른 정서를 향해 그 정서를 ― 그 두 정서들이 아무리 밀접한 것으로 여겨지더라도 ― 떠나게 된다. 그래서 나의 선(線)을 완성시키기 위해서는 세 개의 시간 ― A, A', A" ― 들로 된 선을 만들 필요가 있을 것 같습니다.

A는 현재 순간의, 순간적인 정서이고, A'는 조금 전의 정서이며, A"는 앞으로 일어날 것입니다. 내가 비록 가능한 한 밀접한 것으로 결합시켰지만, 그것들을 분리하는 무언가가, 말하자면 이행의 현상이 항상 존재합니다. 이 이행의 현상은 그것이 생생한(lived) 현상인 한에서 지속입니다. 이것은 본질의 세 번째 요소(member)입니다.

따라서 나는 정동에 대한 약간 엄격한 정의를 갖게 되었습니다. 정동이란, 모든 정서가 봉인하는 것이며, 그럼에도 불구하고 그것의 또 다른 본성은 바로 이행입니다. 그것은 이전 상태에서 현재 상태로의, 혹은 현재 상태에서 다음 상태로의 생생한 이행입니다. 좋습니다. 만일 여러분이 이 모든 것을 이해한다면, 우리는 지금 본질의 세 가지 차원들에 대한, 본질의 세 가지 요소들에 대한 일종의 해체 작업을 하고 있는 것입니다. 본질은 영원(성)의 형식하에서 그 자체에 속합니다. 정서는 순간(성)의 형식하에서 본질에 속합니다. 정동은 지속의 형식하에서 본질에 속합니다.

정동, 힘의 증대와 감소

그렇다면 이행이란 무엇일까요? 이행이 무엇일 수 있을까요? 너무 공간적인 관념은 접어두는 게 필요합니다. 스피노자는 우리에게 모든 이행에 대해서 말합니다. 그리고 이것은 그의 affectus, 즉 정동 이론의 기초가 될 것입니다. 모든 이행은 정동입니다. 여기에서 스피노자는 [이행이] '함축한다'라고 말하지 않습니다. 이 말이 정말 매우 중요하다는 것을 이해해야 합니다. 스피노자는 우리에게 정서에 대해 말하기를 그것이 정동을 함축한다고 말할 것입니다. 모든 정서는 정동을 함축하고 봉인합니다. 하지만 봉인되는 것과 봉인하는 것은 정말이지 동일한 성질을 갖지 않습니다. 모든 정서 – 이것은 단일한 순간의 모든 가능한(determinable) 상태를 가리킵니다 – 는 어떤 정동을, 어떤 이행을 봉인합니다. 그렇지만 이행 – 나는 이것이 무엇을 봉인하는지 묻지 않습니다. 이것은 봉인됩니다. [대신] 나는 그것이 무엇으로 이루어져 있는지를 묻습니다 – 이란 과연 무엇일까요? 그리고 스피노자로부터 내가 얻은 응답은 이렇습니다. 그것이 무엇인지 분명할까요? 그것은 나의 능력(puissance)의 증대와 감소입니다. 그것은, 아무리 적더라도, 나의 능력의 증대나 감소입니다. 두 가지 사례를 들어 보겠습니다. 나는 어두운 방에 있습니다. 나는 이러한 사례를 발전시켜 나가겠지만, 어쩌면 쓸모없을지 모르겠습니다. 하지만 그것은 여러분이 철학적 텍스트를 읽을 때 가장 정상적인[통상적인], 가장 일상적인 두뇌 상태를 유지하는 것이 필요하다고 여러분을 설득하는 것입니다. 여러분은 어떤 어두운 방에 있습니다. 여러분은 완전합니다. 스피노자는 다음과 같이 말할 것입니다. 정서들의 관점에서 판단해 보자. **여러분은 여러분이 가지고 있는 정서들에 따라 최고로 완전하다.** 여러분은 아무것도 가지고 있지 않습니다. 여러분은 가시적인 정서들을 가지고 있지 않습니다. 그렇습니다. 그게 전부입니다. 하지만 여러분은 최고로 완전합니다. 별안간 누군가 들어와서 아무런 경고도 없이 불을 켭니다. 나는 굉장히 눈이 부십니다. 내가 더 나쁜 사례를 들고 있었음을 주의하세요. 그러면 그렇게 하지 말고 사례를 바꿔 보겠습니다. 내가 틀렸습니다. 나는 어두운 방에 있습니다. 그런데 누군가 부드럽게 와서 불을 켭니다. 이 사례는 매우 복잡해질 것입니다. 여러분은 조만간 서로 매우 가까워질 수 있을 두 가지 상태를 갖게 됩니다. 내가 말하는 상태란, 어두운 상태[a], 그리고 b의 밝은 상태입니다.6 이 상태들은 서로 매우 가깝습니다. 나는 다음과 같이 말하고 있는 것입니다. 한 상태에서 다른 상태로의 이행이 존재한다. 그것은 너무나 빨라서 도무지 의식되지 않을 수도 있다. 여러분의 전체 신체 - 스피노자의 용어법에서 보자면 이것들이 바로 신체들의 사례들입니다 - 가, 여러분의 전체 신체가 이러한 새로운 상태에 적응하기 위하여 일종의 자기 기동을 갖는다고 말해도 좋을 정도로 말입니다. 정동이란 무엇일까요? 그것은 이행입니다. 정서는 어두운 상태이자 밝은 상태입니다. 절단되는, 두 개의 연속적인 정서들. 이행은 한 상태에서 다른 상태로의 생생한 변이(變移)입니다. 여기에서는 이 경우에 어떠한 물리적 변이가 일어나지 않음을, 오히려 생물학적 변이가 일어남을 주의하세요. 또한 변이를 만들어 내는 것이 바로 여러분의 신체임을 주의하세요.

모든 정서는 순간적이다

이것은 무엇을 의미할까요? 이행은 필연적으로 힘의 증대이거나

---

6. [옮긴이] 추측건대, 들뢰즈가 강의 중에 칠판에 '어두운 상태'를 'a', '밝은 상태'를 'b'라고 적어 놓고 설명하고 있는 상황인 것 같다.

힘의 감소입니다. [이것을] 미리 이해하는 것이 필요합니다. 그리고 이 모든 것이 그렇게 구체적인 것은 바로 이러한 이유 때문입니다. 그것은 미리 결정되지 않습니다. 어둠 속에서 여러분이 깊은 명상의 상태에 있다고 상상해 보세요. 여러분의 전체 몸[신체]은 이 깊은 명상에 집중되어 있습니다. 여러분은 어떤 상태를 유지하고 있습니다. 어떤 무뢰한이 들어와 불을 켭니다. 어쩔 수 없이 여러분은 막 떠오르고 있던 어떤 생각을 놓치게 됩니다. 여러분은 돌아서서 화를 냅니다. 이와 똑같은 사례를 다시 사용할 것이므로 이 사례를 계속 유지해 보겠습니다. 여러분은 그를 미워합니다. 설령 오랫동안은 아니라도 말입니다. 여러분은 그를 미워합니다. 그래서 그에게 이렇게 말합니다. "이봐, 뭐야!" 이와 같은 경우에 밝은 상태로의 이행은 여러분을 어떻게 만들게 될까요? 힘의 감소입니다. 분명 여러분이 어둠 속에서 안경을 찾고 있었다면, 그 경우에는 그러한 이행은 여러분에게 힘의 증대를 가져다줄 것입니다. 불을 켜준 그 사람에게 여러분은 이렇게 말합니다. "정말 고마워요. 친절하시기도 하셔라."

   우리는 어쩌면 이러한 힘의 증대와 감소 이야기가 매우 가변적인 방향들과 문맥들 속에서 작용할 것임을 이미 이야기했습니다. 하지만 대체로 방향들이 존재합니다. 만일 우리가 [이야기를] 여러분에게 고정한다면, 일반적으로 문맥을 고려하지 않고 [다음과 같이] 이야기할 수 있을 것입니다. 만일 누군가 여러분이 가질 수 있는 정서들을 증대시키면, 힘이 증대하고, 여러분이 가질 수 있는 정서들을 감소시키면, 힘이 감소된다. 그것이 항상 이와 같지 않음을 알면서도 우리는 이렇게 말할 수 있습니다. 내가 의미하는 것은 무엇일까요? 매우 단순합니다. 즉 모든 정서는 순간적이라는 것입니다. 여러분은 스피노자가 정말 얼마나 흥미로운 사람인지를 잘 알고 있을 것입니다. 그는 엄밀하게 다음과 같이 말할 것입니다. '모든 정서는 순간적이다.' 그리고 바로 이것이 그가 블레이흔베르흐에게 대답했던 바의 그것입니다. 그는 그것에 대해 더 이야기하고 싶지 않았습니다. 스피노자가 그의 사유를 왜곡했다고 말할 수는 없을 것입니다. 그는 단지 그것의 한 영역을 제시했을 뿐입니다. 그는 단지 하나의 단서를 주었을 뿐입니다. 모든 정서는 순간적이다. 스피노자는 항상 이렇게 말할 것입니다. 또한 다음과 같이 말할 것입니다. 내가 순간적으로 가지고 있는 것에 따라 나는 최고로 완전하다. 그것은 순간적인 본질에 속하는 영역입니다. 이러한 의미에서 좋음(good)도 나쁨(bad)도 존재하지 않습니다. 하지만 그 대신[역으로] 순간적인 상태는 항상 힘의 증대나 감소를 봉인하고, 이러한 의미에서 좋음(good)과 나쁨(bad)은 존재합니다. 바로 그렇기 때문에, 그것의 상태의 관점에서가 아니라 그것의 이행의 관점에서, 그것의 지속의 관점에서 보이지 않게 되는 것 속에 나쁜 무엇인가가 있는 것이고, 보이게 되는 것 속에 좋은 무엇인가가 존재합니다. 왜냐하면 그것은 힘의 증대이거나 아니면 힘의 감소이기 때문입니다. 그리고 여기에서 그것은 더 이상 두 상태 사이의 정신을 비교하는 장소(domain)가 아닙니다. 그것은 한 상태에서 다른 상태로의 생생한 이행의 장소이며, 정동에서의 생생한 이행의 장소입니다. 바로 그렇기 때문에 내가 보기에, 우리가 스피노자가 정신의 두 가지 상태들과, 한 상태에서 다른 상태로의 생생한 이행들 – 정동들 속에서 살 수 있을 뿐인 생생한 이행들 사이에 설정했던 대립을 염두에 두지 않는다면, 정동들에 대한 이론인 『에티카』에 대해서 아무 것도 이해할 수 없는 것 같습니다. 정동들은 기쁨이나 슬픔입니다. 여기에는 우리가 이해해야 할 것들이 꽤 많이 남아 있습니다. 나는 정동들이 힘의 증대나 감소를 알려준다고 말하지 않겠습니다. 나는 정동들이 생생한 힘의 증대 및 감소라고 말하겠습니다. 다시 한번 말하지만, 그것이 꼭 의식적일 필요는 없습니다. 나는 그것이 정동에 대한 정말이지 매우 심원한 파악(conception)이라고 생각합니다. 그렇다면 그것들을 더 잘 나타내기 위해 이름을 부여해 봅시다. 힘을 증대시키는 정동들을 기쁨들이라고 부르고, 힘을 감소시키는 정동들을 슬픔들이라고 부릅니다. 그리고 정동들은 기쁨에 기초하기도 하지만 한편 슬픔에 기초하기도 합니다. 이러한 점에서 스피노자의 다음과 같은 매우 엄밀한 규정들이 도출됩니다. 슬픔은 힘의 감소에 상응하는 정동이고, 기쁨은 힘의 증대에 상응하는 정동이다. 슬픔은 정서에 봉인되는 정동입니다. 정서란 무엇일까요? 그것은 나를 슬프게 만들고, 나에게 슬픔을 가져다주는 사물의 이미지입니다. 알다시피 여기에 모든 것이 있습니다. 이 용어법은 매우 엄밀합니다. 반복합니다. 나는 내가 말한 것 이외의 어떤 것도 알지 못합니다. 슬픔의 정동은 정서에 의해 봉인됩니다. 그 정서는 나에게 슬픔을 가져다주는 사물의 이미지입니다. 이 이미지는 매우 불명확할 수 있으며, 매우 혼란스러울 수 있습니다. [하지만 그것은 별 문제가 되지 않습니다. 나의 질문은 다음과 같습니다. 나에게 슬픔을 가져다주는 사물의 이미지가 왜, 그 사물의 이미지가 왜 행동 능력(puissance)의 감소를 봉인하는가? 나에게 슬픔을 가져다주는 이 사물은 무엇인가? 우리는 어쨌든 이러한 물음에 대한 답이 될 만한 모든 요소들을 가지고 있습니다. 이제 모든 것이 재편성됩니다. 만일 여러분이 나의 말을 이해했다면, 모든 것은 조화롭게, 매우 조화롭게 재편성되지 않을 수 없습니다. 나에게 슬픔을 가져다주는 사물은 그것이 맺는 관계들이 나의 관계들과 부합하지 않는 사물입니다. 그것이 정서입니다. 그 관계가 내 관계들 중의 하나 혹은 내 관계들의 총체성을 해체하는 경향이 있는 모든 사물들은 슬픔으로서 나를 정동합니다. 여러분이 엄밀한 상응을 가지고 있는 정서에 대해서, 나는 그것이 '내 관계들을 합성하지 않는 관계들을 갖는, 나의 관계들을 해체하는 경향이 있는 사물'이라고 말하겠습니다. 여기에서 나는 정서에 대해 말하고 있는 것입니다. 정동들에 대해서는 다음과 같이 말하겠습니다. 이 사물은 슬픔으로서 나를 정동한다. 그리하여 마찬가지로 내 힘을 감소시킨다. 여러분은 내가 순간적인 정서들이라는, 그리고 이행의 정동들이라는 이중적인 어법을 쓰고 있음을 알 것입니다. 그러므로 언제나처럼 나의 질문으로 돌아가 봅니다. 왜, 하지만 왜 그런가? 그 이유를 이해한다면 아마도 모든 것을 이해하게 될 것입니다. 어떻게 된 것일까요? 그가 한 가지 의미에서 슬픔을 취하고 있음을 알고 있을 것입니다. 그것들은 두 개의 커다란 정동적(affective) 색조들(tonalities)이지 두 개의 특별한 사례들이 아닙니다. 슬픔과 기쁨은 두 개의 커다란 정동적 색조들입니다. affectus, 즉 정동의 의미 속에서 정동적인 것입니다. 우리는 그것을 두 개의 계보 – 슬픔에 기초한 계보와 기쁨에 기초한 계보 – 로 이해하고자 합니다. 이 계보들은 정동 이론을 덮어씌우고 있습니다. 그것들의 관계들이 내 관계들과 부합하지 않는 사물이, 왜 슬픔으로서 나를 정동할까요? 왜 내 행동 능력을 감소시킬까요? 여러분은 우리가 다음과 같은 어떤 이중적인 생각을 갖고 있음을 알고 있습니다. 우리는 사전에[미리] 이해했다. 그런 뒤에 우리는 이해하기 위해 무언가를 빠뜨리고 있다. 무언가가 내 관계들과 조합되지 않는 관계들을 가지면서 제시될 때 일어나는 일, 그것은 어떤 기류(氣流)일 수 있을 것입니다.

[다시] 돌아가 보겠습니다. 나는 어두운 방 안에 방해 받지 않고 혼자 있습니다. 누군가 들어와서 나를 깜짝 놀라게 합니다. 누군가 문을 자꾸 두드려서 나를 깜짝 놀라게 합니다. 나는 생각의 갈피를 잃어버립니다. 누군가 들어와서 떠들기 시작합니다. 나는 점점 더 생각을 집중할 수가 없습니다. 오, 저런. 나는 슬픔에 정동됩니다. 맞습니다. 나는 슬픔을 느낍니다. 제기랄, 나는 방해받고 말았습니다. 스피노자는 다음과 같이 말할 것입니다. 슬픔의 계보란 무엇인가? 그렇다면 더욱더 그것이 미워집니다! 나는 [나를 방해한] 그에게 말합니다. "어이, 이것 보라구. 좋아." 그것은 그리 심각하지 않을 수 있었을 것입니다. 그것은 소소한 짜증일 수도 있었을 것입니다. 그는 나를 미칠 정도로 짜증나게 합니다. 의 나는 안정을 찾을 수가 없습니다. 정말이지 밉습니다!

미워하다, 이것은 무엇을 의미할까요? 알다시피 슬픔에 대해서 스피노자는 우리에게 이렇게 말합니다. 여러분의 행동 능력이 감소한다. 그러면 여러분은 그 능력, 여러분의 행동 능력이 감소하는 한 슬픔을 경험한다. 맞습니다. 나는 그것이 밉다. 이것이 의미하는 것은, 그것의 관계들이 여러분의 관계들과 합성되지 않는 사물과 여러분이

승강이를 벌인다는 것입니다. 이것이 여러분이 마음에 두고 있는 것 [바로] 그것일 뿐입니다. 여러분은 그것을 파괴하려고 애씁니다. 미워한다는 것은 여러분을 파괴하기 위해 위협하는 것을 파괴하기를 원한다는 것입니다. 이것이 미움이 의미하는 바입니다. 다시 말해 여러분을 해체하려고 위협하는 것을 해체하기를 원한다는 것입니다. 그래서 슬픔은 미움을 낳습니다. 그것이 기쁨 역시 낳는다는 것을 주의하십시오. 미움은 기쁨을 낳습니다. 그래서 두 개의 계보 – 하나는 슬픔, 하나는 기쁨 – 는 순수한 계보가 되려고 하지 않습니다. 미움의 기쁨이란 무엇일까요? 미움의 기쁨이 존재합니다.

스피노자는 다음과 같이 말합니다. 만일 여러분이 불행해지는 것을 미워하는[불행해지기를 원치 않는] 존재를 상상한다면, 여러분의 마음은 묘한 기쁨을 경험합니다. 어떤 미움은 수동[정념]들을 낳을 수조차 있습니다. 그리고 스피노자는 이것을 훌륭하게 해냅니다. 미움의 기쁨들이 존재합니다. 이러한 기쁨들이란 무엇일까요? 우리는 어쨌든 이러한 기쁨들이 묘하게 보충적이라고, 즉 간접적이라고 이야기할 수 있습니다. 그리고 이것은 우리로 하여금 나중을 위해 많이 나아가게 해줄 것입니다. 우선 미움 속에 있는 것은, 여러분이 미움의 감정을 가질 때, 언제나 근저에 있는 슬픔을 찾게 됩니다. 다시 말해 여러분의 행동 능력은 방해받고 감소되었던 것입니다. 그리고 비록 여러분이 사악한[잔인한] 마음을 가지고 있다 하더라도, 이 마음이 미움의 기쁨들 속에서 활개친다는 것을 믿을 수밖에 없다고 하더라도, 이러한 미움의 기쁨들은, 그것들이 거대한 만큼, 여러분이 그 일부를 이루는 불쾌한 작은 슬픔을 결코 제거하지 못할 것입니다. 여러분의 기쁨들은 보상의 기쁨들이기 때문입니다. 스피노자에게, 미움의 사람, 원한의 사람 등등은 최초의 슬픔에 의해 중독된 기쁨을 가지고 있는 부류의 사람들입니다. 슬픔이란 이와 같은 기쁨들 속에 있기 때문입니다. 결국 그는 슬픔으로부터 기쁨을 끌어낼 수 있을 뿐입니다. 타자에 의해 그 스스로 겪게 되는 슬픔, 자기자신을 만족시키기 위해 타자에게 주게 될 슬픔, 이 모든 것은 하찮은 기쁨들을 위한 것입니다. 스피노자가 말하는 것이 바로 이것입니다. 이것들은 간접적인 기쁨들입니다. 우리는 간접적·직접적인 우리의 기준들을 재발견합니다. 모든 것이 이 수준에서 동시에 발생합니다.

바로 그렇기 때문에 나는 나의 질문에 긍정으로 대답합니다. 그것이 모두 동일하다고 말하는 것이 필요합니다. 어떤 방식으로 정서, 즉 나 자신의 관계들과 부합하지 않는 어떤 것의 이미지가 나의 행동 능력을 감소시킬까요? 그것은 분명하기도 하고 또 그렇지 않기도 합니다. 여기에 바로 스피노자가 말한 의미가 있습니다. 여러분이 어떤 능력(puissance)을 가지고 있다고 상상해 보세요. 그것을 대략적으로 동일한 것으로 설정해 봅시다. 그리고 거기에서 첫 번째 경우에, 여러분은 여러분의 관계들과 조화되지 않는 관계들을 갖는 어떤 것에 직면합니다. 두 번째 경우에는 그와 반대로, 여러분은 여러분 자신의 관계들과 합성되는 관계들을 갖는 어떤 것과 마주칩니다. 스피노자는 『에티카』에서 'occursus'라는 라틴어 술어를 사용합니다. 'occursus'는 이 경우 정확히 '마주침'입니다. 나는 신체들과 마주칩니다. 나의 신체는 결코 신체들과 마주치는 것을 멈추지 않습니다. 그가 마주치는 신체들은 어떤 때는 그 자신의 관계들과 합성되는 관계들을 갖고,

또 어떤 때는 그의 관계들과 조화되지 않은 관계들을 갖습니다. 내가 내 관계들과 조화되지 않는 관계들을 갖는 신체와 만날 때 어떤 일이 일어날까요? 좋아요, 일종의 집착(fixation)과 같은 어떤 현상이 일어난다고 말하겠습니다. 그리고 여러분은 『에티카』의 4부에서 이 교의(敎義)가 매우 강력한 것임을 알게 될 것입니다. 그것이 완전히 긍정적인 것이라고 말할 수는 없지만 그것은 매우 시사적입니다. 이 집착이 의미하는 바는 무엇일까요? 요컨대 내 힘의 일부는 나와 합성되지 않는 대상의 흔적에 투여하고 그것을 국지화시키는 데에 완전히 바쳐집니다. 그것은 마치 내가 나의 근육을 긴장시키는 것과 같습니다. 다시 한번 예를 들어 보겠습니다. 내가 보고 싶지 않은 어떤 사람이 방에 들어옵니다. 나는 속으로 '오, 저런'하고 말합니다. 그리고 내 안에서는 일종의 투여와 같은 어떤 것이 만들어집니다. 거기에는 내 힘의 전체 부분이 그 대상이, 그 합성되지 않는 대상이 나에게 미친 영향을 막아내기 위해 존재합니다. 나는 그 사물이 나에게 남긴 흔적에 투여합니다. 나는 그 사물이 나에게 미친 흔적에 투여합니다. 다른 말로 하면, 그 영향(효과)을 제한하기 위해, 그것을 국지화시키기 위해 최대한 노력합니다. 즉 나는 그 사물의 흔적에 투여하는 데에 내 힘의 일부를 바칩니다. 왜 그럴까요? 분명 그것을 제거하기 위해서입니다. 그것을 멀리 놓기 위해서입니다. 그것을 피하기 위해서입니다. 이것은 말할 필요도 없는 것임을 이해해야 합니다. 부합하지 않는 사물의 흔적에 투여하는 데에 바친 이 힘의 양, 이것은 나에게서 제거되고 있는, 그래서 고정되어 있는 것이나 마찬가지인, 감소되는 내 힘의 총량입니다.

이것이 나의 힘이 감소한다는 것이 의미하는 바로 그것입니다. 그것은 내가 힘을 덜 갖고 있다는 것이 아닙니다. 이것은, 그것이 필연적으로 그 사물의 행위(action)를 피하는 것에 할당된다는 의미에서 내 힘의 일부가 제외된다는 것입니다. 모든 것이 마치 내 힘의 전체 부분이 더 이상 내 마음대로 되지 않는 것처럼 일어납니다. 이것은 정동적 슬픔의 색조입니다. 내 힘의 일부는 그 사물을 피하는 데에, 그 사물의 작용을 피하는 데에 존재하는 이 무가치한 필요를 만족시킵니다. 너무나 부동적인 힘. 그 사물을 피한다는 것은 그것이 내 관계들을 파괴하지 못하도록 막는다는 것입니다. 그래서 나는 나의 관계들을 견고하게 해온 것입니다. 이것은 굉장한 노력이 될 수 있습니다. 스피노자는 다음과 같이 말했습니다. 잃어버린 시간처럼, 상황을 벗어나는 것이 더 가치로울 수 있는 것처럼. 이런 식으로 내 힘의 일부는 고정됩니다. 이것은 바로 내 힘의 일부가 감소한다는 것을 뜻하는 것입니다. 사실상 내 힘의 일부는 나로부터 제외됩니다. 그것은 더 이상 나의 소유가 아닙니다. 그것은 투여됩니다. 그것은 일종의 경화(hardening)와 같습니다. 능력(puissance)의 경화 말입니다. 그것은 거의 바람직하지 않으며, 터무니없는 일이라고 할 수 있을 것입니다. 잃어버린 시간 때문에 말이지요! 그와 반대로 기쁨 속에서 그것은 매우 흥미롭습니다. 스피노자가 표현한 것처럼 기쁨의 경험. 예를 들어 나는 일치하는, 나의 관계들과 일치하는 어떤 것과 마주칩니다. 음악을 예로 들어 봅시다. 고통스러운(wounding) 소리들이 있습니다. 내 안에서 엄청난 슬픔을 일어나게 하는 고통스러운 소리들이 있습니다. 이 모든 것을 복잡하게 만드는 것은 언제나 이러한 고통스러운 소리들이 그와 반대로 유쾌하고 조화롭다고 생각하는 사람들이 있다는 점입니다. 하지만 이것이 삶의 기쁨을 만드는 것입니다. 즉 사랑과 미움의 관계입니다. 고통스러운 소리에 대한 나의 미움이 이 고통스러운 소리를 좋아하는 모든 사람들에게까지 확대되려 하기 때문입니다. 그래서 나는 집에 가서 나에게는 도전으로 보이는 – 정말이지 내 모든 관계들을 해체하는 – 이러한 고통스러운 소리들을 듣습니다. 이 소리들은 내 머릿속으로 들어옵니다. 그 소리들은 내 뱃속으로 들어옵니다. 내 힘의 전체 부분은 나를 관통하는 이러한 소리들과 거리를 유지하기 위해 무감각해지게 됩니다[경화됩니다]. 나는 고요함을 얻고, 내가 좋아하는 음악을 켭니다. 모든 것이 바뀝니다. 내가 좋아하는 음악, 그것이 의미하는 것은 무엇일까요? 그것은 나의 관계들과 합성되는 공명 관계를 의미합니다. 그리고 내 기계가 고장나는 바로 그 순간을 상상해 보세요. 내 기계가 고장납니다. 나는 미움을 경험합니다. (리차드 : 오 저런!) 이의가 있나요? (들뢰즈의 웃음) 드디어 나는 하나의 슬픔을, 큰 슬픔을 경험합니다. 좋아요, 나는 내가 좋아하는 음악을 켭니다. 그럼 내 온몸은, 그리고 나의 영혼은 말할 것도 없이 그 관계들과 공명 관계를 합성합니다. 이것이 내가 좋아하는 음악이 의미하는 바입니다. 내 힘은 증가됩니다. 그래서 스피노자로 말할 것 같으면, 그 점에서 나를 흥미롭게 하는 것은, 기쁨의 경험 속에서는 슬픔에서와 같은 그러한 일이 결코 일어나지 않는다는 점입니다. 도무지 투여가 존재하지 않는다는 것입니다. (우리는 앞으로 왜 그런지 이유를 살펴볼 것입니다.) 일정한 양의 능력(puissance)이 나의 힘(pouvoir)에서 제외된다는 것을 의미하게 될 어떤 경화된

(hardened) 부분의 투여란 존재하지 않는다는 것입니다. 왜 존재하지 않는 것일까요? 그 관계들이 합성될 때, 그 관계가 합성하는 두 개의 사물이 어떤 우월한 개체, 즉 그것들을 부분들로 둘러싸고 부분들로 취하는 제3의 개체를 형성하기 때문입니다. 다른 말로 하면, 내가 좋아하는 음악과 관련해서, 모든 것이 마치 관계들의 직접적인 합성이 만들어지는 것처럼(여러분은 우리가 언제나 직접적인 것의 기준 속에 놓여 있다는 점을 알고 있을 것입니다), 관계들의 직접적인 합성이 만들어지는 것처럼 발생합니다. 이런 식으로 제3의 개체가 합성됩니다. 내가, 혹은 음악이 하나의 부분에 지나지 않는 그런 개체가 합성됩니다. 지금부터 나는 나의 능력(puissance)이 확장되었다고, 즉 그 능력이 증가되었다고 말하겠습니다.

이러한 사례를 드는 것은 다음과 같은 내용을 당신에게 설득시키기 위함입니다. 그리고 이것은 니체에게도 해당되는 것입니다. 그러니까 작가들이 능력(puissance)에 대해 말할 때, 스피노자는 능력(puissance)의 증가와 감소에 대해 말하고, 니체는 힘의 의지(Volonté de Puissance)에 대해서 말합니다. 또한 니체가 정동이라고 부르게 될 이것이 정확히 스피노자가 정동이라고 부르는 것과 똑같은 것입니다. 이러한 점에서 니체는 스피노자적입니다. 다시 말해 니체도 능력(puissance)의 증대와 감소에 대해 말하고 있는 것입니다. 그들은 사실상 힘(pouvoir)의 획득(conquest)과 같은 것과는 도무지 관계가 없는 어떤 것을 가지고 있습니다. 의심할 바 없이 그들은 유일한 힘(pouvoir)이란 결국 능력(puissance)이라고 말할 것입니다. 요컨대, 누구의 능력(puissance)을 증가시킨다는 것은 정확히 관계를 합성하는 사물과 내가 어떤 새로운 개체 ─ 매우 새로운 개체 ─ 의 두 개의 하위-개체들에 지나지 않는 그러한 관계를 합성한다는 것입니다.

되돌아가보겠습니다. 나의 기본적으로 감각적인 욕구와 나의 최고의, 가장 아름다운 사랑을 구별하는 것은 무엇일까요? 그것은 정확히 동일한 것입니다. 기본적으로 감각적인 욕구는 알다시피 오로지 표현들입니다. 우리는 모두 제안을 할 수 있습니다. 그것은 웃기 위한 것입니다. 그러므로 우리는 무엇인가 말할 수 있습니다. 사랑 이후의 슬픔에 대해서 말입니다. 동물은 슬픕니다. 이것은 무엇일까요? 이 슬픔이란 무엇일까요? 그것은 우리에게 무엇을 말해 주고 있는 걸까요? 스피노자는 결코 이렇게 말하지 않았을 것입니다. 아니 그렇다면 고통은 가치가 없는 것입니다. 이유(reason)도, 슬픔도, 선도 없습니다. 슬픔에 탐닉하는 사람들이 있습니다. 느껴라. 우리에게 일어나는 것을 느껴라. 이러한 선언은 『에티카』 전체를 관통할 것입니다. 다른 말로 하면 다음과 같습니다. 너무나 무기력한(impotent) 사람들이 있다. 그래서 그들은 위험한 사람들이다. 그들은 힘(pouvoir)을 가지고 있는 사람들이다. 그리고 그들은 힘(pouvoir)을 가지고 있다. 능력(puissance)이라는 관념과 힘(pouvoir)이라는 관념 사이의 거리는 너무나 멀다. 힘(pouvoir)을 가진 사람들은 자신의 힘(pouvoir)을 타자들의 슬픔 위에 구축할 수 있을 뿐인 무기력한 사람들이다. 그들은 슬픔을 필요로 한다. 그들은 노예들을 지배할 수 있을 뿐이다. 그리고 노예는 정확히 능력(puissance)을 감소시키는 체제이다. 그들은 오로지 지배할 수 있을 뿐인 사람들이며, 슬픔에 의해서 그리고 '남을 미워하는' ─ 그리고 미워할 사람이 없으면 자기자신을 미워하는

― 전형적인 슬픔의 체제를 세움으로써 힘(pouvoir)을 확보할 수 있을 뿐인 사람들이 존재한다. 스피노자는 이 모든 것을 일종의 엄청난 슬픔의 문화라고 진단합니다. 슬픔의 가치화, 이 모든 것은 여러분에게 다음과 같이 말합니다. 만일 당신이 슬픔을 겪지 않으면 당신은 성공하지 못할 것이다. 이제 스피노자에게 이것이야말로 혐오스러운 것입니다. 그리고 만일 스피노자가 또 하나의 『에티카』를 쓴다면, 그것은 '아니야, 아니야! 여러분이 원하는 것, 그것은 이것이 아니야'라고 말하기 위해서일 것입니다. 그렇다면 실제로 다음과 같은 도식이 성립합니다. 좋은 것 = 기쁨, 나쁜 것 = 슬픔. 그렇지만 알다시피 기본적으로 감각적인 욕구, 그리고 사랑 중에서 가장 아름다운 것, 이것은 결코 정신적인 것이 아닙니다. 절대로 아닙니다. 그것은 마주침이 일어날 때, 누군가의 말처럼, 바로 그 때 제대로 기능합니다. 그것은 하나의 기능주의이지만, 매우 아름다운[훌륭한] 기능주의입니다. 그것이 의미하는 바는 무엇일까요? 이상적으로 그것은 결코 이와 같지 않습니다. 왜냐하면 언제나 국부적인 슬픔들이 존재하기 때문입니다. 스피노자는 이와 같은 점, 즉 언제나 슬픔들이 존재한다는 것을 모르고 있습니다. 문제는 그것의 존재 여부가 아닙니다. 문제는 그것들에게 여러분이 부여하는 가치입니다. 여러분이 그것들에게 부여하는 몰입(indulgence)입니다. 여러분이 그것들에게 몰입을 많이 하면 할수록, 즉 여러분이 사물의 흔적에 투여하기 위해 여러분의 능력(puissance)을 투여하면 할수록, 여러분은 능력(puissance)을 점점 더 잃어버리게 될 것입니다. 그렇다면 행복한 사랑에서는, 기쁨의 사랑에서는 어떤 일이 일어날까요? 여러분은 [여러분 자신의] 관계들의

최대치와 타자들의 관계들의 최대치를, 신체적이고 지각적인 모든 종류의 성질들을, 합성합니다. 당연히 신체적으로 합성합니다. 또한 지각적으로도 합성합니다. 아, 좋습니다. 어떤 음악을 들어보지요. 특정한 방식으로 어떤 사람은 발명하기를 결코 멈추지 않습니다. 내가 두 타자들이 부분들에 지나지 않는 제3의 개체에 대해서 말했을 때, 그것은 결코 이 제3의 개체가 선재한다는 것을 의미하지 않습니다. 그것은 언제나 나의 관계들과 타자의 관계들을 합성하는 것에 의해 이루어지며, 이와 같은 프로필 아래에서, 타자와 내 자신이 부분들에 지나지 않는, 하위-개체들에 지나지 않는 이 제3의 개체를 발명하는 것과 같은 양상(aspect) 아래에서 이루어집니다. 사정은 이와 같습니다. 여러분이 관계들의 합성에 의해, 그리고 합성된 관계들의 합성에 의해 나아갈 때마다 여러분은 여러분의 힘을 증대시킵니다. 그와 반대로, 기본적으로 감각적인 욕구는 그렇지 않습니다. 그것은 감각적이기 때문입니다. 그것은 나쁘기 때문입니다. 그것은 근본적으로 그것이 관계들의 해체에 대한 도박을 멈추지 않기 때문입니다. 그것은 정말 다음과 같은 종류의 일인 것입니다. '이리 와서 나를 아프게 해보라구. 나를 슬프게 해보란 말이야. 내가 당신을 슬프게 할 수 있도록 말이야.' 말다툼 등등이 벌어집니다. 하, 우리는 그런 말다툼을 받아들이는 것 같습니다. 호. 그것은 훨씬 후에, 그러니까 보상이라는 작은 기쁨들인 것 같습니다. 이 모든 것은 정나미 떨어집니다. 하지만 그것은 불쾌합니다. 그것은 세상에서 가장 하찮은 삶입니다. 하, 이리 와서 한판 해 보자구. 서로를 미워하는 것은 어쩔 수 없는 일이기 때문에 나중에 우리는 서로를 더욱더 좋아하게 된다니까. 스피노자는 넌더리를 칩니다. 그는 말합니다. '이런 정신나간 사람들이 있단 말인가?' 만일 그들이 다시 스스로를 위해 이러한 일을 했다면, 그러나 그들이 전염성이 강하다면, 그들은 선전꾼들입니다. 그들은 여러분에게 자신들의 슬픔을 불어넣을 때까지 여러분을 내버려 두지 않을 것입니다. 더욱이, 여러분이 그들에게 이해하지 못한다고 말하면, 그것이 여러분의 일이 아니라고 말하면, 여러분을 바보처럼 취급합니다. 그들은 이것이 참된 삶이라고 말합니다. 그리고 그들이 말다툼에 기초하여, 이 어리석음에 기초하여, 조롱의 괴로움에 기초하여 탐닉하면 할수록 더욱 그렇습니다. 그들이 여러분에 들러붙으면 들러붙을수록 그들은 여러분을 더욱더 감염시킵니다. 만일 그들이 여러분에게 들러붙을 수 있다면 그들은 그것을 여러분에게 옮깁니다. (들뢰즈는 매우 속이 안 좋은 것처럼 보인다.)

클레르 빠르네 리차드는 당신이 욕구에 대해 말하는 것을 좋아할 것입니다.

질 들뢰즈 관계들의 합성에 대해서요? (웃음) 나는 관계들의 합성에 대해 모든 것을 이야기했습니다. 알겠지만 오해는 다음과 같은 것을 믿는 것일 겁니다. 우리가 그것의 부분들일 뿐일 제3의 개체를 찾는 것 말이지요. 그것은 선재하지도 않을 뿐만 아니라 관계들이 해체되는 방식도 선재하지 않습니다. 그것은 대자연(Nature) 속에 선재합니다. 대자연이 전부이기 때문이지요. 하지만 여러분의 관점에서 볼 때 그것은 매우 복잡합니다. 여기에서 우리는 이것이 스피노자에 대해서 어떤 문제를 제기하는지를 이해하게 될 것입니다. 그럼에도 불구하고 이 모든 것은 삶의 방식에 대해서 매우 구체적이기 때문입니다. 어떻게 살아가야 할까요? 여러분은 그 관계들이 어떤 것인지 사전에 알지 못합니다. 예를 들어 여러분은 여러분 자신의 음악을 반드시 발견하게 되지는 않습니다. 요지는 그것이 과학적이지 않다는 것입니다. 어떤 의미에서 그런 것일까요? 여러분은 다음과 같이 말하도록 하는 관계들에 대한 과학적인 지식을 가지고 있지 않습니다. '나에게 필요한 여자나 남자가 있다.' 어떤 사람은 자기가 가는 길을 더듬어 나아가고, 어떤 사람은 맹목적으로 나아갑니다. 어떤 것은 작동하고 어떤 것은 작동하지 않습니다. 그리고 그것이 작동하지 않을 것이라고 말하면서 일을 착수할 뿐인 사람들이 존재한다는 것을 어떻게 설명해야 할까요? (일동 웃음) 그들은 슬픔의 사람들입니다. 그들은 슬픔에 탐닉하는 사람들입니다. 왜냐하면 그들은 그것이 실존의 토대라고 생각하고 있기 때문입니다. 그렇지 않다면, 나의 합성적 관계들에 대한 예감에 따라 내가 나와 부합하는 것과 나와 부합하지 않는 것을 처음으로 모호하게 감지하게 되는 오랜 기간의 도제수업이 존재합니다. 여러분은 나에게 다음과 같이 말할 것입니다. 만일 그것이 그렇게 모호하게 감지되는 것으로 귀결되기 위한 것이라면 그것은 [그렇게] 강한 것이 아니라고 말입니다. 다만 다음과 같은 정칙(定則)만이 있을 뿐입니다. 무엇보다도 당신과 부합하지 않는 것을 하지 말라. 이것을 처음으로, 최초로 말한 사람은 스피노자가 아닙니다. 하지만 이 명제는 다음과 같은 것을 의미하는 것에 지나지 않습니다: 만일 당신이 모든 맥락으로부터 그것을 분리시킨다면, 만일 여러분이 이러한 생각을 그 결론에까지, 즉 합성된 관계들에게까지 가져가면,

당신과 부합하지 않는 것을 하지 말라. 어째서 매우 구체적인 누군가가, 일종의 정서, 정동, 예감, 그와 부합하는 관계들, 그와 부합하지 않는 관계들, 그가 물러서야만 하는 상황들, 그가 관여해야만 하는 상황들 등등을 확보할 그러한 방식으로 자신의 실존을 이끌게 될까요? 그게 전부가 아닙니다. 이것을 행하는 것이 필요합니다. 그것은 더 이상 전혀 도덕의 영역이 아닙니다. 어쨌든 무언가를 행하는 것이 필요한 것은 아닙니다. 발견하는 것이 필요합니다. 그의 사물을 발견하는 것이 필요합니다. 그것은 결코 물러서는 것이 아닙니다. 내가 하나의 부분이 되어 참가할 수 있는 우월한 개체들을 발명하는 것이 필요합니다. 왜냐하면 이러한 개체들이란 선재하는 것이 아니기 때문입니다. 내가 말하고자 했던 모든 것은 구체적인 의미를 띤다고 생각합니다. 두 개의 표현들은 구체적인 의미를 띱니다. 본질은 영원합니다.

영원한 본질, 능력(puissance)의 정도

영원한 본질, 이것은 무엇을 뜻할까요? 여러분의 본질은 영원하다. 여러분의 특이한 본질, 특히 여러분 자신의 본질은 영원하다. 이것은 무엇을 의미할까요? 잠시 우리는 이 정칙에 다음과 같은 한 가지 의미를 부여할 수 있을 뿐입니다. 우리는 능력(puissance)의 어떤 정도이다. 여러분은 능력의 어떤 정도입니다. 이것이 바로 스피노자가 말 그대로 '나는 신의 능력의 일부이다'라고 말할 때 의미하는 바입니다.

그것은 말 그대로 '나는 능력(puissance)의 어떤 정도이다'를 의미합니다. 즉각적인 반론이 있을 수 있습니다. 나는 능력의 어떤 정도이다. 그래서 어쨌다는 것이지. 나는 아기, 어린 아이, 성인, 노인일 수도 있다. 그러므로 [나의] 능력의 정도는 동일하지 않다. 나의 능력의 정도는 다양하다. 그렇다면 그 점은 제쳐 둡시다. 어떻게, 왜 능력의 이 정도는 어떤 범위(latitude)를 가질까요? 좋습니다. 그렇지만 나는 전체적으로 다음과 같이 말하는 것입니다. '**나는 능력의 어떤 정도이며 바로 이러한 의미에서 나는 영원하다.**' 어느 누구도 다른 사람과 동일한 정도의 능력을 갖고 있지 않습니다. 우리는 나중에 그것을 필요로 할 것입니다. 그것이 개체화에 대한 양적인 파악이라는 사실 말입니다. 하지만 그것은 특별한 양입니다. 왜냐하면 그것이 능력(puissance)의 양이기 때문입니다. 능력의 양을 우리는 언제나 강도(intensity)라고 불러왔습니다. 오로지 이것에 대해서, 그리고 이것에 대해서만 스피노자는 영원성이라는 용어를 부여합니다. '나는 신의 능력의 어떤 정도이다'라는 말은 '나는 영원하다'라는 것을 의미합니다. 귀속의 두 번째 측면은 '나는 순간적인 정서들을 갖고 있다'입니다. 우리는 [앞에서] 이것에 대해 살펴보았습니다. 그것은 순간성의 차원입니다. 이 차원을 따라가 보면 이 관계들은 합성하거나 합성하지 않습니다. 그것은 정서의 차원 ─ 사물들 사이의 합성과 분해 ─ 입니다.

귀속의 세 번째 차원은 정동들입니다. 요컨대, 어떤 정서가 나의 능력(puissance)을 실행할 때마다, 그것은 그것이 할 수 있는 한 완전하게 능력을 실행합니다. 귀속되는 겟속성인 정서는 사실상 나의 능력을 실행합니다. 그것은 나의 능력을 실현합니다. 그리고 그것은 환경에 따라, 지금 여기에 맞추어, 가능한 한 완전하게 나의 능력을 실현합니다. 그것은 지금 여기에서, 내가 사물과 맺고 있는 관계에 따라, 나의 능력을 실행합니다. 세 번째 차원이란, 정서가 나의 능력을 실행할 때마다 나의 능력은 증가하거나 감소하면서 실행된다는 것을 말합니다. 그것은 정동의 영역입니다. 그래서 '나의 능력은 어떤 영원한 정도이다'라는 것이 그것이 지속하면서 끊임없이 증가하고 감소하는 것을 막지는 않습니다. 그 자체로 영원한 이와 같은 능력은 증가와 감소를 멈추지 않습니다. 즉 지속 속에서 변화를 겪습니다. 그렇다면 이것을 어떻게 이해해야 할까요? 어쨌든 이것을 이해하기란 어렵지 않습니다. 내가 다음과 같이 말한 것을 기억하실 겁니다. 본질이란 능력의 어떤 정도이다. 즉, 만일 그것이 양이라면 그것은 강도적 양이다. 하지만 강도적 양은 외연적 양과는 전혀 같지 않습니다. 강도적 양은 어떤 문턱과 분리할 수 없습니다. 다시 말해 강도적 양이란 근본적으로, 그 자체로 이미 하나의 차이입니다. 강도적 양은 차이들로 이루어져 있습니다. 스피노자는 이와 같은 것을 말할 정도로 멀리 나아갔나요?

무한에 관해 메이어에게 보내는 편지

거기에서, 나는 의사-교양(pseudo-érudition)의 괄호를 치겠습니다. 이것은 중요합니다. 나는 스피노자가 처음으로, 명백하게 pars potentiae(능력의 부분)을 말했고, 우리의 본질이 우리의 신적인 능력의 일부분이라고 말했다고 말할 수 있습니다. 텍스트를 강요하는 것이 문제가 아닙니다. "능력의 부분", 이것은 외연량이 아니며, 이것은 반드시 강도의 부분입니다. 나는 항상 교양의 영역에서 — 이제는 제가 지금까지 말했던 것을 입증할 필요가 있을 텐데 —, 중세 스콜라 철학에서는 gradus 혹은 pars, 부분 혹은 정도라는 두 용어의 동등성이 아주 일상적이었다는 사실에 주목합니다. 하지만, 정도들은 매우 특별한 부분들이죠. 이것은 강도의 부분들이니까요; 이것이 첫 번째 요점입니다. 두 번째 요점: 메이어라는 사람에게 [스피노자가] 보낸 열두 번째 편지에 우리가 다음번에 확실히 보게 될 텍스트가 있습니다. 왜냐하면, 그 편지는 우리가 그로부터 개체성에 대한 결론들을 끌어낼 수 있게 해주기 때문입니다. 스피노자의 서신을 가지고 있는 사람들은, 다음번에, 메이어에게 보내는 편지 — 무한을 다루는 아주 유명한 편지 — 를 읽어오길 바랍니다. 이 편지에서, 스피노자는 매우 기이하고도, 신기한 기하학적인 예를 전개합니다. 그리고 이 기하학적 예를, 스피노자는 모든 종류의 코멘트의 대상이 되게 만들죠. 그는 매우 기이하게 단언합니다. 라이프니츠 — 그 자신이 위대한 수학자이며, 메이어에게 보내는 [스피노자의] 편지를 알고 있었습니다 — 는 바로 이 기하학적 예 때문에, 자신이 스피노자를 특별히 인정한다는 사실을 밝힙니다. 그 예는, 동시대 사람들이 이해하지 못했던 것들을 스피노자는 이해하고 있었음을 보여준다고 라이프니츠는 말하곤 했습니다. 따라서 그 텍스트는 라이프니츠의 인정과 함께 그만큼 더 재미있어지는 거죠.

이 형상이 스피노자가 우리에게 생각해 보기를 제안한 것입니다:

두 개의 원이 있습니다. 그 중 하나는 다른 것의 내부에 있구요. 우리는 한 원에서 다른 원까지의 가장 큰 거리와 가장 작은 거리를 표식합니다. 그 형상을 이해하시겠어요? 스피노자가 우리에게 말하는 것은 이것입니다. 스피노자는 우리에게 한 가지 매우 재미있는 것을 말합니다. 제 생각에, 스피노자는 우리에게, '이 두 형상의 경우에, 당신은 당신이 한계나 문턱을 가지지 않는다고는 말할 수 없다'라고 말하는 것 같습니다. 여러분은 하나의 문턱을, 하나의 한계를 갖습니다. 여러분은 마찬가지로 외부원과 내부원이라는 두 한계들, 혹은 한 원에서 다른 원으로의 가장 큰 거리, 아니면 가장 작은 거리7가 되는 것을 갖습니다. 즉 여러분은 최대치와 최소치를 갖습니다. 스피노자는 그 총합(somme)을 고려해 보라고, 여기에서 라틴 텍스트가 매우 중요해지는데, 거리들의 불균등성의 총합을 고려해 보라고 말합니다. 보다시피 여러분은 모든 선들을, 한 원에서 다른 원으로 가는 모든 절편들을 그렸습니다대추적했습니다. 여러분은 분명히 하나의 무한성을 가졌죠. 스피노자는 거리들의 불균등성의 총합을 고려하라고 말합니다. 여러분이 이해하길 바라는데, 문자 그대로 보면, 그는 우리에게 불균등한 거리들의 총합, 즉 한 원에서 다른 원으로 가는 절편들의 총합을 고려하라고 말하지는 않습니다. 사실 그는 거리들의 불균등성의 총합, 즉 차이의 총합에 대해 말하죠. 이 무한은 매우 신기한

---

7. [옮긴이] 들뢰즈 강의 녹취록, 그리고 들뢰즈의 스피노자 강의 전체 편집본에도 사실 이 구절은 la plus grande distance로 되어 있다. 그러나, 영역자가 번역하듯이, 최대치와 최소치가 등장하는 바로 뒤 문장을 고려해 볼 때, 이 구절은 오히려 가장 작은 거리가 되어야 더 적합하다.

것입니다. 우리는 그것이 의미하는 바를 보게 될 텐데, 지금 당장은 이 텍스트를 인용해 보겠습니다. 왜냐하면 나에게 정확한 생각이 하나 있으니까요. 하여튼 그는 우리에게, 이건 매우 신기한 것인데, 하나의 무한 총합이 있다고 말합니다. 거리들의 불균등성의 총합은 무한하다는 것입니다. 그는 마찬가지로 불균등한 거리들이라고 말했을 수도 있습니다. 이것 역시 무한 총합이니까요. 하지만 하나의 한계가 있습니다. 정말 한계가 있는데, 왜냐하면 여러분은 커다란 원의 한계와 작은 원의 한계를 갖기 때문입니다. 그러므로 무한이 있지만, 이것은 무제한은 아닙니다. 그는 이것이 우스운 무한이라고, 아주 특수하게 기하학적인 무한 — **무제한은 아니긴 하지만, 무한이라고 여러분이 말할 수 있는 그런 무한** — 이라고 말합니다. 사실, 두 원들 사이에 포함된 공간은 무제한적이지 않습니다. 두 원들 사이에 포함된 공간은 완전히 제한되어 있습니다. 메이어에게 보내는 편지의 표현을 그대로 옮겨 보죠: 거리들의 불균등성의 총합. 하지만, 그는 동일한 추론을 '불균등한 거리들의 총합'이라는 방식으로 쓸 수도 있었습니다. 왜 그는 차이들을 총합하고 싶어 할까요?

제가 보기에 이것은 정말 중요한 텍스트입니다. 그가 머리 속에 무엇을 가지고 있었을까요? 그가 말하지 않은 것은 무엇일까요? 그는 본질들의 문제와 관련해서 그것이 필요했습니다. 본질들은 능력의 정도들이다, 하지만 능력의 정도라는 것은 무엇인가? 능력의 정도는 최대치와 최소치 사이의 차이이다. 바로 그 점에서 그것은 강도량인 것입니다. 능력의 정도, 이것은 자신 안에서의 차이인 것입니다. [테이프 뒤집음.]

어떻게 합리적으로 되는가?

[…] 당대의 많은 사상가들처럼, 그는 가장 심도 있게 말했던 철학자들 중 하나입니다. 여러분이 알다시피, 여러분은 합리적으로, 자유롭게, 지적으로 뛰어나게 태어나는 것이 아닙니다. 여러분이 합리적이 된다면, 여러분이 자유로워진다면, 등등. 이것은 '되기'의 문제죠. 예를 들어, 인간의 본성에 귀속되는 것으로서의 자유의 문제에 [스피노자만큼이나] 그렇게 무관심했던 철학자는 없습니다. 그는 어떤 것도 인간의 본성에 귀속되어 있다고 생각하지 않았습니다. 그는 정말로 모든 것을 되기를 통해서 사유한 작가입니다. 자, 좋습니다, 알겠습니다, 아마도. 합리적이 된다는 것이 무엇을 의미합니까? 일단, 우리가 자유롭지 않다고 말한다면, 자유롭게 된다는 것은 무슨 말입니까? 우리는 자유롭게 태어나는 것이 아니며, 합리적으로 태어나는 것도 아닙니다. 우리는 전적으로 마주침에 좌우됩니다. 다시 말해, 우리는 전적으로 분해들에 좌우됩니다. 여러분들은 스피노자에게 이건 아주 당연한 것임을 이해해야 합니다. 우리가 본성상 자유롭다고 생각하는 작가들은, 본성에 대해 어떤 관념을 형성한 사람입니다. 나는 단지 우리가 다음과 같이 말할 수 있다고 생각합니다: 우리는 본성상 자유롭다, 단지 우리가 그것을 실체로서, 즉 상대적으로 독립되어 있는 어떤 사물처럼 그것을 파악하지 않는다는 한에서 말이다. 만일 여러분이 하나의 실체로서 그것을 파악하는 것이 아니라, 관계들의 집합으로서 그것을 파악한다면, "나는 자유롭다"라는 명제는 엄격히 말하면 의미가 없는 것입니다. 내가 '그 반대이다'라고 말하는 것도 마

찬가지지요. 자유 혹은 자유롭지 않음, 이것은 아무런 의미가 없습니다. 반대로, 아마도 다음의 질문이 의미를 가지겠죠, "어떻게 자유로워질 수 있는가?"(Comment devenir libre) 마찬가지로, "합리적이다"(être raisonnable)라는 것은 만일 내가 나를 실체의 관점에서 "합리적인 동물"로서 정의한다면 이해될 수 있는 것이죠. 그것은, '나는 하나의 실체이다'라는 것을 함축하는 아리스토텔레스적인 정의입니다. 만일 내가 관계들의 집합이라면, 아마도 그것은 합리적인 관계들을 말하는 것입니다. 하지만 합리적이라고 말하는 것은 엄밀히 말해 아무런 의미가 없는 것이죠. 그러므로 만일 합리적인, 자유로운, 등등이 어떤 의미를 가진다면, 그것은 오로지 되기의 결과로서만 그럴 수 있습니다. 이미 여기에서 벌써 이것은 아주 새로운 것이죠. 세상에 던져진다는 것은 정확히 말해 매순간 나를 분해하는 무언가와 마주칠 위험이 있다는 말입니다.

그로부터 나는 이성의 첫 번째 측면이 있다고 말하곤 했습니다. 이성의 첫 번째 노력, 이것이 스피노자에게 매우 신기한 것이며, 그가 엄청나게 망설이던 일종의 노력이라고 나는 생각합니다. 거기에서 그가 구체적인 시행착오들과 마주치기 때문에 '이것은 불충분하다'라고 여러분이 말할 수는 없습니다. 이 모든 것은 기호들 — 나는 정확히 기호들이라고 말합니다 — 을 평가하고 갖는, 그리고 스스로 어떤 관계는 나와 맞고 어떤 관계는 나와 맞지 않는다고 말하면서, 기호들을 조직하고 발견하는 그러한 일종의 제도 수업입니다. 시도해야 하고, 실험해야 합니다. 그리고 나에 대한 나의 경험을 내가 전파할 수는 없습니다. 왜냐하면 어쩌면 그것은 다른 이에게는 맞지 않을 수도 있으니까요. 즉, 이것은 각자가 자신이 좋아하는 것과 자신이 참아내는 것을 동시에 발견하기 위한 일종의 망설임 같은 것이죠. 좋습니다. 우리가 약을 먹을 때 우리가 사는 방식도 약간은 이렇죠: 약을 얼마나 어떻게 먹어야 하는지를 찾아내야 하고 그것들을 선별해야 합니다. 의사의 처방전만으로는 충분치 않죠. 물론 처방전이 여러분을 돕겠죠. 하지만 단순한 과학을 넘어서는 무언가, 혹은 과학의 단순한 적용을 넘어서는 무언가가 있는 것입니다. 여러분의 방법을 찾아내야 하는 것입니다. 이것은 음악의 제도 수업과도 같죠. 여러분에게 맞는 것, 여러분이 할 수 있는 것을 동시에 찾아내야 하는 것입니다. 이것이 이미 스피노자가 말했던 것이고, 이것이 곧 이성의 첫 번째 측면, 선별하기-합성하기의 일종의 이중적인 측면일 것입니다. 선별하기, 선별-합성, 즉 경험을 통해 어떤 관계들과 나의 것들이 합성되는지를 찾아내기, 그리고 그로부터 결과들을 끌어내기. 다시 말해, 어떻게 해서든, 내가 할 수 있는 한 – 나는 전부 할 수 있는 것도 아니고, 완전히 할 수 있는 것도 아닐 테지만 – , 나와 맞지 않는 관계들과 마주치는 것을 최대한 피하기, 그리고 나와 맞는 관계들과는 최대한 합성하기. 여전히 바로 그곳이 자유 혹은 이성의 첫 번째 결정 지점입니다. 루소의 주제, 그 자신이 "현자의 유물론"이라고 부르곤 했던 것은 – 여러분은 내가 루소의 이 생각, 아주 신기한 이 생각에 대해 약간이나마 말한 적이 있음을 기억할 것입니다 –, 일종의 상황을 구성하는 기술입니다. 이 상황을 구성하는 기술은 특히 여러분과 맞지 않는 상황들로부터 손을 떼고, 여러분과 맞는 상황들 안으로 들어가는 것으로 이뤄집니다. 바로 이것이 이성의 첫 번째 노력이죠.

그러나 나는 그 밑에 있는 것을 주장하고 싶습니다. 이 수준에서, 우리는 어떠한 예비 인식을 갖지 않는다, 우리는 어떤 미리 존재하는 인식도 갖고 있지 않다, 우리는 과학적인 인식을 갖고 있지 않다. 이것은 과학이 아닙니다. 이것은 정말로 생생한 실험입니다. 이것은 제도 수업입니다. 나는 끊임없이 실수합니다. 나는 끊임없이 나와는 맞지 않는 상황들에 몸을 내던집니다. 나는 끊임없이 … 등등.

 이것은 조금씩 현자의 초기 상태처럼 윤곽이 잡혀나가는 것입니다. 누가 뭐가 된다구요? 누가 스피노자가 처음부터 말하곤 했던 것이 될까요? 그러나 각자는 약간은 알고 있습니다. 각자는 자신이 할 수 있는 것에 대해 어렴풋한 관념을 갖고 있습니다. 무능한 사람들이 무능한 사람들인 것이 아니라 자신들이 할 수 없는 것에 [끝까지] 달려들면서, [막상 자신이 할 수 있는 것은 내버려두는 사람이 무능한 사람들입니다. 그러나 스피노자는 '신체는 무엇을 할 수 있는가?'라고 묻습니다. 이것은 신체 일반이 무엇을 할 수 있는가를 의미하는 것이 아니라, 바로 너의 신체, 나의 신체가 무엇을 할 수 있는가를 의미합니다. 너는 무엇을 할 수 있는가? 이것인 일종의 능력의 실험입니다. 능력을 실험하려고 노력하기, 동시에 능력을 구성하고, 동시에 그것을 실험하고, 이것은 아주 구체적인 것입니다. 그렇지만 우리는 뭘 해야 할지를 미리 알지는 못합니다. 좋습니다. 내가 할 수 있는 영역들이 있다는데 나는 그것이 무엇인지를 모릅니다. 누가 말할 수 있겠습니까. 두 가지 의미(방향)에서, [한편에는] '나는 거기에 도달할 수 없을 테니까 나는 그것을 할 수 없어'라고 스스로 말하는 아주 겸손한 사람들이 있습니다. [다른 한편에는] '하, 이건 수치스런 것이지'라고 말하는, 자신을 너무 과신하는 사람들이 있습니다. 하지만 그들은 그것을 아마 할 수도 있을 것입니다. 우리는 모르죠. 아무도 자신이 할 수 있는 것을 알지 못합니다.

나는 무엇을 할 수 있는가?

나는, 실존주의가 찬란했던 시절에, 집단 수용소 - 그땐 어쨌든 전쟁 말기와 매우 밀접하게 연결되어 있었으니까 - 에서 있었던 것 중 하나를 생각해 봅니다. 야스퍼스가 던졌던 한 테마가 있습니다. 제 생각에 그것은 매우 깊이 있는 주제였습니다. 그는 두 유형의 상황을 구분했습니다. 한계 상황들, 그리고 단순히 일상적인 상황. '한계 상황들이 언제나 우리에게 닥칠 수 있다, 그것은 정확히 우리가 그것에 대해 미리 할 수 없는 상황들이다'라고 그는 말했습니다. 당신은 뭘 원하는 것인가? 고통을 당하지 않은 자, 이것은 무슨 뜻인가? 그는 자신이 견뎌내야 할지 아니면 견디지 않을 것인지에 대해 아무런 생각도 없는 자입니다. 가장 용기 있는 유형들은 욕구에 굴복하고, 우리가 가장 보잘것없다고 생각했던 유형들은 [그것을] 견뎌냈습니다. 우리는 모릅니다. 한계 상황은 정말로, 마지막 순간에 - 때때로 매우 느리게 찾아오는 -, 내가 무엇을 할 수 있었던가를 내가 배우는 그런 상황입니다. 내가 더 나쁜 방향으로든, 더 좋은 방향으로든 할 수 있었던 것. 그러나 우리는 미리 그것을 말할 수는 없습니다. '하, 이거, 나는 결코 그걸 못했을 거야'라고 말하는 것은 너무나 쉬운 일입니다. 하지만 반대로 우리는 우리의 시간을 그와 같은[우리는 못할 것이라는 식의] 방법들을 만들면서 보내죠. 우리가 정말 할 수 있는 것, 우리는 그 옆을 스쳐갑니다. 너무나 많은 사람들이 그네들이 할 수 있었던 것을 알지 못한 채 죽고, 그것을 모를 것입니다. 다시 한 번 말하면, 끔찍한 상태 속에서도 아주 좋은 상태인 것처럼 [살아가죠]. 이것은 놀라움입니다. 스스로에 대해 놀라워해야 합니다. 사람들은 자신에게 '아, 이거 봐, 내가 그걸 하리라고는 꿈에도 생각 못했어'라고 말하죠. 여러분이 알다시피 사람들은 많은 기술을 가지고 있습니다. 일반적으로 사람들은 항상 방법에 대해 말합니다 — 이것은 매우 복잡해진 스피노자주의입니다. 왜냐하면 사람들은 항상 사람들이 자신을 파괴하는 방법에 대해 말하기 때문이죠. 하지만 결국엔 나는 이것이 종종 담론에 대한 것이기도 하다고 생각합니다. 슬픈 일이죠. 이것은 항상 아주 슬픈 광경입니다. 게다가 이것은 골치 아프기도 하구요. 그들은 또한 일종의 신중함을 갖고 있습니다. 사람들의 계략(술수)! 사람들의 술수는 괴상한데, 왜냐하면 정확히 자신들이 스스로를 필요로 하지 않는다는 점에서 스스로를 파괴하는 많은 사람들이 있기 때문입니다. 물론 분명히 그들은 패배자입니다. 이해하시겠죠, 네. 나는 극단적인 경우, 스스로 불구가 된 사람을 가정해 보겠습니다. 그러나 이 사람은 그다지 걷고 싶어 하지 않는 사람이죠, 이것은 그의 방법이 아닙니다. 달리 말하면, 그에겐 관계가 매우 이차적인 것입니다. 움직이는 것이 [그에겐] 매우 이차적인 관계인 것이죠. 좋습니다. 그는 자신이 더 이상 움직일 수 없는 상태에 도달합니다. 어떤 방식에 있어서, 그는 그가 이차적인 관계를 끊어버렸기 때문에 그가 원했던 것을 가진 셈입니다. 누군가가 합성적인 관계들, 주된 관계들로서 자신이 살아가는 가운데 스스로를 파괴할 때, 이것은 전혀 다른 상황입니다. 만일 여러분이 달리기에 그다지 관심이 없다면, 여러분은 늘 담배를 많이 피워댈 수 있습니다. 사람들이 당신에게 '넌 너 자신을 파괴하고 있어'라고 말하겠죠. 하지만, '아주 좋아, 나는 [뛰는 것보다] 작은 의자에 앉아 있는 것에 만족해, 정반대로 이렇게 있는 것이 더 나아, 나는 평화로와!' 좋습니다. 하지만, [이럴 경우] 내가 나 자신을 파괴하는 건가요? 그리 그렇진 않죠. 물론, 만일 내가 더 이상 전혀 움직일 수 없게 된다면, 결국에 가서는 죽을 지경에 이르면, 결국엔 내가 예상치 못했던 다른 본성 때문에 골머리를 썩는다면, 나 자신을 파괴한 것이겠죠. 하, 그래, 이거 골치 아프군. 하지만, 보세요, 자기자신을 파괴하는 데 있어서도, 관계들의 모든 계산을 함축하는 계략이란 것이 있습니다. 우리는 자신에게 본질적이지 않은 점에 있어서는 스스로를 파괴하고, 그 대신 본질적인 것을 지키려고 노력할 수 있습니다. 이 모두는 복잡하죠. 복잡합니다. 우리는 교활합니다. 여러분은 어떤 점에서 우리가 모두 교활한지를 모를 겁니다.

나는 이성, 이성의 노력, 이성의 코나투스, 이성의 노력, 이 선별하고, 관계들을 배우려는 경향을 합성되고 합성되지 않는 관계들에 대한 제도 수업이라고 부르고자 합니다. 하지만 여러분들은 어떤 예비적인 과학도 가지고 있지 않기 때문에, 여러분은 스피노자가 말하고자 한 바를 이해할 것입니다. 과학, 여러분은 아마도 관계들의 과학에 도달할 것입니다. 그러나 그것은 무엇일까요? 우스운 과학입니다.

그것은 이론적인 과학이 아닐 것입니다. 이론이 아마도 부분을 구성하긴 하겠지만, 그것은 삶의 과학(science vitale)이라는 의미에서의 과학일 것입니다. […]

기호는 다의적인(équivoque) 표현입니다. 나는 내가 할 수 있는 대로 알아서 할 수 있죠. 기호들이란 무엇입니까? 스피노자에 따르면 언어의 기호들은 근본적으로 다의적입니다. 한편으론 언어의 기호들, 다른 한편으론 신의 기호들, 예언적 기호들, 그리고 또 다른 한편으론, 보상, 처벌 등등의 사회적 기호들. **예언적 기호들, 사회적 기호들, 언어적 기호들, 이것은 세 가지의 커다란 기호 유형들입니다**. 하지만, 매번 이것은 다의성의 언어이죠. 우리는 거기에서 출발해서, 그것을 통해 지나가도록 강제되어 있죠. 우리의 도제 수업을 구성하기 위해서는, 즉 우리의 기쁨들을 선별하고 우리의 슬픔들을 제거하기 위해서, 다시 말하면, 합성되는 관계들을 배우는 데로 나아가기 위해서, 나와 맞는 관계들, 나와 맞지 않는 관계들의 신호들을 통한 막연한 인식에 도달하기 위해서 우리는 그렇게 해야 합니다. 그래서 보다시피, 이성의 첫 번째 노력은 정확히 나의 행위 능력을 증대시키기 위해, 즉 수동적인 기쁨들(des joies passives)을 체험하기 위해서, 기쁨의 정념들(des joies passions)을 체험하기 위해서, 내 힘(pouvoir) 속에 있는 것은 뭐든 하는 것입니다. 기쁨의 정념들, 이것은 곧 내가 이 능력을 소유하지는 않는 여전히 다의적인 기호들을 통해 나의 행위 능력을 증대시키는 것입니다. 이해하시겠어요? 아주 좋습니다. 제가 따라간 질문은 이것입니다. 상황이 이렇다고 한다면, 기나긴 이러한 도제 수업의 순간이 있다면, 어떻게 나는 지나갈 수 있을까, 어떻게 이 긴

정동이란 무엇인가? 121

도제 수업이 더 확실한 단계로 나를 이끌어 가는가, 어디에서 나는 나 자신에 대해 더 확신을 갖게 되는가, 즉 어디에서 나는 합리적으로 되고, 어디에서 나는 자유로워지는가? 어떻게 이것이 이루어질 수 있는가? 우리는 그것을 다음번에 보게 될 것입니다.

뱅센느대학 강의_1981년 3월 24일

이번 시간이 스피노자에 대해 이야기를 나눌 마지막 시간입니다. 지난 시간에 나에게 던져졌던 문제에서 시작해 보겠습니다. 스피노자는 어떻게, 적어도 하나의 텍스트에서, 모든 정서가 본질의 정서라고 말할 수 있는가?

실제로, "본질의 정서"에 대해 여러분은 그것이 약간 이상한 표현이라고 느낄 것입니다. 내가 아는 바로는 그것은 우리가 이 표현을 발견하게 되는 유일한 경우입니다. 어떤 경우라고요? 매우 엄밀한 텍스트인 그것은 『에티카』의 제3부의 끝부분에 있는 요약적인 텍스트입니다. 여기에서 스피노자는 우리에게 책 앞부분에 대한 일련의 정의들을 제공해 줍니다. 스피노자는 정의를 내립니다. 즉 그 때까지 주어지지 않았거나 흩어져 있던 정의들을 다시 제공합니다. 그는 정동들의 정의를 제공합니다. 정동들이 매우 특이한 종류의 정서였음을 기억할 것입니다. 이것[정세]은 그것[정동]을 뒤따라 나오는 것입니다. 우리는 종종 그것을 '감정'이라는 말로 번역합니다. 하지만 라틴어 'affectus[정동]'와 완전히 상응하는 프랑스어 'affect[정동]'가 있습니다. 이것은 정확히 말하자면 정서들을 뒤따라 나오는 것입니다. 정서들은 지각들이거나 재현들입니다. 하지만 3부의 끝에 있는 정의 1에서 다음과 같은 것을 읽을 수 있습니다. "욕망이란 인간 자체의 본질이다. 그것이 그것의 어떠한 주어진 정서에 따라 무언가를 행하도록 결정되어져야 한다고 간주되는 한에서 말이다." 이 정의는 매우 긴 설명으로 이루어져 있습니다. 그리고 계속 읽어가다 보면, 우리는 어떤 문제적인 것을 만들어 내는 문장을 만나게 됩니다. 그 문장은 본질의 정서에 대해 다음과 같이 이야기하고 있습니다. "우리는 그러한 본질이 내재적인 것이든 (아니면 획득된 것이든) 그것의 어떠한 구성에 대해 이해하게 된다." 라틴어 텍스트에는 무언가가 빠져 있습니다. 즉 [앞의] 괄호 내용에 대한 이유가 빠져 있습니다. 『신학정치론』의 네덜란드 번역본에는 우리가 추측하는 완전한 문장이 있습니다. 우리는 왜 이러한 보충, "(아니면 획득된 것이든)"을 추측할까요? 왜냐하면 17세기에는 그것이 관념들이나 정서들의 두 가지 유형들 – 내재적이라 불리는 관념들, 그리고 획득되고 우발적인 것이라 불리는 관념들 – 을 가르는 매우 표준적인 구별이기 때문입니다.

내재-획득 쌍은 17세기에는 매우 표준적인 쌍입니다. 하지만 다른 한편으로 스피노자가 이 용어법을 사용하지 않았다는 것이 사실입니다. 단지 이 요약 속에서만 내재와 획득이란 단어의 재사용이 나타납니다. 스피노자가 그 때까지 채택하지 않았던 용어들을 채택하고, "본질의 정서"라는 정칙을 제기하게 되는 이 텍스트는 무엇일까요?

우리가 지금까지 말해 왔던 모든 것에 대해 생각해 보면, 한 가지 문제가 있습니다. 왜냐하면 우리는 스피노자가 어떻게 모든 정서들과 모든 정동들이 본질의 정서들이라고 말할 수 있는지 자문하게 될 것이니까 말입니다. 이것이 뜻하는 바는 하나의 수동[정념]조차 본질의 정서라는 것입니다. 우리의 분석이 모두 끝날 때쯤 우리는 참으로 본질에 속하는 것이 적실한 관념들이자 능동적인(active) 정동들, 즉 두 번째 종류의 관념들과 세 번째 종류의 관념들이라는 결론에 도달했습니다. 참으로 본질에 속하는 것은 이것들입니다. 그러나 스피노자는 완전히 반대의 것을 말하는 것처럼 보입니다. 모든 수동[정념]들이 본질의 정서들일 뿐만 아니라 심지어는 수동[정념]들 중에서, 가장 나쁜 수동[정념]들인 슬픔들 중에서 모든 정동은 본질을 정동한다! 나는 이 문제를 풀어보고자 합니다.

그것은 스피노자의 텍스트들 중의 하나를 논의하는 문제가 아닙니다. 우리는 그것을 문자 그대로 받아들여야 합니다. 그것은 우리에게, 어쨌든, 모든 정서가 본질의 정서임을 알려주고 있습니다. 그러므로 수동[정념]들은 능동[행위] 못지않게 본질에 속합니다. 부적실한 관념들은 적실한 관념들 못지않게 본질에 속합니다. 그럼에도 불구하고 어쩔 수 없이 차이가 있었습니다. 수동[정념]들과 부적실한 관념들은 능동[행위]들과 적실한 관념들의 본질에 속하는 것과 동일한 방식으로 본질에 속할 수는 없습니다.

이것에서 [그러한 생각을] 어떻게 이끌어 낼까요?

본질의 정서. 흥미로운 것은 라틴어의 소유격인 '의'의 표현입니다. 프랑스어로 소유격은 전치사 'de'로 나타납니다. 문법에서 소유격의 여러 의미가 구별된다는 것을 상기하고 싶습니다. 전반적인 변화가 존재합니다. 여러분이 어떤 소유격을 나타내기 위해 어구 'de'를 사용한다면 이것은 항상 무언가가 누구의 소유라는 것을 의미합니다. 만일 내가 소유격을 귀속의 어구로 만든다면, 이것은 귀속이 매우 상이한 의미들을 갖는 것을 막지 못합니다. 소유격은 다음과 같은 것을 나타낼 수 있습니다. 무언가가 누군가로부터 나온 것인 한 그것은 그 누군가로부터 나온 것이며 그 누군가의 소유이다. 아니면 그것은 다음과 같은 것을 나타낼 수도 있습니다. 무언가는 그 누군가가 무언가를 경험하는 한에서 그 누군가의 소유이다.

다른 말로 하면, 어구 'de'는, 그것이 수동[정념]의 소유격인지 아니면 능동[행위]의 소유격인지, 그것이 굴절되는 방향을 선택하지 않습니다.

나의 물음은 이것입니다. 나는 적실한 관념을 가지고 있다. 나는 어떤 수동[정념]-정동이 출현하는 혼돈된 명제를 가지고 있다. 어떤 의미에서 이것이 나의 본질에 속하는가? 내가 보기에 그 대답은 이렇습니다. 나의 자연적인 조건상 나는 부적실한 지각들을 가질 수밖에 없다. 이것은 내가 서로에게 외부적인 외연적 부분들의 무한(infinity)으로 구성되어 있다는 것을 의미합니다. 이러한 외연적인 부분들은 일정한 관계하에서 나에게 속합니다. 그러나 이러한 외연적 부분들은 그것들에게 작용하고 나에게 속하지 않는 다른 부분들의 영향력에 영구적으로 종속됩니다. 만일 내가 나에게 속하고 나의 신체의 일부를 구성하는 어떤 부분들을 고려한다면, 나의 피부 ― 어떠한 관계들 아래에서 나에게 속하는 피부의 미립자들(corpusucles) ― 를 예로 들어 봅시다. 그것들은 다른 외부적 부분들 ― 내 피부 위에 작용하는 것들의 총체, 공기의 입자들, 태양의 입자들 ― 의 능동[행위]에 영구적으로 종속됩니다. 나는 초보적인 사례의 수준에서 설명하려 애쓰고 있습니다. 태양의 미립자들, 열의 미립자들은 내 피부 위에서 작용합니다. 이것은 그것들이 태양의 관계인 일정한 관계 아래에 있다는 것을 의미합니다. 내 피부의 미립자들은 정확히 나의 신체에 특징적인 일정한 관계 아래에 있습니다. 하지만 외부적인 한정들의 법칙에 지나지 않는 법칙을 갖는 이러한 입자들은 영구적으로 서로에게 작용을 가합니다.

나는 내가 열에 대해 갖고 있는 지각이 혼동된 지각이며, 그것으로부터 그 자체 수동[정념]들인 정동들 – "앗 뜨거워!" – 이 나온다고 말할 것입니다. "앗 뜨거워!"라는 명제의 수준에서, 만일 내가 스피노자의 범주들을 사용해 본다면, 나는 다음과 같이 말하겠습니다. 어떤 외부적 신체가 나의 신체 위에서 작용한다. 그것은 태양이다. 말하자면 태양의 부분들이 내 신체의 부분들 위에서 작용하는 것입니다. 이 모든 것은 순수한 외부적 한정입니다. 그것은 입자들의 충격과 같습니다.

내가 경험하는 열을 내가 지각할 때 나는 [그것을] 지각이라고 부릅니다. 그것은 내 신체 위에 미치는 태양의 효과[영향]라는 관념입니다. 그것은 어떤 효과의 관념이기 때문에 하나의 부적실한 지각입니다. 나는 그 원인을 알지 못하며, 그것으로부터 수동적인 효과가 따라 나옵니다. 그것이 너무 뜨거워 내가 슬퍼할 수도 있고, 혹은 태양이 가져다준 행복을 만끽하며 흡족해 할 수도 있습니다.

어떤 의미에서 이것이 본질의 정서일까요?

그것은 필연적으로 본질의 정서입니다. 언뜻 보기에 그것은 현존하는 신체의 정서입니다. 하지만 궁극적으로 오직 본질만이 존재합니다. 이 현존하는 신체는 여전히 본질의 어떤 형상입니다. 현존하는 신체는 외연적 부분들의 무한대가 일정한 관계하에서 그것[본질]에 속하는 한 본질 그 자체입니다. 일정한 관계하에서 말입니다! 운동과 정지의 이 관계가 의미하는 것은 무엇일까요?

여러분이 능력(puissance)의 어떤 정도인 본질을 가지고 있다는 것을 상기하세요. 이 본질에 운동과 정지라는 일정한 관계가 상응합니다. 내가 존재하는 한, 운동과 정지의 이 관계는 외연적 부분들에 의해 실행되고, 그 때부터 이 관계하에서 나에게 속합니다.

이것은 무엇을 의미할까요?

『에티카』에는 스피노자가 마치 이중의 어휘를 가지고 있었던 것처럼, 통념들의 매우 흥미로운 편차(slippage)가 존재합니다. 그리고 이것은 포함되어 있으며, 이것은 당대의 물리학과 일치할 경우에만 그렇게 포함될 것입니다.

스피노자는 때때로 운동학적 어휘에서 동역학적 어휘로 넘어갑니다. 그는 다음의 두 개념들 — 즉 운동과 정지의 관계, 그리고 정동될 능력(pouvoir) 혹은 정동될 성질(aptitude) — 을 동등한 것으로 간주합니다. 왜 그가 이 운동학적 명제와 이 동역학적 명제를 동등한 것으로 다루는지를 물어보아야 합니다. 나를 특징짓는 운동과 정지의 관계가 왜 동시에, 나에게 속하는 정동될 능력일까요? 신체의 두 가지 정의들이 존재할 것입니다. 운동학적 정의는 다음과 같습니다. 모든 신체는 운동과 정지의 관계에 의해 정의된다. 동역학적 정의는 다음과 같습니다. 모든 신체는 정동될 어떤 능력에 의해 정의된다. 여러분은 이 이중적인 운동학적·동역학적 등기(register)에 민감해야 합니다.

우리는 스피노자가 다음과 같이 말하고 있는 텍스트를 발견할 것입니다. "엄청나게 많은 외연적 부분들이 나에게 속한다. 따라서 나는 무한대의 방식으로 정동된다." 일정한 관계하에서, 외연적 부분들의 무한대를 갖는 것은 무한대의 방식으로 정동될 능력입니다. 이 때부터 모든 것이 명확해집니다.

만일 여러분이 외연적 부분들의 법칙을 이해한다면, 그것들은 결코 원인들을 갖기를, 원인들이 되기를, 그리고 하나가 다른 하나에게 미친 효과를 받는 것을 멈추지 않습니다. 이것이 인과성의 세계, 즉 외생적인, 외부적인 결정론(determinism)입니다. 다른 입자와 부딪치는 입자가 언제나 존재합니다. 다른 말로 하면, 여러분은 그것들이 매 순간마다 서로에게 미치는 효과를 갖는다는 것을 고려하지 않고서는 부분들의 무한적인 집합을 생각할 수 없습니다.

정서를 무엇이라고 부를까요? 어떤 사람은 정서를 효과의 관념이라고 부릅니다. 나에게 속하는 이러한 외연적 부분들을 여러분은 서로에게 아무런 효과를 갖지 않는 것으로 생각할 수 없습니다. 그것들은 서로에게 미치는 효과로부터 분리할 수 없습니다. 그리고 국지화될 외연적인 부분들의 무한적인 집합은 결코 존재하지 않습니다. 다음과 같이 정의되는 외연적 부분들의 적어도 한 가지 집합이 존재합니다. 이 집합은 나에게 속한다. 그것은 그 아래에서 그 집합이 나에게 속하는 운동과 정지의 관계에 의해 정의됩니다. 하지만 이 집합은 다른 집합들과 분리될 수 없습니다. 이 집합들은 똑같이 무한하며, 그 집합 위에서 작용하고, 그것에 영향을 미치며 나에게 속하지 않습니다. 내 피부의 입자들은 분명 공기의 입자들, 즉 서로 맞부딪치게 되는 공기의 입자들과 분리될 수 없습니다. 정서는 효과의 관념에 지나지 않습니다. 이것은 내가 그 원인에 대한 관념을 가지고 있지 않기 때문에 필연적으로 혼동된 관념입니다. 그것은 효과의 수용(reception)입니다. [이 때] 나는 지각한다고 말합니다. 이렇게 해서 스피노자는 운동학적 정의에서 동역학적 정의로 이행할 수 있습니다. 다시 말해 그 아래에서 외연적 부분들의 무한대가 나에게 속하는 관계는 마찬가지로 정동될 능력인 것입니다. 하지만 그렇다면 나의 지각들과 나의 수동[정념]들은 무엇이고, 나의 기쁨들과 슬픔들은 무엇이며, 나의 정동들은 무엇일까요? 내가 운동학적 요소와 동역학적 요소 사이의 이러한 종류의 평행론을 계속한다면, 나는 외연적 부분들이 나를 특징짓는 운동과 정지의 일정한 관계를 실행하는 한 그것들이 나에게 속한다고 말할 것입니다. 그것들은 그 사이에서 그 관계가 적용되는 용어들을 규정하기 때문에 어떤 관계를 실행합니다. 만일 이제 동역학적 술어들로 말하자면, 정서들과 정동들이 나의 정동될 능력을 발휘하고 매순간 나의 정동될 능력이 발휘되는 한 그것들은 나에게 속한다고 말할 것입니다. 이러한 완전히 상이한 계기들을 비교해 보세요. 순간 A. 여러분은 비가 오는데 바깥에 있습니다. 비를 흠뻑 맞고 있습니다. 비를 피할 데가 없습니다. 오른쪽을 막기 위해 왼쪽으로 돌리고, 또 반대쪽으로도 그렇게 합니다. 여러분은 이 문장의 아름다움에 대해 느낍니다. 그것은 매우 운동학적 정칙입니다. 나는 내 반쪽을 다른 쪽을 위한 차폐물로 삼을 수밖에 없습니다. 그것은 매우 아름다운 정칙입니다. 그것은 비가 약간 내리고 몸뚱이들이 진흙 같은 데에 눕혀져 있는 지옥세계의 한곳에서 울려 퍼지는 단테의 운문입니다. 단테는 진흙 속에서 뒤집히는 것 외에 다른 수단을 갖고 있지 못한 이러한 몸뚱이들의 고독과 같은 것을 표현하려고 노력합니다. 항상 그들은 자신들의 신체의 한 쪽을 다른 쪽으로 보호하려고 노력합니다. 순간 B. 이제 여러분은 완전히 노출됩니다. 이제 막 빗방울들은 작은 화살들처럼 되었습니다. 끔찍합니다. 수영복을 입고 있는 여러분의 모습은 기괴합니다. 그리고 태양이 나옵니다. 이것이 순간 B입니다. 다음에 여러분의 전체 몸이 노출됩니다. 그리고 이제 여러분은 여러분의 전체 몸이 펴질 수 있었으면 할 것입니다. 여러분은 태양 쪽을 향합니다. 스피노자는 우리가 속아서는 안 된다고 말합니다. 두 경우에 여러분의 정동될 능력은 반드시 발휘됩니다. 분명 여러분은 항상 상황들(외부적인 상황들을 포함하여)에 따르는 정서들과 정동들을 갖고 있습니다. 그렇지만 어떤 정서, 어떤 정동은 오직 그것이 여러분의 정동될 능력을 발휘하는 데 현실적으로 기여하는 만큼만 여러분에게 속합니다.

바로 이러한 의미에서 모든 정서와 모든 정동은 본질의 정동입니다. 궁극적으로 정서들과 정동들은 본질의 정서들과 정동들일 수 있을 뿐입니다. 왜 그럴까요? 그것들은, 그것들이 여러분의 것인 정동될 능력을 발휘하는 한에서만 여러분을 위해 존재합니다. 그리고 이 정동될 능력은 여러분의 본질의 정동될 능력입니다. 어떤 순간에도 여러분은 이걸 놓쳐서는 안 됩니다. 비가 내리고 여러분이 행복하지 않다면, 여러분은 말 그대로 아무것도 모자라지 않습니다. 이것이 스피노자의 위대한 관념[생각]입니다. '여러분은 결코 어떤 것도 모자라지 않다.' 여러분의 정동될 능력은 모든 방식으로 발휘됩니다. 모든 경우에 어떤 것도 표현된 적이 없으며, 어떤 결핍으로 스스로를 표현한 적이 없습니다. 그것은 "오로지 존재만이 존재한다"라는 정칙입니다. 모든 정서, 모든 지각과 모든 감정, 모든 수동[정념]은 본질의 정서, 지각, 수동[정념]입니다. 철학이 끊임없이 재접근해 온 단어를 선택하는 것은 우연히 이루어진 것이 아닙니다. 하지만 여러분이 원하는 것, 그것을 철학은 필요로 합니다. 그것은 "……하는 한"이라는 어구와 같은 것입니다. 만일 어쩔 수 없이 철학을 한 단어로 정의한다면, 철학이란 "……하는 한"의 예술이라고 말할 수 있을 것입니다. 만일 여러분이 우연히 "……하는 한"이라고 말하도록 이끌리고 있는 사람을 보게 된다면, 여러분은 그것이 태어나고 있는 사유라고 스스로에게 말할 수 있습니다. 사유했던 최초의 사람은 "……하는 한"이라고 말했습니다. 왜일까요? "……하는 한"은 개념의 예술입니다. 그것은 개념입니다. 스피노자가 끊임없이 "……하는 한"의 라틴어 상당 어구를 사용하는 것은 우연에 의한 것일까요? "……하는 한"은 사물들 자체에서는 지각될 수 없는 개념 속의 구별들과 관계됩니다. 여러분이 개념 속의 구별들을 통해 작업할 때, 그리고 개념을 통해 작업할 때, 여러분은 '하는 한에서의' 사물, 말하자면 사물의 개념적인(conceptual) 측면에 대해 말할 수 있습니다.

 그렇다면 모든 정서는 본질의 정서입니다. 맞습니다. 하지만 어디까지 하는 한에서 그럴까요? 그것이 부적실한 지각들과 수동[정념]들의 문제일 때 우리는 이것들이 본질이 이러한 관계하에서 그것에 속하는 외연적인 부분들의 무한대를 갖는 한 본질의 정서들임을 덧붙여야 합니다.

여기에서 정동될 능력은 본질에 속합니다. 분명 그것은 외부로부터 오는 정동들에 의해 필연적으로 발휘됩니다. 이러한 정동들은 외부로부터 옵니다. 그것들은 본질로부터 오지 않습니다. 그것들은 그럼에도 불구하고 본질의 정동들입니다. 왜냐하면 그것들은 본질의 정동될 능력을 발휘하기 때문입니다. 그것들이 외부로부터 온다는 것을 잘 기억해 두세요. 그리고 실제로 외부는 서로에게 작용을 가하는 외연적 부분들이 복종하는 법칙입니다. 하나의 인식이 두 번째 및 세 번째 종류의 인식에 응하면서 이어질 때, 어떤 일이 일어날까요? 여기에서 나는 적실한 지각들과 능동적인 정동들을 갖게 됩니다. 이것은 무엇을 의미할까요? 그것은 본질의 정서들입니다. 나는 심지어, 더욱더 이유[이성]에 대해 말하고자 합니다. 앞서의 경우와 어떤 점이 다를까요? 이번에 그것들은 외부로부터 오지 않습니다. 그것들은 내부로부터 옵니다. 왜 그럴까요? 우리는 [이미] 그것을 살펴보았습니다. [그것은 이미 하나의 공통 통념입니다. 더욱이 세 번째 종류의 관념을 위한, 본질이라는 관념을 위한 이유[이성]입니다. 왜 이것은 안으로부터 올까요?

방금 나는 부적실한 관념들과 수동적인 정동들이 나에게 속한다고 말했습니다. 그것들은 나의 본질에 속합니다. 이것들은 따라서 이 본질이 실제로 일정한 관계하에서 그것에 속하는 외연적 부분들의 무한대를 소유하는 한 본질의 정서들입니다.

이제 공통 통념들을 발견하기 위해 노력해 봅시다. 공통 통념은 하나의 지각입니다. 그것은 공통 관계 - 나와 다른 신체에 공통적인 관계 – 의 지각입니다. 그것은 정동들, 능동적인 정동들의 뒤를 따라 나옵니다. 이러한 정서들, 지각들 그리고 정동들은 또한 본질의 정서들입니다. 그것들은 본질에 속합니다. 그것은 동일한 것입니다. 하지만 어디까지 하는 한 그러는 것일까요? 더 이상 본질이 일정한 관계 하에서 그것에 속하는 외연적 부분들의 무한대를 소유하는 것으로 간주되는 한에서가 아니라, 본질이 어떤 관계 속에서 스스로를 표현한다고 간주되는 한에서 그렇습니다. 여기에서 외연적 부분들과 외연적 부분들의 능동(행위)은, 내가 원인들인 관계들에 대한 파악으로까지 고양되기 때문에, 그리하여 본질의 또 다른 측면으로까지 고양되기 때문에 포기됩니다. 그것이 실제로 외연적 부분들의 무한대를 소유하는 한 그것은 더 이상 본질이 아닙니다. 그것이 스스로를 어떤 관계 속에서 표현하는 한 그것은 본질입니다.

그리고 만일 내가 더 많은 이유들을 갖고서 세 번째 종류의 관념들로 고양된다면, 그리고 이번에는, 본질이 즉자적으로, 즉자대자적으로 능력(puissance)의 정도인 한에서는, 그것들의 뒤를 따라 나오는 이러한 관념들과 능동적 정동들은 본질에 속합니다. 그리고 그것들은 본질의 정서들입니다. 모든 정서와 모든 정동이 본질의 정서들이며, 오직 두 가지 경우들이 존재할 뿐이라고 광범하게 말하고자 합니다. 소유격은 두 가지 의미를 갖습니다. 두 번째 종류의 관념들과 세 번째 종류의 관념들은 본질의 정서들입니다. 하지만 그것은 철학에서 예컨대 독일인들과 함께 상당히 나중에 나타날 뿐인 어떤 단어를 뒤따르는 것으로 말해져야만 할 것입니다. 이것들은 자동-정서들입니다. 결국, 공통 통념들과, 세 번째 종류의 관념들 전반에 걸쳐 그것은 스스로 정동되는 본질입니다.

　스피노자는 능동적인 정동이라는 술어를 채택합니다. 자동-정서와 능동적인 정동 사이에는 큰 차이가 없습니다. 모든 정서들은 본질의 정서들이지만, 본질의 정서가 하나만을, 그리고 오로지 하나의 의미만을 갖지는 않는다는 것을 주의하세요. 『에티카』-존재론 관계와 관련되는 결론 같은 것을 끌어내는 것이 나한테 남겨져 있습니다.

　왜 이 모든 것이 존재론을 구성할까요? 나는 어떤 감정-관념을 가지고 있습니다. 유례없지만 특이한 존재론이 존재합니다. 존재론을 제대로 이끌어 낸 사람은 스피노자가 유일합니다. 만일 매우 엄밀한 의미에서 존재론을 거론한다면, 나는 철학이 존재론으로서 자신을 실현하는 것은 오직 한 가지 경우뿐이라고 생각합니다. 그것은 바로 스피노자입니다. 하지만 그렇다면 왜 이 쿠데타가 한 번만 일어날 수밖에 없었을까요? 왜 스피노자에 의해서 그렇게 되었을까요?

　본질의 정동될 능력은 내부적 정서들에 의해서와 마찬가지로 외부적 정서들에 의해서도 실현될 수 있습니다. 무엇보다도 우리는 정동될 능력이 운동학적 관계를 구성하지 않는 내부성(interiority)과 더 관계가 있다고 생각해서는 안 됩니다. 정동들은 완전히 외부적일 수 있으며, 이것은 수동[정념]들의 사례를 보면 알 수 있습니다. 수동[정념]들은 정동될 능력을 발휘하는, 그리고 외부로부터 오는 정동들입니다. [『에티카』의] 5부는 나에게는 자동-정서의 이러한 관념을 기초 짓는 것으로 보입니다. 다음과 같은 텍스트를 예로 들어 보겠습니다. 내가 사랑하는 (세 번째 종류의 인식으로 이해된) 신에 의한 사랑은 신이 그 자신을 사랑하고 내가 나 자신을 사랑하는 사랑이다. 이것은 세 번째 종류의 인식의 단계에서는 모든 본질들이 서로에게 내부적이며 신적인 힘이라고 불리는 능력(puissance)에 내부적이라는 것을 의미합니다. 본질들의 내부성이 존재합니다. 그리고 이것은 그것들이 융합된다는 것을 의미하지 않습니다. 우리는 하나의 내재적인 구별들의 체계에 도달하게 됩니다. 오로지 이 지점에서부터만 하나의 본질이 나를 정동합니다. (그리고 이것이 세 번째 종류의 인식에 대한 정의입니다. 본질은 나의 본질을 정동합니다.) 그러나 모든 본질은 서로에게 내부적이기 때문에, 나를 정동하는 본질은 나의 본질이 스스로를 정동하는 하나의 방식입니다. 위험스럽기는 하지만 태양의 사례로 돌아가 보겠습니다. "범신론"이 의미하는 것은 무엇일까요? 스스로를 범신론자라고 부르는 사람들은 어떻게 살아갈까요? 많은 영국인들이 범신론자입니다. 나는 지금 로렌스를 생각하고 있습니다. 로렌스는 태양을 예찬했었습니다. 빛과 결핵은 로렌스와 스피노자에게 공통적인 두 가지 요점들입니다. 로렌스는 우리에게 다음과 같이 말합니다. 대체적으로 태양과 관련해서는 두 가지 존재 방식이 있다. 해변에 사람들이 있다. 하지만 그들은 이해하지 못한다. 그들은 태양이 무엇인지 알지 못한다. 그들은 졸렬하게 생활한다. 만일 그들이 마침내 태양에 대해 무언가를 이해하게 된다면, 그들은 그러한 상태에서 벗어나 더욱 지적이고 유능해질 것이다. 하지만 그들이 자신들의 옷을 등에 걸치자마자, 그들은 이전처럼 비천해진다. 이 수준에서 그들이 태양에 대해 이해한 것은 무엇일까요? 그들은 첫 번째 종류[의 인식]에 머뭅니다. "나는 따뜻한 게 좋아"의 '나'는 혈관 수축적이고 혈관 확장적인 유형이라는 외연적 부분들의 관계를 표현하는 '나'

이고, 외연적 부분들을 작동시키는 외부적 결정론 안에서 직접적으로 자신을 표현하는 '나'입니다. 그러한 의미에서 이것들은 나의 입자들 위에서 작용하는 입자들이며, 하나가 다른 하나에게 가하는 효과는 쾌락이나 기쁨입니다. 그것이 첫 번째 종류의 인식에 해당하는 태양입니다. 나는 그것을 다음과 같이 소박한 정칙으로 표현합니다. "오, 태양, 나는 태양을 사랑해." 사실상, 이것들은 작동하는 내 신체의 외부적인 메커니즘들이고, 부분들 사이의 관계들이며, 태양의 부분들이자 내 신체의 부분들입니다. 태양과 관련해서 언제부터, 언제부터 나는 "나"라고 확실하게 말하기 시작할 수 있을까요? 두 번째 종류의 인식을 통해 나는 서로에게 가하는 부분들의 효과의 지대를 뒤에 남기게 됩니다. 나는 태양에 대한 몇 가지 종류의 인식을, 태양에 대한 실천적인 이해력을 획득하게 됩니다. 이 실천적인 이해력은 무엇을 의미할까요? 그것은 내가 나아진다는 것을 의미하며, 태양과 연관된 사소한 사건이 의미하는 바를 내가 알게 된다는 것을 의미합니다. 이러저러한 순간의 이러저러한 이상한 그림자, 이것이 알리는 바가 무엇인지를 알게 됩니다. 나는 더 이상 내 신체에 가한 태양의 효과들을 기록하지 않습니다. 나는 원인들에 대한 실천적인 종류의 이해력에까지 나 자신을 고양시킵니다. 동시에 나는 태양의 이러저러한 관계와 내 신체의 관계들을 구성하는 방법을 알게 됩니다.

  화가의 지각을 예로 들어 봅시다. 자연으로 나가는 19세기의 화가를 상상해 봅시다. 그는 자신의 이젤을 가지고 있습니다. 이것은 하나의 관계입니다. 고정적인 채로 남아 있지 않는 태양이 있습니다. 이 두 번째 종류의 인식이란 무엇일까요? 그는 자신의 이젤의 위치를 완전히 바꾸려 할 것입니다. 그는 태양이 중천에 떠 있는지 아니면 막 지려고 하는지에 의존하는 캔버스와는 동일한 관계를 갖지 않을 것입니다. 고흐는 무릎 위에 놓고 그림을 그렸습니다. 일몰을 그리기 위해 고흐는 거의 눕다시피 하면서 그림을 그릴 수밖에 없었고, 그의 눈은 가능한 한 가장 낮은 수평선을 유지했습니다. 그 순간 이젤을 갖고 있다는 것은 아무런 의미를 갖지 않습니다. 세잔이 미스트랄[8]에 대하여 언급한 편지들이 있습니다. 캔버스-이젤 관계와 바람의 관계를 구성하는 방법, 이젤의 관계와 지고 있는 태양을 구성하는 방법, 땅에서 그림을 그릴 수도 있는, 땅에 누워서 그림을 그릴 수도 있는 방식으로 끝내는 방법. 나는 관계들을 구성합니다. 그리고 일정한 방식으로 원인들에 대한 일정한 이해력을 갖기에 이릅니다. 그리고 바로 그 순간 나는 내가 태양을 사랑한다고 말하기 시작할 수 있습니다. 나는 더 이상 내 신체에 가하는 태양 입자들의 효과 속에 놓여 있지 않습니다. 나는 또 다른 지대(domain)에, 관계의 구성들 속에 있습니다. 그리고 바로 이 순간 나는 첫 단계에서는 우리에게 정신 나간 것으로 보였을 어떤 명제에서 멀리 떨어져 있지 않습니다. 나는 다음과 같이 말할 수 있게 됩니다. "태양, 나는 태양의 일부(something)이다." 나는 태양과 친연 관계에 놓입니다. 이것이 두 번째 종류의 인식입니다. 이 두 번째 단계에서, 태양과의 일종의 교섭(communion)이 존재한다는 것을 이해해야 합니다. 고흐에게 이것은 명백합니다. 그는 태양과의 일종의 소통 속으로 들어가기 시작합니다.

---

8. [옮긴이] 프랑스의 지중해 연안 지방에 부는 찬 북서풍을 말한다.

세 번째 종류의 인식은 어떤 것일까요? 여기에서 로렌스가 풍부한 영감을 제공합니다. 추상적인 용어로 말하자면 그것은 하나의 신비로운 결합(union)일 것입니다. 온갖 종교들은 태양에 대한 신비함을 발전시켜 왔습니다. 이것은 한 발짝 앞으로 나가는 것입니다. 고흐는 그가 제대로 표현[묘사]할 수 없는 어떤 넘어섬(beyond)이 존재한다는 인상을 가졌습니다. 그가 화가인 한에서 제대로 표현하지 못할 이 '아직 좀더'는 무엇일까요? 이것은 태양이 신비로움 속에서 가지고 있는 은유들일까요? 하지만 이것들은 우리가 그와 같은 것을 파악하게 되면 더 이상 은유들이 아닙니다. 그들은 말 그대로 신은 태양이라고 말할 수 있습니다. 그들은 말 그대로 "나는 신이다"라고 말할 수 있습니다. 왜 그럴까요? 결코 어떤 동일시(identification)가 존재하기 때문이 아닙니다. 바로 이 세 번째 종류[의 인식] 단계에서 우리는 이 내재적 구별 양식에 도달합니다. 스피노자가 말한 세 번째 종류의 인식 안에 약분불가능한 신비로운 무언가가 존재하는 곳이 바로 여깁니다. 그와 동시에 본질들은 명석(distinct)합니다. 단지 그것들은 내부에서 서로를 구분합니다. 바로 그렇기 때문에 태양이 나를 정동하는 광선들이 내가 나 자신을 정동하는 광선들이며, 내가 나를 정동하는 광선들은 나를 정동하는 태양의 광선들입니다. 그것은 태양의 자동-정서입니다. 요컨대 이것은 묘한 분위기를 갖습니다. 하지만 생활 방식의 수준에서 그것이 매우 다르다는 것을 이해해야 합니다. 로렌스는 그 자신의 특이한 본질, 태양의 특이한 본질, 그리고 세계의 본질 사이의 내적인 구별을 유지하는 이와 같은 종류의 정체성[동일성](identity)에 대해 다른 텍스트들을 전개합니다.

정동적 노동[*]

마이클 하트 | 자율평론 번역모임 옮김

    우리의 노동과 사회적 실천에서 정동의 생산에 주목하는 것은, 욕구 또는 사용가치에 관한 담론들의 맥락에서, 종종 반자본주의 기획을 위한 유용한 토대가 되어 왔다. 정동적 노동은 그 자체로 직접적으로 공동체들과 집단적 주체성들을 구성하는 것이다. 그리하여 정동과 가치의 생산적 회로는 여러 측면에서, 자본주의 가치화 과정에 대안이 되는 주체성의 구성을 향한 자율적 회로인 듯이 보여져 왔다. 맑스와 프로이트를 결합시키는 이론적 작업틀은 '욕망하는 생산'과 같은 용어들을 사용하여 정동적 노동을 파악해 왔고, 페미니스트들

---

[*] Michael Hardt, "Affective Labor", *Boundary 2*, vol. 26, no. 2(Summer 1999).

의 더 눈에 띠게 많은 수의 연구들(전통적으로 여성의 노동으로 불리었던 것 내부의 잠재력을 분석하는 연구들)은 '친족 노동'(kin work)과 '돌봄 노동'(caring labor)과 같은 용어들로 정동적 노동을 파악해 왔다. 이러한 분석들 각각은 우리의 노동하는 실천이 집단적 주체성들을 생산하고 사회성을 생산하고 마침내는 사회 그 자체를 생산하는 과정을 드러낸다.

그러나 오늘날 정동적 노동에 대한 이러한 고찰은 ― 이것은 이 글의 주된 논지이다 ― 자본주의적 경제에서 정동적 노동의 변경된 역할이라는 맥락 속에 놓여지지 않으면 안 된다. 달리 말하자면, 정동적 노동이 전적으로 자본주의적 생산의 외부에 있던 적은 없을지라도, 지난 25년 동안 진행되어 온 경제의 탈근대화 과정은 자본을 직접적으로 생산하는 역할을 정동적 노동에 부여했을 뿐만 아니라 정동적 노동을 노동형태들의 위계구조에서 맨 꼭대기에 놓았다. 정동적 노동은 내가 "비물질노동"이라고 부르고자 하는 것의 한 면이다. 이 "비물질노동"은 전 지구적 자본주의 경제에서 노동의 다른 형태들을 지배하는 위치를 점해 왔다. 자본이 정동적 노동을 흡수하여 그 위치를 상승시켰다고 말하는 것은, 그리고 자본의 관점에서 정동적 노동이 가장 높은 가치를 생산하는 노동형태들 중 하나라고 말하는 것은 정동적 노동이 ― 그렇게 오염되었기 때문에 ― 반자본주의 기획들에 더 이상 이용될 수 없다는 것을 의미하는 것은 아니다. 이와는 반대로, 정동적 노동이 자본주의 탈근대화의 사슬에서 가장 강한 고리중의 하나이기에, 전복적이고 자율적인 구성을 향한 정동적 노동의 잠재력은 더욱더 크다. 이 맥락에서 우리는, 삶권력(biopower)이라는 말을 푸코적 의미로 채택하는 동시에 뒤집어 사용하면서, 노동의 삶정치적(biopolitical) 잠재력을 인식할 수 있다. 따라서 나는 논의를 세 단계로 진행시키고자 한다. 첫 번째는 비물질노동을 자본주의 탈근대화의 현 국면 속에 놓는 것이다. 두 번째는 정동적 노동이 다른 형태의 비물질노동과 어떤 관계에 있는지를 살펴보는 것이다. 그리고 마지막은 정동적 노동의 잠재력을 삶능력(biopower)의 맥락에서 탐색하는 것이다.

탈근대화

중세 이래로 지배적인 자본주의 나라들에서의 경제 패러다임의 연속을 세 개의 구별되는 계기들로 고찰하는 것은 이제 흔한 것이 되었다. 이 세 개의 계기들 각각은 경제의 특권적 부문들에 의해서 결정된다. 첫 번째 패러다임에서는 농업과 원료 채취가 경제를 지배했다. 두 번째 패러다임에서는 공업과 내구 소비재의 생산이 특권적인 위치를 점유했다. 최근의 패러다임인 세 번째 패러다임에서는 서비스들을 제공하는 것과 정보를 다루는 것이 경제적 생산의 핵심이다. 이렇듯 지배적인 위치는 제1차 생산에서 제2차 생산으로, 그리고 또 제3차 생산으로 넘어왔다. 경제의 근대화는 첫 번째 패러다임에서 두 번째 패러다임으로의 즉, 농업의 지배에서 공업의 지배로의 이행을 지칭한다. 근대화는 공업화를 의미했다. 우리는 두 번째 패러다임에서 세 번째 패러다임으로의 즉, 공업의 지배에서 서비스와 정보의 지배로의 이행을 경제의 탈근대화 과정 혹은 더 정확하게 말하자면 정보화라고 부를 수 있을 것이다.

근대화 과정 즉 공업화는 사회적 평면의 모든 요소들을 변형시키고 재정의했다. 농업이 공업으로 근대화되었을 때 농장은 차츰 공장의 규율, 기술, 임금관계 등등을 갖추게 됨으로써 공장으로 되었다. 더 일반적으로, 사회 자체가 점차적으로 공업화되어, 인간관계와 인간본성을 변형시킬 정도에 이르렀다. 사회가 공장이 된 것이다. 20세기 초에 로베르트 무질(Robert Musil)은 농업세계로부터 사회공장으로의 이행과정에서 일어난 인간성의 변형을 훌륭하게 성찰했다. "사람들이 자연스럽게 성장해서 자신들을 기다리고 있는 환경 속으로 들어가던 때가 있었다. 그리고 그것이 자기자신이 되는 매우 바람직한 방식이었다. 그러나 모든 것들이 마구 뒤흔들려 있고, 모든 것들이 그것이 자란 땅으로부터 분리되고 있는 오늘날에는, 영혼의 생산이 관계되는 곳에서조차 사람들은 정말이지 전통적인 손기술 대신에 말하자면 기계와 공장에서 병행되는 종류의 지성을 갖추어야만 한다."[1] 경제적 생산과정에서 바로 인간성과 영혼은 생산된다. 인간이 되는 과정과 인간 자체의 본성은 근대로의 질적인 전환에서 근본적으로 변형되었다.

그러나 우리 시대에는 근대화가 종료되었다. 혹은 로버트 쿠르츠(Robert Kurz)의 말대로 근대화는 붕괴되었다. 달리 말하자면, 공업

---

[1] Robert Musil, *The Man Without* Qualities, vol. 2, trans. Sophie Wilkins(New York: Vintage, Hardt, 15 1996), p. 367.

생산은 다른 경제형태들과 사회현상들에 대해서 그 지배력을 더 이상 확대하지 못하고 있다. 이러한 전환의 징후는 고용상태의 양적인 변화들이라는 맥락에서 명백하다. 근대화의 과정이 농업과 광업(제1차 부문)에서 공업(제2차 부문)으로의 노동의 이동에 의해서 특징지어지는 한편, 탈근대화 또는 정보화 과정은 공업에서 서비스 직업들(제3차 부문)로의 이동 — 이는 1970년대 초 이래로 주요한 자본주의 나라들, 특히 미국에서 일어났다 — 으로 표징된다.2 여기서 "서비스"라는 용어는 건강관리, 교육, 금융에서 운송, 연예오락, 광고에 걸친 방대한 범위의 활동들을 포괄한다. 대부분의 직업들은 고도로 유동적이며 유연한 기술들을 필요로 한다. 더 중요한 것은, 그 직업들은 지식, 정보, 소통 그리고 정동이 맡는 중심적인 역할에 의해서 일반적으로 특징지어진다는 것이다. 이러한 의미에서 우리는 탈산업화 경제를 정보경제로 부를 수 있다.

근대화 과정이 종료되었고 오늘날 세계경제가 정보경제로 나아가는 탈근대화 과정을 경험하고 있다는 주장은, 지구의 가장 지배적인 지역에서조차도, 공업생산은 폐기처분되어질 것이라거나 중요한 역할을 그만둘 것이라는 의미가 아니다. 산업혁명이 농업을 변형시키고 농업을 더 생산적으로 만들었던 것과 똑같이, 정보혁명은 제조업 공정을 재정의하고 다시 활성화하면서 공업을 변형시킬 것이다. 예를 들어 산업공정들 내부로 정보네트워크들을 통합함으로써 말이다.

---

2. 지배적인 나라들에서의 고용 변동에 대해서는 Manuel Castells and Yuko Aoyama, "paths towards the informational society: Employment structure in G-7 countries, 1920-90", *International Labour Review* 133:1(1994), pp. 5~33을 보라.

여기서 작동하는 새로운 관리지침은 "제조업을 서비스로 간주하라"3 이다. 사실상, 산업들이 변형되면서, 제조업과 서비스업 사이의 구분은 희미해진다. 근대화 과정을 통해 모든 생산이 산업화되었던 것과 똑같이, 탈근대화 과정을 통해서도 모든 생산은 서비스 생산으로, 정보화되어지는 방향으로 나아가는 경향이 있다.

정보화 그리고 서비스로의 전환이 주요한 자본주의 나라들에서 가장 두드러진다는 사실이 우리로 하여금, 발전단계론적 관점 – 이 관점에서는 오늘날 선진국들은 정보서비스 경제에 해당하고, 그 아래 종속된 나라들은 산업경제에 해당하며, 가장 아래에 종속된 나라들은 농업에 해당한다 – 에서 현대 세계경제의 상황을 이해하는 것으로 돌아가게 해서는 안 된다. 종속된 나라들에게 근대화의 붕괴는 무엇보다도 산업화가 더 이상 경제의 향상과 경쟁에서의 열쇠로 간주될 수 없음을 의미한다. 사하라사막 이남의 아프리카 지역과 같은, 종속의 정도가 가장 심한 지역들의 어떤 곳은 자본의 흐름들과 새로운 기술들로부터 – 발전전략의 환상조차도 – 실질적으로 배제되어져 왔고 따라서 그 지역들은 기아 직전의 상황에 처해 있다(그러나 우리는 탈근대화가 어떻게 이러한 배제를 포함해 왔으며 그럼에도 불구하고 어떻게 이러한 지역들을 지배하고 있는지를 이해해야만 한다). 세계의 위계제에서 중간 위치를 점하기 위한 경쟁은 대부분 산업화가 아니라 생산의 정보화를 통해 벌어진다. 인도, 브라질, 러시아

---

3. François Bar, "Information Infrastructure and the Transformation of Manufacturing", in *The New Information Infrastructure: Strategies for U.S. Policy*, ed. William Drake (New York: Twentieth Century Fund Press, 1995), p. 56.

같은 다양한 경제 형태들을 지닌 넓은 나라들은 모든 형태의 생산과정들을 동시에 유지할 수 있다. 즉 정보를 기반으로 한 서비스의 생산, 근대적 산업생산, 그리고 전통적인 수공업, 농업, 광업 생산 같은 것들 말이다. 이러한 형태들은 역사적으로 순서에 맞추어 진행될 필요가 없으며, 오히려 그것들은 섞이고 공존한다. 정보화 이전에 근대화를 반드시 통과할 필요는 없다. 전통적인 수공업 생산은 즉시 컴퓨터화 되어질 수 있다. 휴대용 전화들을 고립된 어촌 마을들에서 즉시 이용할 수 있는 것처럼 말이다. 생산의 모든 형태들은 세계시장의 네트워크 내부에 그리고 정보화된 서비스 생산의 지배 아래에 존재한다.

비물질노동

정보경제로 이행하는 것은 노동의 질과 노동과정에서의 성격의 변화를 반드시 수반한다. 이것은 경제패러다임의 변화가 사회학적이고 인류학적인 측면에서 가장 직접적으로 암시하는 바이다. 정보, 통신, 지식 그리고 정동은 생산과정에서 기반이 되는 역할을 하게 된다.

많은 논자들은 이러한 변형의 첫 번째 측면을 포드적 모델에서 도요타적 모델로의 공장노동의 변화 – 자동차 산업을 중심적 준거점으로 삼자면 – 라는 맥락에서 인식한다.[4] 이러한 모델들 사이에 일어난

---

4. 포드주의 및 도요타주의 모델을 비교한 것으로는 Benjamin Coriat, *Penser à l'envers: travail et organisation dans l'entreprise japonaise*(Paris: Christian Bourgois, 1994)를

주된 구조상의 변화는 상품생산과 소비 사이의 소통 시스템, 즉 공장과 시장 사이의 정보유통을 수반한다. 포드적 모델은 생산과 소비 사이에 "무언의" 관계를 구성하는 편이었다. 포드주의적 시대에 표준화된 상품들의 대량생산은 적절한 수요에 의존할 수 있었고 따라서 면밀하게 시장에 "귀 기울이는 것"이 거의 필요하지 않았다. 소비에서 생산에 이르는 피드백 회로는 시장에서의 변화들이 생산에서의 변화들을 자극하도록 허용하기는 했지만, 이러한 소통은 (고정되고 구획된 계획 경로들 때문에) 제한되었고 (대량생산 기술들과 절차들의 경직성 때문에) 느렸다.

도요타주의는 생산과 소비 사이의 포드주의적 소통구조를 역전하는 것에 기초를 둔다. 이 모델에 따르면 이상적인 것은, 생산 계획이 시장들과 끊임없이 그리고 직접적으로 소통하는 것이다. 공장들은 재고품을 영(0)으로 맞추려 할 것이고, 상품들은 기존 시장들의 현재 수요에 따라 적시 생산될 것이다. 그래서 이 모델은 더욱 신속한 피드백 회로를 수반할 뿐만 아니라 그 관계의 역전을 수반한다. 왜냐하면 적어도 이론적으로는, 생산결정은 실제로, 시장결정이 내려진 후에 그 반응으로서 오기 때문이다. 이러한 산업적 맥락은 생산에서 소통과 정보가 새로운 중심적 역할을 하게 된 것이 갖는 첫 번째 의미를 제공한다. 정보화된 산업 과정들에서는 도구적 행위와 소통적 행위가 밀접하게 엮어지게 되었다고 말할 수도 있을 것이다. (여기서 이러한 과정들이 하버마스의 도구적 행위와 소통적 행위 사이의 구

보라.

분을 어떻게 파열시키는지를 고찰하는 것은 흥미롭고 유용할 것이다. 또 다른 의미에서, 이러한 과정들이 노동(labor), 작업(work), 행위(action)라는 아렌트의 구분들을 파열시키는 것과 똑같이 말이다.)5 그러나 이것은 빈약한 소통 개념으로서 시장 정보의 단순한 전파일 뿐이라는 것을 재빨리 덧붙여야 할 것이다.

경제에서 서비스 부문들은 생산적 소통에 관한 더 내용 있는 모델을 보여준다. 실제로 대부분의 서비스들은 정보와 지식들의 지속적인 교환에 기초를 둔다. 서비스의 생산은 물질적이고 내구적인 재화들의 생산이 아니기 때문에, 우리는 이 부문에서의 노동을 비물질노동으로 정의할 수도 있을 것이다. 즉, 서비스, 지식 또는 소통과 같은 비물질적 재화를 생산하는 노동이라고 말이다.6 비물질노동의 한 측면은 컴퓨터의 작동에서 전형적으로 인식될 수 있다. 점증하는 컴퓨터의 사용은 노동관행들과 관계들을 (실로 모든 사회적 관행들과 관계들을 포함하여) 재정의하는 데로 나아가는 경향이 있다. 컴퓨터 기술의 숙지와 능숙함은 선진국들에서 점점 더 제 일의 일반적인 능력이 되고 있다. 컴퓨터와의 직접적인 접촉이 수반되지 않을 때조차 컴

---

5. 나는 우선적으로 다음과 같은 저작을 생각하고 있다. Jürgen Habermas, *The Theory of Communicative Action*, trans. Thomas McCarthy(Boston: Beacon Press, 1984); 그리고 Hannah Arendt, *The Human Condition*(Chicago: University of Chicago Press, 1958). 하버마스가 소통적 행위와 도구적 행위를 구별하는 것을 경제적 탈근대화의 맥락에서 뛰어나게 비판한 것으로는, Christian Marazzi, *Il posto dei calzini: la svolta linguistica dell'economia e i suoi effetti nella politica*(Bellinzona, Switzerland: Casagrande, 1995), pp. 29~34를 보라.
6. 비물질적 노동에 대한 정의와 분석으로는, Maurizio Lazzarato, "Immaterial Labor", *Radical Thought in Italy*, ed. Paolo Virno and Michael Hardt(Minneapolis: University of Minnesota Press, 1996), pp. 133~47을 보라.

정동적 노동 147

퓨터 작업의 모델을 따른 상징과 정보의 조작이 대단히 광범위하게 퍼진다. 컴퓨터에 대한 하나의 새로운 측면은 이용되는 과정에서 컴퓨터가 그 자신의 작업과정을 끊임없이 수정할 수 있다는 점이다. 인공지능의 가장 초보적 형태들도 컴퓨터로 하여금 그 사용자 및 주변 환경과의 상호작용을 토대로 하여 작업을 확장하고 완성하도록 한다. 컴퓨터의 하드웨어가 직접적으로 관련이 되든 안 되든, 앞서와 같은 종류의 지속적인 상호작용이 경제의 모든 부문에서 현재 벌어지는 광범한 생산활동을 특징짓는다. 이전에는 노동자들이 공장 안팎에서 어떻게 기계들처럼 행동해야 하는지를 배웠다. 오늘날, 일반적인 사회적 지식이 더욱 직접적인 생산력이 될수록, 우리는 점점 더 컴퓨터처럼 생각하게 되고 소통기술의 상호작용적 모델은 우리의 노동활동에서 더욱더 중심적이게 된다.7 상호작용적이고 인공두뇌적인 기계들은 우리의 몸과 정신 속에 통합되는 새로운 보철(補綴)이 되고, 우리의 몸과 정신 자체를 재정의하는 하나의 렌즈가 된다.8

---

7. 피터 드러커는 비물질적 노동으로의 이행을 전통적인 정치경제 범주들의 완전한 파괴로 이해한다. "기초적인 경제 자원 — 경제 용어를 사용하자면 '생산수단' — 은 더 이상 자본도 아니고, 천연자원(경제학자들에게는 '토지')도 아니며, '노동'도 아니다. 그것은 [오늘날] 지식이며 [미래에도] 지식이 될 것이다." Peter Drucker, *Post-Capitalist Society*(New York: Harper, 1993), p. 8. 드러커가 이해하지 못하는 것은 지식이 주어진 것이 아니라 생산된다는 사실이다. 또 그는 지식의 생산이 새로운 종류의 생산 및 노동 수단을 포함하고 있다는 사실을 이해하지 못한다.
8. 맑스는 이 생산적인 사회활동의 패러다임을 가리키기 위하여 "일반지성"이라는 용어를 사용한다. "고정자본의 발전은 사회적 지식이 어느 정도를 생산의 직접적인 힘이 되었는지를 보여준다. 또한 그 결과 어느 정도로 사회적 삶 자체가 이루어지는 과정의 조건들이 일반지성의 통제 아래 놓이게 되었는지를, 그리고 그것에 따라 변형되었는지를 보여준다. 어느 정도로 사회적 생산의 힘들(powers)이 지식의 형태로서뿐만 아니라 사회적 실천의 직접적인 기관으로서, 실제적인 삶의 과정의 기관들로서 생산되었는지를 말이다." Karl Marx, *Grundrisse*, trans. Martin Nicolaus(New York: Vintage, 1973), p. 706.

로버트 라이시[9]는 비물질노동의 이러한 유형을 "상징-분석 서비스" — "문제-해결, 문제-확인, 전략적인 중개활동"을 포함하는 직무들 — 라고 부른다.[10] 이러한 유형의 노동에는 가장 높은 가치가 부여된다. 그래서 라이시는 새로운 세계 경제에서는 이러한 유형의 노동이 경쟁의 열쇠라고 본다. 그러나 그는 생산적 상징조작으로 이루어진 이러한 지식기반적 직업들의 성장에 상응하여, 데이터의 입력 및 워드 작업과 같은 틀에 박힌 상징조작으로 이루어진 낮은 가치 및 낮은 기술 직업들의 성장 또한 진행되고 있음을 인식한다. 이렇듯 비물질적 과정들의 영역 내부에서 근본적인 분업이 출현하기 시작한다.

그러나 컴퓨터라는 모델은 서비스의 생산에 포함된 소통적이고 비물질적인 노동의 일면만을 설명할 수 있을 뿐이다. 비물질노동의 다른 측면은 인간적 접촉과 상호작용이라는 정동적 노동이다. 라이시와 같은 경제정책가들이 비물질노동의 이러한 측면에 대해서 거론할 가능성은 별로 없다. 그러나 이 측면은 나에게 더 중요한 측면이요 반드시 고려해야 할 측면으로 보인다. 예를 들어 건강서비스(health services)는 주로 돌봄 및 정동적 노동에 의지하며, 연예산업과 다양한 문화산업들도 마찬가지로 정동들을 창조하고 다루는 것에 집중된다. 정도의 차이는 있지만, 이러한 정동적 노동은, 인간적 상호작용과 소통의 계기들 속에 심어진 서비스 산업 전체에 걸쳐 — 패스트푸드 봉사자에서부터 금융서비스 공급자에 이르기까지 — 일정한 역할을

---

9. [옮긴이] 미국 클린턴 행정부의 제1기 노동부 장관.
10. Robert Reich, *The Work of Nations: Preparing Ourselves for 21st-Century Capitalism* (New York: Knopf, 1991), p. 177.

수행한다. 이 노동은 비록 몸과 관련되고 정동적이지만, 그것의 생산물들은 손으로 만질 수 없다. 이런 의미에서 이 노동은 비물질적이다. 즉 편안한 느낌, 행복, 만족, 흥분, 열정이 그 생산물이며 심지어는 결속감이나 귀속감도 포함되기 때문에 비물질적이다. 대인서비스(in-person services) 또는 근접서비스(services of proximity)와 같은 범주들이 이러한 종류의 노동을 지칭하는 데 사용되곤 하지만, 이러한 노동에 진정한 본질을 이루는 것, 즉 그 "대인"적 측면은 정동들을 창조하고 다루는 것이다. 정동의 생산, 교환 그리고 소통과 같은 것은 일반적으로 대인접촉 – 다른 사람과 실제적으로 대면하는 것 – 과 연관된다. 그러나 그러한 접촉은 현실적(actual)일 수도 있고 가상실효적(virtual)[11]일 수도 있다. 예컨대 연예산업의 정동들의 생산에서 대인접촉 – 다른 이들과의 대면 – 은 주로 가상실효적이지만 그렇다고 해서 덜 실재적(real)인 것은 아니다.

이러한 비물질노동의 두 번째 측면, 즉 그 정동적 측면은 컴퓨터로 정의되는 지성과 소통의 모델을 넘어선다. "여성의 노동"에 대한 페미니즘적 분석들에서 "육체적인 방식의 노동"이라고 불리었던 것에서 시작하는 것이 정동적 노동을 더 잘 이해하게 한다.[12] 돌봄 노동은 분명하고 온전하게 육체적인 것 (육신적인 것) 속에 몰입되어 있지만 그럼에도 불구하고 그 생산물인 정동은 비물질적이다. 정동적

---

11. [옮긴이] virtual-virtuality는 '잠재적'·'잠재성'으로 옮겼으나 자본이나 권력의 기능으로 포섭되어 있는 상태를 지칭할 때는 '가상실효적'·'가상실효성'으로 옮겼다.
12. Dorothy Smith, *The Everyday World as Problematic: A Feminist Sociology*(Boston: Northeastern University Press, 1987), pp. 78~88을 보라.

노동이 생산하는 것은 사회적 네트워크들, 공동체의 형태들, 삶능력(biopower)인 것이다.

여기에서 한 번 더 경제적 생산이라는 도구적 행위가 인간관계에서 일어나는 소통적 행위와 융합되었음을 알 수 있을 것이다. 그러나 이 경우에, 소통이 빈약해진 것이 아니고 오히려 생산이 인간 상호작용의 복합성을 포섭할 정도로 더 풍부해진 것이다. 한편으로는, 예를 들어 산업의 컴퓨터화에서, 소통행위, 인간관계 그리고 문화가 경제적 상호작용의 수준으로 도구화되고 사물화되며 "전락한" 것이라고 말할 수 있겠지만, 다른 한편 생산은 상호적 과정을 통해서 소통적이고 정동적이 되며 탈도구화되고 인간관계의 수준으로 "높여졌다"는 것을 재빨리 덧붙여야만 할 것이다. 물론 이는 자본에 의해 전적으로 지배되고 자본 내부에 있는 인간관계이다. (여기서 경제와 문화의 분리는 무너지기 시작한다.) 정동들의 생산과 재생산에서 ― 문화와 소통의 이러한 네트워크들에서 ― 집단적 주체성들이 생산되고 사회성이 생산된다. 이러한 주체성들과 사회성이 자본에 의해서 직접적으로 착취될 수 있더라도 말이다. 바로 이곳이 우리가 정동적 노동에 들어 있는 거대한 잠재력을 깨달을 수 있는 곳이다.

나는 정동적 노동 그 자체가 새롭다거나 혹은 정동적 노동이 어떤 의미에서는 가치를 생산한다는 사실이 새롭다는 것을 주장하려는 것이 아니다. 특히 페미니즘적 분석들은 오랫동안 돌봄 노동, 친족 노동, 양육 및 보육 활동의 사회적 가치를 이해하는 데 이바지해 왔다. 오히려 새로운 것은 이러한 정동적 비물질노동이 자본을 현재 직접적으로 생산하는 정도이며, 이러한 노동이 경제의 광범위한 부문들을 통해 일반화된 정도이다. 사실상, 비물질노동의 구성요소인 정동적 노동은 현대의 정보경제에서 가장 높은 가치를 가진 지배적인 위치를 획득했다. 로베르트 무질이 말한 바처럼 영혼의 생산이 관계되는 곳에서는, 우리는 더 이상 토양 및 유기적인 발전을 고려해서도 안 되고 또한 공장 및 기계적인 발전을 고려해서도 안 되며, 오히려 오늘날의 지배적인 경제형태들을 고려해야 한다. 즉 인공두뇌학과 정동의 결합에 의해 정의되는 생산을 고려해야 한다.

이러한 비물질노동은 노동자들 중의 일부 즉 새로운 잠재적 노동귀족을 형성할 컴퓨터 프로그래머들과 간호사들에 국한된 것이 아니다. 오히려 (정보, 정동, 소통, 문화 등의) 다양한 모습을 띠는 비물질노동은 노동자 층 전체에 확산되고, 모든 노동과정들의 크고 작은 구성요소들인 모든 노동직무들에 확산되는 경향이 있다. 그러나 비물질노동의 영역 내부에는 분명히 매우 많은 분할들 – 비물질노동의 국제적인 분업, 성적 분업, 인종적 분업 등등 – 이 있다. 로버트 라이쉬가 말한 것과 같이, 미국 정부는 미국에서 가능한 한 가장 높은 가치의 비물질노동을 유지하려고 하며 낮은 가치의 직무들을 다른 지역들로 수출하려고 한다. 비물질노동의 이러한 분할 – 이는 우리에게 익숙한 분업이 아님을 지적해야 할 것이다 – 을 밝히는 것은 매우 중요한 일이다. 특히 정동적 노동에 관해서 그러하다.

요컨대, 우리는 서비스 부문을 정보경제의 꼭대기에 이르게 하는 비물질노동의 세 가지 유형들을 구별할 수 있다. 첫 번째 유형은 산업생산과정 그 자체를 변형하는 방식으로 정보화되고 마찬가지 방식으로 소통기술을 통합해 온 산업생산에 포함된다. 제조업은 서비스로 간주되고 내구재를 생산하는 물질노동은 비물질노동과 섞이고 비물질노동으로 나아간다. 두 번째 유형은 분석적이고 상징적인 직무들의 비물질노동이다. 여기서 비물질노동은 한편에서는 창조적이고 지성적인 작업으로 다른 편에서는 틀에 박힌 상징직무들로 나뉜다. 마지막으로, 비물질노동의 세 번째 유형은 정동들의 생산과 조작을 포함하며 (가상실효적이거나 현실적인) 대인접촉과 접근을 필요로 한다. 이것들이 세계 경제의 탈근대화 또는 정보화를 추동하는 노동의 세 가지 유형들이다.

삶능력(Biopower)

삶능력이란 정동적 노동의 잠재성을 의미한다. 삶능력은 삶을 창조하는 능력이다. 이는 집단적 주체성들, 사회성 그리고 사회 그 자체의 생산이다. 정동들에 그리고 정동들을 생산하는 네트워크들에 초점을 맞추면 이러한 사회구성과정들이 드러난다. 정동적 노동의 네트워크들에서 창조되어지는 것은 '삶-의-형식'(form-of-life)이다.

푸코가 삶권력(biopower)을 논의할 때 그는 그것을 단지 위로부터 본다. 그것은 아버지 권력(patria potestas), 즉 가부장이 자식들과 가복들의 생사를 결정할 수 있는 권리이다. 더 중요한 것은, 삶권력은 인구를 창출하고 관리하며 통제하는 통치력, 즉 삶을 관리하는 힘이라는 점이다.[13] 더 최근의 다른 연구들은 삶권력을 "벌거벗은 삶"(bare life), 즉 그 다양한 사회적 형태들과 구분되는 삶 위에 군림하는 지고의 존재의 지배로 간주하면서 푸코의 개념을 확장해 왔다.14 어떤 경우든, 권력에서 문제가 되는 것은 삶 그 자체이다. 삶권력의 현 국면으로 이행하는 이 정치적 과정은 비물질노동을 지배적 지위에 놓는 자본주의적 탈근대화라는 경제적 이행에 상응한다. 여기서도 가치의 창출과 자본의 생산에서 중심적인 것은 삶의 생산 즉, 인구의 창출, 관리, 통제이다. 그러나 삶권력에 대한 이 푸코적 견해는 통치권의 특권처럼 상황을 위에서부터 설정하는 것일 뿐이다. 반면에, 삶정치적(biopolitical) 생산에 관여하는 노동의 관점으로부터 상황을 볼 때, 우리는 아래로부터 삶능력(biopower)을 이해하기 시작할 수 있다.

우리가 이 관점을 받아들였을 때 보게 되는 첫 번째 사실은 삶정치적 생산을 하는 노동이 성별화된 노동(gendered labor)을 강하게 띠고 나타난다는 점이다. 참으로 페미니즘 이론의 다양한 흐름들은 아래로부터 삶능력의 생산에 대한 광범위한 분석들을 이미 제공했다. 예를 들어, 에코페미니즘(ecofeminism)의 한 조류는 다양한 형태의 생명공학에 작용하는 정치 ─ 이러한 정치는 초국적 기업들에 의해 주로 종속지역들에 있는 인구와 환경에 강요된다 ─ 를 언급하기 위해서 (얼핏 보기에는 푸코의 방식과는 상당히 다른 방식으로) 삶정치라는 용어를 사용한다.15 자본주의 경제 발전의 수단으로 설정되어

---

13. 일차적으로 Michel Foucault, *The History of Sexuality*, vol. 1, trans. Robert Hurley (New York: Vintage, 1978), pp. 135~45를 보라.
14. Giorgio Agamben, *Homo Sacer*(Turin: Einaudi, 1995); 그리고 "Form-of-Life", trans. Cesare Casarino, in *Radical Thought in Italy*, ed. Paolo Virno and Michael Hardt (Minneapolis:Hardt / 17 University of Minnesota Press, 1996), pp. 151~56을 보라.

왔던 녹색혁명과 기타 과학기술적 계획들은 실제로 자연 환경의 황폐화와 여성을 종속시키는 새로운 메커니즘을 동시에 초래했다. 그런데 이 두 개의 결과는 실제로는 하나이다. 무엇보다도 여성의 전통적 역할 – 재생산 직무를 담당하는 역할 – 이 생태학적이고 생물학적인 문제의식의 등장으로 가장 심하게 영향을 받아왔다고 이 에코페미니스트 저자들은 주장한다. 이러한 관점에서 보면 여성과 자연은 공히 지배의 대상이지만, 또한 그들은 – 삶정치적 과학기술의 공격에 대항하여 – 협력적인 관계 속에서 삶을 생산하고 재생산하기 위해 함께 일한다. '계속 살아남는 것' – 정치는 이제 삶 그 자체의 문제가 되었으며, 투쟁은 위로부터의 삶권력(biopower)에 대항하는 아래로부터의 삶능력(biopower)이라는 형태를 띤다.

아주 다른 맥락에서 미국의 매우 많은 페미니스트 저자들은 삶의 생산과 재생산에서 여성 노동의 주된 역할을 분석해 왔다. 특히 (출산 노동의 생물학적으로 명백한 측면들과 구별되는) 보육 노동(maternal work)에 포함되는 돌봄 노동은 삶정치적 생산을 분석하기 위한 매우 풍부한 지형임이 증명되었다.[16] 여기서 삶정치적 생산은 무엇보다도 삶을 창조하는 노동을 말한다. 즉, 생식활동이 아니라 바로 정동들의 생산과 재생산에서 삶을 창조하는 것 말이다. 여기서 우

---

15. Vandana Shiva and Ingunn Moser, ed., *Biopolitics: A Feminist and Ecological Reader*(London: Zed Books, 1995); 그리고 더 일반적인 것으로는 Vandana Shiva, *Staying Alive: Women, Ecology and Survival in India*(London: Zed Books, 1988)을 보라.
16. Sara Ruddick, *Maternal Thinking: Towards a Politics of Peace*(New York: Ballantine Books, 1989)를 보라.

리는 경제와 문화의 구분처럼 생산과 재생산의 구분이 어떻게 무너지는지를 명확하게 알 수 있다. 노동은 직접적으로 정동들에 작용한다. 노동은 주체성을 생산하며 사회를 생산하고 삶을 생산한다. 이러한 의미에서 정동적 노동은 존재론적이다. 정동적 노동은 산 노동이 삶의 형태를 구성하는 것임을 드러내고, 그렇게 하여 삶정치적 생산의 잠재력을 다시 한번 입증한다.17

그러나 우리는, 이러한 관점들이 일으키는 큰 위험을 인식하지 않고서, 무조건적으로 이 관점들 중 어느 것을 쉽게 긍정할 수는 없음을 즉시 덧붙여야 할 것이다. 첫 번째 경우에, 여성과 자연의 동일시는 – 자연의 자생론적 정의를 제안할 위험에 덧붙여 – 성적 차이를 당연한 것 그리고 절대적인 것으로 만들 위험이 있다. 두 번째 경우에, 보육 노동에 대한 찬양은 오이디프스적 종속과 주체화가 일어나는 가족적 구조들과 성적 분업 모두를 강화시키는 데 쉽게 복무할 수도 있다. 보육 노동에 대한 이러한 페미니즘적 분석들에서조차도 가부장적인 재생산 구조와 주체의 블랙홀인 가족 모두로부터 정동적 노동의 잠재력을 제거하는 것이 때때로 얼마나 어려울 수 있는지가 분명해진다. 그러나 이러한 위험들이 있고 또 중요하긴 하지만, 노동의 잠재력을 삶능력, 아래로부터의 삶능력으로 이해하는 것의 중요성이 부정될 수는 없다.

이 삶정치적 맥락은 바로 정동과 가치의 생산적 관계를 탐색하는

---

17. 노동의 존재론적으로 구성적인 역량들에 대한 글은, 특히 페미니즘 이론의 맥락에서 다루어진 글은 Kathi Weeks, *Constituting Feminist Subjects*(Ithaca: Cornell University Press, 1998), pp. 120~51을 보라.

토대이다. 우리가 여기서 발견하는 것은 "정동적으로 필요한 노동"[18]이라고 불릴 수 있는 것의 저항이라기보다는 필수적인 정동적 노동의 잠재력이다. 한편에서는, 정동적 노동 즉 삶의 생산과 재생산이 자본 축적과 가부장적 지배의 필수적인 토대로서 견고하게 뿌리내렸다. 그러나 다른 한편, 정동, 주체성 그리고 삶의 형태를 생산하는 것 그 자체는 아마도 자기가치화의 회로[가치화의 자율적 회로]와 해방의 거대한 잠재력을 창출할 것이다.

---

18. Gayatri Chakravorty Spivak, "Scattered Speculations on the Question of Value", in *In Other Worlds*(New York: Routledge, 1988), pp. 154~75를 보라.

가치와 정동*

안또니오 네그리 | 자율평론 번역모임 옮김

200년 전부터 정치경제학에서 가치이론의 발전을 수반했던 논쟁들 속에서, 우리가 아직도 노동으로부터 가치를 분리시키지는 못했다고 나는 생각한다. (하나의 직업으로서 이러한 분리에 익숙했었던) 한계효용 학파와 신자유주의 학파조차도 그들이 구체적인 것 속에서 정치경제학과 대면할 때에는 언제나 노동과 가치의 관계(와 그 기초, 즉 집단적인 산 노동)를 재고하지 않을 수 없었다. 신고전학파의 설명에서, 시장관계에 대한 분석은 그것이 기업가적이든, 금융적이든,

---

* Antonio Negri, "Value and Affect", *Boundary 2*, vol. 26, no. 2(Summer 1999).

아니면 화폐적이든 간에, 원칙적으로 노동에 대한 어떠한 참조도 거부한다. 사실상 그러한 분석은 노동을 침묵시킨다. 신고전학파들이 정치적 결정에 직면할 때에 노동가치론이, 그 원리의 창시자들이 그것을 정립했던 바로 그 장소에서 되돌아온다는 것은 우연이 아니다. 그 장소란 하나의 사회관계로서의 경제관계라는 갈등(그리고 궁극적인 매개)의 장소이다. 요컨대 경제이론의 존재론인 것이다.

그렇지만 고전적인 가치론이 지배하기 시작한 이래로 돌이킬 수 없을 만치 변한 것은, 가치론을 경제적 질서의 맥락 속에서 발전시킬 가능성 - 즉 가치를 개별적으로 그리고 집단적으로 구체적 노동의 척도로 고려할 가능성 - 과 연관된다. 이러한 변화로 인한 어려움의 경제적 결과들은 그것의 인류학적이고 사회학적인 전제들만큼이나 중요하다. 우리의 분석이 집중할 것은, 후자 즉 인류학적이고 사회학적인 전제에 관한 것이다. 다시 말해 삶의 '아래로부터' 가치론을 변형시키는 이 새로움에 주목할 것이다.

수세기에 걸친 자본주의적 근대화 과정을 거친 후에(맑스의 용어를 사용하자면, 매뉴팩처에서 대규모 산업으로의 이행 속에서), (축적의 시대에는 어느 정도 기능했던) 노동을 측정할 가능성은 다음과 같은 두 가지 이유 때문에 점차 줄어들었다.

1) 노동 - 개별적인 수준과 집합적인 수준 모두에서 더욱 질적으로 되고 더욱 복잡해진 - 이 단순한 양으로 더 이상 환원될 수 없기 때문에 점차 줄어들었다.

2) 자본 - 더욱 '금융적'이 되고 더욱 '국가체제'에 통합된 - 이 경제순환의 다양한 부문들(생산, 사회적 재생산, 유통, 소득분배) 간의

매개를 더욱더 인위적이고 조작적인 것으로 만들고, 그럼으로써 더욱더 추상적인 것으로 만들었기 때문에 점차 줄어들었다.

그러나 이 모든 것은 전사(前史)이다. 전 지구적 시장에서는, 즉 탈근대에서는, 가치의 척도라는 문제 자체를 찾을 수 없다.

탈근대로의 이행기에, 반제국주의 및 반식민지 투쟁의 국면에서, 노동가치론이 국제노동분업, '부등가 교환', 탈식민적 착취에 대한 이론으로서 거시경제적 용어들로 다시 등장하는 것처럼 보였다는 것은 분명한 사실이다. 그러나 노동가치론의 이러한 르네상스는 곧장 환상적인 것으로 판명되었다. 왜냐하면 일단의 생산과정이 산업활동의 다국적화와 금융지구화에 빠져들었을 뿐만 아니라, 그 과정이 컴퓨터들과 소통의 테크놀로지적 과정들에 의해, 그리고 비물질적이고 과학적인 노동의 부각에 의해 강화되었기 때문이다. 이것은 국제노동분업과 탈식민지적 착취가 끝났다는 것을 의미하지 않는다. 반대로 그것들은 엄청나게 강화되어 왔다. 그러나 동시에 그것들은 자신의 특유성(따라서 구체적인 국면에서 가치론을 다시 활성화할 가능성)을 잃어 왔다. 왜냐하면 그러한 착취 유형 자체가 전 지구화되고, 대도시의 영토들을 침수시키고, [그 결과] 착취의 척도가 결정적으로 쇠퇴했기 때문이다. 탈근대의 경제에서 그리고 전 지구화의 영토들에서 상품생산은 명령을 통해 발생하고, 노동분업은 명령을 통해 주어지며, 노동의 척도라는 절합은 전 지구적 명령에 의해 패퇴되었다.

이렇게 말했지만 우리의 주제인 '가치와 정동'은 아직 다루어지지 않은 채 남아 있다. 비록 [앞에서] '아래로부터의' 가치라는 문제를 재고하자는 제안을 했지만 말이다. 사실상 우리가 정치경제학이라는 관점에서, 즉 '위로부터' 사태를 바라볼 때, 가치-정동이라는 주제는 거시경제적 과정 속에 너무나 깊이 통합되어 있어서 비가시적인 것처럼 보인다. 경제학은 어려움들을 어떠한 거리낌도 없이 그 문제를 무시해 버린다. 그 문제가 경제학에 모습을 드러낼 때조차도, 경제학은 그 문제에 어떤 중요성도 부여하지 않는다. 여러 가지 중에서 두 가지 경우가 이러한 점에서 전형적이다.

1) 첫 번째 경우는 여성 그리고/또는 아내(어머니)의 가사노동과 관련된다. 정치경제학의 전통 속에서, 이러한 주제는 임금 ― 그것이 직접임금이든 간접임금이든 ― 에 대한, 그리고 노동자(남성, 아버지)에 대한 고찰을 떠나서는 결코 제기될 수 없다. 혹은 보다 최근의 경우에는 인구통계학적인 주민 통제라는 훈육적 기법(그리고 인구통계학적인 주민 통제에서의 집합적 자본가인 국가의 궁극적 이익)을 떠나서는 제기될 수 없다. 여기에서 가치는 (여성, 아내와 어머니의) 노동으로부터, 다시 말해 정동으로부터 분리되어져 있는 것으로 나타난다.

2) 두 번째 경우는 그 스펙트럼의 반대편 끝에 위치한다. 이 경우는 더 이상 전통적인 고전경제학파의 패러다임을 다루지 않고, 실제적인 탈근대적 주제, 즉 이른바 주목 경제(economy of attention)를 다룬다. 이 용어로 우리는 소통 서비스 이용자의 상호활동을 경제적으로 계산하는 데 대한 관심/의지를 말한다. 이 경우에서도, 즉 주체성 생산을 흡수하려는 분명한 노력에도 불구하고, 경제학은 문제의 중요성을 무시한다. 경제학은 오히려 '청중'을 계산하는 데 관심을 집중하기 때문에, 탈신체화된 지평 위에서 주체성 생산을 평준화하고

통제하고 명령한다. (주목의) 노동은 여기에서 (주체의) 가치로부터, 즉 정동으로부터 분리됨으로써 포섭된다.

우리는 가치-정동이라는 주제를 정의하기 위해 이러한 정치경제학에 대한 무시로부터 출발할 필요가 있다. 그리고 우리는 다음과 같은 분명한 역설에서 출발함으로써 그것을 정의할 필요가 있다. 나는 그것을 이렇게 정의하고 싶다. 즉 가치의 척도가 효력을 잃으면 잃을수록 노동능력의 가치는 생산에서 더욱더 결정적으로 되고, 정치경제학이 노동능력의 가치를 침묵시키면 그럴수록 노동능력의 가치는 전지구적이고 삶정치적인 지평으로 확장되며 그것에 영향을 미친다. 이러한 역설적인 리듬 위에서 노동은 정동이 된다. 아니 오히려 정동이 '행동할 능력'(스피노자)으로 정의되는 한에서, 노동은 정동 속에서 자신의 가치를 발견한다. 따라서 이 역설은 다음과 같은 용어들로 표현될 수 있다. 즉 가치론이 주체와의 관련(척도는 매개와 명령의 기초로서 이와 관련을 맺는다)을 상실하면 할수록 노동의 가치는 더욱더 정동에 있게 된다. 즉 노동의 가치는, 더욱더 자본관계에서 자율적이게 되고 – 개별적이고 집합적인 신체들의 모든 숨구멍을 통해 – 자신의 자기가치화하는 힘을 표현하는 산 노동에 있게 된다.

해체

역사적이고 해체적인 첫 번째 테제는, 노동능력이 더 이상 자본의 명령(명령을 구축할 역량)의 외부나 혹은 내부에 존재하지 않는 때에 노동을 측정하는 것이 – 그리하여 노동에 명령을 내리고 노동을 다시 어떤 가치론에 관련시키는 것이 – 불가능하다는 점이다. 이것이 현재의 상황이다. 이 점을 명확히 하기 위해 우리는 두 가지 경우를 가정해 볼 수 있겠다.

첫 번째 경우. 노동능력, 다시 말해 노동능력의 사용가치는 자본의 외부에 있다.

이것이 가치론이 구축되었던 상황이며, 노동능력이 자본의 외부에 있기 때문에 자본의 내부로 가져와져야 했던 고전학파 시대가 형성되었던 상황이다. 본원적 축적과정은 자본의 외부에 존속했던 그와 같은 노동능력을 자본주의 발전(과 통제)의 내부로 가져오는 데 있다. 노동능력의 '교환가치'는 따라서 자본주의적 생산조직의 외부에 광범하게 구축되는 '사용가치'에 뿌리를 두고 있다. 이 외부는 어디에 존재하는가? 맑스는 이 점에 대해 많은 것을 언급했다. 노동능력을 '가변자본'이라고 말할 때 맑스는 사실상 다음과 같은 것들 속에 조직된 독립성 및 주체성의 혼합체를 암시했다.

1) '소규모 유통'의 독립성(토양과의 연계, 가족 경제, '증여'의 전통들 등등)

2) '프롤레타리아 협력' 자체에 전형적인 가치들, 다시 말해 비록 협력이 자본주의적 노동조직(화)에 회수된다 할지라도, 협력이 자본주의적 노동조직(화)에 앞서는, 혹은 그것에 환원될 수 없는 가치의 잉여를 구성한다는 사실.

3) 프롤레타리아의 집단적 운동에 의해 욕구와 욕망으로 끊임없이 새로워지고, 뿐만 아니라 프롤레타리아의 투쟁에 의해 생산되는 (맑

스가 말한) '역사적이고 도덕적인' 가치들의 총화. (로자 룩셈부르크가 주체성의 생산이라는 관점에서 파악한 맑스주의에 대한 자신의 독특한 해석에 따라 강력하게 주장하고 있는) '상대적 임금'을 위한 투쟁은 '외부'에서 이용가능한 매우 강한 메커니즘을 나타냈다. 따라서 '사용가치'는, 비록 상대적이긴 하지만, 근본적으로 자본의 외부에 뿌리를 두고 있다.

(인도의 '서발턴 역사서술'의 저작을 포함하여, E.P. 톰슨에서 1970년대 이탈리아와 유럽의 노동자주의자들에 이르는) 장구한 역사서술은 이러한 상황을 기술하고 그것을 전투적인 언어로 바꾸어 놓고 있다.

이어서 오랜 역사적 시기 동안 자본주의적 발전은 노동능력의 사용가치라는 독립적 규정, 즉 자본주의 명령의 (상대적으로) 외부에서 제기된 규정을 겪어 왔다. 따라서 (프롤레타리아를 재생산하는 데 필요한) '필요노동'의 가격은 이러한 시기에, 노동계급의 유효한 생산성과 노동계급 자신의 사회적·화폐적 포섭 사이를 매개하는 — 어쨌건 외부적인 — 하나의 자연적인(그리고/및 역사적인) 양(量)으로 표현된다.

마찬가지로, 고전학파적 가치론을 혁명적 목적을 위해 바꾸어 내는 데 있어서 맑스가 갖는 특유성은 노동능력의 사용가치라는 실체의 (상대) 외재성을, 축적의 전개에 대한 자본주의적 명령의 통일성과 관련하여 고찰하는 것에 기초하고 있다. 우리는, 맑스에게서 가치를 측정하는 것이 자본주의 사회의 생산 및 재생산과정의 외부에서 (혹은 어쨌든 나란히) 형성된 측정 단위를 사용하는 것이었다고 덧붙일 수 있을 것이다.

두 번째 경우. 노동능력, 아니 오히려 그것의 사용가치는 자본의 사회 내부에 있다.

자본은 자신의 전개 과정에서 언제나 노동능력을 자신의 명령 속으로 끌고 들어왔다. 자본은 자본의 사회에 외부적인 재생산 조건들을 점진적으로 제거해 왔으며, 그리하여 언제나 교환가치에 의해 노동능력의 사용가치를 – 축적 국면에서처럼 더 이상 상대적으로뿐만 아니라 이제 절대적으로 – 규정하는 데 성공해 왔다.

'노동이 자유롭게 만든다.'(Arbeit macht frei) 미국의 1930년대 초에, 유럽의 1950년대에, 그리고 제3세계의 1970년대에, 사용가치가 어떻게 이런 식으로 교환가치라는 강제적이고 전체주의적인 체제로 환원(포섭)되는 일이 발생했는지를 인식하기 위해 포스트모더니스트가 될 필요는 없다.

제1세계[선진국]에서나 제3세계에서 여전히, 독립의 중요한 형식들이 프롤레타리아의 사용가치 형성 속에 존재하는 상황들이 분명히 존재한다. 그러나 그러한 형식들을 재흡수하는 경향은 거스를 수 없다. 탈근대성은 연속적이고, 격렬하며 급속한 경향을 기술한다. 맞는 말이다. 맑스의 분석이 이루어지던 시기에 일어나고 있었던 것과 달리, 오늘날 사용가치를 (심지어 부분적으로라도) 교환가치와 독립적으로 주어질 수 있는 것으로 규정하는 것을 생각한다는 것이 불가능하다는 점은 확실하다.

그러므로 고전학파에 기원을 두건 맑스에 기원을 두건 간에, 자본의 변증법에 기초한 독립적인 측정 단위(외부)를 포함하는 경제적 산술은 더 이상 아무런 존재 이유를 갖지 않는다. 이러한 결여(lack)는 실질적이며, 따라서 가치척도 이론은 순환적이고 동어반복적이게 된다. 즉 그것에 근거를 제공해 줄 수 있는 외적인 어떤 것도 존재하지 않는다. (여기에서 우리는 그러한 점을 인식하기 위해 탈근대론자가 될 필요가 없다는 것을 다시 언급할 필요가 있다.) 사실상 (우리와 연관된 가장 먼 시기인) 1960년대 이래 모든 사용가치는 자본주의 생산체제에 의해 규정된다. 그리고 또한 축적 이론에 따라 직접적으로 자본주의 체제 안에 설정되지 않았던 모든 가치(사회적 재생산 능력, 협력의 생산적 잉여, '소규모 유통', 투쟁에 의해 생산되는 새로운 욕구들 및 욕망들과 같은 모든 가치)는 이제 자본주의적인(전 지구적인) 통제 체제 내부로 직접적으로 회수되고 동원된다.

따라서 (고전학파적 의미를 유지하기 위해) 가치론이 척도 기준을 규정해야만 한다면, 가치론은 오늘날 그러한 기준을 전 지구적인 교환가치의 구성 안에서 찾을 수 있을 뿐이다. 이제 이러한 척도는 화폐이다. 그러나 화폐는 사실상 사용가치의 척도도 아니며, 사용가치의 관계도 아니다. 그것은 오히려 — 이 발전단계에서는 — 사용가치의 순수하고 단순한 대체물이다.

결론적으로, 정치경제학에서 가치론의 (근본적인 기능은 말할 것도 없고) 합리화 기능은 수명을 다했다. 탈근대의 언저리에서 가치론은 자본주의 발전을 벗어나, 화폐로 변형되고 지구화의 지평 위에서 구축되고 제국적 명령에 의해 조직된다. '1달러는 1달러이다.' 화폐는 더 이상 (자본과 어느 정도 주체화된 노동능력 사이의) 교환 체제의 산물이 아니라 교환 체제의 생산활동이다. 가치론은 화폐론의 도구로, 화폐 질서의 도구로 격하된다.

　그러나 생산의 가치는 사라지지 않았다. 생산의 가치가 더 이상 척도에 맞추어질 수 없을 때, 그것은 '측정불가능하게' 된다. 여기서 나는 노동능력이 더 이상 자본의 내부나 외부에 존재하지 않는다는 역설을 강조하고자 한다. 첫 번째 경우에, 척도를 통해, 통제를 통해 허용되었던 기준은 그것의 상대적 독립성이었다(이것은 오늘날에는 더 이상 존재하지 않는다. 왜냐하면 노동능력이 '실제적으로 포섭되었기 때문이다.'). 두 번째 경우에, 척도의 붕괴에도 불구하고, 노동능력에 대한 명령에 허용된 기준은 그것이 화폐 체제(가장 정교한 통제 기법을 들자면 케인즈주의)에 흡수되는 것 속에 있었다. 그러나 이러한 기준 역시, 화폐 통제가 완전히 추상적이게 되면서 사라지게 되었다. 그러므로 우리는 탈근대에서 (전 지구적인 그리고/또는 제국적인 자본주의 경제 체제에서) 발견하는 노동능력이 자본과 관련하여 무장소(non-place)에 위치하고 있다고 결론 내려야 한다.

　우리는 이 무장소를 어떻게 정의할 것인가?

　그 논쟁을 소개하기 위하여 우리는 먼저 자본주의적 착취의 지구화가 규정하는 이론적 전위를 확인할 필요가 있다. 이제 우리는 지구화를 말할 때 그것을 이중의 의미, 즉 외적으로는 시장을 통한 생산적 조직의 세계적 확장의 의미로, 그리고 내적으로는 모든 사회적 삶의 자본주의 생산 안으로의 흡수의 의미로 말한다. 첫 번째 의미에서, 노동능력은 유동적이고 상호교환적인, 물질적이고 비물질적인 집합들(혹은 주체성들) 속에서 표현되며, 그것의 생산적 능력은 이동성(그리고/또는 분리, 분할 등등)의 기제들에 따라 조직된다. 여기에서 생산적 능력은 유통으로부터 분리된다. 두 번째 의미에서, 노동능력은 사회적 직조물로, 즉 인구, 전통, 혁신 등으로 표현된다. 다른 말로 하면, 노동의 생산적 능력은 사회적 재생산의 과정들 안에서 착취된다. 따라서 생산은 삶정치적 맥락 속에서 재생산과 같은 외연을 차지하게 된다. ('삶정치'라는 용어는, 생산과 유통, 그리고 그것들을 조직하는 정치적 기제를 통합하는, 사회적 재생산의 맥락을 의미한다. 여기는 이 문제를 길게 논의할 장소가 아니다. 여기에서는 단지 이 용어를 소개하는 데 그친다.)

그러므로 노동능력의 무-장소는 (고전학파 그리고/또는 맑스가 물려주었던 것들과 같은) 자본의 실현 형태들 사이의 분리의 해소에 의해 소극적으로 규정된다. 그와 동시에 무-장소는 이동성의 강렬도에 의해, 그리고 노동능력의 삶정치적 연계가 지닌 일관성에 의해 적극적으로 규정된다.

구성

지금까지 우리는 몇 가지 결정적인 의견에 도달했다.

a) 사용-가치의 독립성에 기반한, 노동-가치라는 척도가 오늘날 불가능하다는 것.

b) 지구화의 문턱에서 부과되기 시작한 자본주의적 명령의 법칙이 측정의 가능성을, 심지어 화폐적 측정의 가능성조차도 폐지한다는 것.

c) 노동력의 가치가 오늘날 무장소에 위치지어지고, 이 무장소는 측정할 수 없다는 것. 즉, 그것이 척도 밖에 있으나 또한 척도 넘어 있다는 것.

가치-정동의 주제로 되돌아가기 위해, 우리는 우리가 논의의 서론에서 언급한 많은 주제들 중의 하나를 연구하기를 제안한다. 즉, 생산과 사회적 재생산 사이의 연계. 그리고 그것을 하기 위해, 나는 지금까지의 연구가 제안했던 바를 따를 것이다. 즉, 1) 아래로부터, 2) 측정불가능한 무장소에서.

그러나 그것을 하기 위해, 우리에게 그 자신을 즉각적으로 드러내는 단순한 길을 피하는 것이 필요하다. 즉, 사용-가치라는 맑스적 범주들을 재도입하고, 새로운 상황에 맞게 그것들을 갱신하는 체 하는 것. 이러한 관점에 자신을 위치 짓는 철학자들과 정치가들은 어떻게 작업하는가? 그들은 향수에 젖어 점증하는 지구화에 반대하는, 허구적 사용가치를 재구성한다. 다시 말해, 그들은 지구화에 인간주의적 저항을 대립시킨다. 실제로, 그들의 논의에서, 근대(성)의 모든 가치가 재조명되고, 사용-가치는 동일성의 견지에서 형성된다. 한 가지 예로, 지구화에 대한 노조의 저항을 들 수 있다. 그 저항을 결정(결의)하기 위해, 그들은 노동력의 사용-가치의 영토성과 동일성을 다시 취하고, 그것들에 대해 주장한다. 그러나 그들은 생산성의 변화에 대해 눈멀고, 절망적이며, 측정할 수 없는 무장소가 생산적 활동에 제공하는 새로운 능력[potenza]을 이해할 수 없다. 그렇다면, 이러한 길은 불가능하다. 우리는 다른 길을 찾을 필요가 있다.

어디에서 그것을 찾아야 하는가? 우리는 아래로부터라고 말했다.

지금까지 우리는 생산으로부터 사회적 재생산으로 따라서, 가치로부터 삶정치적 현실로 이르게 된, 맑스적 관계의 토대에서 논해 왔다. 우리는 이 관계에 정동 역시 – 불투명하게 – 포함할 수 있다. 그것은 사용가치에 대한 정의의 저변에서, "행동할 능력"(power to act)으로 출현할 수 있다. 그러나 가치의 조건들에 대한 연역의 이 결말은 그것이 계산의 통일성의 요소로 추상적으로 가정될 때에만, 중요한 효과들을 발휘했다. 지금 우리는 논점을 변화시키고, 연역을 피하며, 구성의 노선으로 – 정동으로부터 가치로 – 귀납법으로 작업할 필요가 있다.

이러한 구성 노선은 좋은 결과를 가져온 것으로 평가되어 왔지만, 그러한 결과들은 현재 탈근대 시대에 우리가 기대하는 효과들의 급진성[발본성] 및 확장 속에서 정동의 능력을 증명해 내기에 충분하지는 않다. 나는 여기에서 앞에서 언급했던 역사기술적이고 변증법적인 학파들(E.P. 톰슨에서 1970년대 유럽의 노동자주의자들과 하위주체 역사기술가들에 이르는)에 대해 거론하고 있는 것이다. 이제 이러한 이론적 관점에서, 정동은 아래로부터 파악된다. 더욱이 그것은 우선[제1심급에서] 가치의 생산으로 모습을 드러낸다. 이어서 그것은 두 번째로[제2심급에서], 투쟁의 산물로, 기호로, 그것들의 존재론적 저장소로 다시 모습을 드러낸다. 따라서 정동은 역사적 구성의 동학을 자신의 복합성 속에서 풍부하게 드러낸다. 그렇지만 그것으로는 불충분하다. 이러한 관점에서는, 투쟁들(과 그것들의 정동적 작용들)의 원동력이 사실상 모든 경우에 자본의 (과학기술적, 정치적 등등의) 명령의 재구조화를 결정한다. 따라서 정동의 발전은 그 자신의 원동력을 순환성으로 제시하는 것으로 귀결되는 변증법 – 간단히 말해 변증법 – 속에 포획된다. 나쁜 변증법과 구별되는 좋은 변증법이란 존재하지 않는다. 모든 변증법은 위험하다. 그것들은 모두 역사적 편의성(feasibility) 및 그것의 주문(主文)[마력(魔力)]에서 스스로를 해방시킬 수 없다. 변증법은 그것이 설령 '아래로부터'의 변증법이라 할지라도, 우리에게 역사적 과정의 급진적인 혁신을 제공해 줄 수 없다. 뿐만 아니라 그 모든 급진성 속에서 '행동할 능력'(정동)의 폭발을 가져다줄 수도 없다.

'아래로부터의' 구축의 길은 무장소의 인식과 더불어 나와야만 한다. 무장소의 관점을 급진적으로 가정하는 것만이 우리를 근대성의 변증법으로부터 – 그것의 모든 형상들 속에서, 심지어 '아래로부터' 정동의 변증법적 구축을 발전시키려 해온 사람들 속에서조차 – 해방시킬 수 있다. 그렇다면 아래로부터의 접근법, 즉 무장소에 대한 인식과, 우리를 정동으로부터 가치로 인도하는 경로 속에서 변증법의 모든 심급들과의 단절을 결합시키는 것은 무엇을 의미하는가?

첫 번째 가정 속에서 정동은 특이하고 보편적인 '행동할 능력'으로 간주될 수 있다. 그것이 특이한 이유는 그것이 행위를, 어떤 척도의 너머로 제기하기 때문이다. 능력(potenza)이 그 자신 속에 그 자신의 구조 속에 그리고 그것이 구축하는 지속적인 재구조화들 속에 봉쇄되지 않도록 말이다. 정동은 보편적인 '행동할 능력'이다. 왜냐하면 그것은 공통성 속에서 주체를 구축하기 때문이다. 이 공통성 속에서 정동의 무장소가 제기된다. 왜냐하면 이 공통성은 이름이 아니라 능력이기 때문이다. 또 그것은 억제의 공통체가 아니라 욕망의 공통체이기 때문이다. 그러므로 여기에서 정동은 사용가치와 아무 상관이 없다. 왜냐하면 그것은 척도가 아니라 힘이기 때문이며 그 한계를 향해 내닫는 것이 아니라 확장의 장애물에 직면할 뿐이기 때문이다.

그렇지만 정동을 행동할 능력으로 보는 이 첫 번째 정의는 다른 특질 부여들에 길을 열어준다. 두 번째로 우리는 다음과 같이 말할 수 있다. 만약 특이성과 공통성 사이의 관계가 정적이기보다 역동적이라면, 그리고 이 관계 속에서 우리가 특이한 것과 공통적인 것 사이에 지속적인 운동을 목격할 수 있다면, 그리고 그 자신을 특이화하고 있는 공통적인 것이 무엇인지를 목격할 수 있다면, 그러면 우리는 정동을 변형의 능력으로, 자기가치화하는 능력으로 설명할 수 있을 것이다. 이것은 그 자신을 '공통적인 것'과의 관계 속에서 주장하는 것이며, 따라서 공통적인 것을 어떤 한계도 없는, 단지 장애물만 있을 뿐인 확장으로 가져가는 것이다.

그러나 이것은 형식적 과정이 아니다. 이것은 실질적 과정이다. 그것은 삶정치적 조건 속에서 실현된다. 세 번째로, 우리는 정동을 전유의 힘이라고 말할 것이다. 왜냐하면 정동의 움직임에 의해 극복되어지는 각각의 장애물이 정동의 힘의 특이성과 공통성 속에서 좀더 커다란 정동 자체의 행동할 능력을 규정하기 때문이다. 그 과정은 존재론적이다. 그것의 힘도 존재론적이다. 행위와 변형의 조건들은 거듭해서 전유되어지며, 행위하고 변형할 힘을 풍부하게 한다.

네 번째로, 우리는 행위할 능력으로서의 정동이라는 정의를 좀더 나아간 특질 부여 속에서 결합할 수 있다. 정동은 확장적 힘이다. 다시 말해서 그것은 자유의, 존재론적 개방의, 전 방위적 확산의 힘이다. 실제로 이 더 나아간 정의는 불필요한 것으로 간주될 수 있을 것이다. 왜냐하면 정동이 '아래로부터' 가치를 구축한다면, 정동이 가치를 '공통적인 것'의 리듬에 맞게 변형한다면, 정동이 그 자신을 실현할 물적 조건을 확보한다면, 이 모든 것 속에 확장력이 있다는 것은 더욱더 분명하기 때문이다. 그러나 이 정의는 우리가 그것을 통하여 무-장소의 긍정적 색조를 주장할 때, '척도를 넘어서는' 힘으로서의 정동이 갖고 있는 불가항력성을 주장할 때, 그리고 그것이 갖고 있는 절대적으로 일관된 반변증법적 측면을 주장할 때, 필요하다. 왜냐하면 그것이 또 다른 개념을 부과하기 때문이다. (하나의 게임 이상의 가치를 갖지 않는 철학사를 가지고 놀면서 우리는, 정동에 대한 앞의 세 가지 정의들이 스피노자적인 반면, 네 번째 정의는 니체적인 효과를 불러온다는 것을 덧붙일 수 있다.) 말하자면 정동의 전 방위적 확장성은, 탈근대적인 것의 충격을 감당할 수 있는 그것의 능력을 결정하는 지점에까지, 그 개념이 갖는 가치를 변환하는 순간을 보여준다.

정치경제학으로 돌아가기

가치가 모든 척도를 (화폐 척도만큼이나 사용가치라는 '자연적' 척도도) 벗어나 있기 때문에, 탈근대의 정치경제학은 가치를 다른 영역들, 즉 상인적 거래 관습과 소통적 관계들의 영역에서 찾는다. 따라서 시장 관습 및 소통적 교환들은 생산적 연계들(따라서 정동적 흐름들)이 분명히 척도를 벗어나 있는 장소지만, 여전히 삶정치적 통제에 영향 받기 쉬운 장소가 될 것이다.

　탈근대의 정치경제학은 가치가 정동 관계에서 형성되며, 정동이 근본적인 생산적 특성을 지닌다는 것을 인식한다. 결과적으로 정치경제학은 정동의 힘을 제한함으로써 정동을 통제하려고 (그리고 정동의 본성을 신비화하려고) 시도한다. 정치경제학은 어떻게 해서든지 생산능력을 통제해야 하고, 따라서 새로운 가치증식의 형상들 (그리고 정동을 생산하는 새로운 주체들) 위에 새로운 착취의 형상들을 부과하기 위해 자기자신을 조직해야만 한다.

　우리는 정치경제학이 이러한 방식으로 자신의 개념 체계를 재형성하면서 (자신을 규정하는 지배의 층위를 부정하기는커녕 오히려 그러한 지배를 독창적 언어로 재생산하면서) 큰 발전을 이루어 왔고, 고전적인 자본의 변증법 외부에 자신을 위치시키려 했다는 것을 인식해야만 한다. 정치경제학은 노동능력의 생산성에 대한 '객관적인' (사용가치의 경우에는 초월적transcendent이고 화폐의 경우에는 초험적transcendental인) 척도를 규정하는 것이 불가능하다는 것을 받아들인다. 따라서 정치경제학은 주체성 생산, 즉 생산적 주체성에 의해 특징지어진 영역에 자신의 이론을 위치짓는다. 정치경제학이 이제 가치가 욕망의 투여라는 사실을 잠재적으로 인식하는 것은 실질적인 개념 혁명을 이루는 것이다. (거의 언제나 신비화하는 학문인 철학사와 장난하자면, 우리는 오늘날 아담 스미스의 『국부론』보다 『도덕감정론』이, 『자본』보다 맑스의 초기저작들이, 베버의 『경제와 사회』보다 마르셀 모스(M. Mauss)의 『증여론』 등이 오늘날 더 우선적인 이유를 밝힐 수 있다.)

정치경제학에서의 이러한 혁명은 다음과 같은 것을 드러내고 있다. 그것은 생산적 현실을 사회적 재생산의 상부구조로 그리고 소통 기호들의 순환의 접합으로 정립하는 정동들의 맥락을 지배하는 것을 과제로 삼는다. 정동은 측정될 수 없는 것이기 때문에 이러한 새로운 생산적 현실을 측정하는 것이 불가능할지라도, 바로 이러한 생산적인 맥락은, 즉 생산적 주체성의 풍부함은 여전히 통제될 필요가 있다. 정치경제학은 탈존재론적 학문이 되었다. 다시 말해서, 관습 및 소통에 대한 정치경제학의 기획은 측정할 수 없는 생산적 현실에 대한 통제이다.

그러나 이것은 정치경제학이 예상하는 것보다 훨씬 어렵다. 우리는 이미 '측정불가능성'이 '척도를 벗어날' 뿐만 아니라 특히 '척도를 넘어서'라는 의미를 갖는다는 사실을 강조했다. 아마도 탈근대의 중심 모순은 바로 이러한 차이에 존재할 것이다.

정동(그리고 그것의 생산적 효과)이 그 중심에 놓여 있다. 정치경제학은 '좋다, 우리는 척도를 벗어나 있는 것을 측정할 수 없다고 인정할 것이고, 따라서 경제학은 비변증법적인 이론적 분과학문이 될 필요가 있다는 것을 받아들일 것이다'라고 말한다. 그러나 이 말이 척도를 벗어난 것은 통제를 벗어난 것임을 의미하지는 않는다고 정치경제학은 덧붙인다. 관습(즉 생산 및 교환의 생활양식의 총화)과 소통(즉 시장과 시장의식을 형성하는 상호관계의 총화)은 정치경제학에게 가치-정동의 측정불가능성을 통제할 기회를 준다. 정치경제학의 이러한 기획은 분명히 흥미롭고 거대한 노력이다!

그럼에도 불구하고 정치경제학을 벗어나는 것(그리고 또한 정치경제학을 뒤흔드는 것)은 또 다른 측면이다. 척도를 넘어서는 가치-정동이 그것이다. 이것은 봉쇄할 수 없다. 숭고가 정상적인 것이 되었다.

다시 한번 분석을 시작하기

욕망의 경제학은 현실적이다. 철학적 용어에서뿐만 아니라 정치경제학 비판의 (분과학문적) 용어에서도 그러하다. 그것은 (모델로서가 아니라) 맑스가 제안한 관점을 토대로 해서, 즉 반란을 구성하고 혁명적 재구성을 상상하는 피억압자들의 관점, 혁명적 현실의 무-장소를 풍부하게 구축하는 '아래로부터의 관점'에서 시작하는 것이다. 가치-정동은 반란을 필수적인 구성성분으로 지니며 생산적 주체에 의한 삶정치적 맥락의 재전유라는 주제를 제기하는 혁명적 정치경제학에로의 길을 연다.

우리는 무엇을 원하며 무엇을 할 수 있는가?

이러한 질문에 과학적으로 답하는 것은 척도를 벗어날 뿐만 아니라 척도를 넘어선다. 그러나 역설적이게도, 사건들이 정동성(affectivity)으로 채워질 때, 공통적인 것 안에서, 사람들 사이의 대화 안에서, 모든 사회적 투쟁 속에서 그것을 말하는 것은 쉽다. 이처럼 존재와 정동 사이에는 거리가 있다. 사실상 행동의 무기력으로 인해, 창조하지 않음으로써 오는 좌절에 의해 그리고 우리의 정상적인 상상력을 거세함으로써, 사실상 우리의 생산적 삶은 말할 것도 없고 우리의 사회적 삶까지 침잠하고 있다.

  이것은 어디에서부터 기인하는가? 적으로부터 기인한다. 만일 적이 가치를 측정하는 것이 불가능하다면, 가치의 생산자에게 가치 척도자(measurer)라는 바로 그 존재는 실재하지 않는다. 정동이라는 기초 위에서, 적은 파괴되어야 한다. 그렇지만 정동(생산, 가치, 주체성)은 파괴될 수 없다.

2부

지성과 비물질노동

비물질노동

마우리찌오 랏짜라또__조정환 옮김

"일반지성"에 관하여

빠올로 비르노__조정환 옮김

유럽의 문화적 전통과 지식 생산 및 유통의 새로운 형식들

마우리찌오 랏짜라또__서창현 옮김

자본–노동에서 자본–삶으로

마우리찌오 랏짜라또__서창현 옮김

비물질노동과 주체성

마우리찌오 랏짜라또, 안또니오 네그리__김상운 옮김

비물질노동*

마우리찌오 랏짜라또 | 조정환 옮김

지금까지 노동조직화의 새로운 형식에 관해 상당한 양의 경험적 탐구가 이루어졌다. 이것은, 그에 상응할 만큼 풍부한 이론적 반성과 결합되어, 노동이 오늘날 무엇이며 그것이 어떠한 새로운 권력관계를 함의하는가에 대한 새로운 생각을 확인하는 것을 가능하게 만들었다.

이러한 결과들의 애초의 종합 ─ 노동계급의 기술적·주체적·정치적 구성을 정의하려는 시도 속에서 틀지워진 ─ 은 비물질노동이라는

---

* Maurizio Lazzarato, "Immaterial Labor", Translated by Paul Colilli and Ed Emory; Paolo Virno & Michael Hardt ed., *Radical Thought in Italy*(Minnesota, Mineapolis, 1996), pp. 133~47.

개념 속에서 표현될 수 있는데, 그것은 상품의 정보적·문화적 내용을 생산하는 노동으로 정의된다. 비물질노동의 개념은 노동의 두 가지의 **상이한 측면**을 지시한다. 한편에서 상품의 "정보적 내용"과 관련하여 그것은 산업적 부문과 제3부문의 대기업들에서의 노동자들의 노동과정에서 발생하고 있는 변화들을 직접적으로 지시한다. 거기에서 직접적 노동 속에 포함된 숙련기술은 점차로 싸이버네틱스와 컴퓨터 통제(그리고 수평적 및 수직적 커뮤니케이션)를 포함하는 숙련기술이다. 다른 한편에서, 상품의 "문화적 내용"을 생산하는 활동과 관련하여 비물질노동은 보통 "노동"이라고 인식되지 않는 일련의 활동들, 달리 말해, 문화적·예술적 표준들, 유행들, 취미들, 소비규범들 그리고 더 전략적으로는 공공 여론 등을 정의하고 고정시키는 것에 수반되는 종류의 활동들을 포함한다. 한때는 부르주아지와 그 자녀들의 특권적 영토였으나 1970년대 말 이래로 이 활동들은 우리가 "대중지성"이라고 정의하기에 이른 것의 영토로 되었다.

 이 전략적 부문들에서의 심원한 변화는 노동인력의 구성, 관리, 조절 — 생산의 조직 — 뿐만 아니라 더욱 깊게는 지식들의 역할과 기능, 그리고 사회 내에서의 그들의 활동을 근본적으로 변경시켰다.

 1970년대의 초에 시작한 "거대한 변형"은 그 문제가 제기되는 조건 자체를 변화시켰다. 육체노동은 점차 "지적"이라고 정의될 수 있었던 절차들을 포함하기에 이르렀다. 그리고 새로운 커뮤니케이션 기술들은 점차 풍부한 지식을 가진 주체성들을 필요로 했다. 그것은 지적 노동이 자본주의적 생산의 규범들에 종속되게 되었다는 것을 의미하는 것만은 아니다. 일어난 것은, 노동에 반대하는 투쟁이 생산한 "자기가치화"의 형식들과 자본주의적 생산의 요구들의 결합에서 창출된, 새로운 "대중지성"이 존재하게 되었다는 것이다. "정신노동과 육체노동" 혹은 "물질노동과 비물질노동" 사이의 낡은 이분법은 생산적 활동의 새로운 성격 – 그것은 이 분리를 들어올려 그것을 변형시킨다 – 을 파악하는 데 실패하게 된다. 구상과 실행 사이의, 노동과 창조 사이의, 작가와 청중 사이의 분리는 "노동 과정" 속에서 동시적으로 지양되며 "가치화 과정" 내부에서 정치적 명령으로 재부과된다.

재구조화된 노동자

20년간에 걸친 대공장들의 재구조화는 기이한 역설로 이끌었다. 여러 가지로 상이한 포스트포드주의 모델은 포드주의 노동자들의 패배 위에, 그리고 (끊임없이 점점 지식화하는) 생산 내부에서의 산 노동의 중심성의 인식 위에 구축되어져 왔다. 오늘날의 재구조화된 대기업 속에서 노동자의 노동은 점차, 다양한 수준에서, 상이한 대안 가운데서 선택을 할 능력을 포함하며 이리하여 결정에 관한 일정한 정도의 책임성을 포함한다. 커뮤니케이션 사회학자들에 의해 사용되는 "인터페이스"(interface)의 개념은 – 상이한 기능들, 상이한 노동팀들, 위계의 상이한 층위들 사이의 인터페이스로서 – 이런 종류의 노동자들의 활동에 대한 올바른 정의를 제공한다. 노동자의 개성과 주체성은 조직과 명령에 수용가능하게 만들어져야 한다. 노동의 질과 양은 비물질성을 중심으로 조직되고 있다. 노동계급의 노동의, 통제 노동, 정보 취급 노동, 주체성의 투여를 포함하는 결정 역량의 노동으로의 이러한 변형은 공장 위계 내에서의 그들의 위치에 따라 상이한 방식으로 노동자들에게 영향을 미친다. 그러나 그것은, 그럼에도 불구하고, 불가역적 과정으로 존재한다. 그래서 노동은 생산적 협력을 활성화하고 관리하는 역량으로 정의될 수 있다. 이 국면에서, 노동자들은 생산의 다양한 기능들의 조정에서, 단순한 명령으로서의 그것에 종속되기보다 그것의 "능동적 주체들"이 될 것으로 기대된다. 우리는, 집단적 학습 과정이 생산성의 핵심이 되는 지점에 도달한다. 왜냐하면 그것은 더 이상 이미 존재하는 일자리의 기능을 구성하고 조직하는 상이한 방식들을 발견하는 문제가 아니며 새로운 방식들을 찾아내는 문제이기 때문이다.

그렇지만 주체성과 그것의 집단적 형식의 문제, 그것의 구성과 그것의 발전은 그 자신을 노동의 조직 내부에서 사회계급들 사이의 충돌로 직접적으로 표현했다. 나는, 내가 서술하고 있는 것이 재구성에 대한 어떤 유토피아적 전망이 아니라 사회계급들 사이의 매우 현실적인 갈등의 지형이자 조건이라는 것을 지적해야만 하겠다.

자본가들은 주체성 자체에 대한 명령을 확립하는 비매개적인 방식을 찾아야 할 필요가 있다; 과제의 규정과 정의는 주체성들의 규정으로 변형된다. 서방 사회의 새로운 슬로건은, 우리 모두가 "주체가 되어야" 한다는 것이다. 참여적 경영은 권력의 기술, "주체적 과정"을 창출하고 통제하기 위한 기술이다. 주체성을 단순히 집행의 과제에 가두어 두는 것이 더 이상 가능하지 않기 때문에, 경영, 커뮤니케이션, 그리고 창조성의 영역에서 주체의 능력이 "생산을 위한 생산"의 조건과 양립가능하도록 만들어지는 것이 필요하게 되었다. 이리하여 "주체가 되라"는 슬로건은 위계와 협력 사이의, 자율성과 명령 사이의 적대를 제거하기는커녕, 실제로는 그 적대를 더 높은 수준에서 다시 제기한다. 왜냐하면 그것은 개별노동자의 개성을 동원하면서도 그것과 충돌하기 때문이다. 그 무엇보다도 먼저, 우리는 여기에서 권위주의적인 담론을 갖는다: 누구나 자기자신을 표현해야만 한다; 누구나 말하고, 소통하고, 협력해야 한다 등등. 그 "어조"(語調)는 테일러화 아래에서 집행적 명령의 위치에 있었던 사람들의 어조이다; 변한 것이 있다면 내용일 뿐이다. 둘째, 일자리와 책임을 엄격하게 설정하고 또 규정하는 것(한때 "과학적" 노동 연구들에 의해 수행되었던 방식으로)이 더 이상 가능하지 않다면, 그 생산의 주체들은 소통을 할 수 있어야 한다 – 그들은 노동 팀 내부에서 능동적 참여자이어야만 한다. 그래서 (수직적 및 수평적) 의사소통의 관계는 형식과 내용에서 완전히 미리 결정된다; 그것은 "정보의 유통"에 종속되며 그 외의 다른 것이도록 기대되지 않는다. 주체는 코드화와 탈코드화의 단순한 재부설자(relayer)로 되며, 그가 발신한 메시지는 경영에 의해 완전히 표준화된 의사소통 상황 내부에서 "명료하고 애매함이 없어야" 한다. 명령을 부과할 필연성, 그리고 그에 수반되는 폭력은 여기에서 표준적인 의사소통 형식을 띤다.

"의사소통의 주체가 되라"는 경영진의 명령은 이전의 정신노동과 육체노동의 (구상과 집행의) 엄격한 분리보다 훨씬 더 권위주의적일 위험이 있다. 왜냐하면 자본주의는 노동자의 개성과 주체성까지도 가치의 생산 내부에 포함시키려 하기 때문이다. 자본은 명령이 주체인 그 자신 혹은 그녀 자신 내부에, 그리고 의사소통 과정 내부에 존재하는 상황을 원한다. 노동자는 작업 집단 내부에서 십장이 개입할 필요 없이 그 자신 혹은 그녀 자신의 통제와 동기 부여에 책임을 져야 한다. 그리고 십장의 역할은 촉매자의 역할로 재규정된다. 사실상, 고용주들은 이것이 창출하는 이중의 문제로 매우 속을 태우고 있다: 한편에서 그들은 생산에서의 협력의 유일하게 가능한 형식으로서의 노동의 자율성과 자유를 승인하지 않을 수 없으면서도, 다른 한편에서, 또 이와 동시에, 그들은 노동과 조직의 새로운 질이 수반하는 권력을 "재분배하지" 말아야 한다. 오늘날 경영진의 사고는 노동자들의 주체성을 고려하지만 오직 그것을 생산의 요구와 합치하도록 코드화하기 위해서만 그렇게 한다. 그리고 다시 한번 이 변형의 국면은, 노동자들의 개인적·집단적 이익과 회사의 이익이 일치하지 않는다는 사실을 은폐하는 데 성공한다.

나는 노동계급의 노동을, 오늘날은 주체성의 응용을 포함하는 하나의 추상적 활동으로 정의한 바 있다. 그렇지만 오해를 피하기 위해, 나는, 생산적 활동의 이 형식이 고숙련 노동자들에게만 한정되지 않는다는 것을 덧붙여야만 하겠다; 그것은 오늘날 노동력의 사용가치를 지시하며 더욱 일반적으로는 탈산업 사회 내부에서의 모든 생산적 주체의 활동 형식을 지시한다. 우리는, 고숙련의 자격증을 가진 노동자 속에서는 "의사소통적 모델"이 이미 주어져 있고 또 이미 구성되어 있다고 말할 수 있다. 그리고 또 우리는 그것의 잠재력이 이미 정의되어졌다고 말할 수 있다. 그렇지만 젊은 노동자, "불안정한" 노동자, 실업상태의 청년 등에서 우리는 하나의 순수한 잠재성

(virtuality)을, 아직 명료하지는 않으나 이미 탈산업적인 생산적 주체성의 모든 특징들을 갖춘 어떤 역량을 다루고 있다. 이 역량의 잠재성은 텅 비어 있지도 않고 비역사적이지도 않다; 오히려 그것은 포드주의 노동자의 "노동에 반대하는 투쟁"을, 그리고 더욱 최근에는 사회화의 과정, 교육적 형성, 그리고 문화적 자기가치화를 자신들의 역사적 기원으로서 그리고 선조로서 갖고 있는 하나의 개시(opening)이자 잠재력이다.

노동의 세계의 이러한 변형은, 우리가 생산의 사회적 순환을 연구할 때 더욱 분명히 드러난다: 한편에서는 "분산된 공장"과 생산의 탈중심화 그리고 다른 한편에서는 제3부문화(tertiarization)의 다양한 형식들. 여기에서 우리는 비물질노동이 생산의 전 지구적 조직화 내부에서 전략적 역할을 맡게 된 정도를 측정할 수 있다. 다양한 탐구 활동, 개념화, 인간 자원의 경영 등등은 여러 가지의 제3부문의 활동들과 더불어, 컴퓨터화된 멀티미디어 네트워크들 내부에서 조직된다. 이것들은, 우리가 그 속에서 생산의 순환과 노동의 조직화를 이해해야만 하는 조건들이다. 과학적 노동의 산업적 노동, 제3부문 노동으로의 통합은 생산성의 주요한 원천들 중의 하나로 되었다. 그리고 그것은 그것을 조직하는 생산의 순환들 속에서 점차 커가는 요소로 되고 있다.

고전적 정의 속에서의 "비물질노동"

(산업과 사회 전체에서) 탈산업 경제의 모든 특징들은 "비물질적" 생산의 고전적 형태들 내부에 짙게 존재하고 있다: 시청각적 생산, 광고, 패션, 소프트웨어 생산, 사진, 문화 활동 등등. 이런 종류의 비물질노동의 활동들은 우리로 하여금 **노동**과 노동력에 대한 고전적 정의를 의문에 붙이도록 한다. 왜냐하면 그것들은 노동 숙련의 여러 가지 다양한 유형들의 결과를 결합하기 때문이다: 문화적·정보적 내용과 관련된 지적 숙련들; 창조성, 상상력, 그리고 기술적·육체적 노동을 결합하는 능력에 있어서의 육체적 숙련; 그리고 사회관계의 관리와 그들이 그 일부로 속해 있는 사회적 협력의 구조화에 있어서의 기업가적 숙련. 이 비물질노동은 직접적으로 집단적인 형식들 속에서 자기자신을 구성한다. 그리고 우리는, 그것이 오직 네트워크들과 흐름들의 형식 속에서만 존재한다고 말할 수 있다. 비물질노동의 생산 순환(일단 우리가 우리의 공장주의적 편견들을 버리면 이것은 바로, 있는 그대로의 생산의 순환이기 때문에)의 조직화는 눈에 뚜렷이 드러나지는 않는다. 왜냐하면 그것은 공장의 네 벽에 의해 정의되지 않기 때문이다. 그것이 작동하는 자리는 사회에서 일반적으로 바깥쪽에, 즉 우리가 "비물질노동의 웅덩이"라고 부를 수 있는 영토적 수준에 있다. (흔히 단 한 명의 개인으로 구성되는) 작은, 그리고 때로는 매우 작은 "생산 단위들"이 임시적인 특유한 프로젝트를 위해 조직된다. 또 그것은, 그 특수한 일거리의 지속 기간 동안만 존재할 수도 있다. 생산의 순환은, 그것이 자본가에 의해 요구되는 때에만 작

동된다; 일단 일거리가 완료되면 그 순환은 그것의 생산적 역량들의 재생산과 풍요화를 가능케 하는 네트워크들과 흐름들로 다시 해소된다. 불안정성, 초착취, 기동성, 그리고 위계는 대도시의 비물질노동의 가장 뚜렷한 특징들이다. 독립적인 "자영" 노동자라는 꼬리표 뒤에서, 우리가 실제로 발견하는 것은 지적 프롤레타리아트이지만, 그는 그 혹은 그녀를 착취하는 고용주들에 의해서만 그 자체로 인정된다. 이런 종류의 노동 실존 속에서 여가시간을 노동시간으로부터 구분하는 것이 점차 어렵게 된다는 것은 주목할 가치가 있다. 어떤 의미에서 삶은 노동으로부터 분리불가능하게 된다.

이 노동 형식은 또한 (1) 그것의 사회적 관계를 관리할 수 있는 일정한 능력 속에, 그리고 (2) 비물질노동의 웅덩이의 구조 내부에서의 사회적 협력의 도출 속에 존재하는 실질적인 경영적 기능들에 의해 특징지워진다. 그래서 이런 종류의 노동의 질은 (상품의 문화적·정보적 내용의 구축을 가능하게 만드는) 그것의 직업적 역량에 의해서뿐만 아니라, 그 자신의 활동과 행위를 타인의 비물질노동의 조정자(순환의 생산과 관리)로서 "관리할" 수 있는 그것의 능력에 의해 정의된다. 이 비물질노동은 "산 노동"의 실질적 변이체로 나타난다. 여기에서 우리는 테일러주의적 조직화의 모델로부터 아주 멀리 떨어져 있다.

비물질노동은 생산과 소비 사이의 새로운 관계의 기로(아니 오히려 그것은 인터페이스이다)에서 자기자신을 발견한다. 생산적 협력 및 소비자와의 사회적 관계의 활성화는 의사소통 과정 내부에서 물질화된다. 비물질노동의 역할은 의사소통의 형식과 조건 속에서 (그리고 따라서 노동과 소비 속에서) 지속적 혁신을 촉진하는 것이다. 그것은 필요들, 이미지적인 것(the imaginary), 소비자의 취향 등등에 형태를 부여하고 그것들을 물질화한다. 그리고 이 생산물들이 이번에는 필요들, 이미지들, 그리고 취향들의 강력한 생산자가 된다. 비물질노동을 통해 생산된 상품의 특수성(정보적·문화적 내용으로서의 그것의 가치에 의해 주어지고 있는 그것의 근본적인 사용가치)은, 그것이 소비의 행위 속에서 파괴되지 않으며 오히려 그것이 그 소비자의 "이데올로기적"·문화적 환경을 확대하고 변형하며 창조한다는 사실 속에 존재한다. 이 상품은 노동력의 물질적 역량을 생산하지 않는다; 그 대신 그것은 그것을 사용하는 사람을 변형한다. 비물질노동은 그 무엇보다도 먼저 "사회적 관계"(혁신, 생산, 소비의 관계)를 생산한다. 그것이 이 생산에서 일단 성공하기만 하면 그것의 활동은 경제적 가치를 갖는다. 이 활동은 물질노동이 "숨겨 온" 것, 즉 노동이 상품을 생산할 뿐만 아니라 그 무엇보다도 우선 자본관계를 생산한다는 것을 직접적으로 명백한 것으로 만든다.

비물질노동의 생산적 상승작용들의 자율성

그러므로 나의 작업가설은, 비물질노동의 순환이, 독립적인 그리고 그 고유의 노동과 그것의 기업 단위들과의 관계를 조직할 수 있는 사회적 노동력을 자신의 출발점으로 삼는다는 것이다. 산업은 이 새로운 노동력을 형성하거나 창조하지 않으며 단지 그것을 싣고서 상황에 맞게 개조할 뿐이다. 이 새로운 노동력에 대한 산업의 통제는 독립적인 조직을, 그리고 노동력의 "자유로운 기업적 활동"을 전제한다. 이 지형에서 더 나아가는 것은 우리를 노동조직화의 포스트포드주의적 국면에서 노동의 성격에 관한 논쟁으로 데려간다. 경제학자들 가운데에서, 이 문제틀의 지배적 관점은 하나의 단일한 진술로 표현될 수 있다: 비물질노동은 산업의 집중화가 허용하는 조직 형식들 내부에서 작동한다. 이 공통의 기초에서 움직이는 두 가지의 상이한 사상적 학파가 있다: 하나는 신고전주의적 분석의 확장이고, 또 하나는 체계 이론의 확장이다.

앞에서, 그 문제를 풀고자하는 시도는 시장의 문제틀의 재정의를 통해 이루어진다. 의사소통 및 조직화의 새로운 차원들을 설명하기 위하여 우리는 노동의 협력과 강도뿐만 아니라 또 다른 분석적 변수들(인류학적 변수들? 비물질적 변수들?)을 도입해야만 하며, 그리고 이 기초 위에서 우리는 최적화의 다른 목표들(objectives)을 도입할 수도 있다고 주장된다. 사실상 신고전주의적 모델은 일반적 균형의 이론에 의해 부과되어진 정합성의 제약들로부터 자기자신을 해방시키는 데에서 상당한 어려움을 겪는다. 노동의 새로운 현상학들, 포함된 주체들의 자율성, 그리고 그 네트워크들의 독립성 등은, 물질노동과 산업경제가 필수불가결했다고 믿는 일반 이론에 의해 예견되어지지도 못했고 또 예견될 수도 없었다. 오늘날, 이용가능한 새로운 데이터와 더불어, 우리는 거시경제학에 대해 반란을 일으키고 있는 미시경제학을 발견한다. 그리고 고전적 모델은 새롭고 환원불가능한 인류학적 현실에 의해 침식된다.

체계 이론은, 시장의 제약을 제거함으로써 그리고 조직화에 높은 지위를 부여함으로써, 노동의 새로운 현상학에, 그리고 특히 비물질노동의 출현에 더욱더 많이 개방된다. 더욱더 발전된 체계 이론들에서, 조직화는, 목표들에 도달하기 위한 하나의 주어진 그룹을 허용할 수 있는 제 요소들 – 물질적인 것과 비물질적인 것, 개인적인 것과 집단적인 것 – 의 총체로 이해된다. 이 조직적 과정의 성공은 의도적인 혹은 자동적인 조절의 도구들을 필요로 한다. 사물들을 사회적 상승작용의 관점에서 고찰하는 것이 가능하게 되었고, 비물질노동은 그것의 전 지구적 효율성에 의해 고려될 수 있다. 그렇지만 이 관점은 아직도 노동의 조직화의 이미지에, 그리고 경제적 관점에서 효율적인 활동(바꾸어 말하면, 대상에 합치하는 활동)이 필연적으로 집단적 인식 메커니즘과 관련하여 하나의 잉여로 간주되어져야만 하는 사회적 제3부문에 묶여져 있다. 사회학과 노동경제학은 체계적 분과들이면서, 둘 다 그들 자신을 이러한 입장으로부터 분리시킬 수 없다.

나는 비물질노동에 대한 분석과 그것의 조직화에 대한 서술이, 신고전주의 학파에서든 혹은 체계이론 학파에서든, 우리를 기업 이론의 전제들을 넘어서는 곳으로 인도할 수 있다고 믿는다. 그것은 우리로 하여금 제3부문의 수준에서, 비물질노동의 생산적 상승작용들의 근본적 자율성을 위한 공간을 정의하도록 이끌 수 있다. 이렇게 해서 우리는, 낡은 사상적 학파들에 반대하여, 구성적인 "인류-사회학"의 관점을 결정적으로 확립하는 데로 나아갈 수 있다.

일단 이러한 관점이 사회적 생산 내부에서 지배적으로 되면, 우리는 생산 모델들의 연속성 속에서 하나의 중단을 발견한다. 이 말의 의미는, 많은 포스트포드주의 이론가들에 의해 주장된 입장과는 달리 내가, 이 새로운 노동력이 자본주의의 새로운 역사적 국면에만, 그리고 그것의 축적과정과 재생산과정에만 기능적이라고 믿지는 않는다는 것이다. 이 노동력은 노동의 인류학적 현실 내부에서, 그리고 그것의 의미의 재배열 내부에서 발생한 "조용한 혁명"의 산물이다. 임금노동과 (조직에의) 직접적인 종속은 더 이상 자본가와 노동자 사이의 계약 관계의 주요한 형식을 구성하지 않는다. 다형적(多型的)인 자영의 자율적 노동이 지배적 형태로, 그 자신 혹은 그녀 자신이 기업가인 일종의 "지적 노동자"로 출현하여, 끊임없이 변화하는 시장 내부에, 그리고 시공간 속에서 변화가능한 네트워크들 내부에 삽입된다.

비물질적 생산의 순환

지금까지 나는, 말하자면, "미시경제학"이라고 정의될 수 있는 관점에서 비물질노동의 개념을 분석하고 구축해 왔다. 만약 지금 우리가 비물질노동을 생산의 순환의 전 지구성 내부에서 – 그것[비물질노동]은 그 순환의 전략적 단계이다 – 생각해 본다면 우리는 여태까지 고찰되어진 바 없는 포스트테일러주의적 생산의 일련의 특징들을 볼 수 있을 것이다.

나는 특히 가치화의 과정이 어떻게 사회적 의사소통의 생산과정과 일치하는 경향이 있는가를, 그리고 그 두 단계들(가치화와 의사소통)이 어떻게 직접적으로 사회적 차원과 영토적인 차원을 갖는가를 보여주고 싶다. 비물질노동의 개념은, 심지어 의사소통의 생산과 재생산을 포함하는, 따라서 그것의 가장 중요한 내용, 즉 주체성의 생산과 재생산을 포함하는, 생산적 협력의 확장을 전제하고 또 초래한다. 만약 포드주의가 소비를 자본의 재생산의 순환 속으로 통합했다면, 포스트포드주의는 의사소통을 그것 속으로 통합한다. 엄격하게 경제적인 관점에서 볼 때, 비물질노동의 재생산의 순환은, 그것이 『자본론』 제2권의 맑스주의적 재생산 도식들에 의해서 정의되는 만큼 "케인즈주의적 선(善) 순환"에 의해 정의되기 때문에, 생산-소비 관계를 탈구시킨다. 이제, "공급과 수요"의 무너짐에 대해 말하기보다 오히려 우리는 생산-소비 관계의 재정의에 대해 말해야만 한다. 우리가 앞에서 살펴보았듯이, 소비자는 그것의 구상에서부터 생산물의 제조 속에 등록된다. 소비자는 더 이상 (소비 행위 속에서 상품들을 파괴하면서) 상품들을 소비하는 것에 제한되지 않는다. 반대로, 그 혹은 그녀의 소비는 필요한 조건들과 새로운 생산물들에 따라 생산적이어야만 한다. 따라서 소비는 무엇보다도 정보의 소비이다. 소비는 더 이상 생산물의 "실현"에 불과한 것이 아니라, 우선적으로 의사소통(communication)이라는 술어로 정의되는 현실적이고 고유한 사회적 과정이다.

대규모 산업 및 서비스들

비물질노동의 생산 순환의 새로운 특징을 인식하기 위해, 우리는 그것을 대규모 산업 및 서비스들의 생산과 비교해야만 한다. 만약 비물질적 생산의 순환이 직접적으로 우리에게 포스트테일러주의적 생산의 비밀을 (즉, 그것을 구성하는 사회적 의사소통과 사회적 관계가 생산적으로 되었다는 것을) 보여준다면, 이 새로운 사회적 관계들이 어떻게 산업과 서비스들을 자극하는가를, 그리고 그것들이 우리로 하여금 어떻게 "생산"의 고전적 형식들을 재공식화하고 재조직하도록 강제하는가를 검토하는 것은 흥미있는 일일 것이다.

대규모 산업

탈산업적 기업과 경제는 정보의 조종에 기초를 두고 있다. 기업은, (19세기의 기업들이 그랬듯이) 생산과정들의 내부 노동의 감독과 (노동을 포함한) 원료 시장의 감독을 보장하기보다 오히려, 생산과정 외부의 지형 ― 판매, 그리고 소비자와의 관계 등 ― 위에 기초를 두고 있다. 그것은 언제나 생산보다는 상업화와 금융화에 더 많이 기댄다. 하나의 생산물은, 심지어 자동차 제조업과 같은 "중"공업에서도, 제조되기에 앞서 판매되어야만 한다; 자동차는 판매 네트워크가 그것을 주문한 후에야 비로소 생산에 들어간다. 이 전략은 정보의 생산과 소비에 기초를 두고 있다. 그것은 (시장의 경향들을 알아내는) 정보를 수집하기 위해, 그리고 (시장을 구축하면서) 그것을 유통시키기 위해 중요한 의사소통 전략들과 마케팅 전략들을 동원한다. 생산의 테일러주의적·포드주의적 체계 속에서 포드는, 표준화된 상품들의 대량 소비를 도입함으로써, 소비자가 검정 모델 T5와 또 다른 검정 모델

T5 사이에서 선택을 한다고 말할 수 있었다. "오늘날 표준 상품은 더 이상 성공의 비결이 아니다. 그리고 엄청난 '저가격' 시리즈들의 챔피언이곤 했던 자동차 산업 자체는 독특화(singularization)의, 그리고 질(質)의 신산업(neoindustry)이 되었다고 자랑하고 싶어 하곤 한다."[1] 대부분의 기업들에게, 생존은, 언제나 더 풍부하고 다양화된 생산물 라인의 확인에로 이끄는 새로운 상업적 통로(opening)에 대한 영원한 추구를 의미한다. 혁신은 더 이상 노동의 합리화에만 종속되는 것이 아니라 상업적 명령에도 종속된다. 그래서 탈산업적 상품은 생산자와 소비자 모두를 포함하는 창조적 과정의 결과물로 보인다.

서비스들

만약 우리가 본래의 산업으로부터 "서비스" 부문(대규모의 은행 서비스, 보험 등등)으로 옮겨가면, 내가 서술한 과정의 특징은 더욱더 분명히 나타난다. 우리는 오늘날 실질적으로 서비스들의 성장을 목도하고 있는 것이 아니라 오히려 "서비스의 관계들"의 발전을 목도하고 있다. 서비스의 테일러주의적 조직화를 넘어서는 움직임은 생산과 소비의 관계의 통합에 의해 특징지워진다. 사실상 여기에서 소비자들은 생산물의 구성에 적극적 방식으로 개입한다. "서비스" 생산물은 하나의 사회적 구축이자 "구상"과 혁신의 사회적 과정이다. 서비스 산업에서, "배후 직무"(back-office)적 과제(고전적인 서비스 노동)

---

[1]. Yves Clot, "Renouveau de l'industrialisme et activité philosophique", *Futur antérieur*, no. 10, 1992, p. 22.

는 감소했으며 "전면 직무"(front office)적 과제(고객과의 관계)는 성장했다. 그래서 기업의 바깥 부분을 향한 인적 자원의 이전이 있어 왔다. 최근의 사회학적 분석이 우리에게 말해 주듯이, 생산물이 서비스 부문에 의해 더 많이 조종되면 그럴수록 그것은 생산과 소비 사이의 관계의 산업적 조직화의 모델로부터 그만큼 더 크게 멀어진다. 생산과 소비 사이의 이러한 관계상에서의 변화는 서비스 생산의 테일러주의적 노동조직화에 직접적인 결과를 가져왔다. 왜냐하면 그것이 노동의 내용과 노동의 분업 양자를 의문에 붙이기 때문이며 (이리하여 구상과 실행 사이의 관계는 그것의 일방적 성격을 잃기 때문이다). 만약 생산물이 소비자의 개입에 의해 정의된다면, 그리고 따라서 그것이 영속적 진화 속에서 정의된다면, 서비스 생산의 표준을 정의하는 것, 그리고 생산성의 "객관적" 척도를 확립하는 것은 항상 더 어렵게 된다.

비물질노동

 (대규모 산업과 제3부문 양자에서 동시에 나타나는) 탈산업적 경제의 이 모든 특징들은 정확히 "비물질적인" 생산의 형식 속에서 두드러진다. 시청각적 생산, 광고, 패션, 소프트웨어, 판매구역 관리 등등은 모두 생산과 그것의 시장, 혹은 소비자들의 특수한 관계에 의해 규정된다. 여기에서 우리는 테일러주의 모델과는 가장 멀리 떨어진 지점에 있다. 비물질노동은 의사소통의 형식들과 조건들을 창출하고 변경한다. 그리고 그 형식들과 조건들이 이번에는 생산과 소비 사이

의 관계를 교섭시키는 인터페이스로서의 역할을 한다. 내가 앞에서 살펴보았듯이, 비물질노동은 무엇보다도 먼저 사회적 관계를 생산한다. 그것은 상품들뿐만 아니라 자본관계를 생산한다.

오늘날 생산이 직접적으로 사회적 관계의 생산이라면, 비물질노동의 "원료"는 주체성, 그리고 이 주체성이 살고 재생산하는 "이데올로기적" 환경이다. 주체성의 생산은 단순히 (상업적 관계의 재생산을 위한) 사회적 통제의 도구이기를 멈추며 직접적으로 생산적으로 된다. 왜냐하면 우리의 탈산업적 사회의 목표는 소비자/의사소통자(communicator)를 구축하는 것이며, 또 그것을 "적극적인 것"으로 구축하는 것이기 때문이다. (광고, 패션, 마케팅, 텔레비전, 싸이버네틱, 등등에서 노동하는) 비물질노동자들은 소비자로부터의 요구를 충족시키며 이와 동시에 그 요구를 확정한다. 비물질노동이 주체성과 경제적 가치를 동시에 생산한다는 사실은 자본주의적 생산이 우리들의 삶 속에 어떻게 침입했고 또 그것이 어떻게 경제, 권력, 지식 사이의 일체의 대립들을 부수었는가를 보여준다. 사회적 의사소통의 과정(그리고 그것의 주요한 내용인 주체성의 생산)은 여기에서 직접적으로 생산적으로 된다. 왜냐하면 그것은 일정한 방식으로 생산을 "생산하기" 때문이다. "사회적인 것"(그리고 심지어 더욱 사회적인 것, 즉 언어, 의사소통 등등)이 "경제적인 것"으로 되는 과정은 아직 충분히 연구되지 않았다. 실제로, 다른 한편에서 우리는 (프랑스의 탈구조주의 철학의 특정 경향에서처럼) 지식과 권력에 특수한 생산의 형식과 관련하여 "자기와의 관계"에 특유한 구성적 "과정"으로 정의되는 주체성의 생산에 대한 분석에 익숙하다. 그러나 이 분석은 자본주의적 가치화의 형식과 충분히 교차한 적이 전혀 없다. 다른 한편, 1980년대에 경제학자들 및 사회학자들의 한 네트워크가 (그리고 그들에 앞서 이탈리아의 탈노동자주의적postworkerist 전통이) "생산의 사회적 형식"에 대한 확장된 분석을 발전시켰다. 그러나 그 분석은 가치화의 내용으로서의 주체성의 생산을 충분히 통합하지 못했다. 이제, 생산의 탈테일러주의적 양식은 정확히, 주체성을 생산적 협력의 활성화 속에서, 그리고 상품들의 "문화적" 내용들의 생산 속에서 작동하도록 하는 것으로 정의된다.

미적 모델

그러나 사회적 의사소통의 생산과정은 어떻게 형성되는가? 주체성의 생산은 이 과정 내부에서 어떻게 발생하는가? 주체성의 생산은 어떻게 해서 소비자/의사소통자의 생산으로, 그리고 소비하고 의사소통할 그 능력의 생산으로 되는가? 비물질노동은 이 과정에서 무슨 역할을 수행하는가? 내가 이미 말했다시피, 나의 가설은 이러하다: 의사소통의 **생산과정은 직접적으로 가치화의 생산과정으로 되는 경향이 있다.** 만약 과거에 의사소통이 근본적으로 언어에 의해, 그리고 이데올로기적 및 문학/예술적 생산의 제도들에 의해 조직되었다면, 오늘날은 그것이 산업적 생산의 특질을 부여받기 때문에 의사소통은 특수한 기술적 체계들(지식, 사유, 이미지, 소리, 그리고 언어 재생산 기술들)에 의해, 그리고 새로운 생산양식의 담지자들인 조직화의 형식들 및

"관리"의 형식들에 의해 재생산된다.

사회적 의사소통의 형성 과정과 그것의 "경제" 내부로의 포섭 과정을 파악하기 위한 시도 속에서, 생산의 "물질적" 모델보다는 작가, 재생산, 수용을 포함하는 "미적" 모델을 사용하는 것이 더 유용하다. 이 모델은, 전통적 경제의 범주들이 애매하게 하는 경향이 있었던 측면들을, 그리고 앞으로 내가 제시해 보이겠지만, 생산의 탈테일러주의적 수단들의 "특유한 차이"를 구성하는 측면들을 드러낸다.[2] 생산의 "미적/이데올로기적" 모델은 그러한 사회학적 변형이 가져오는 일체의 한계들과 어려움들을 가진 소규모의 사회학적 모델로 변형될 것이다. 작가, 재생산, 수용의 모델은 이중의 변형을 필요로 한다: 우선, 이 창조 과정의 세 단계들은 그들의 사회적 형식에 의해 즉각적으로 특징지워져야만 한다; 둘째로, 세 단계들은 실질적인 생산적 순환의 분절결합들로 이해되어야만 한다.[3]

"작가"는 그것의 개인적 차원을 상실하고, (노동분업, 투자, 주문 등등을 지닌) 산업적으로 조직된 생산과정으로 변형되어야만 한다. "재생산"은 수익성의 명령에 따라 조직된 대량적 재생산으로 된다.

---

2. 이러한 생산의 창조적 요소들과 사회적 요소들은 나로 하여금 위험을 무릅쓰고 "미적 모델"을 사용하도록 고무한다. 우리가 (상황주의자들로부터 도출되는) 예술적 활동으로부터 출발하거나 혹은 (이탈리아의 노동자주의 이론들로부터 도출되는) 전통적인 공장 활동으로부터 출발함으로써 ― 이 양자는 "산 노동"이라는 다름 아닌 맑스주의적 개념에 의거하고 있다 ― 노동에 대한 이 새로운 개념에 어떻게 도달할 수 있었는가를 살펴보는 것은 흥미로운 일이다.
3. 발터 벤야민은, 19세기 말 이래 예술적 생산과 재생산이 어떻게, 그것의 지각과 더불어, 집단적 형식을 띠었는가를 이미 분석한 바 있다. 내가 여기에서 그의 작품들을 살펴보기 위해 잠시 멈출 수는 없지만, 그 작품들은 비물질노동과 그 재생산 형식의 어떠한 계보학에 있어서도 분명히 필수적이다.

그리고 청중("수용")은 소비자/의사소통자로 되는 경향이 있다. 지적 활동의 이러한 사회화 과정 및 경제 안으로의 포섭 과정 속에서, "이데올로기적" 생산물은 상품의 형태를 띠는 경향이 있다. 그렇지만 나는, 이 과정의 자본주의적 논리 아래로의 포섭과 그 생산물의 상품으로의 변형이 미적 생산의 특수성을, 즉 작가와 청중 사이의 창조적 관계를 폐지하지는 않는다는 점을 강조해야만 하겠다.

비물질노동 순환의 특유한 차이들

이제 "자본"의 재생산의 고전적 형태들과 관련하여 비물질노동의 생산 순환(비물질노동 자체, 그것의 "이데올로기적 생산물들/상품 생산물들", 그리고 "공중/소비자")을 구성하는 "단계들"의 **특유한 차이들**을 간략히 강조해 보기로 하자.

"작가"인 비물질노동이 관련된 한에서, **그것의 생산적 상승작용들의 근본적(radical) 자율성**을 강조할 필요가 있다. 우리가 이미 살펴보았듯이, 비물질노동은 우리로 하여금 **노동과 노동력의 고전적 정의**를 의심하도록 강제한다. 왜냐하면 그것은 지적 기술, 육체적 기술, 그리고 기업적 기술 등등의 상이한 유형의 기술 정보의 종합으로부터 유래하기 때문이다. 비물질노동은 네트워크들이나 흐름들로 존재하는 직접적으로 집단적인 형식들 속에서 그 자신을 구성한다. 이 협력 형식의, 그리고 이 기술들의 "사용가치"의 자본주의적 논리에의 종속은 구성의 자율성과 비물질노동의 의미를 없애지 않는다. 반대로, 그것은, 다시 한번 맑스적 공식을 사용하면, 적어도 "새로운 형식의 설명"을 요구하는 적대들과 모순들을 열어젖힌다.

"이데올로기적 생산물"은 모든 점에서 하나의 상품으로 된다. 이데올로기적이라는 용어는 그 생산물을 현실의 "반영"으로, 현실에 대한 허구의 혹은 진실된 의식으로 특징짓지 않는다. 반대로, 이데올로기적 생산물은 현실의 새로운 계층화를 생산한다; 그것들은, 인간의 힘과 지식, 그리고 행동이 만나는 교차점이다. 보는 것과 아는 것의 새로운 양식들은 새로운 기술들을 요구하며, 새로운 기술들은 보는 것과 아는 것의 새로운 형식들을 요구한다. 이 이데올로기적 생산물들은 사회적 의사소통의 형성 과정에 완전히 내재적이다; 즉 그것들은 동시에 이 과정들의 전제이자 결과이다. 이데올로기적 생산물들의 총체는 인간의 이데올로기적 환경으로 변형된다. 이데올로기적 생산물들은 그들의 특유성을 전혀 상실함이 없이 상품들로 변형된다; 즉 그것들은 **언제나 누구에겐가 보내지고, "이념적으로 의미화하며"**, 이로써 "의미"의 문제를 제기한다.

일반적 공중은 소비자(청중/고객)의 모델로 되는 경향이 있다. 작가가 신호를 보내는 대상인 (독자, 음악 청취자, 텔레비전 시청자 등 사용자라는 의미에서의) 공중은 그 자체로 이중의 생산적 기능을 갖는다. 우선, 이데올로기적 생산물의 수신인(受信人)으로서, 공중은 생산과정의 구성적 요소이다. 둘째로, 공중은 생산물에게 "삶 속의 어떤 자리"를 주며(달리 말해, 그것을 사회적 의사소통 속으로 통합하며), 그것을 살아 나가도록, 그리고 진화하도록 하는 수용(reception)에 의해 생산적이다. 그래서 수용은, 이 관점에서 보면, 창조적 행위이며 생산물의 통합적 구성부분이다. 생산물의 상품으로의 변형은 "창조성"의 이 이중의 과정을 폐지할 수 없다; 전자는 오히려 후자를 있는 그대로 받아들여야만 하며, 그것을 통제하려고 또 그것을 자기자신의 가치에 종속시키려고 시도해야 한다.

그러므로 생산물의 상품으로의 변형이 제거할 수 없는 것은 **사건의 성격**, 즉 비물질노동과 공중 사이에 확립되며 의사소통에 의해 조직되는 창조의 개방적 과정이다. 만약 비물질적 생산에서의 혁신이 창조의 이 개방적 과정에 의해 도입되면, 기업가는, 소비와 그것의 항구적인 갱신을 촉진시키기 위해 어쩔 수 없이, 공중/소비자가 생산하는 "가치들"로부터 [이윤을] 끌어내려 하지 않을 수 없을 것이다. 이 가치들은 그것들을 지지하는 존재의 양식들, 실존의 양식들, 그리고 삶의 형식들을 전제한다. 이러한 고찰에서, 두 가지의 주요한 결론이 출현한다. 첫째로, 가치들은 "노동에 접속"된다. 이데올로기적 생산물의 상품으로의 변형은 삶의 형식들 속에서 생산되는 사회적 상상물을 왜곡하거나 구부린다. 그러나 동시에, 상품생산은 그 자신의 생산에 관한 한, 그 자신을 무기력한 것으로 인정해야만 한다. 두 번째 결론은, 삶의 형식들이 ― 그것들의 집단적 협력적 형식 속에서― 이제 혁신의 원천이라는 것이다.

비물질노동의 순환의 상이한 "단계들"에 대한 분석은 나로 하여금, "생산적"인 것은, 직접적으로 "의미"를 연출하는 양상들(modalities)에 따르는 사회적 관계 ― 여기에서는 작가-노동-청중 관계에 의해 대표된다 ― 의 총체라는 가설을 전진시키도록 허용한다. 이 유형의 생산의 특유성은 생산과 소비 사이에 새로운 관계를 확립함으로써 생산과정의 "형태" 위에 그것의 각인을 남길 뿐만 아니라, 또한 이 과정의 자본주의적 전유에 대해 정당성(legitimacy)의 문제를 제기한다. 이 협력작용은 그 어떤 경우에도 경제(학)에 의해 사전에 결정될 수 없다. 왜냐하면 그것은 사회의 삶 자체를 다루기 때문이다. "경제(학)"은 이 협력작용의 형태들과 산물들만을 전유할 수 있다. 그것들을 규범화하고 표준화하면서. 창조적이고 혁신적인 요소들은, 오직 삶의 형태들만이 생산하는 가치들에 긴밀히 연결되어진다. 탈산업 사회들에서 창조성과 생산성은, 한편에서는 삶의 형태들과 그것들이 생산하는 가치들 사이의 변증법 속에 존재하며, 다른 한편에서는, 그것들을 구성하는 주체들의 활동들 속에 존재한다. (슘페터주의적) 기업가가 혁신에 있어서의 그 혹은 그녀[즉, 기업가 자신]의 능력 속에서 발견하는 정당성은 그 기반을 상실했다. 왜냐하면 자본주의적 기업가는 비물질노동의 형태들과 내용들을 생산하지 않기 때문이며, 또 그 혹은 그녀는 혁신을 생산하지도 않기 때문이다. 경제(학)에게는 비물질노동의 활동을 관리하고 조절할 가능성만이, 아울러 의사소통과 정보기술의 통제에 의해, 그리고 그것들의 조직적 과정에 의해 공중/소비자의 통제와 창출을 위한 몇몇 장치들을 만들어 낼 가능성만이 남는다.

창조와 지적 노동

이 간략한 고찰은 우리로 하여금 지적 노동에 특유한 창조와 확산의 모델을 의심하기 시작하도록, 그리고 "개성"의 표현으로서의 혹은 "우월한" 계급들의 세습 재산으로서의 창조성이라는 개념을 넘어서도록 허용한다. 짐멜(Simmel)과 바흐찐(Bakhtin)의 작품들은, 비물질적 생산이 막 "생산적"으로 되기 시작한 때에 생각해 보면, 우리에게 비물질노동과 사회 사이의 관계를 제기하는 완전히 다른 두 가지 방식을 제시한다. 첫째로, 짐멜의 작품은 육체노동과 지적 노동 사이의 구분에 완전히 포위되어 있으며 우리에게 지적 노동의 창조성의 이론을 제공한다. 둘째로, 바흐찐의 작품은 자본주의적 노동분업을 주어진 것으로 받아들이기를 거부함에 있어서, 사회적 창조성의 이론을 정교화한다. 실제로 짐멜은 "패션"(fashion)의 기능을 계급관계에 의해 조절되고 명령되는 것으로서의 모방 혹은 구분의 현상으로 설명한다. 그래서 중간계급의 상층은 패션을 창조하는 계급이며 하층은 그들을 모방하려 한다. 여기에서 패션은 끊임없이 생겨나는 장애물처럼 기능한다. 이 논의에서 흥미있는 것은, 이 구상에 따르면 창조의 비물질노동은 특수한 사회집단에게만 한정되며 모방을 통하지 않고는 확산되지 않는다는 것이다. 더 깊은 차원에서, 이 모델은, 창조와 혁신의 사회적 과정의 조절과 "신비화"를 그것의 목적으로 삼는, 육체노동과 지적 노동의 대립에 기초한 노동분업을 받아들인다. 비록 이 모델이 대량소비 – 짐멜은 이것의 효과를 매우 총명하게 예견한다 – 의 출생의 순간에 비물질노동의 시장 동학에 상응할 약간의 개연성을 가졌다 하더라도, 그것은 탈산업 사회에서 비물질노동과 소비자-공중 사이의 관계를 설명하기 위해 이용될 수는 없을 것이다. 반대로, 바흐찐은 비물질노동을 "물질적 노동과 지적 노동" 사이의 분할을 지양하는 것으로 정의하며, 창조성이 어떻게 해서 하나의 사회적 과정인가를 입증한다. 사실상, "미적 생산"에 관한 바흐찐과 레닌그라드 서클의 그 밖의 사람들의 작품은 이와 동일한 사회적 강조점을 갖는다. 이것은, 비물질적 생산의 사회적 순환의 이론을 발전시킴에 있어 가장 유망한 것으로 보이는 탐구의 선이다.

"일반지성"에 관하여*

빠올로 비르노 | 조정환 옮김

흔히 서방에서 영웅은, 가장 구체적인 딜레마에 직면했을 때, 구약성서에서 따온 구절을 인용한다.[1] 시편이나 에스켈서(書)에서 맥락으로부터 떼어내 따온 말들은 그것들이 말해지는 우연적인 상황 속으

---

* Paolo Virno, "Notes on the 'General Intellect'", Translated by Cesare Casarino; Cesare Casarino et al. ed., *Marxsim beyond Marxism*(Routledge, New York; London, 1996), pp. 265~72.
1. [영역자 주] 이 논문은 같은 텍스트의 두 가지 상이한 판본을 결합하여 번역한 것이다. 첫 번째 판본은 이탈리아에서 『루오고 꼬무네』(*Luogo Commune*) 제1호(1990년 11월), 9~13쪽에 「위험의 면전에서의 인용들」(*Citazioni di fronte al pericolo*)에 게재되었다. 반면 두 번째 판본은 『전미래』(*Futur Antérieur*) 제10호(1992), 2쪽에 「일반적 지성'에 관한 몇 가지 노우트들」(이 영어 판본을 위해 사용된 제목)이라는 제목으로 게재되었다. "일반지성"(General Intellect)은 프랑스어 판본과 이탈리아어 판본 모두에서 영어로 되어 있다.

로 부드럽고 자연스럽게 미끄러져 들어간다. 리볼버 권총이 불을 뿜고 부정의에 대항하는 싸움이 벌어지고 있는 위험의 순간에 문헌학상의 선점(先占)들은 어울리지 않는다. 성경 인용은 실천적 긴급성 때문에 앞 뒤 문맥으로부터 나와 단락(短絡)된다.

바로 이것은 1960년대 초 이래 칼 맑스의 "기계들에 관한 단장(斷章)"이 읽혀지고 인용되어 온 방식이기도 하다.[2] 우리는 노동자들의 파업, 조립 라인에의 로봇의 도입, 사무실에의 컴퓨터의 도입, 그리고 청년 행동의 특정한 종류들 등의 전례 없는 질을 이해하기 위해 — 강렬한 집중의 때인 1858년에 쓰여진[3] — 이 페이지들을 여러 차례 다시 참고해 왔다. "단장"의 연속적 해석의 역사는 위기들의 역사이며 새로운 시작들의 역사이다.

분명히 해 두자: 우리가 "진정한" 맑스를 발견하는 것이 이 텍스트 속에서이며 오직 거기에서뿐이라고 주장하는 것은 어리석은 것이다. 이 점은, 사후에 출간된 칸트의 저작들에 배타적으로 집중하기 위해 그의 『순수 이성 비판』을 냉대하는 것이 어리석은 것과 마찬가지다. 다른 한편, 우리는, 맑스의 이 텍스트가, 어떤 곳에서도 찾아볼 수 없는, 그리고 보통의 반복구들과는 다른 소리를 내는 고찰들을, 자본주의 발전의 근본적 경향에 관한 고찰들을 포함한다는 사실을 부정할

---

2. [영역자 주] Karl Marx, *Grundrisse*, trans. by Martin Nicolaus(Harmondsworth: Penguin Books, 1974), pp. 693~706.
3. [영역자 주] 프랑스어판에서는 "En apnée"로 되어 있는데, 이것은 사건들에의 침잠의 느낌을, 그리고 그 사건들에 대한 고독한 반성의 느낌을 전달한다.

수 없다.

맑스는 "단장"에서 무엇을 지지했는가? 그것은 전혀 "맑스주의적"이지 않은 하나의 명제였다. 즉 추상적 지식 – 우선은 과학적 지식이지만, 그러나 그것만은 아니다 – 은 바로 그것의 생산으로부터의 자율성 때문에 가장 주요한 생산력으로 되며, 이로서 반복적이고 구획된 노동을 잔여적(殘餘的) 위치로 격하시킨다. 여기에서 우리는 고정자본 속에 객관화된 지식, 기계들의 자동 체계 속에 구현된 지식(아니 더 나아가, 철(鐵)이 된 지식)을 다루고 있다. 맑스는 사회적 생산의 중심점을 구성하며, 삶의 모든 측면들을 예정하는 지식의 총체(요즈음에 사람들은 이것을 "인식론적 패러다임들"이라고 말하곤 한다)를 나타내기 위해 다소간 암시적인 이미지를 사용한다: 즉 그는 "일반지성"에 대해 말한다. (지나가는 길에, 그러한 표현이 Nous poietikos, 즉 우리가 『데 아니마』*De anima*에서 아리스토텔레스로부터 듣는 분명하고 냉정하며 생산적인 지성의 다소간 의식적인 반향일 수도 있겠다고 말해 두자).

지식의 경향적 우월성은 노동시간을 "가련한 토대"에 불과한 것으로 만든다: 노동자들은 이제 생산적 과정의 주요한 주체를 구성하는 대신에, 그 과정 곁에 위치지워진다. 맑스가 현존 사회관계의 핵심적인 구조적 지탱물로 간주한 이른바 가치법칙(즉, 상품 속에 병합되어진 노동시간에 의해 결정되는 것으로서의 상품 가치)은 침식되며 자본주의적 발전 그 자체에 의해 반박된다. 그럼에도 불구하고, 자본은 냉정하게, "이렇게 창출된 거대한 사회적 힘들을 노동시간에 따라 측정하기를" 계속한다. (명심하라: 이처럼 맑스는 자본에 대해 말한다.

하지만 우리는 이와 동일한 것을 임금노동의 중심성을 그 자신의 견고한 존재 이유로 삼는 조직된 노동자 운동에 대해서도 또한 말할 수 있다.)

맑스가, 자신이 다른 텍스트들에서 설명하는 잘 알려진 해방의 가설들과는 매우 다른 가설을 개진하는 것은 바로 이 지점에서이다. "단장"에서, 위기의 기원은 생산양식 속에 내재하는 불비례에 전가되지 않는다. 그것은 실제로 개인의 노동시간에 기초지워진다. (그래서 위기는 더 이상, 예컨대, 가치법칙이 여전히 그 힘을 충실히 발휘하고 있다는 사실과 결부된, 그리고 이윤율의 하락과 결부된 불균형에 전가되지 않는다). 오히려, 위기는 이제 직접적으로 그리고 배타적으로 과학에 의존하는 생산과정과, 여전히 생산물에 병합된 노동의 양과 일치하며 오늘날 여전히 최전면에 출현하는 부의 척도 단위 사이의 찢어지고 있는 모순에서 기원한다. 맑스에 따르면, "교환가치에 기초한 생산의 붕괴"로 이끄는 것, 따라서 코뮤니즘으로 이끄는 것은 이 균열의 점진적이고 가위처럼 벌어지는 확장이다.

1960년대 동안에, "단장"의 독해는 과학과 지식 일반의 이른바 중립성의 비밀을 밝히는 것을 목표로 삼았다. 그것은 기계들을 위계로부터 분리하는 것의 불가능성을, 기술적 영역을 명령의 영역으로부터 분리하는 것의 불가능성을 논증할 수 있었다. 또 그것은, 진보적인 것의 비도덕적 구축을, 그리고 "인간관계"의 이론가들을 고발할 수 있었다.

1970년대에, 사람들은 사회주의를 비판하기 위해, 후삭(Husak)뿐만 아니라 이상적 사회주의 및 노동과 국가에 대한 그것의 신화학을 비판하기 위해 "단장"을 자주 사용했다. 사람들은 그 페이지들에서 코뮤니즘의 동시대성의 지침을, 즉 임금노동의 폐지와 국가의 사멸을 지각했다. 노동이 부의 생산에서 무시할 수 있는 양(quantité négligeable)[4]이 되고 있었기 때문에, 사람들은 노동자들이 노동인력으로서의 상품화된 조건에서 벗어날 가능성을 어렴풋이 감지했다. "일반지성"의 확립에 상응하여, 강력한 **적대적 주체성**의 편대가 구성되고 있었다.

오늘날은 "단장"을 완전히 다른 방식으로 해석하는 것이 필요하게 되었다: 만약 이 "단장"이 하나의 리트머스 테스트라면, 그것이 우리의 현대적 현실과 접촉하게 될 때 색깔이 바뀔 것이다. 사실상, 지금 사람들의 주목을 끄는 것은 『그룬트리세』에 서술된 경향들의 완전히 **실제적인 실현** – 그렇지만 어떠한 해방적인 역전도 (아니 단순히 갈등적인 역전조차도) 없는 – 이다. 특별히, 맑스가 급진적 사회 혁명의 가설을 연결시켰던 **진보에 있어서의 모순**(contradiction in progress)[5]은 기존의 생산양식의 안정된 구성요소로 되었다. 기계들에 대상화된 지식에 의해 수행되는 역할과 노동시간의 감소하는 중요성 사이의 불균형은 위기의 온상을 형성한 것이 아니라 오히려 지배의 새롭고 안정적인 형식들을 낳았다. 그래서 "단장"은 현존의 조건들을 극복하는 자극제로서보다는 사회학자의 연장통으로서 유용하다. 그것

---

4. [영역자 주] 원래의 이탈리아판에서도 프랑스어로 되어 있다.
5. [영역자 주] "진보에 있어서"(in progress)는 프랑스어판에서 영어로 되어 있다.

은 사회의 자연사의 마지막 장이다. 그것은, 그 자신의 광채로 밝게 빛나는, 휘황찬란한 코뮤니즘을 향한 탈출구를 제공하기보다 오히려 현재의 위상학적 지도를 제공한다.

그러한 상황을 고려할 때 나의 견해로는 두 가지의 핵심적인 과제가 있다. 첫 번째 과제는 무엇이 본질적으로 **일반지성**에 기초한 자본주의의 현저한 특질들을 구성하는가를 정의하는 것에 있다. 혹은 달리 말하면, 그 과제는, 폐기되기는커녕 바로 "노동과 …… 이 후자[일반지성]가 통제하고 감독하려 하는 생산과정의 권능(power) 사이의 질적 불균형" 속에서 그 자신의 동력학을 발견하는 생산양식의 윤곽, 그 "실루엣"을 추적하는 것에 있다. 이 맥락에서, 두 가지 측면이 언급될 필요가 있다: a) **노동 사회의 소멸**; b) **새로운 실제적 추상들**. 두 번째 과제 – 실로 중요한 것 – 는, 다시 한번, 전투성과 현재적 계기에 대한 급진적 비판의 추동력을 발견하는 것에 있는데, "단장"은 지금까지 그 추동력 속에서 이미 충분히 지배로서 실현되어져 왔다. 사람들이 대중지성의 문제에 직면할 필요가 있는 곳은 바로 그곳이다.

노동 사회의 소멸은 지난 20년간 서구 사회를 지배해 온 경향이다. 실질적으로 무시할 수 있는 삶의 부분으로의 노동시간의 축소는 임금노동을 고된 노동 혹은 영구적인 정체성의 원천으로서보다는 현존 계기들 중의 오직 하나로 생각하는 것을 가능하게 만들었다: 그러한 것은 심원한 변화인데, 그 속에서 우리는 무의식적 배우인 우리 자신을 종종 발견하며, 믿을 수 있는 목격자로서의 우리 자신을 언제나 발견하는 것은 아니다.

"단장"이 진단한 대로, 노동과 노력에 소요되는 실질적 시간은 주변적인 생산적 요소로 되었다. 노동시간보다는 과학, 정보, 언어적 커뮤니케이션, 그리고 지식 일반 등이 이제 생산과 부가 의존하는 핵심적 기둥들이다. 다른 한편, 노동시간 – 아니 오히려 그러한 시간의 "도둑질" – 은 특히 발전과 사회적 부의 매개변수로서 여전히 가치가 있다. 그래서 노동 사회의 소멸은 그 자체로서 격렬한 이율배반과 혼란스러운 역설의 단계이다.

노동시간은 힘(force)에 있어서의 척도 단위이지만 그러나 그것은 더 이상 **진정한** 단위가 아니다. 1970년대의 운동들은 바로 이 거짓말에 주의를 기울였는데, 그것은 그것을 침식하고 폐기하기 위한 것이었다. 노동자들은 객관적 경향에 대한 매우 전투적인 해석(conflictual version)을 주장하고 싶어 했다: 그들은 노동하지 않을 권리를 주장했고 공장으로부터의 집단적 이주를 고무했다. 그들은 사장의 지배 하에서의 활동의 기생적 성격을 폭로했다. 1980년대 동안, 기존의 체제는 그것의 허구적인 성격에도 불구하고 영향력을 행사했다. 그래서 우리는, 대체로 하나의 과장법 – 그러나 매우 진지한 성격의 과장법 – 으로서 **노동 사회의 소멸은 임금노동에 기초한 사회 체제에 의해 처방되는 다양한 형태들을 띤다**고 말할 수 있다. 그러한 발전은 우리에게, 맑스가 주식 자본 회사들에 대해 썼던 것을 상기시킨다; 이러한 경제 제도들 속에서 우리는 사유 재산이라는 바로 그 지반 위에서의 사유 재산의 소멸을 목격한다. 또 여기에서 전위(轉位)는 현실적이다. 하지만 그것이 달성되는 지반은 그만큼 현실적이지 않다. 첫 번째 측면을 단순한 잠재성(virtuality)으로, 두 번째 측면을 단순한 외면적 "껍질"

로 환원함이 없이 두 측면을 결합해서 사고하는 것: 그것은 피할 수 없는 어려움이다.

비-노동시간 – 부의 잠재적 원천 – 은 기존 체제 속에서 하나의 상실, 하나의 결여로 위치지워진다: 새로운 투자들에 기인한 그리고 이와 동시에 그것들의 부재에 기인한 실업, 불확정적 해고(indefinite layoffs)[6], 혁신적이고 역동적인 부문들을 둘러싸고 있는 "시초의" 생산적 하부구조들의 혁신, 이제 더 이상 공장 체제에 복종적이지 않은 개인들을 통제하기 위한 훈육적 의고주의(擬古主義; archaisms)의 재확립. **일반지성**의 시기에 고용된 모든 노동인력은 항상 "산업 예비군" 으로서 기능한다. 또 그 노동인력은 살인적인 교대 노동과 규정 외 노동을 수행하지 않을 수 없다. 가장 많이 "보호받는" 노동인력까지 포함한 전체 노동인력에 대한 경험적 서술은, 맑스가 "과잉 인구"를 표현하기 위해 사용한 범주들에 의해 쉽게 표현될 수 있다. 즉 그 노동인력은 (조기 은퇴자와 이직자turnover[7]를 포함하여) **유동성의 것** (fluid)으로, (기술혁신이 더욱더 잦은 간격으로 개입하는 곳에서는) **잠재적인 것**(latent)으로, 그리고 ("지하" 노동과 위험 노동을 포함하여) **정체된 것**(stagnant)으로 서술될 수 있다.

결정적 물음은 더 이상 노동시간과 관련한 보편적 모순에 있지 않다. 왜냐하면, 사실상, 사람들은 이미 명시적으로 된 경향을, 공통의 지반을, 그리고 또 지배의 실천들 및 현재의 급진적 변형의 궁극적

---

6. [영역자 주] 프랑스어판에서는 이탈리아어로 "Cassa Integrazione"로 되어 있다.
7. [영역자 주] 프랑스어판에도 영어로 되어 있다.

가능성들을 다루고 있기 때문이다.

"단장" 내에서의 사회학적 분석이 가리키듯이, 우리는 늘 **너무 많은 시간**을 갖게 될 것이다: 문제가 되고 있는 것은 그러한 과잉성장이 취하게 될 형태이다. 정치적 좌파는 그 게임에서 그 나름대로 어떤 역할을 수행하는 데에 완전히 부적절하다. 왜냐하면 그것은 자신의 존재 이유를 임금노동의 존속에서, 그리고 시간성의 그러한 분절결합에 내적인 갈등들 속에서 찾기 때문이다. 노동 사회의 소멸과 시간을 둘러싼 투쟁에서 야기되는 가능성의 소멸은 공식적으로 좌파의 종말을 초래했다. 우리는 자아도취 없이 또 아무런 후회도 없이 그러한 상황을 주목해야만 한다.

일반지성이 사실상 생산과 모든 "삶의 세계"를 조직하는 한에서, 그것은 분명 하나의 추상, 그러나 물질적 양상들(modalities)을 가진 **현실적 추상**이다. 그것이 패러다임들, 코드들, 형식화된 절차들, 공리들로, 달리 말해 지식의 객관적 구체화들로 구성되어진다는 사실을 제외하면, 일반지성은 분명 근대성에 전형적인 "현실적 추상", 즉 **등가의 원리**에 의해 고무되는 추상들과는 다르다.

화폐가, "일반적 등가물"로서의 그것의 독립적 실존 때문에 곧장 생산물들, 노동, 그리고 주체들의 통약가능성(commensurability)을 구현함에 반해, 일반지성은 이와는 반대로 모든 실천의 **분석적 전제**를 확립한다. 사회적 지식의 모델들은 노동의 상이한 형식들에 비교될 수 없다. 오히려 그것들은 그 자체로 "직접적인 생산력"이다. 그들은 측정의 단위들이 아니며 오히려 이질적인 수행적 가능성들의 무한정한 전제이다. 이것은 그것을 구성하는 "개인들" 외부에 존재하는 하나의 "종"(genre)이 아니다: 이것들은 그 타당성이 결코 그들이 반영하는 바의 것에 의존하지 않는 공리적 규칙들이다. 그것들은 측정하지 않으며, 또 그것들은 그 어떤 것도 재현하지 않는다: 기술적·과학적 코드들과 패러다임들은 그들 자신을 **구축적 원리들**로 드러낸다.

"현실적 추상들"의 성질에서의 이러한 변화 ─ 그 변화에 따르면 사회관계를 지탱하고 관리하는 것은 오직 등가물들의 교환이라기보다 오히려 추상적 지식이다 ─ 는 **에토스**(ethos)의 차원에서의 심원한 변경을 의미한다. 추상적 지성의 역전불가능한 **자율성**, 그리고 따라서 "삶"과 지식 사이의 새로운 관계는 현대적 **냉소주의**의 기원에 존재한다.

가장 비타협적인 위계들, 그리고 가장 지독한 부등성들의 기반에 놓여 있는 등가성의 원리는 한때는 아무튼 사회적 연계들의 일정한 가시성을, 통약가능성을, 비례적 호환성의 체계를 보증했었다. 바로 저것이, 방해받지 않은 인식의 교류에 대한 열망들, 그리고 투명하고 보편적인 언어적 커뮤니케이션의 열망들이 일반지성의 방향으로 향하는 ─ 그러나 물론 명확하게 이데올로기적이고 모순적인 방식 속에서 ─ 이유이다. 반대로, 일반지성은, 통약가능성과 비례들을 파괴하면서, "살아 있는 세계들"을 만든다는 인상을 줄 뿐만 아니라 자동사적(intransitive) 커뮤니케이션의 형식들을 만든다는 인상을 준다. 그것은 비교를 허용하는 측정의 단위를 제공하지 않는다; 그것은 생산적인 사회적 과정의 어떠한 통합적 재현도 저지한다; 그것은 정치적 재현의 바로 그 기초를 전복시킨다. 현재의 냉소주의는 이 불가피한 상황을 유용하게 활용하면서 그러한 상황을 소극적으로 반영한다.

　냉소주의는 그것이 작동하는 특수한 맥락 내에서 일정한 인식론적 전제들의 우월한 역할을, 그리고 현실적 등가물들의 동시적 부재를 드러낸다. 그것은 투명한 대화적 커뮤니케이션에의 열망을 미리 저지한다. 그것은 그 실천에의 간(間)주체적 기초에 대한 탐색을 즉각적으로 포기한다. 이 점은, 그것이 도덕적 평가의 기준에 대한 요구를 포기하는 것과도 같다. 교환 및 상품 형식과 너무나 밀접히 연결된 등가성의 원리의 붕괴는 냉소가의 행동 속에서, 자기긍정이 바로 위계와 불평등의 증식과 유동화를 통해 발생할 바로 그 지점에서, 평등의 가능성을 "유감없이" 포기하는 것으로 드러난다. 이것은 생산 속에서의 지식의 중심성의 도래를 의미하는 것으로 보인다. 이러저러한 관습적 규율들의 총체의 즉각적 수용, 생생한 내용들에 대한 설명의 최소한도로의 축소: 이러한 것들은 일반지성에의 반응적 적응이 취하는 형식이다. 그럼에도 불구하고 우리가 갈등의 새로운 조건들로부터 일종의 대중적 도제수업을 받아야만 하는 것은, 현대의 냉소주의의 절대적 부정성 그 자체 속에서, 그리고 "삶"과 지식 사이의 새로운 관계에의 그러한 기회주의적 적응 속에서이다.

　정치적 에너지를 다시 활성화시키기 위해서, "단장"에 대한 근본적 비판에 착수하는 것이 중요하다: 맑스는 일반지성(혹은, 주요한 생산력으로서의 지식)을 고정 자본과 완전히 동일시했고 이 때문에 동일한 일반지성이 반대로 산 노동으로 자신을 드러내는 심급을 무시했다. 이것은 정확히 오늘날의 결정적 측면이다.

지식과 생산 사이의 연계관계는 사실상 기계들의 체제 안에서 소진되지 않는다. 오히려, 그것은 필연적으로 구체적인 주체들을 통해 접합된다. 오늘날, 일반지성의 개념을 고정 자본에 물질화된 그러한 종류의 지식을 넘어서까지 확장하는 것, 또 사회적 커뮤니케이션을 구조화하며 대중의 지적 노동활동을 추진하는 그러한 지식 형태들을 포함시키는 것은 어렵지 않다. 일반지성은 인공적 언어들, 체계 이론과 정보 이론, 커뮤니케이션의 방식에서의 조건들의 전체 음계, 지방적 지식, 비공식적 "언어 유희" 등뿐만 아니라 일정한 윤리적 선입견들도 이해한다. 현대의 노동과정 내부에는 기계적 몸체나 조그마한 전자적 영혼에 대한 어떠한 필요도 갖지 않은 채 모두 자기 힘으로 생산적 "기계들"로 기능하는 개념들의 전체적 별자리들이 존재한다.

우리가 대중지성이라고 부르는 것은 "일반지성"의 결정적 분절결합으로서의 그 기능 속에서 산 노동이다. 하나의 총체로서, 하나의 사회적 몸체로서의 대중지성은 살아 있는 주체들의, 그리고 그들의 언어적 협력의 분할불가능한 지식의 저장고이다. 이 지식들은 결코 잔여적이지 않다. 그것들은 오히려 정확히 추상적인 "일반지성"의 무제약적 단언과 수용에 의해 생산된 현실을 구성해 낸다. 지식의 중요한 부분이 기계들 속에 저장될 수 없으며 오히려 그것이 노동인력의 직접적인 상호작용으로서 생겨나야 함을 보여주는 것은 바로 그러한 무제약적인 단언과 수용이다. 우리는 완전하고 결정적인 **분리** 속에 스스로를 결코 용해시킬 수 없는 발본적인 **전유**(expropriation)에 직면한다.

대중지성을 단지 혹은 대체로 역할들과 기능들의 총체로, 즉 컴퓨터 전문가들, 연구자들, 문화 산업의 피고용자들 등으로 이해하는 것은 잘못이다. 그 표현은 오히려 하나의 질이며 포스트포드주의 시대 ― 즉 정보와 커뮤니케이션이 생산과정의 각각의 전개에서 핵심적 역할을 수행하는 시대, **언어 자체가 노동에 투입되는 시대**, 언어 자체가 임금노동이 되는 시대(너무나 그러해서 "언론의 자유"가 오늘날 바로 "임금노동의 폐지"를 의미하는 시대) ― 의 사회적 노동인력의 총체의 변별적 기호를 나타낸다. 대중지성: 공장에 입사하기 전에 교육을 받고 이미 사회화된, 피아뜨의 신규 고용자들; 대학들을 봉쇄함으로써, 실험과 구축에의 의지를 가지고 다시 생산력의 형식 자체를 문제삼는 학생들[8]; 임금을 둘러싼 투쟁이 언어, 삶의 형식, 윤리적 모델들과의 대치 및 마찰로부터 결코 분리될 수 없었던 이민들.

대중지성은 매우 교훈적인 역설의 중심에 놓여 있다. 우리는 그것의 주된 성격을 노동 속에서의 상이한 기능들 속에 위치지울 수 있지만, 그 무엇보다도 우선 우리는, 그것을 중심부적 관습 속에, 언어적 용법들 속에, 문화적 소비 속에 위치지울 수 있다. **그럼에도 불구하고**, 그것이 경험의 각각의 측면들에 그리고 모든 측면들에 자기자신을 투사하는 것, 그것이 언어 능력들, 윤리적 기질들, 주체성의 미묘한 차이들을 복종시켜 버리는 것은 생산이 더 이상 하나의 정체성을 제공할 수 없는 것으로 보이는 **바로 그 때**이다. 대중지성은 경제적·생

---

8. [영역자 쥐 비르노는 여기에서 80년대 말에 이탈리아에서 발생했던 학생 파업과 저항의 물결들을 언급하고 있는데, 그것은 주로 대학의 사유화에 대한 정부의 제안에, 그리고 학술계에 대한 직접적 개입을 통해 바로 과학, 지식, 자본과 대학 체제 사이의 연계관계를 재강화하려는 산업·금융 당국 편에서 이루어진 이와 제휴된 시도들에 기인했다.

산적 용어로 서술하기가 어렵다: (그것에도 불구하고가 아니라) 바로 이 때문에, 그것은 현대의 자본주의적 축적의 기본적 구성요소이다. 대중지성은 노동 사회 소멸의 모순적 형식들과 새로운 현실적 추상들을 스스로 실험한다. 그것의 바로 그 물질적인 실존은, 문화와 생산 사이의, "구조"와 상부구조 사이의 완전한 융합을 설명해 줄 수 있을, 정치경제학 비판의 근본적 재검토를 요구한다. 이리하여 그것은 정치경제학의 **비경제학적**(noneconomic) 비판을 요구한다.

유럽의 문화적 전통과 지식 생산 및 유통의 새로운 형식들*

마우리찌오 랏짜라또 | 서창현 옮김

아마도 신문 인쇄가 발명된 이래 유럽의 문화가 이렇게 대단한 격변을 겪은 적은 없었을 것이다. 문화와 그 생산양식들, 사회화양식들, 전유양식들이라는 개념의 바로 그 토대들(underpinnings)이 공격을 받고 있다. 물론 나는 문화가 경제적 가치의 창조 안으로 통합되는 것에 대해 이야기하고 있다. 이러한 통합 과정은 1980년대가 시작된 이래 한편으로는 지구화를 통해, 그리고 경제에서 금융의 점증하는 확산을 통해, 다른 한편으로는 소위 "신테크놀로지"의 맹공을 통해

---

* Maurizio Lazzarato, "European Cultural Tradition and the New Forms of Production and Circulation of Knowledge", http://www.moneynations.ch/topics/euroland/text/lazzarato.htm.

가속화되어 왔다.

많은 사람들이 문화, 지식인들, 예술가들을 방어하기 위하여 자신들의 목소리를 높였다. 문화의 경제에의 종속에 대한 가장 강력하고 가장 조직화된 반대는 "저작권" – 새로운 미디어가 부상하게 되면 끊임없이 새로운 논의에 부쳐지는 그 정의 – 문제를 둘러싸고, 시청각적 생산에 관한 상업 관행이 재협상되고 있었을 때 생겨났다.

적어도 프랑스에서는 문화 방어의 전략이 미국의 거대한 소통 및 오락 업체들에 반대하는 이러한 초기형태의 동원을 넘어서는 것으로 보인다. 그러한 전략은 "문화적 예외"를 보호하는 것을 포함하는 경향이 있다.

어떤 "문화적 예외"에 대한 권리를 요구하는 예술가들과 지식인들 – 그리고 정치가들과 정부들 – 은 자신들을 유럽의 문화적 자율의 전통의 계승자들로, 예술과 예술가들의 정치와 경제로부터의 독립의 전통의 계승자들로 간주한다. "문화적 예외"를 지지하는 사람들의 전략은 문화와 경제 사이의 분리라는 참호를 다시 구축하는 것처럼 보인다.

내 견해로는 좀더 일반적인 유럽적 관점을 반영하는 이러한 태도는 설득력이 떨어지며, 자세히 살펴보면, 지식의 생산 및 유통의 새로운 양식들과 관련하여 볼 때 [더 이상] 유지될 수 없다. 내가 제시하고자 하는 가설은 문화적 예외 전략을 뒤집는다. 그것은 다음과 같이 요약될 수 있다. 지식 및 문화의 생산, 사회화, 전유의 양식들은 부의 생산, 사회화, 전유의 양식들과 다르다. 문화의 자율이 아니라 바로 이렇게 문화에 고유한 생산 및 사회화 양식들이 경제에 도입되어야 한다는 것이 게오르그 짐멜의 직관이었다. 그러한 도입이 어떤 자생적인 기초 위에서 이루어질 수는 없다. 왜냐하면 가브리엘 타르드가 주장하는 것처럼, "지적 생산"은 부의 생산 방향과 조직화를 규정짓는 경향이 있으며, "앎의 욕구", "미에 대한 사랑과 세련됨에 대한 탐욕"은 경제적 발전을 향해 열려진 주요한 출구들이기 때문이다.

따라서 나는 이들 두 저자들, 특히 거의 한 세기 전인 1902년에 타르드가 간행한 『경제심리학』을 이용하여 나의 논의를 풀어낼 것이다. 타르드의 주목할 만한 초기의 통찰들이 실제로 유럽의 문화적 전통의 일부가 아니라는 점을 염두에 두자. 왜냐하면 그의 이론은 대부분 잊혀져 왔기 때문이다. 타르드는 문화, 특히 지식에 고유한 생산양식에 기초하면서 경제적 분석의 출발점을 역전시킴으로써 정치경제에 대한 흥미로운 현대적 비판을 제기한다. 그는 사용가치의 생산, 다시 말해 "물질적 생산"(계몽주의자들의 백과전서파에서 아담 스미스의 스코틀랜드 도덕 철학에 이르기까지 지속되었던 유명한 핀 공장. 거기에서 정치경제학의 시작이 이루어졌다)에서 출발하기보다는 지식, 즉 책들의 생산에서 출발했다.

"한 권의 책은 어떻게 만들어지는가? 그것은 하나의 핀과 단추가 어떻게 만들어지는가를 아는 것 못지않게 흥미롭다." [이것은 그의 시대의 경제학자들로서는, 아니 어쩌면 우리 시대의 경제학자들로서도 상상할 수 없는 출발점이었다. 그러나 우리는 이들보다는 그것에 대해 더 잘 상상할 수 있다. 왜냐하면 어떤 책의 생산은 포스트포드주의적 생산을 위한 하나의 패러다임으로서 생각될 수도 있기 때문이다.

다른 여타의 생산물처럼, 타르드가 지식이라고 부르는 바의 "진리-가치들"은 하나의 생산과정의 결과물이다. 지식 생산 및 소비 실천들을 더욱더 재생가능하고 동질적으로 만드는 장치들(타르드가 "신문"과 "여론"에 대해 이야기한다면 우리는 TV, 컴퓨터 네트워크들, 인터넷을 참조한다)이 발전함에 따라, 이러한 장치들은 "양적 특징이 더욱더 두드러지고, 교환가치와 비교하기가 점점 더 쉬워진다." 이것이 그것들[진리-가치들]을 여타의 다른 것들처럼 상품으로 만드는 것일까?

경제는 실제로 경제적 부를 다루듯이 그것들을 다루며, 그것들을 다른 것들과 같은 유용가치(utility-value)로 간주한다. 하지만 타르드에게 지식은 "분업"으로 환원될 수 없는 하나의 생산양식이다. 즉 지식은 시장이나 교환 – 이것들은 불가피하게 생산가치와 소비가치를 왜곡한다 – 을 통해서는 조직될 수 없는 "사회화" 및 "사회적 소통"의 양식이다.

정치경제학은 다른 재화들을 취급하듯이 진리-가치들을 취급하지 않을 수 없다. 이러한 사실은 첫째, 정치경제학이 사용가치의 생산을 위해 가공했던 방법 외의 어떤 방법도 알지 못하기 때문이다. 그렇지만 둘째, 그리고 더욱 중요하게는, 그것이 이러한 진리-가치들을 물질적 생산물들로 취급해야 하기 때문이다. 그렇지 않으면 그것의 이론적, 그리고 특히 정치적, 토대들을 전복시켜야 하기 때문이다. 사실상, 타르드가 때때로 지식이라고 부르는 "빛"(lumiéres)[계몽]은 희소성, 결핍, 희생에 기반을 둔, 경제 및 부에 대한 정치경제학적 관념들을 무의미한 것으로 만들어 버린다. 그러면 정치경제학처럼 우리도 생산에서 출발해 보자. 핀들의 생산이 아닌 책들의 생산에서 말이다. 책들의 생산과 함께 우리는 즉각적으로, 경제학자들이 이론화하고 정당화하는 것과 관련한 생산 및 소유 제도 양식들을, 원칙적으로, 전환할 필요에 직면하게 된다.

책이라는 물질의 생산은 일반적으로 개별적이다. 반면 그것들의 소유는 본질적으로 집단적이다. 왜냐하면 '문자의 소유'는 작품들이 재화들로 고려되지 않는다면 개별적인 의미를 가질 수 없기 때문이다. 그리고 책에 담겨 있는 사상은 출간되기 전에는, 다시 말해 그것이 사회적 세계에 아직 낯선 것으로 남아 있을 때에는 저자에게 배타적으로 속하지 않는다. 역으로, 재화들의 생산은 더욱더 집단적이 되며 그것들의 소유는 개인적으로 남아 있고, 또 앞으로도 언제나 그럴 것이다. 토지와 자본이 '국유화' 될 때조차도 그러할 것이다. 책들과 관련해서 볼 때 자유로운 생산이 생산의 가장 좋은 수단으로서 중추적이라는 사실과 관련해서는 의심스러운 것이 아무것도 없다. 입법을 통해 실험적 연구나 철학적 고찰을 규제하려 하는 노동에 대한 과학적 조직화는 아마도 비참한 결과들을 낳게 될 것이다.

정보경제의 거대 다국적 기업들은 "과학적 관리"에 따라 생산을 조직할 수 없음을 인정할 준비가 되어 있다. 그렇지만 그들은 소유 제도들의 [사적인 것에서 집단적인 것으로의] 변화를 인정할 준비는 되어 있지 않다.

소유라는 관념[개념]은 모든 형태의 가치 — 유용-가치에서 미-가치, 진리-가치에 이르는 — 에 적용될 수 있는가? 우리는 유용-가치를 소유하듯이 지식을 소유할 수 있는가? 아마도 타르드는 그렇다고 대답할 것이다. 그렇지만, 경제학이나 법률학이 이해하는 바와 같은 "자유로운 처분"과 같은 방식으로 그러하다는 것은 아니다.

이러한 의미에서, 우리가 우리 자신의 팔다리 – 이것은 살아 있는 사물들이기 때문에 타자에게 양도할 수 없는 것이다 – 의 소유주가 아닌 것과 마찬가지로 우리는 우리의 영광, 고귀함, 혹은 (사회에 대한) 신용의 소유주가 아니다. 그러므로 그는 이러한 가치들 – 모든 것 중에서 가장 중요한 것, 국유화하기 가장 어려운 것 – 의 몰수와 관련해서 걱정할 것이 아무것도 없다.

새로운 생산조직 양식, 그리고 지식의 본성에 수반되는 새로운 소유 제도의 불가피성에서 벗어나기 위해, 정치경제학은 어쩔 수 없이 "비물질적 생산물들"을 "물질적 생산물들"로, 다시 말해 다른 것들과 같은 재화들로 전환시킨다. 왜냐하면 책 생산이 경제가 토대를 두고 있는 배타적으로 개인적인 소유와 훈육적인 생산을 문제시하기 때문이다.

소비로 옮겨가 보자. 부의 소비는 진리-가치들과 미-가치들의 소비와 비교될 수 있는가? "우리는 신념들을 생각하면서 신념들을 소비하는가, 그리고 우리가 훌륭한 대작들을 응시하면서 대작들을 소비하는가?"라고 타르드는 문제를 던진다. 오로지 정치경제학이 규정하는 바의 부만이 "파괴적인 소비"를 낳으며, 다음에는 무역과 배타적인 전유를 필요로 한다. 다른 한편으로 지식의 소비는 최종적인(definitive) 양도(alienation)도 파괴적인 소비도 전제하지 않는다.

그리고 지식 "소비"의 독특성을 심화하기 위해, 경제학자들이 "시장" 형태 하에서만 지각할 수 있는, "사회적 소통"의 양식을, 진리-가치의 전달 형태를 분석해 보자. 타르드는 먼저 우리에게, 알고자 하는 욕망을 충족시키기 위해 지식이 배타적인 재산이 될 필요가 없다고, 또 [지식이] "생산물"의 최종적인 양도를 요구하지 않는다고 말한다. 이어서 그는 지식의 전달이 그것을 생산하는 사람도 또는 그것을 교환하는 사람도 약화시키지 않는다고 덧붙인다. 그와 반대로 지식의 보급은 그것의 창조자에게서 [무언가를] 박탈하기는커녕 그의 가치와, 지식 그 자체의 가치를 증대시킨다. 그러므로 그것이 소통되기 위하여 교환의 대상이 될 필요는 없는 것이다.

> 대화를 나누는 두 사람이 '그들의 생각들'이나 칭찬을 '교환하고' 있다고 말하는 것은 은유에 의한 것이거나 혹은 언어의 오용이다. 빛(지식)과 미(美)에 있어서, 교환은 희생을 의미하지 않는다. 그것은 증여의 상호성을 통한, 그러나 부와는 아무 상관이 없는 특별한 종류의 증여의 상호성을 통한 상호 영향을 의미한다. 여기에서 부에 있어서는 증여자는 증여함으로써 손실을 입는다. 진리와 미에 있어서는 그는 줌과 동시에 보유한다. 힘(power)에 있어서도 때때로 이와 동일한 현상이 일어난다. (……) 생각의 자유로운 교환에서도, 종교적 신념, 예술과 문학, 제도와 도덕에서와 마찬가지로 이와 같은 현상이 일어난다. 두 사람 중 누구라도, 두 가지 경우가 어떠한 경우에서라도 재화들의 자유로운 교환에 참여하는 사람들이 – 그들 중 어느 한 사람이 가난해지게 되는 것의 원인이 되었다는 식으로 – 비난받곤 하듯이 비난받지는 않을 것이다.

"책의 가치"라는 말은 모호하다. 왜냐하면 그것은 "만질 수 있고, 전유할 수 있고, 교환할 수 있고, 소비할 수 있는" 어떤 것으로서의 돈으로 얻을 수 있는 가치와, 본질적으로 "만질 수 없고, 전유할 수 없고, 교환할 수 없고, 소비할 수 없는" 어떤 것으로서의 진리-가치 양자를 가지기 때문이다. 책은 하나의 "생산물"로도 그리고 "지식"으로도 간주될 수 있다. 하나의 생산물로서의 책의 가치는 시장에 의해 규정될 수 있다. 그러나 지식으로서는 어떤가?

손실과 이득이라는 관념들은 지식에 적용될 수 있다. 하지만, 여기에서 손실과 이득에 대한 평가는 윤리학을 필요로 하지, 시장을 필요로 하지는 않는다. 한 권의 책은 다른 책들을 위해 혹은 반대하여 만들어진다. 이것은 하나의 생산물이 다른 생산물을 위해 혹은 반대하여 만들어지는 것과 마찬가지이다. 하지만 후자[생산물]의 경우에 있어서만 경쟁이 가격들에 의해 결정될 수 있다. 전자의 경우 윤리학이 요구된다. 지식의 전달은 교환보다는 증여나 절도 − 이것들은 도덕적 관념들이다 − 와 더 관련이 깊다.

다른 한편으로, 그리고 상호 증대로서의 그것(생각들의 자유로운[무상의] 거래)의 바로 그 본성에 의해, 그것은 자신이 결합시킨 이질적인 것들 사이의 다산적인 교배들 혹은 치명적인 충격을 야기한다. 그러므로 그것은 엄청난 이익을 가져다주지 않을 때, 엄청난 손해를 야기할 수도 있다. 그리고 이 지적이고 도덕적인 자유로운[무상의] 거래가 필연적으로 경제적 자유 무역의 부산물이 되는 것과 꼭 마찬가지로 그 역 또한 사실이다. 그 각각은 서로 분리되면 서로 영향을 주지도 못하고 서로 침해하지도 못할 것이다. 하지만 반복해서 말하지만, 그것들은 분리될 수 없다. 이 분리가 무한정 지속되기 위해서는 대(大)지침에 의해, 즉 교회법적 금지주의에 의해 일종의 금지 관세가 부과되어야 할 것이다.

그래서 타르드에 따르면, 지식의 생산 및 소통 양식들은 우리를 경제 너머로 이끈다. 우리는 교환, 분업, 화폐 혹은 배타적 소유를 통해 지적 힘들(forces)을 사회화시키는 필연성 너머에 있다. 이것은 사회적 힘들 사이의 역관계가 중성화된다는 것을 의미하지 않는다. 사실상 그러한 힘들은 시장과 부의 교환을 넘어서는 다산적 교배나 치명적 충격들로서 모습을 드러낸다. 이것은 경제 세력들의 그와 같은 공인되지 않은 윤리적 본성이, 경제적 생산이 지적 생산에 종속되는 바로 그 순간에 하나의 단일한 "경제 조절" 양식으로서 강력하게 다시 부상한다는 것을 의미한다.

여기에서 우리는, 다른 지형에서지만 "가치의 위계"와 "위대한 경제"에 대한 니체 철학적인 문제를 발견한다.

타르드는 이번에는 "훈련"이라는 또 다른 사례를 제시하는데, 이것은 우리를 유사한 결론에 이르게 한다. 우리는 부의 생산과, 가르침을 통한 진리-가치의 생산 사이의 비교를 확립할 수 있을 것이다. 그러므로 우리는 교육(pedagogy)에 대해서, 가르침이 [그것을 통해] 생산되는 다양한 요인들에 대해서 규정할 수 있을 것이다. 경제학자들이 "빛"(beacons)의 생산 속에서 노동, 토지, 자본을 구분하는 것과 마찬가지로, 우리도 학생의 활동 및 지성과 교수의 지식을 구분할 수 있을 것이다. "이 논문들이 참으로 쓸모없다는 것이 사실이다. 무엇보다도, 훌륭한 교육(instruction)을 위한 첫 번째의 조건 — 교사와 학생의 심리학적 조건들이 만나게 되는 — 은 훌륭한 학교 프로그램이며, 하나의 프로그램은 생각들의 체계, 신념을 전제로 한다. 마찬가지로, 바람직한 경제적 생산을 위한 첫 번째 조건은 모두가 동의하는 도덕적 코드이다. 도덕적 코드란 산업생산을 위한, 즉 소비를 위한 프로그램이다. 왜냐하면 산업생산과 소비는 상호의존적이기 때문이다."

일부 사람들이 주장하듯이 설사 "빛"이 유용-가치에 다시 관련될 수 있다 할지라도(그들은 소비를, 그리고 생산을 위한 힘들과 비용들의 파괴를 가정한다. 그것들은 생산물 속에서 물질화되고 가격을 갖는다), 사유 및 지식의 생산, 소통, 전유는 "부"의 소통 및 사회화와는 근본적으로 다르다.

따라서 자본주의에서 생산의 모든 형태들은, 심지어 도무지 비교될 수 없는 것들도, 점점 더 화폐로 평가될 수 있으나, 지식은 점점 더 이러한 종류의 평가에 부적합해진다. 여기에서 타르드는 정치경제학이 자기의 희소성, 희생, 필연성의 원리들을 통해서는 접근할 수 없는 지적 생산의 또 다른 숨겨진 문을 연다. "지적 생산"에 의해 제기된 문제는 진리-가치에 적합한 "윤리적" 척도를 규정하는 문제만이 아니다. 그것은 특히 그것이 더욱더 자유로운 생산형태를 향한다는 사실도 드러낸다. 지적 생산은 경제, 그리고 그것의 학문인 경제학의 바로 그 존재 이유 – 희소성 – 를 무의미한 것으로 만들어 버린다.

문명의 효과는, 이전에 가격이 매겨지지 않았던 종류의 사물들, 심지어 권리들과 힘들을 사업 속으로, 다시 말해 경제학자의 영역 속으로 밀어 넣는다. 마찬가지로 부의 이론 역시 권리 이론 및 권력 이론, 즉 법학과 정치학을 끊임없이 잠식한다. 그러나 이러한 경향에 거슬러서, 광범하게 분배된 지식의 계속 늘어나는 자유를 통해, 부의 이론과 우리가 빛 이론이라고 부르는 것 사이의 경계가 넓어지고 있다.

이 몇몇 페이지들은 비물질적 경제 속의 정보경제와 지적 재산을 마음속에 새기고 있는 것으로 보인다. 진리-가치들과 미-가치들의 "자유로운 생산", "집단적 재산", 그리고 "자유로운 유통"은 정보경제에서 사회적 힘들의 발전을 위한 조건들이다. 지적 생산의 이 각각의 질들은 정보경제 내부의 새로운 "모순"으로 되어 가고 있으며, 오늘날 인터넷으로 대표되는 도전들은 도래할 대립의 전제들일 뿐이다.

동일한 시기에 집필 활동을 벌였던 게오르그 짐멜도 유사한 결론에 이른다. "지적 재화들의 소통은 다른 사람들에 의해 향유되어야 할 것을 탈취할 필요가 없게끔 만든다. 적어도, 객관적인 지적 내용이 더 이상 배타적으로 주관적인 재산이 아니라, 오히려 다른 사람들과 공유될 때에, 악화되고 유사-병리학적인 감수성만이 진실로 하찮은 것으로 느껴질 수 있다. 일반적으로 우리는 지적 소유물이, 적어도 그것이 아무런 경제적 외연(extension)을 갖고 있지 않은 한에서, 취득자의 바로 그 양심(conscience)에 의해 결국 생산되어야 한다고 말할 수 있을 것이다. 하지만 그것은 분명히 이러한 이해관계들의 조정 — 이것은 여기에서는 그 대상의 본성으로부터 유래한다 — 을 그와 같은 경제적 영역들로 도입하는 문제이다. 여기에서는 어떤 특수한 욕구/필요를 충족시킴에 있어서의 경쟁 때문에 그것은 다른 사람들을 희생시키지 않고서는 그 어느 누구도 그 자신을 부유하게 만들 수 없다."

짐멜에게서 따온 이 적절한 대목에서, 지적 대상의 본성으로부터 유래하는 이해관계들을 조정하는 것은 하나의 정치적 프로그램이다. 왜냐하면 희소성의 논리, 배타적인 소유제도, 그리고 생산양식 들은 새로운 지식 산업들에 의해 그 생산물들에 부과되기 때문이다. 그러나 만일 우리가 지적 생산에 특유한 새로운 대립들을 지적하지 않는다면, 문화의 자율과 그것의 생산자들의 자율을 요구하는 데에 우리 스스로를 제한하지 않는다면, 현대 자본주의 문화 지배에 대한 저항은 단지 경건한 서약으로만 남아 있게 될 것이다.

그럼에도 불구하고 부의 현대적 생산은 지식의 생산, 사회화, 전유뿐만 아니라 미-가치, 다시 말해 미적 힘들 역시 통합한다. 욕구들이 더욱더 전문화되는 한, 미적 가치는 생산하고자 하는 욕망과 소비하고자 하는 욕망을 자극하는 기본적인 요인들 중의 하나이다. 이러한 과정, 즉 타르드가 이러한 글들을 쓸 때 막 시작되었던, 그리고 그의 시대의 경제학자들은 거의 지각할 수 없었던 이러한 과정은 비상한 가속을 경험하였고, 우리가 정보 혹은 비물질적 경제라고 부르는 것의 만개와 함께 시작하였다.

"문화적 예외" 전략의 문화 정의는 산업노동과 예술노동 사이의 질적 차이를 전제로 한다. 오늘날, 타르드가 규정한 정의에 따르면, 지적 생산이 경제적 생산을 종속시킴에 따라, 예술노동은 부 생산을 위한 모델들 중의 하나가 되어 가고 있다.

우리는 부의 개념이 어떻게 지식을 통합할 수밖에 없는지, 어떻게 지적 노동이, 타르드에 따르자면, "경제적 진전"의 발전 경향의 윤곽을 그리는지를 이미 살펴보았다. 예술적 노동이 어떻게 이러한 급진적인 변화에 대한 이해에 도달하게 될 것인지를 알아보는 것만 남았다. 타르드에 따르면, 모든 활동은 모방적이고 창의적인 노동과 예술적인 노동의 (매우 불균등한 비율의) 조합이다. 산업노동도 이러한 규칙에서 벗어나지 않는다. 산업노동과 예술노동 사이의 어떤 관계? 그가 산업노동과 예술노동 사이에 확립한 명확한 구분은 이행의 연속성을 배제하지 않는다.

타르드가 멋지게 포착한 예술적 활동에 대한 사회적 규정은, 그것이 산업적 활동을 통합함으로써 어떻게 생산자와 소비자 사이의 관계를 바꿀 수 있는지에 대한 몇몇 성찰들(reflections)을 고무시킬 수도 있을 것이다. 예술노동에 대한 타르드의 규정 중에서 두 가지 측면 – 한편으로는 "상상력"에 의해 행해진 결정적인 역할, 다른 한편으로는 예술적 활동 속에서 생산자와 소비자 사이의 구별이 없어지는 경향이 있다는 사실 – 을 강조하자. 우리는 여기에서 또한, 타르드의 고찰들이 "현대 사회의 소비자-소통자"의 지위와 기능을 결정하는 데에서 갖는 엄청난 중요성을 덧붙일 필요는 없다. 실제로 포스트포드주의 아래에서, 산업생산의(그 중에서도 특히 정보경제의 모든 생산에서의) 모든 소비자(clientèle)는, 생산자 및 소비자 양자의 역할을 번갈아 수행하는 특별한 대중과 자신을 동일시하는 경향이 있다.

감각(sensation)은 비재현적이며, 따라서 타르드에 따르자면, 예술노동의 바로 그 대상인 비소통적 요소이다. "우리는 처음부터 그것에 대해 이야기했다. 즉 양심[의식]의 현상들은 믿음과 욕망에 의해서는, 판단과 의향에 의해서는 도무지 해결되지 않는다고 말이다. 이러한 현상의 배후에는 언제나 감각 속에서 주요한 역할을 수행하는 효과적이고 차이적인 요소가 잠복해 있다. 그리고 그 요소는 좀더 높은 감각들에서는 – 예를 들면 가장 전형적인 것인 감정에서는 – 은밀한 방식으로 작용하며, 그러한 방식이 그 요소를 덜 본질적인 것으로 만드는 것도 아니다. 예술의 덕(virtue)과 그것의 특징은 그것의 감각적인 면을 통해 영혼을 사로잡음으로써 영혼을 조절하는 것이다. 관념들과 의향들의 조종자로서 그것은 분명 종교와 통치, 정치, 법, 도덕 등의 다양한 형태들보다 열등하다. 그러나 감각들과 취향의 교육자로서 그것은 타의 추종을 불허한다."

이것은 감각들 역시, 양적으로 측정될 수 있는 하나의 가치로서 그리하여 교환물로서 스스로를 구성할 수 있다는 것을 의미하는가? 그리고 어떤 종류의 활동을 포함하는 어떤 종류의 장치를 통해서?

(……) 위대한 예술가들은 사회적 힘들을, '힘들'이라는 이름에 딱 걸맞게, 규칙성에 따라 증감할 수 있는 것처럼, 생명체(living creature)의 에너지들로서 창조한다.

예술 작품들을 통해 바로 이 예술가는 가장 덧없고, 가장 특이하고 가장 미묘한 감각들에 사회적 일관성을 부여한다. 우리 영혼 ─ 여기에서는 감각들이 지배한다 ─ 의 심리학적인 요소들을 결합함으로써 예술가들은 자신들의 작품을 통해 대중에게 새로운 종류의 감각을 덧붙여 준다. 감각과 감성은 따라서 예술노동의 "생산물들"이다.

하지만, 우리의 감성에 그렇게 건반을 세워 놓음으로써, 우리를 위해 그것을 확장함으로써, 그리고 끊임없이 우리를 위해 그것을 완전하게 함으로써, 시인들과 예술가들은 모두에게 공통적인, 사회 환경의 진동들을 느낄 수 있는 하나의 집단적인 감성을 병치하고, 심지어는 우리의 자연적이고 생득적인 감성 – 이것은 우리들 각자가 다 다르다 – 을 그러한 집단적 감성으로 대체한다. 왜냐하면 이것이야말로 예술가 안에서 태어나기 때문이다. 예술의 위대한 거장들은 한 마디로 우리의 감성들을, 그리고 이어서 우리의 상상력들을 훈련시키고, 그것들이 서로 반향을 일으켜 그러한 상호 반향을 통해 자극을 받도록 한다. 한편 종교의 정초자들이나 개혁가들, 현인들, 입법자들, 정치가들은 정신(spirits)과 마음(hearts)을, 판단(judgements)과 진실(turths)을 훈련시킨다.

따라서 타르드에게 예술노동은 그것이 순수한 감각과 관련된 생산 및 소비 욕구에 반응한다는 점에서 "생산적" 노동이다. 우리는 이제 어떻게 예술노동과 산업노동이 [서로] 대립되거나 조화를 이루는지 분석해야 한다. 예술과 산업 사이의 구분은 무엇보다도 다음과 같은 사실, 즉 예술에 의해 채워지는 소비 욕망이나 충동이 산업에 의해 채워지는 그것보다 더 인공적이고 변덕스럽고, "더 장기간의 사회적 정교화"를 필요로 한다는 사실에 존재한다.

"창의적이고 탐험적인 상상력"의 소산인 예술적 소비를 위한 욕망은 산업적 소비의 욕망보다 훨씬 더 크다. 오로지 이러한 욕구를 이 세계에 가져온 상상력만이 그것을 만족시킬 수 있는바, 그것의 바로 그 기원이 – 산업적 소비를 위한 욕망과는 달리 – 상상력 속에 거의 배타적으로 존재하기 때문이다.

산업에 복무하는 욕망 – 실로 그것의 발명가들의 변덕에 따라 형성된 – 은, 그것이 옮기는 주기적인 욕구들과 마찬가지로, 자연으로부터 자발적으로 분출하고 매일 스스로를 반복한다. 하지만 예술이 북돋우고자 하는 취미는 관념들의 긴 사슬을 통해 모호한 본능들 – 이것들 중 어느 것도 주기적이지 않으며 이것들은 변함으로써만 재생산한다 – 에 귀속된다.

산업적 소비를 위한 욕망은 그것의 대상에 선재하며, 과거의 어떤 발명가들에 의해 명시되거나 정교화될 때조차도 반복적으로 수행되어야만 하는 대상들만을 요청한다. "그러나 예술적 소비의 욕망은 자신의 대상으로부터 성취감을 기대하며 그 새로운 창안들에게 이 대상이 이전의 것들과는 다른 것을 제공해 주기를 요구한다. 실제로 이와 같은 창안된 욕망도 창안할 필요 자체를 자신의 대상으로서 갖는데, 이것은 자연스러운 것이다. 왜냐하면 창안의 습관이 이러한 습관들을 더 많이 낳을 수 있고 그것의 호소력을 증대시킬 수 있기 때문이다." 이러한 비주기적이고 우연적인 욕구들은 "예기치 않은 만남"으로부터 태어나고, "영속적으로 예기치 않은 것들"이 살아남기를 요구한다.

그러나 예술노동의 또 다른 특징은 각별히 흥미롭다. 예술적 생산에서 생산과 소비를 구별하는 것은 불가능하다. 왜냐하면 예술가 자신은, 무엇보다도 그의 대중의 취미만이 아닌 그 자신의 취미를 만족시키기 위해 추구하면서, 소비하고자 하는 욕망을 경험하기 때문이다.

더욱이 예술적 소비를 위한 욕망은 그것이 단순한 전문가(connaisseur)에게서보다 훨씬 더 민감하고, 그것의 기쁨이 생산자 자신 안에서 더 강렬하다는 점에서 특별하다. 이러한 점에서 예술은 산업과 크게 차이가 난다.

(……) 예술과 관련해서 생산과 소비 사이의 구분은 그 중요성을 상실하기 시작한다. 그 이유는 예술적 진보가 모든 전문가를 예술가로, 그리고 모든 예술가를 전문가로 만드는 경향이 있기 때문이다.

그리고 이제 예술노동과 산업노동 사이의 이러한 차이들과 대립은 계속해서 줄어드는 과정 중에 있다. 실제로, 어떤 심화되는 [상호] 적응이 이러한 두 유형의 활동 사이에서 발전되어 왔다. 타르드 자신이 이러한 경향을 묘사하고 있다. 미-가치들은 부의 정의 속으로 통합되어야 하며, 예술노동은 노동 개념 속에 통합되어야 한다. 왜냐하면 "아름다운 것에 대한 사랑, 절묘한 것에 대한 욕심"은 위대한 탄력성(elasticity), 그리하여 산업을 위한 폭넓은 기회(opening)를 보여주는 "특별한" 욕구들의 일부이기 때문이다. 타르드는 심지어, 그의 시대에 오로지 상위 계급들에게만 관계된 사치 산업 — 이것은 "특별한" 욕구들을 보여주는 유일한 소비유형이었다 — 이 사회적 욕구들의 발전에 따라 "매우 우아한 미래를 위해 매우 잘 충당될 수 있는, 산업 예술, 장식적 예술"로 대체될 것이라고 내다본다. 수십 년 후에 발터 벤야민은 영화적 생산에 기초를 둔 산업 발전과 생산적 활동에 내재한 경향들을 분석함으로써 이와 동일한 결론에 이르게 되었다.

결론적으로, 만일 우리가 유럽의 문화와 그것의 해방적인 잠재력의 독특성을 보호하기를 원한다면, 더 이상 문화와 그것의 자율의 방어에 성급하게 접근해서는 안 된다. 왜냐하면 진리-가치들과 미-가치들이 부의 생산의 동력들이 되었기 때문이다. 우리가 "유기적인" 욕구들을 충족시키는 생산 및 소비를 위한 욕망을, 점점 더 "변덕스럽고", "특별한" 욕구들 – 그 중의 하나가 알고자 하는 욕구이다 – 을 충족시키는 생산 및 소비를 위한 욕망에 넘겨주면 그럴수록, 경제적 활동들과 심지어는 재화들 그 자체는 우리의 진리-가치들(지식)과 미-가치들을 더욱더 통합시킨다.

모든 재화들의 이론적·미학적 측면들이 더욱더 발전하게 될 것이라는 사실을 추가하자. 그것들의 유용한 측면에도 불구하고 그렇다는 것이 아니라 그것을 뛰어넘어서 그렇다는 것을.

이러한 결론이 파국적으로 읽힐지도 모르겠다. 왜냐하면, 그것이 문화적·예술적 생산의 경제적 명령에로의 실제적 포섭을 설명하고 있기 때문이다. 그러나 이것은 하나의 역사적 기회이다. 우리가 설령 그것을 움켜쥐는 법을 모른다 할지라도 말이다. 왜냐하면 여기에서, 아마도 인류의 역사에서 최초로, 한편으로는 예술적, 지적, 경제적 노동이, 그리고 다른 한편으로는 재화들의 소비와 지식 및 미-가치들의 전유가 동일한 윤리학에 의해 조절되기를 요구받고 있기 때문이다.

자본-노동에서 자본-삶으로*

마우리찌오 랏짜라또 | 서창현 옮김

> 나의 오브제들(objects)을 바라보는 사람 누구에게나 가장 중요한 요소는 [다음과 같은] 나의 근본적인 테제이다. 즉, 각각의 인간은 예술가라는 것이다. 그것은 심지어 예술사에 바치는 나의 근본적인 기여이기도 하다. (……) 각각의 인간 내면에는 잠재적 창조 능력이 있다. 이것은 모든 사람이 화가이거나 조각가라고 말하는 것이 아니라, 각각의 인간의 노동(work) 영역 안에 어느 정도의 잠재적인 창조성이 존재한다고 말하는 것이다. …… 각각의 노동 유형은 예술과 연관을 갖고 있다. 예술은 더 이상, 예술을 할 수 있는 사람들이 [따로] 있고 다른 사람들은 또 다른 유형의 노동을 해야만 하는 식의 고립된 집단의 활동 유형이 아니다. …… 그러므로 문화와 경제는 동일한 것이며, 우리 사회 안에서 자본을 창조하는 가장 중요한 생산수단이자 가장 중요한 공장들은 [바로] 학교들과 대학들이다. 이것이 바로 학교와 대학들이 국가의 수중에 [장악되어] 있는 이유이며, 우리가 그것들로부터 벗어나야만 하는 이유이다.
>
> 요세프 보이스(Joseph Beuys)[1]

---

* 이 논문은 M. Lazzarato, *Les Révolutions du Capitalisme*(Paris: Empêheurs de Penser en Rond / Le Seuil, 2004) 제3부의 초고이다.
1. [옮긴이] 요세프 보이스(1921. 5. 12~1986. 1. 23). 펠트와 기름덩어리를 모티프로 전위적인 조형작품과 퍼포먼스를 발표한 20세기 독일 태생, 미국 화가. ["보이스" 네이버 백과사전 http://100.naver.com/100.php?id=741435(2005년 5월 14일자 기사) 참조].

요약

자본주의가 하나의 생산양식일 뿐만 아니라 또한 **세계들의 생산**일 때 노동, 생산, 협력, 소통의 개념을 어떻게 이해해야 하는가? '생산'의 이러한 조건들을 이야기하기 위해서, 우리는 정치경제학, 경제학, 사회학에서 발견하는 것과는 근본적으로 다른 방법을 구축할 필요가 있다. 문제는 '노동의 종말'에 대한 것도 아니며 '모든 것의 노동화'에 대한 것도 아니다. 문제는 오히려 가치평가(valuation)의 원리들, 즉 우리가 가치의 가치(the value of value)를 이해하는 방식들을 바꾸어야만 한다는 것이다. 우리는 새로운 '부' 개념을, 새로운 '생산' 개념을 필요로 한다. 이러한 새로운 개념들을 창조하기 위해서는 주체의 철학을, 노동의 철학을 잊는 것이 필요하다. 이것들은 우리가 **지성들**(minds) **사이의 협력**을 이해하지 못하도록 한다. 정신(spirit)은, 지적인 혹은 비물질적인 노동처럼, 경계들을 가로지는 경향을 갖는다. 정신은 공간적인 실존을 갖지 않으며 그것이 나타내는 현시물들(manifestations)로 환원되지 않는다. 비물질노동의 시대에 그리고 지성들 사이의 협력의 시대에, 사회갈등을 아군/적군의 이분법의 맥락에서, 혹은 두 계급 사이의 갈등의 맥락에서, 아니면 자유주의적인 (사적/공적) 전통들이나 사회주의적인 (개인적/집단적) 전통들의 맥락에서 사고하는 것은 가능하지 않다. 창조는 위에서 말한 것들의 진화 원리인 배제, 경쟁, 혹은 모순과는 다른 방식으로 작동한다. 그렇다면 우리는 다중의 개념을 어떻게 정치로 번역해 내야 하는가? 가브리엘 타르드의 '차이와 반복'의 사회학이 비옥한 출발점이 될 수 있을 것이다. 이것은 우리가 **발명**, **모방**, **기억**, **공감** 등과 같은 타르드의 핵심 개념들의 일부가 다중의 협력 양식을 설명하는 데 매우 적절할 수 있다는 것을 이해하도록 해준다.

서문

현대 자본주의를 이해하기 위하여 신라이프니츠적인 혹은 신단자론적인 끈을 따라가 보자. 우리는 먼저 『국부론』과 『자본론』에서 전개된, 아담 스미스와 칼 맑스의 가치, 부, 노동 이론들에 대해 우리가 알고 있는 모든 것들을 제쳐 놓아야 한다. 아니 간단히 말해, 우리는 정치경제학 일반의 기저를 이루는 모든 신념들을 제쳐 놓아야 한다. 우리는 또한 제도들(상사 商社2, 국가 혹은 제국)에서부터 출발해서도 안 된다. 왜냐하면 알다시피 제도들은 권력관계들의 원천이 아니라 오히려 그것들에서부터 파생된 것이기 때문이다(따라서 우리는 그것들에서부터 현대 경제에 대한 우리의 서술을 시작해서는 안 된다). 하지만 이러한 습관들과 관습적인 사고방식들은 너무나 깊이 우리에게 각인되어 있어서 만일 우리가 이것들에서 출발하지 않으면 우리는 '아름다운 영혼들'처럼 존재하거나 사고한다는 인상을 줄 것 같다. 그럼에도 불구하고 신단자론을 현대의 사업 조직에 적용해 보

---

2. [옮긴이] 논지의 일관성을 유지하기 위하여, 다소 어색하더라도 다음과 같이 번역어를 통일한다. business(사업 및 영업), enterprise(기업), company(회사), firm(회사/상사), factory(공장), business firm/company(상사).

고 그것에 대한 근본적인 진술들 몇 가지를 재검토해 보자. 우선, 기업이 그 대상(재화)이 아니라 그 **대상이 존재하는 세계를 창조[창출]**한다는 진술. 둘째, 기업이 그것의 주체들(노동자들과 소비자들)이 아니라 **주체가 존재하는 세계를 창조[창출]**한다는 진술.

현대 자본주의 내부에서 우리는 **기업**(enterprise)과 **공장**(factory)을 구분할 필요가 있다. 3년 전, 프랑스의 거대 다국적 기업인 알카텔(Alcatel)은 자신의 11개의 생산공장들에서 손을 뗀다고 선언했다. 기업과 공장 사이의 이러한 분리는 하나의 극단적인 사례이지만, 현대 자본주의 내에서는 점점 더 일반적인 현상이 되어 가고 있다. 매우 많은 사례들 속에서 이 두 가지 기능체(functions)는 통합되어 있지만, 나는 이 양자의 분리가 자본주의적인 생산양식 내부의 깊은 변형을 나타낸다고 주장할 것이다. 이러한 다국적 기업이, 즉 '공장들 없는 회사'가 어떻게 자신의 경계들을 규정하는가? 그것은 회사라는 자기의 개념 내부에 무엇을 가지고 있게 될 것인가? 요컨대, 회사로 하여금 **세계를 창조할 수 있도록 해주는 모든 기능들, 모든 서비스들, 모든 피고용인들** – 마케팅, 연구와 개발, 디자인, 전략, 소통들, 다시 말해 표현의 모든 힘들과 배치들(혹은 기계들)의 총체.

하나의 생산물이나 서비스를 생산하는 회사는 하나의 세계를 생산한다. 논리상, [그렇게 생산된] 서비스나 생산물은, 소비자나 노동자와 꼭 마찬가지로, 이러한 세계와 상응해야 하고, 이번에는 세계가 소비자들과 노동자들의 영혼들 및 신체들 안에 새겨져야[등록되어야] 한다. 이러한 각인[등록](inscription)은 더 이상 전혀 훈육적이지[규율적이지] 않은 테크닉들을 통해 이루어진다. 현대 자본주의 내에서 회사는 그것[회사]을 표현하는 생산자들이나 소비자들 외부에 존재하지 않는다. 그것의 세계, 그것의 객관성, 그것의 현실[실재]은 기업들, 노동자들, 그리고 소비자들이 각각 맺고 있는 관계들과 융합된다. 따라서 회사는, 라이프니츠 철학에서 말하는 신처럼, 단자(소비자와 노동자)와 세계(회사) 사이에서 일종의 상응(correspondence), 상호교직(interlacing), 키아스마(chiasma)를 구축하고자 한다. 세계의 표현과 실효화(effectuation) 그리고 그 안에 포함된 주체성들은, 다시 말해 감각적인 것들(욕망들, 신념들, 지성)의 창조와 실현은 경제적 생산에 선행한다. 현재 지구적 규모로 수행되고 있는 경제 전쟁은 여러 가지 이유로 볼 때 사실상 '미학적' 전쟁이다.

소통/소비

공급과 수요 사이의 관계가 전도되었으므로 소비에서 시작해 보자. 고객들은 기업 전략의 핵심에 놓여 있다. 실제로 정치경제학에 연원을 두고 있는 이 말은 우리의 현실적[현행적] 문제 – (보다 사회학적인 규정 등등에 부합하는 여론 조성, 마케팅, 소통을 통한) 현대 자본주의 내부에서 표현기계(machine of expression)의 힘의 증대 그리고 그러한 기계에 의해 수행된 전략적 역할 – 를 건드리지도 못한다.

소비는, 정치경제학과 그에 대한 비판이 말하듯이, 서비스나 생산물을 사거나 소비하는 것('파괴하는 것')으로 단순하게 축소될 수 없으며, 무엇보다 그것은 하나의 세계에 속하는 것을, 어떤 특정한 우주에 달라붙는 것을 의미한다. 그렇다면 그것은 어떤 종류의 세계인가? 우리는 TV나 라디오를 켜거나, 도시를 산보하거나, 혹은 주간지나 일간 신문을 사기만 해도, 이 세계가 진술들의 배치에 의해, 기호들의 체제들에 의해 구성되어 있음을 알 수 있다. 이 세계에서 표현은 광고/홍보라고 불린다. 그리고 그 세계에서 '표현되어진 것'은 세계에 대한 자기자신과 타자들의 평가, 판단, 그리고 믿음에 다름 아닌 하나의 질서를, 하나의 유혹을 구성한다. 표현되어진 것은 하나의 이데올로기적인 평가가 아니라 하나의 선동(그것은 기호를 형성한다)이며, 어떤 생활방식 – 옷을 입고, 어떤 몸을 갖고, 먹고 소통하고 여행하는 방식, 어떤 스타일을 갖는 방식, 말하는 방식 등등 – 을 지지하기 위한 권유(invitation)이다.

TV는 영화, 버라이어티 쇼, 뉴스 프로그램들에 의해 산포되는 광고들의 흐름이다. 라디오는 방송들과 광고들의 끊임없는 흐름이다. 무엇이 언제 시작하고 다른 게 언제 끝나는지 알기가 점점 더 어려워진다. 그리고 장-뤽 고다르가 말한 바처럼, 광고를 담고 있는 페이지들을 모두 제거해 버리면 잡지는 편집장이 쓴 한 편의 논설[글]로 축소된다. 불행히도 우리는 회사가 영혼을 가지고 있다고, 마케팅이 회사의 전략적 핵심이 되었다고, 광고주들이 '창조적'이라고 주장한 들뢰즈가 옳았음을 인정해야 한다.3 상사(商社; business firm)는 사건

---

3. "우리는 기업들이 영혼들을 가지고 있다는 말을 듣는다. 이것은 세상에서 가장 끔찍한 뉴스임에 틀림없다." G. Deleuze, *Negotiations 1972~1990*, trans. M. Joughin(NY: Columbia UP, 1995), p.181.

의 역학과 차이와 반복의 구성 과정을 가치화(valorization)의 논리에 의존하게 만듦으로써 그것들을 착취하고 중립화시킨다. 회사를 위한 '이벤트'는 홍보(publicity)(혹은 소통, 혹은 마케팅)로 불린다. 자동차 산업과 같은 전통적인 산업조차, 이미 판매된 차들만을 생산한다. 그리고 그것들을 판매하는 것은 소비자를, 고객을 구축하는 것을 의미한다. 상사(商社)들은 마케팅, 광고, 스타일, 디자인 등등에 자신의 거래액(turnover)의 40퍼센트까지 투자한다(미국의 시청각 산업에서, 한 편의 영화 예산의 50퍼센트가 영화의 판촉과 착수에 투자된다). 실제로 표현 기계에 들어가는 투자는 '노동'에 들어가는 투자를 훨씬 초과할 수 있다.

홍보는 우선 '이벤트'의 방법을 통해, 어떤 생활방식을 유혹할 수 있도록 느끼는 방식들을 조직한다. 홍보는 영혼들을 신체들 속에서 실현시키기 위해서, 영혼들 안에서 느끼고 느껴지는 방식을 현실화하고 조직한다. 그러므로 공장 없는 회사는 단지 신체들에 대해서 이야기할 뿐인 비육신적 변형들(광고의 명령어들)을 수행한다.[4] 비육신적 변형들은 제일 먼저 감각[감수성]에서의 변화를, 다시 말해 우리의 평가·지각 방식의 변화를 생산한다(혹은 생산하고자 한다). 비육신적 변형들은 아무런 지시대상(referent)을 갖지 않는다. 그것들은 자기-지시적이다(self-referential). 예비적인(preliminary) 필요들[욕구들]은 존재하지 않으며, 그것들의 생산이 만족시켜 줄 자연적인 필연

---

[4] 명령어들의 기능과, 명령어들이 비육신적 변형들과 맺는 관계에 대해서는 또한, G. Deleuze and F. Guattari, *A Thousand Plateaus: Capitalism and Schizophrenia*, trans. B. Massumi(London: Athlone Press. Ch. 4, 1988). 특히 pp. 79~85; pp. 108~9를 보라.

성[필요성]들은 존재하지 않는다. 비육신적 변형들은 평가들을 제기하고, [그러한] 평가들을 창조함과 동시에 자신들의 목적을 제기한다.

홍보는 회사들과 광고 대행사들이 창안해 내는 허상[시뮬라크라]적인 '이벤트'의 정신적인 차원을 구성하고, 그러한 이벤트는 신체 속에 실현되어야 한다. 이러한 의사(擬似)-이벤트의 물질적 차원, 즉 그것의 실현이 발생하는 때는, 사는 방식, 먹는 방식, 몸을 가꾸는 방식, 옷 입는 방식, 거주 방식 등이 신체 속에 구현되게 될 때이다. 물질적으로 우리는 우리가 구매하는 재화들과 서비스들 사이에서, 주택 안에서, 가구 사이에서 살아가며, 우리가 [그 내부에] 빠져들게 되는 정보와 소통의 흐름들 속에서 "가능한" 것으로 이용해 왔던 대상들 및 서비스들과 더불어 살아간다. 우리는 이러한 코드들이 헤르츠의 흐름들, 텔레마틱 네트워크들과 신문 등등 속에서 계속해서 순환하는 (그것들은 '내속한다') 동안에 잠자러 가고, 바빠지고, 이것저것을 한다. 그것들은 우리의 세계 및 우리의 실존을, 이미 현실에 존재하는 "가능한 것"으로, 하나의 질서로, 하나의 명령, 즉 비록 유혹(seduction)으로 표현되지만 [실제로는] 권위적인 말인 명령으로 포개어 버린다.

우리는 훨씬 더 나아가서, 가브리엘 타르드의 도구들을 이용하여 이러한 과정을 설명할 수 있을 것이다. 마케팅은 어떤 식으로 영혼 안에서의 현실화를 생산하는가? 어떤 주체화 유형이 홍보에 의해 동원되는가? 광고를 이미지들과 사운드트랙의 연속과 리듬으로 생각하는 것은 하나의 **리또르넬로** 혹은 '소용돌이'처럼 구축된다. 일부 광고들은 [음악의] 주제들과 후렴들처럼 우리와 함께 공명한다. 놀랍게도 우리는 어떤 광고의 선율을 휘파람으로 불고 있을 수도 있다(적어도 나는 이러한 경험을 한 적이 있다). 영혼 안에서의 현실화와 신체 안에서의 실현을 나누는 라이프니츠적인 구분은 매우 중요한데, 왜냐하면 이러한 두 과정들은 동시에 일어나지 않으며[서로 일치하지 않으며], 단자들의 주체성 위에 전혀 예측할 수 없는 효과들을 생산할 수 있기 때문이다.

TV 네트워크들은 국가들간의, 계급들간의 경계들을 알지 못하며, 지위와 소득 따위를 가리지 않는다. 그것들의 이미지들은 비서구적 나라들에서 수용되며, 구매력을 거의 혹은 전혀 갖고 있지 못한 서방의 모든 극빈자들에게도 수용된다. 비육신적 변형들은, 새로운 감수성을 창조함으로써 (부유한 나라들의 빈자들의 영혼들 위에서 이루어지는 것과 똑같이 가난한 나라들의) TV 시청자들의 영혼에 작용한다. 왜냐하면 새로운 "가능성"이 존재하기 때문이다. 비록 그것이 TV 이미지들 안에 재현된 것 바깥에서는 존재하지 않는다 하더라도 말이다. 들뢰즈가 설명한 것처럼, 이것이 어떤 특정한 실재성[현실]을 가질 수 있기 위해서는 기호에 의해 표현될 필요가 있을 뿐이다.

그렇지만 그것[기회]의 신체들 속에서의 실현 — 기호가 구성적 가능 세계로 표현하는 상품들과 서비스들 속에서 어떤 몸과 함께 살 수 있고 또 구매할 수 있는 능력 — 이 항상 뒤따르는 것은 아니며(또 세계 인구의 대부분에게 뒤따르는 것도 결코 아니며), 기대나 좌절, 혹은 거부로 이어지기도 한다. 브라질에서 이러한 현상들을 관찰한 슐리 롤닉은, 위에서 기술한 논리에 의해 생산되는 영혼과 신체의 변이들이 [그 사이에서] 분절되는 극단들을 구성하는 두 가지의 주체적 형상들 — '사치스러운 주체성'의 매력과 '쓰레기 주체성'의 비참함 —

에 대해 이야기한다.5 서방은 새로운 이슬람 주체성들을 두려워한다. 그러나 그것은 가장 평화주의적이고 유혹적인 테크닉들을 통해 이 '괴물'을 창조했다. 여기에서 우리는 현대화되어야 하는 전통적인 사회들의 잔여물들에 직면해 있는 것이 아니라 가장 고대적인 것과 가장 근대적인 것을 결합하는 실제적인 사이보그를 만나고 있는 것이다. 비육신적 변형은 육신적 변형 이전에 그리고 그것보다 더 빨리 나타난다. 인류의 4분의 3이 육신적 변형들로부터 배제되지만, 비육신적 변형에는 (제일 먼저 TV를 통해) 더 쉽게 접근할 수 있다. 현대 자본주의는 우선 공장을 가지고서 도래하지 않으며, 공장은 뒤따라서 온다. 공장이 뒤따라 와야 한다면 말이다. 현대 자본주의는 말들, 기호들, 이미지들과 함께 도래한다. 오늘날 이러한 테크놀로지들은 공장에 앞설 뿐만 아니라 전쟁기계에도 앞선다.

광고 이벤트는 하나의 마주침, 실로 이중적인 마주침이다. 즉 영혼과의 마주침이자 신체와의 마주침인 것이다. 이 이중적 마주침은 이중적인 불일치(discrepancy)에 다다를 수 있는데, 왜냐하면 그것만이 문제틀의 양상 속에서 가능한 것의 개시(開始)이기 때문이다. 홍보는 가능한 하나의 세계일 뿐이며, 잠재성들(virtualities)을 감싸는 하나의 접힘이다. 감싸여져 있는 것에 대한 설명, 접혀진 것들의 전개[펼쳐짐]는 이질적인 효과들을 낳는데, 왜냐하면 단자들은 모두 자율적이고, 독립적이며, 잠재적인 특이성들이기 때문이다. 또 다른 가능한 세계는 언제나 저기에 잠재적으로 존재한다. 발산적인 계열들 사이

---

5. S. Rolnik, "L'effet Lula, Politiques de la Résistance", *Chimères*, 49, printemps, 2003.

의 분기는 현대 자본주의를 [항상] 따라다닌다. 이러한 이유로 자본주의적 전유[착취] 과정은 결코 스스로 닫히는 것이 아니라, 언제나 불확실하고, 예측불가능하며, 열려 있다. '존재하는 것은 달라야 하며', 이 차이는 언제나 불확실하고, 예측불가능하며, 위험[요소]들을 내장하고 있다.

자본주의는 끊임없는 변이와 변조(modulation)를 통해 이러한 분기 ― 세계들이 언제나 잠재적으로 저기에 존재한다 ― 를 통제하려고 애쓴다. 그것은 [특정] 주체도 또는 대상도 생산하지 않으며, 스스로 끊임없는 변이 속에 놓여 있는 변조의 테크놀로지들에 의해 관리되는 끊임없이 변이적인 주체들과 대상들을 생산한다. 우리는 여기에서 다양한 지배 이론들(예컨대 프랑크푸르트학파, 상황주의, 부르디외의 사회학 등)을 훨씬 뛰어넘고 있는 것이다. 서방의 나라들에서 통제는 두뇌들의 변조를 통해서뿐만 아니라 신체들의 변조(감옥들, 학교들, 병원들)와 삶의 관리(복지국가)를 통해서도 수행된다. 모든 것이 주체들과 대상들의 끊임없는 변이, 두뇌들의 변조, 기억과 주의력의 포획을 통해 일어난다고 생각한다면 그것은 우리의 자본주의 사회들에게는 너무 관대한 말이 될 것이다. 통제 사회는 또한 '낡은' 훈육적인 배치들(dispositifs)을 통합한다. 훈육적인 제도들과 복지국가가 취약하고 덜 발달되어 있는 비서구 사회에서 통제는 더욱 직접적으로 전쟁의 논리학을 의미한다. (브라질처럼) '평화'의 시기에조차 말이다.

서구 통제 사회들의 패러다임적인 신체는 더 이상 공장 노동자, 광인, 환자의 감금된(confined) 신체가 아니라, 기아, 폭력, 갈망으로 상처받은, 세계 인구 대다수의 신체들을 TV에서 바라보는 (상사商社들의 세계들로 꽉 찬) 뚱뚱한 신체이거나 (이와 같은 세계들을 거부하는) 식욕부진의 신체이다. 우리가 사는 사회들의 패러다임적인 신체는 더 이상 훈육들에 의해 형성되는 무언의 신체가 아니다. 신체와 영혼에는, 카프카의 '유형지' 기계가 자신의 명령들을 사형수의 피부에 이식하는 것과 같은 방식으로 기록되는 기호들, 말들, 이미지들 (회사들의 로고들)이 찍힌다.

1970년대에 빠솔리니는 TV가 어떻게 이탈리아인들의 영혼과 신체들을 변화시켰는지, 어떻게 제일 먼저 젊은이들에게 영향을 미친 인류학적 변형의 주요 수단(instrument)이 되었는지 매우 정확하게[정밀하게] 기술했다. 그는 TV가 원격으로 작용하는 방식들을 설명하기 위해 타르드와 거의 동일한 개념을 사용했다. 즉, TV는 훈육, 모방 혹은 강제[압박]를 통해서가 아니라 사례를 통해 작동한다는 것이다. 그것은 행동의 지도(conduct of conduct)이자, 가능한 행위(action) 위에서 이루어지는 지도[행위]이다(푸코 역시 이에 대해 이야기한 바 있다). 우리의 두뇌 속에서 – 지구 전체를 순환하는, 모든 가정에 침투하는, 두뇌들과 신체들을 정복하고 포획하는 실질적인 무기를 구성하는 – 선율들처럼 흐르는 이러한 비육신적 변형들을 맞주주의 경제 이론가들은 도무지 이해할 수 없다. 여기에서 우리는 만일 노동과 실천의 개념들에서 출발한다면 포착할 수 없을, 패러다임적인 변화에 직면하고 있는 것이다. 실제로 이러한 개념들은 오늘날 생산이 무엇인지에 대한 그릇된 이미지를 우리에게 줄 수 있을 것이다. 우리가 방금 기술한 과정은 모든 노동(및 비노동) 조직들에 선행한다.

"가능한 것들"의 생산

상사(商社)의 '세계'를 표현하는 '가능한 것들'(생산물이나 서비스)은 미리 존재하는 것이 아니라 창조되어야 한다. 세계, 노동자들, 소비자들 및 서비스들은 사건[이벤트]보다 먼저 존재하지 않는다. 오히려 그것들은 사건에 의해 산출된다. 우리는 바로 이러한 신단자론적인 주장을 기초로 해서 노동 이론을 완전히 재정식화해야 한다. 더 이상 스미스의 핀 공장이나 맑스의 맨체스터 공장들을 기초로 해서 생산을 이해할 수는 없다. 왜냐하면 생산이란 하나의 '생산'이기에 앞서 세계들의 실효화이기 때문이다. 현대 자본주의 경제는 문자 그대로 타르드가 기술한 자본 축적의 주기(cycle)를 따른다. **발명**, 즉 가능한 것들의 창조와 그것의 (노동자들뿐만 아니라 소비자들의) 영혼 속에서의 현실화 과정이야말로 실제적인 생산, (맑스와 경제학자들은 생산이라고 부르겠지만) 실제로는 **재생산**(혹은 생산물의 제조, 혹은 다소 복잡한 경우이겠지만 서비스들의 관리)이다.

현대 자본주의 기업들에서 노동이 갖는 특징들을 기술하기 위해 나는 몇 가지 점에서 우리의 가설들을 확증해 주는 것처럼 보이는 필립 자리피앙의 연구에 의존하고자 한다. 자리피앙에 따르면, 공장들에서조차, 훈육적인 테크닉들의 요람들[초기의 요소들] 중의 하나인 노동조직(화)은 사건의 논리(학)에 의해 투여된다. 변화는 근본적이다. 훈육적인 논리는 "사건들을 부정적인 것으로 간주하는" 사유들의 전통 속에 그리고 실천들의 총체 속에 구현된다. [이것에 따르면] "사건들은 일어나서는 안 되고, 모든 것들은 예측되고 계획된 것에 따라 펼쳐져야 하고, 노동의 규준화(normalization)에 봉사해야 한다."6

노동의 조직(화)에 대한 훈육적인 시각은 '반사건적이고', '반발명적인데', 왜냐하면 알다시피 그러한 시각은 사건과 발명을 재생산에 종속시켜야 하기 때문이다. 하지만 자기의 고객들에 맞춰 조율되는 회사들의 활동은 더 이상 예측과 계획에 의해 배타적으로 조직되지 않는다. 불안전성, 불확실성, 실제 시간에서 변화들에 직면할 필연성 등 이 모든 것이 노동의 조직(화)에 깊게 스며든다. 타르드가 제대로 이해한 바처럼, 노동은 일련의 사건들, "표준적인 것으로 간주될 어떤 것을 능가하는 예측불가능한 방식들로 일어나는 일련의 사태들(things)"이 된다.7 미리 볼 수 없는, 불확실한 사건들의 부상에 대한 반응은 "지금 일어나고 있는 것, 이미 일어난 것, 앞으로 일어나게 될 것"에 대한 개인적인·집단적인 주목을 기동하는(동원하는) 것을 포함한다. 그리고 이것은 발명, 즉 조직할 수 있고, 결합할 수 있고, 일어나게 만들 수 있는 능력을 의미한다. 사건들과 발명들은 모두 (디자인에서 생산물의 제조에 이르는) '생산'의 주기를 따라 분배되고, 일상들, 습관들, 코드화된 행위들과 나란히 조직되게 된다. 심지어 노동의 조직(화)은 문자 그대로 '차이와 반복'이다.

맑스는 자신의 가장 독창적인(visionary) 저작들 중의 하나에서 더 이상 노동을 원료 변형의 직접적 행동으로 이야기하지 않고 생산에

---

6. P. Zarifian, *À Quoi Sert Le Travail?*, La Dispute, 2003, p. 95.
7. *Ibid.*, p. 95.

대한 통제 행동으로 이야기한다. 그러나 현대 자본주의에서 통제는 사건들에 주의를 기울이는 것을 의미한다. 그 사건들이 '시장'에서 일어나든지 작업장에서 일어나든지 상관없이 말이다. 그것은 행동할 수 있는 것에, 예견할 수 있는 것에, 그리고 '그것에 다다를 수 있는 것'에 주의를 기울이는 것을 의미한다. 그것은 불확실성과 돌연변이들[변종들]로부터 배울 것을 요구한다. 그것은 불안전성에도 불구하고 활동적이 되는 것[되기]을 의미하고, '소통적 네트워크들' 안에서 협력하는 것을 의미한다. 현대의 회사들에서의 노동조직(화)에 대한 자리피앙의 생각들을 요약하면서 우리는 우리가 작동(operation)에서 행위(action)로, 팀웍(teamwork)에서 네트워크들 안에서의 활동(activity)으로 이행해 왔다고 말할 수 있을 것이다.

더욱이 자리피앙에 따르면, 회사들 사이의 경쟁은 시장 점령이 아니라 '고객 쟁탈', 즉 독점적으로 관리되는 **고객 자본**(customer capital)의 구축을 목표로 한다. 정치경제학이 이해한 바의 시장은 존재하지 않거니와, 시장은 [이제] 고객들의 구축/쟁탈과 동일시된다. 두 가지 요소들이 이러한 전략에 근본적이다. 고객 충실도를 구축할 것 그리고 기존의 것(what is on offer)을 혁신을 통해 갱신할 수 있는 역량을 가질 것. 이러한 전략이 구축되는 공간은 지성들[사람들](minds) 사이의 공동-작업[협력]을 대중/고객으로 변형시키는 정보적이고 소통적인 지형이다. 고객을 쟁탈하고 고객의 충실도를 구축하는 것은 무엇보다도 주의력과 기억을 포획하고, [사람들의] 심리를 포획하고, 욕망들, 신념들(감성적인 것들) 그리고 네트워크들을 창조하고 포획하는 것을 의미한다.

모든 생산은 서비스들의 생산, 다시 말해 "활동 조건들"의, 그리고 "소비자들, 이용자들, 대중들의 미래의 행위들을 위한 역량"의 변형이다. 이러한 변형은 결국 '생활양식[삶의 양식]'을 목표로 한다.[8] 서비스는 선재하는 요구[수요](demand)를 충족시키는 것이 아니라, 그러한 요구를 예견하고, '그러한 요구가 발생하도록 만들어야' 한다. 이러한 예견은 전적으로 가상실효적인 것들 안에서, 언어적 자원들, 언어, 소통, 수사학, 이미지들 등등과 같은 자원들을 기동시킴으로써 발생한다. 가상실효적인 것들과 기호들에 의해 서비스들을 예상하는 것은, 한편으로는 언어의 모든 자질들을 이용할 수 있는, 그리하여 몇몇 가능성들의 탐사를 열어젖힐 수 있는 장점을 가지고 있고, 다른 한편으로는, 소통을 통해 의미(sense) 위에서 작업할 수 있는 장점을 가지고 있다.

노동자-단자의 자율과 책임

만약 이렇게 활동을 사건으로 개념화하는 것이 들뢰즈와 스피노자 철학의 용어들 일부를 동원한 것이라면, 타르드에게서 영감을 받은 자리피앙은 노동자들의 주체성과 노동자들이 현대 자본주의 내부에서 이루어 내는 협력에 대해 사고하기 위해 라이프니츠의 단자론에 의존한다. 공장 없는 회사에서조차 정신(정신적인 기억)의 변조는 신

---

8. *Ibid.*, p. 47.

체의 주조(moulding)(육신적 기억의 형성 – 이것이 테일러주의의 본질이다)로 조직된다. 단자론에 힘입어 자리피앙은 자신의 역설적 테제를 다음과 같이 명료화한다. 활동은 연합하여 점점 더 깊이 개인적이 되기도 하고 점점 더 깊이 집단적이 되기도 한다. 타르드가 올바르게 이해했듯이, 라이프니츠는 우리로 하여금 개인과 집단 사이의 관계들 속에 포함된 딜레마들로부터 벗어나게 해준다. 그럼으로써 개인주의와 전체주의(holism)로부터 벗어나게 해준다. 왜냐하면 집단적인 것과 사회적인 것(라이프니츠 용어로는 세계)은 단자라는 개체성(individuality) 속에 포함되기 때문이다. "개인이 그/녀의 활동과 맺는 관계는 하나의 단자, 하나의 총체 그 자체가 되는 경향이 있다. (……) 이러한 관계는 언뜻 보아서는, 더 이상 노동의 유기적 분업의 기능적으로 결정된 파편으로 이해되지 않는다. 그것은 그 자체로 보편적이 된다."9

타르드에게, 노동자-단자들은 열리는데, 실제로는 두 번 열린다. 한 번은 내부로부터 외부로 그리고 또 한 번은 외부로부터 내부로 열리는 것이다. 자리피앙은 우체국을 위해 일하면서도 그/녀 자신의 자율, 책임, 고객에 대한 주도와 결정의 힘을 가지고 있는 어떤 재정 고문의 사례를 제공한다. 우리 자신의 연구뿐만 아니라 수피오트의 작업이 시사하는 것은, 책임, 자율, 선도 등이 봉급을 받는가 안 받는가, 독립적인가 아닌가, 고용되어 있는가 실업상태인가 등의 구분 없이 점점 더 많은 수의 노동자들이 갖게 된 능력들(특화되지 않은 주

---

9. *Ibid.*, p. 62.

체성의 자격들)이라는 것이다.

단자(재정 고문)와 어떤 고객이 맺는 관계는 하나의 우주, 즉 우체국의 영리적 운영이라는 우주 내부에 포함된 특이성이다. 단자는 그것이 자기 안에 '그것을 둘러싼 판돈들(stakes)'을 모은다는 의미에서 '내부로부터의 열림'이다. 기업의 우주는 "자신의 특이성을 없애지 않고 내부로부터 단자를 관통한다. 그와 반대로 바로 이 특이성 내부에서만 이 전 지구적 우주가 의미를 획득하고 자신의 충격을 만들어낸다."[10] 분명 판돈들은 위로부터 규정되지만, 그것들은 "각각의 모나드 내부에서, 매번 독특한 방식으로, 다시 흡수되고, 모아지고, 고정된다."[11]

여기에서 우리는 다시 한번 우리가 앞에서 이해했던 것(단자들은 기업 세계의 편이고, 기업 세계는 특이한 방식으로 그것들 각각의 영혼 안에 포함된다), 그리고 자리피앙이 두 개의 **보편성들**(globalities)의 **상호침투**라고 부르는 것 – 하나의 단자는 단자의 내부성(interiority) 안에 현존하는 기업의 우주이다 – 과 만나게 된다. 회사는 우리가 위에서 보았듯이 소비자를 위한 세계뿐만 아니라 노동자를 위한 세계도 창조해야만 한다. 현대의 조직 내부에서 일한다는 것은 그것의 세계에, 그것의 욕망들과 신념들에 속하고, [그것들을] 지지한다는 것을 의미한다. 확실히 이것은 현대 조직들의 이데올로기이지만 그것은 조직의 '주체성'과 노동자들의 주체성에서의 근본적인 변화를 의미한

---

10. *Ibid.*, p. 64.
11. *Ibid.*, p. 64.

다. 바로 이것을 대가로 '노동'이 수행된다. 그리고 이것은 양날의 칼이다. 한편으로 그것은 노동자들의 자율, 독립, 특이성(개별적 실체)을 긍정하고, 다른 한편으로 노동자들이 조직적인 세계에 속하기를 요구한다. 왜냐하면 이러한 "세계는 주체의 상황과 행동에 내부적이기 때문이다."[12] 이러한 상황은 테일러주의적인 노동 분할보다 더 좋지도 더 나쁘지도 않다. 그저 다를 뿐이다. 그리고 우리는 바로 이 차이로부터 출발해야 한다.

영혼들 안에서의 현실화와 신체들 안에서의 실현 사이의 구분은 또한 여기에서 타당하다. 경영 실천은 하나의 순수한 사건인 영혼과 신체 안에서의 이 이중적인 마주침의 예측불가능성과 맞닥뜨린다. 그리고 소비자들과 관련하여 위에서 논의되었던 것과 같은 방식으로 노동자의 주체성과 조직의 전략 사이의 불일치에 이르게 된다. 이러한 통제 테크닉은 훈육적인 테크닉을 대체하는 것이 아니라 그것과 결합한다. 통제 혹은 훈육에 대한 강조는 위계적인 단계들, 노동자들의 자격, 그들이 고용되어 있는 생산의 유형에 의존한다. 새로운 노동조직(화)에서는 공장의 작업장 내부의 물리적 근접에 기초한 노동자들의 테일러주의적인 사회화는 결여되어 있고, 작업 말뚝의 **감옥 같은**(carceral) 고독이 아닌 일종의 **단자적인** 고독에 기초한 개체화에 자리를 내 준다. 자리피앙에 따르면, 이것은 본래적으로 점점 더 늘어나는 사회관계들을 가지고 응축하는 개체화의 한 형태이다. 노동의 단자적인 고독의 차원은, 오직 단자 내부에서 시작되게 되었던 것

---

12. *Ibid.*, p. 65.

- 자리피앙이 단자가 내부로부터 외부를 향해 열리는 것으로서 언급한 것 - 을 통해서만 의미와 가치를 획득하는 사회적 교환들을 풍부하게 한다. 여기에서 활동은 더 이상, 훈육적인 메커니즘들을 갖춘 어떤 팀 안에서 전개되는 것이 아니라, 가치화(valorization)의 요구들에 따라 특이성과 다수성(multiplicity) 사이의 관계를 변조하는 네트워크들 안에서 전개된다. 사건에 대한, 그리고 가능한 것들(주체와 대상)의 발명에 대한 신단자론적 패러다임은 정확히 노동의 영역 안에서 자신의 유효성을 보여준다.

금융과 표현의 기계들

감성적인 것들(욕망들과 신념들)의 표현기계와 구성기계는 생산의 조직 내부에서뿐만 아니라 금융에서도 작용한다. (우리가 보기에) 광고에서 작용하고 있던 그 과정이 증권 거래에서의 비율 결정에도 들어맞는다. 화폐는 선택하고 평가하고, 투자 방향을 정하는 하나의 힘이다. 조절학파의 가장 최근의 저작에서 볼 수 있는 것처럼 금융 평가는 의견(opinion)의 논리의 생산물인 것이지 단순한 객관적·비개인적 시장 메커니즘들의 생산물인 것이 아니다. 금융 평가 및 선택은 '공유된 신념들을 낳을 수 있는' 능력에 의존한다. 그러한 능력에는 미래를 상상하는 서로 다르고 이질적인 방식들이 존재할 뿐이다. 하지만 여론의 기능을 설명하기 위하여 우리는 조절학파의 이론들을 참조하지는 않을 것이며, 가브리엘 타르드의 신단자론을 참조할 것이다. 그는 이미 한 세기 전에 증권 거래를 사회심리학에서의 실험들로 규정한 바 있다. 증권거래 시세는 개인적인 판단의 집단적인 판단으로의 변형을 전제로 한다. 타르드에 따르면, 가치의 결정은 여론을 통해서 발생하는데, 그리고 이제 여론의 발전은 두 가지 요인들 — 언론과 담론 — 에 의해 영향을 받는다.[13]

모든 사회적 양들과 마찬가지로, 의견[여론]은 **지도자들**과 **피지도자들**의 관계들에 따라 상호관계하는 두뇌들의(단자들의) 상호작용 및 전유의 형태로서 이해되어야 한다. 의견[여론]은 결코 단순한 절차, 비개인적 메커니즘이 아니며, 조절학파가 우리에게 믿게 하려고 했던 바의 체계적인[체제적인] 거울들의 게임이 아니다. 우리는 의견에 대해서 이야기한다. 그러나 실제로는 항상 '두 가지 의견들'이 있다. 즉, 일면적 관계 혹은 상호적 관계에 따라 동의하거나 동의하지 않는 힘들, 단자들의 놀이들이 있는 것이다.

하지만 공통의 의견은 어떻게 이와 같이 되었는가? 사람들의 다양성이나 질문들의 복잡성을 고려하면, 자생적으로 그렇게 된 것은 아니다. 역사 전반에 걸쳐 의견을 표현함으로써 의견을 형성해 오고 있는 선동가들이 내

---

13. "생-뵈브가 천재에 대해 '천재는 자신의 백성을 만들어내는 왕과 같다'라고 말하는 것은 위대한 저널리스트의 경우에도 본질적으로 맞는 말이다. 얼마나 많은 광고 대행자들이 자신의 대중을 만들어내는가! 확실히 에두아르 드뤼몽이 반유대주의를 선동하기 위해서, 그의 선동 시도들은 주민들 내부에 퍼져 있는 일정한 정신 구조와 부합해야 했다. 하지만 이러한 정신 상태를 표현할 어떤 목소리가 존재하지 않았던 동안은, 그것은 취약하고 전염적이지 않고, 자기를 의식하지 못하는, 개인적인 수준에 머물렀다. 그것을 소리 내는 자가 그것을 하나의 집단적인 힘으로, 십중팔구 인공적인, 하지만 그럼에도 불구하고 실제적인[현실적인] 힘으로서 창조한다." G. Tarde, *L'Opinion et la Foule*, PUF, Paris, 1998, pp. 40~1.

놓은 제안들이 존재해 왔다. 그리고 의견을 어지럽힘으로써 의견을 이끌어가는 투사 혹은 민간 독재자들이 내놓은 속임수가 존재해 왔다. 그렇다면 다음을 올바르게 이해하자. 진정한 통치는 지도자 그룹의 의견에 의해, 아니면 군사적 테러리스트 혹은 민간 테러리스트 그룹의 의견에 의해 구성된다.14

민주주의를 정당화하는 데 관심을 빼앗기고 있는 조절학파 경제학자들은 증권 거래 가치들을 결정하는 데에서의 상호-지성적 관계들의 역할을 인정한다. 하지만 그들은, 갖고자 하는 열정(passion)이 절단된 조절되고 진정된 차원을 의견과 결합시킨다. 타르드는 다음과 같이 말한다. 사태를 '위로부터' 바라보게 되면, 가격 속에서 우리는 스스로를 개인들에게 부과하는 외적이고 비인격적인 권위 혹은 자발적인 권위(시장)를 볼 수 있을 것이다.

그러나 실제로 우리가 정밀하고 설명적인 세부사항들에 들어가면, 우리는 시장을 장악했던 일부 지배적인 의지들에 의해 고정되지 않은 시세들이 존재하지 않는다는 것을, (……) 증권 거래가 오직 가치 비율을 결정하기 위해서 낙관적이거나 혹은 비관적인 엘리트들을 필요로 할 뿐이라는 것을 알게 된다. 런던과 뉴욕의 증권 거래에 상장된 밀의 가격[시세]은, 전체 세계에 필요한 법규를 제정하는, 다양한 영향력들을 미치는 잘 알려진 지도자들의 명령을 받으면서, 투기를 올리거나 내리는 두 군대 사이의 갈등의 결과물이다.15

---

14. G. Tarde, *Les Transformations du pouvoir*(Paris: Felix Alcan, 1899), p. 14.
15. G. Tarde, *Psychologie éonomique*, I(Paris: Felix Alcan, 1902), pp. 32~3.

증권 거래에서조차 시장은 존재하지 않으며 그것은 오히려 대중, 즉 고객의 포획이나 구축과 동일시된다. '테러리스트들'이나 '독재자들'이, 의견[여론]을 생산하는 상호 주관적 연결들의 관리에 부과하는 일방향적 힘 관계는 그들에게 차별적인(differential) 이점을 제공해주는, 그들로 하여금 다른 것들의 **행동들**(conducts)을 일시적으로 지**도하[도록]**(conduct) 해주는, 지식 형태들에 토대를 두고 있다. 표현기계들이 발전함에 따라 사회는 새로운 관계적 테크놀로지들을 획득하며, 그럴수록 행동 능력은 증대한다. "그것은 (……) 문명의 진보가 영향력 있는 개인들에게 부여하는 행위 수단, 신문, 전보, 전화 등과 함께 증대되는 것 같다."16 하지만 왜 금융은 오늘날 경제에 대한 그와 같은 선택의 힘, 평가의 힘, 결정의 힘을 갖게 되어, 훈육적인 사회들을 특징짓는 산업과 금융 사이의 관계를 역전시키는가? 왜냐하면 화폐란, 언어처럼, 가능한 것 '그 자체'의 실존이기 때문이다. 바로 이러한 이유로 해서, '실제 경제'보다는, 화폐가 차이와 반복의 조직(화), 그리고 그것의 모터의 조직(화), 즉 잠재적 것을 통제하고 포획할 수 있는 것이다.

통제 사회에서 화폐는 자본가들에 의해 잠재성의 힘이 식민화되는 것을 나타낸다. 타르드가 여기에서 다시 한번 유용성을 얻는다. 그는 화폐가 무엇보다도 정신의 힘임을, 그리고 그것이 하나의 '가능성', 자신의 현실화로 향하는 무한한 잠재성임을 주장한다. 만일 정치경제학이 사회 물리학처럼 보인다면, 그것은 그것의 활동과 생산물을 양

---

16. *Ibid.*, pp. 32~3.

화시킬 수 있는 가능성 때문만이 아니라, 대부분은 화폐가 가능하게 만드는 **잠재적인 것**과 **현실적인 것** 사이의 교환 때문이기도 하다. 물리적 현상들이 잠재적 에너지를 현실적 에너지로 끊임없이 변환하는 과정인 것과 꼭 마찬가지로, 타르드에게 경제 현상들 역시 화폐와 구체적인 부 사이의 영속적인 교환이다. 부가 자신을 화폐 속에서 표현할 때, 부의 작용할 수 있는 힘은 잠재적인 것으로 되고, 그 힘은 증대된다. 물질적 부의 작용할 수 있는 힘과 화폐의 작용할 수 있는 힘 사이의 차이는 "현실적인 것과 잠재적인 것(나는 유한한 것과 무한한 것에 대해 이야기하려고 했었다)" 사이에 존재하는 차이와 상응한다.[17] 보장 소득 및 무조건 소득이 나에게는, 자본가들이 전유해버린 그것의 잠재성을 화폐에게 되돌려주는 유일한 방식인 것처럼 보인다. 자본주의 경제에서 화폐의 잠재성은 자본주의적 가치화에 종속된다. 따라서 그것은 제한된다. 오직 보장 소득만이 화폐의 잠재적 힘을 절대적 내재성 안에서, 즉 지성들[사람들](minds) 사이의 협력의 내재성 안에서, 작용할 수 있도록 해줄 수 있을 것이다.

공장 없는 회사와 지성들 사이의 협력

지성들(minds) 사이의 협력이라는 사건을 이해하기 위해서는, 노동이 정동적이거나 언어적이거나 혹은 명장적이(virtuous) 된다고 말

---

17. *Ibid.*, p. 311.

하는 것으로는 충분하지 않다. 왜냐하면 자본주의적인 축적과 착취의 배치조차 근본적으로 변하기 때문이다. 자본주의 경제는 더 이상, 경제학자들과 맑스주의자들이 여전히 우리에게 가르치는 바와 같이, 생산, 시장, 소비의 시간적 연속을 통해 구조화되지 않는다. 한 가지 사례로, 가능한 세계들을 자본화한 최고의 주식 거래 자본인 마이크로소프트(그와 동일한 것이 우리가 자리피앙에서 보았던 것처럼 '문화적인', 예술적인, 매체적 생산에 해당될 뿐만 아니라 고전적인 산업생산에 해당된다 할지라도 말이다)를 들어 보자. 정치경제학과 맑스주의는 그 과정을 다음과 같이 기술한다. 마이크로소프트는 생산물이나 서비스(소프트웨어)를 제공하고 그리하여 그것들을 시장의 소비자들에게 내다파는 노동자들(데이터 처리 및 정보 테크놀로지 엔지니어들)을 고용하는 회사이다. 마이크로소프트는 노동자들을 착취하여 잉여가치를 실현하고, 이어서 다른 회사들과의 경쟁 속으로 들어가며, 이런 경쟁은 독점에 이른다. 신단자론은 우리에게 이와는 근본적으로 다른 설명을 제공해 준다. 마이크로소프트는 처음에는 '시장'이나 '노동자들'과 관계를 맺는 것이 아니라 이것들을 통해 지성들 사이의 협력과 관계를 맺는 것이다. 우리는 바로 여기에서 출발해야 한다.

지성들 사이의 협력은 이 특정한 영역에서는, (무료) 소프트웨어를 창조하고 실현하는 역량을 의미하는 공동-창조와 공동-실현의 힘을 표현한다. 맑스나 스미스가 주장했던 것처럼, 이러한 협력은, 스스로를 표현하기 위해, 회사나 자본가를 필요로 하지는 않는다. 그와 반대로, 협력은 순전히 과학, 기술적인 장치들과 소통 네트워크들의 개발과 보급, 교육과 부 및 '주민'과 관계되는 여타의 서비스 체계들에 의존한다. 따라서 창조하고 실현하는 협력의 힘은 '공공재'나 '집단재' 및 '공통재'(과학, 지식, 인터넷, 건강 등등)의 이용가능성과 접근가능성에 의존한다.

그것은 지성들 사이의 협력에 매우 특유한 양식들에 따라 스스로를 표현한다. 소프트웨어의 발명은 언제나, 네트워크들(네트워크들의 네트워크) 안에서 순환하는 지성들, 노하우들, 그리고 정동들의 다수성(mulitplicity)의 배치이자 조직(화)이다. 이것은 하나의 동질적인 직물이 아니라 특이성들, 흐름들, 그리고 쪽매붙임들(patchworks)의 이질적인 배치(자유롭고 특이한 개발자들의 커뮤니티)이다. 소프트웨어의 창조와 실현은 창조와 실현(보급) 양자 안에서의 이접과 협조의 힘이다. 왜냐하면 그것은 소프트웨어를 창조하기 위하여 (개발자들의) 다수성을 배치할 뿐만 아니라 그것을 실현시키기 위해 (이용자들의) 다수성을 배치하기 때문이다. 그리고 이 두 과정들은 융합되는 경향이 있다.

창조와 실현 양자 안에서의 포획은, 언제나 예측불가능하고 무한한 것에 열려 있는 상호적인 붙잡음(seizure)이다. 왜냐하면 '창조자'와 '이용자'는 융합하는 경향이 있기 때문이다. 근본적으로 정치경제학에 의해 분리되었던 이 두 기능들은 그래서 역전될 수 있다. 포획, 즉 상호적인 붙잡음은 모든 것이 창조와 조직(화)의 동일한 힘을 표현하지는 않을지라도 여타의 단자들을 '협력자들'로 만든다. 창조와 실현의 형태는 공적인데, 왜냐하면 그것은 모두의 눈들, 욕망들, 신념들 아래에서 ('특정되지 않은 주체성'의 눈들, 욕망들, 신념들 아래에서, 그리고 재인(再認)으로서가 아니라 가능한 세계들과의 만남으로서) 이루어지기 때문이다. 협력의 공적 차원은 하나의 라이센스(카피레프트, 즉 복사하고 변경하고 보급할 수 있는 권리의 보호 장치)에 의해 보장받고 보호받으며, 이것은 동시에 개인적인 창의, 특이한 것(각각의 발명자의 도덕적 권리), 그리고 활동들과 그들의 생산물들의 공적 본성(모든 발명품들은 모든 사람들이 이용가능하고 '무료인' '공통의 단지(pot)'를 구성한다)을 인정한다.

마이크로소프트는 [이와] 다르게 움직인다. 마이크로소프트의 놀라운 이윤들은 정치경제학자들과 맑스가 가르치는 바처럼, 피고용인들에 대한 착취에 기초하는 것이 아니라, 고객, 그리고 고객에게 압력을 행사하는 독점의 조직[구성]에 기초하고 있다. 회사와 그 피고용인들의 '노동'은 '협력자들'(단자들)의 다수성을 '고객들'의 다수성으로 변형하는 것을 목표로 하는 일방향적인 포획에 존재한다. 그 회사의 피고용인들(엔지니어들뿐만 아니라, 또한 회사의 독점을 보장하기 위해 노력하는 마케팅 인력들, 로비스트 등등)은 지성들 사이의 협력과의 접점(interface)을 구성하며, 그들의 노동[작업] 활동은 다수성의 공동-창조 및 공동-실현을 중화시키고 비활성화시키는 것으로 이루어져 있다. 배치의 힘은 지성들 사이의 협력 안에 이질적인 방식으로 분배되어 있는 것이 아니라 회사의 협력 안에 집중되어 있다.

협력의 직접적인 공적 형태는 회사 안에서 활동들을 관리하는 비밀주의(특허권)에 의해, 그리고 지성들 사이에서의 협력에서 소프트웨어의 보급을 관리하는 비밀주의(판권, 소스 코드에의 접근불가능성)에 의해 거부된다. 공동-창조와 공동-실현을 중화시키고 포획하는 것은 이제 **지적 재산**에 기초하고 있지, 공장의 '생산적' 협력에서처럼 생산수단으로서의 재산에 기초하고 있지 않다.

현대 자본주의의 조건들 아래에서, 회사의 구성(과 자본-노동 관계)은, 그것이 지성들 사이의 협력을 한편으로는 '고용된 노동자들'로, 다른 한편으로는 대중/고객들로 분할하기 때문에 하나의 정치적 조작이다. 이러한 방법으로 공동-창조와 공동-실현의 힘은 다수성 속에서 이질적인 방식으로 분할되는 것이 아니라, 회사에 (그리고 '고용된 노동자들'에) 할당되는 **발명**과 대중/고객들에 할당된 **재생산** 사이에서 분할된다. 정치경제학 범주들은 지성들 사이의 협력 안에서는 더 이상 효력을 갖지 않는 '생산과 '소비' 사이의 분할을 강제한다.

기업과 자본-노동 관계는 발명과 반복의 힘들의 경직되고 비가역적인 분배를 결정한다. 하나의 규범적인 방식으로 서로 다른 주체들에게 그것들을 할당함으로써 그렇게 한다. 지적 재산은 따라서 하나의 정치적인 기능을 갖는다. 그것은 누가 창조할 권리를 갖는지, 그리고 누가 재생산할 의무를 갖는지를 결정한다. 기업과 자본-노동 관계는 우리가 부의 생산이라는 사회적 차원을 보지 못하도록 막을 뿐만 아니라, 새로운 착취 및 복종 형태들을 결정한다. 실업, 빈곤 그리고 불안전성 등은 회사들의 활동(과 고용의 정치학)의 직접적인 결과이다. 사회적 생산성의 포획은 사회적 위계화, '생산적인' 것과 그렇지 않은 것 사이의 분할을 강제한다. 회사는 무엇보다도 노동자들을 착취함으로써 사회를 착취한다.

지성들 사이의 협력의 생산물들 : 공통재

  지성들 사이의 협력은 스미스적이고 맑스적인 공장에서의 협력과는 달리, 공적인, 집단적인, 혹은 공통적인 재화 – 지식, 언어, 과학, 문화, 예술, 정보, 생활 형태들, 자신·타자·세계 등등과 맺는 관계들 – 를 생산한다. 우리는 공통재를, 정치경제학에서 이해된 바의 공적 혹은 집단적 재화와 구분한다. 실제로, 공통재는 물, 공기, 그리고 자연 따위와 같은 것 – 모두의 '재화' – 일 뿐만 아니라, 오히려 마르셀 뒤샹이 예술적 창조에 대해서 말하기 위해 사용하는 양식들처럼 창조되고 실현된다. 하나의 예술 작품은 실로 반은 예술가의 활동의 결과이고, 다른 반은 (그것을 바라보고, 그것을 읽고, 혹은 그것을 듣는) 대중의 활동의 결과이다.

  생산자/소비자의 원동력이 아니라 바로 이러한 예술적 원동력이 공통재의 창조와 실현에서 작동한다. 이러한 재화는, 자본-노동 관계의 만질 수 있고, 전유할 수 있고, 교환할 수 있고, 소비할 수 있는 생산물들과 달리, 가브리엘 타르드가 말한 바와 같이 만질 수 없고, 전유할 수 없고, 교환할 수 없고, 소비할 수 없다. 특정되지 않은 주체성들의 공동-창조와 공동-실현의 결과물인 공통재는 무료일 뿐만 아니라 분할되지 않고 무한하다. 공통재의 전유불가능한 본성은, 그것을 획득한 사람에게 동화되는 공통재(지식, 언어, 예술작품, 과학 등등)는 어느 누구의 '배타적인 재산'이 되지 않는다는 것을 의미하며, 그것은 공유됨으로써 자신의 정당성을 발견한다는 것을 의미한다. 자본-노동 관계 안에서 생산된 재화만이 필연적으로 개인적 전유를 함축하는데, 왜냐하면 그것들의 소비는 지출하고, '파괴하고', 다시 말해 그것들을 다른 사람을 위해 전달될 수 없도록 만들기 때문이다. 그것들은 '나를 위한 것 아니면 남을 위한 것'이 될 수 있을 뿐이며, 그것들을 공유하고자 하는 시도는 그 사물[대상]의 본성으로 인해 체계적으로 실패한다.

공통재는 그것의 분할할 수 없고 전유불가능한 본성 때문에 교환불가능하다. 경제적 교환 속에서는 누구나, 정치경제학이 우리에게 가르치는 바와 같이, 그/녀 자신의 가치(account)를 발견하지만, 자신이 소유하고 있는 것으로부터 스스로를 소외시킴으로써만 그렇게 한다. 공통재들(예컨대 지식)의 '교환' 속에서, 그것들을 전파하는 사람은 그것들을 상실하지 않으며, 그것들을 사회화하는 것 때문에 고통을 겪지 않는다. 오히려 그 반대로 그것의 가치는 보급과 공유의 조직화 속에서 늘어난다. 공통재들은 정치경제학의 기준의 맥락에서는 소비되지도 않는다. 스미스와 맑스의 공장에서 생산된 재화들의 교환만이 교환된 생산물의 '파괴적인 소비'를 통해서 욕망을 충족시킨다. 그러나 "우리가 우리의 신념들을 생각하면서 그 신념들을 소비해 버리는가, 또는 우리가 우러러보는 대작들을 바라보면서 그것들을 소비해 버리는가?"[18] 공통재의 어떠한 소비도 새로운 지식 혹은 새로운 대작들의 창조에 직접적으로 이어질 수 있다. [여기에서] 유통은 생산 및 소비 과정의 근본적인 계기가 된다.

공통재들의 생산, 유통, 소비의 역할은 공장과 그것의 경제의 '생

---

18. *Ibid.*, p. 88.

산적 협력'의 역할들과 동일하지 않다. 맑스주의와 정치경제학은 위기로 빠져드는데, 그 이유는, 물질적 생산이 산업 자본주의에서 차지했던 것처럼 현대 자본주의에서 동일한 장소를 차지하는 공통재들의 창조와 실현이 (자본가에 의해 조직되고 통제받는) 생산적 협력에 대한 그들의 생각으로는 더 이상 설명될 수 없기 때문이다. 이런 식으로 창조된 부의 공유는 더 이상 '생산적 노동', 혹은 '유용성'이라는 생각으로는 측정될 수도 정당화될 수도 없다. 자본-노동 관계는 우리가 마이크로소프트의 사례에서 보았던 것처럼, 공통재들을 사적 재화들로 환원시키는, '생산'의 사회적 본성을 무시하는, 협력자들을 소비자들로 변형시키는 근본적인 수단이다. 이것은 정치경제학에 적합한 논리를 지성들(이들의 행위는 '분할할 수 없고 무한하다') 사이의 협력에 부과하는 것을 의미한다. 즉 희소성의 논리를 그것을 [이미] 극복한 어떤 경제에 부과하는 것을 의미한다.

맑스주의와 정치경제학에 포함된 이론적 선택(option)은 보수적이고 반동적이다. 그것은 기업에 의한 공통적인 부의 몰수를 정당화한다. 자본-노동 관계를 기초로 해서 부의 생산과 분배를 이해하고 측정하는 것은 사회적·정치적 투쟁들이 오늘날 맞닥뜨리고 있는 주요한 장애물들 중의 하나를 만들어 낸다. (참고: 사회적 예산의 '금융적 손실들' – 연금 제도에서의 적자, 건강 보험 체계 등등에서의 적자 – 에 의해 작동되는 갈취에 대해 아무런 대응을 하지 못하는, 그리고 부의 생산이 자본-노동 관계를 초과한다는 것을 이해하지 못하거나 아니 이해하고 싶지 않기 때문에 포드주의의 '사회적 권리'를 옹호하는, 노동조합들과 제도적 좌파의 무기력.)

공통재들의 자본주의적 전유(오늘날 신자유주의적 전략의 본질을 이루는 전유)에 대한 저항은 그것이, 자본-노동 관계에 비해 지성들 사이의 협력이 갖는 우선성(primacy)을 가정할 때에만 유효성을 가질 것이다. 공장 없는 회사는 그것의 노동조직화 속에, 신단자론적 협력의 창조 및 실현의 양식들과 이러한 사회적 '생산성'을 포획할 수 있는 특정되지 않은 주체성들의 역학을 통합해야 한다. 심지어 회사에게도, 지성들 사이의 협력을 하나의 정치적 내기(stake)로 가정하는 것은 피할 수 없는 명령문이다. 오로지 이러한 방식으로만, 정확히 노동자들 역시 그것의 일부인 그 다수성에 대해 관심을 갖는 새로운 목표들과 투쟁 지형들을 규정하는 것이 가능하다. 오로지 이러한 방식으로만 대중/고객 관계가 다중의 구성이라는 정치적 과정으로 전환될 수 있을 것이다.

자본주의와 삶의 비천한 길들

이제 우리는 몇 가지 일반적인 결론을 끌어낼 수 있다. '주체/노동의 패러다임'을 채택하는 이론들과의 차이(나는 이것을 밝히려고 해왔다)는 주목할 만하다. 그것은 착취당하는 (통제받는, 종속되는) '생산적 노동'이 아니라, 차이와 반복의 배치이다. 그것은 자본주의적 전유의 대상인 가능한 세계들의 창조와 그것의 실현(제조업과 그 공장들은 오로지 이러한 것들의 한 가지 양식일 뿐이다)의 배치이다. 맑스주의자들이나 더 일반적으로는 경제학자들에 의해 이해된 바의 '생산적' 노동은 이러한 배치 내부에 통합되고, 단지 그것의 구성적 부분들 중의 하나만을 이룰 뿐이다. '생산'은 회사 안팎 모두에서의 다양한 활동들에 관련되어 있는 주체성들(노동자들, 소비자들, 대중)의 다수성을 포함하는 이질적인 배치이다. 이러한 활동에 우리는 고다르와 가따리가 제시했던, TV 시청하기를 포함시켜야만 한다.

우리는 노동의 범주를 더욱 깊이 다시 고찰해야 한다. 노동 범주는, 그것을 언제나 회사에 의해 종속되고 동원되는 하나의 활동으로 간주하는, 그리고 발명의 활동과 재생산의 활동 사이를, 차이와 반복 사이를 가르는 경제학자들과 사회학자들에 의해 기묘하게 축소되고 훼손된다. 우리는 회사에 의한 동원에 독립적인, 그리고 그것의 전제조건으로서의, '자유로운[무료의]' 활동에 기초하여, 다시 말해 **모든 주체성**(whatever subjectivity)에 기초하여 그것을 다시 고찰해야 한다.

가브리엘 타르드는 회사에 의한 동원에 독립적인, 그리고 그것의 전제조건인, 이러한 '자유로운' 활동을 규정할 수 있는 범주들을 우리에게 제공해 준다. 그것은 자동기계(automaton)의 활동에서 천재의 활동에 이르는 스펙트럼 속에서 찾을 수 있다. 우리는 무한한 그리고 극소의 변이들에 의해 하나에서 다른 하나로 나아갈 수 있다. 하나 속에 다른 하나 속에서처럼 포함되어 있는 것은 기억과 그것의 **코나투스**, 즉 주의력(attention)이다. 자동기계의 활동 속에서 주의력은 완결된 행위의 실현 속에 완전하게 흡수되고 기억은 신체 속에 각인되는 '습관' 이상이다. 주체성은 하나의 자동기계, 즉 움직임들을 받아들여 전달하는 행위의 중심이며, 그것은 감각-운동적인 기억에 대응한다.

천재의 활동 속에서는 그와 반대로, 활동은 완결된 행위에 의해 포획되지 않으며, 기억은 가능한 것들의 '평화로운 구름'에 둘러싸인 채로, 불확정과 선택으로서의 작용과 반작용 사이에 스스로를 삽입한다. 주체성은 언제나 행위[작용]의 중심이지만, 이제 그것은 무언가 새로운 것을 개발하기 위하여, 하나의 지체, 즉 작용과 반작용 사이에 지속을 삽입할 수 있는 역량을 갖는다. 기억은 더 이상 감각-운동적인 기억과 부합하지 않는다. 그것은 더 이상 하나의 습관, 하나의 자동작용이 아니라 이질성과 사건을 품을 수 있는 지적인 기억이다. 타르드에 따르면, 그러므로 우리는 우선 "가능하면 분명하게 노동을 발명으로부터 분리시켜" 내야 한다.[19]

맑스주의자들과 경제학자들이 이해한 바처럼, 노동은 이러한 '자유로운' 행위에 대한 포획이며, 이러한 새로운 틀(framework) 내부에, 활동들을 평가하는 이러한 새로운 방식들 내부에 포함되어야 한다. 일단 우리가 이러한 구별을 확립하기만 한다면, 우리는 지적 노동이나 예술노동과 같은 경제 노동의 내부에서, 발명(생산)과 노동(재생산), 창조와 모방을 할당하는 것이 서로 다른 활동들을 규정하는 데 기여한다는 것을 발견할 수 있을 것이다.

'산 노동'에 대한 맑스적인 정식화에서, 우리는 '노동'의 개념뿐만 아니라 '산'의 개념 역시 비판해야 한다. 왜냐하면 실제로 '산'의 개념은 우리가 생물학자들로부터 빌려 온 생명(living) 개념 – 감성적인 것들을 보존하고 창조하는 기억 – 을 가리키는 것이 아니라 고전적

---

19. *Ibid.*, p. 226.

인 독일 철학의 주체의 능력들을 가리키는 것이다. 주로 물리적(혹은 화학적) 힘들 위에서 행하는 산업노동과 다른 점은, 기억의 작용이, 다른 사람들[지성들]의 욕망들 및 신념들의 **인상**을 **새기고** 수용할 수 있는 그 역량 때문에, 주로 '심리적 힘들'(감성적인 것들) 위에서 작용한다는 점이다. 하지만 차이의 패러다임 속에서, 기억의 활동은, 그것이 감성적인 것과 관련되기 때문일 뿐만 아니라 그것이 분리불가능한 방식들로 **차이적 활동**(발명)과 **반복적, 재생산적 활동**(모방)을 시간의 힘들로서 배치하기 때문에도 역시 '노동'과 구별된다. 그것은 무언가 새로운 것(이미지, 감각, 아이디어)을 창조할 능력과 그것을 무한히 재생산할 능력(이것은 이미지들, 감각들, 아이디어들의 반복적인 프린팅이다) 모두를 갖고 있다.

기억은 진화하지도 않으며 다양한 노동 이론들에 의해 묘사되는 주체적 활동의 객관화 방법에 따라 사회화되지도 않는다. 기억은 자신을 소외시키지 않고 외화[객관화](externalize)할 수 있는 특수성(particularity)을 가지고 있다. 발견 혹은 발명은, 우리 내부에, 우리의 신경이나 근육 안에 "정신적 상투성 혹은 획득된 습관의 형태 아래에서, 하나의 관념, 혹은 하나의 재능의 형태 아래에서 — 혹은 우리의 외부에, 책이나 기계 안에" 기억을 동시에 구현시킨다. "우리는 이와 마찬가지로 책이 외부적 기억이라고 말할 수 있을 것이다. 혹은 우리는, 우리의 자아 아래에 숨어 있는 보이지 않는 사서(司書)가, 때가 되어 우리의 눈앞에 내놓는 내부적 책이 바로 기억이라고 말할 수도 있을 것이다."[20] 기억은 일종의 이중적 혼합 — 내부적이고 외부적인 — 을 작동시킬 수 있다. 자신을 소외시키지 않고 사회화할 수 있는 가능성은 공통재들과 그것의 경제의 특유성(specificity) – 전유불가능성, 교환불가능성, 소비불가능성 – 에 기초하고 있다.

맑스가 그러했던 것처럼 설사 우리가 객관적인 요소에서, 재화들에서 출발한다 해도, 우리는 여전히 '주체'와 '노동'에 기초한 사고 패러다임의 소진에 이르게 된다. 재화들은 노동자들의 노동시간의 결정화(結晶化)가 아니라, 한편으로는 사건들, 발명들, 지식 등의 결정화이며, [다른 한편으로는] (이번에는 서로 다른 정도로 발명들, 사건들, 지식 등의 계열로 간주될 수 있는) 주체성들의 다수성들을 재생산하는 활동의 결정화(結晶化)이다.

통제의 사회들에서 목표는 더 이상, 주권의 사회들에서처럼 **전유하는 것**도, 훈육적인 사회들에서처럼 **세력들의 힘**(the power of forces)을 **결합하고 증대하는 것**도 아니고 **세계들을 창조하는 것**이다. 이것은 오늘날 자본주의적 가치화의 조건이다. 맑스적인 규정을 역전시킴으로써 우리는 자본주의가 하나의 생산양식이 아니라, 양식들의 생산이라고 말할 수 있을 것이다. 자본주의는 하나의 매너리즘이다. 통제의 사회들에 열려 있는 대안들[선택지들]은 훈육적인 사회들이 제공하는 대안들보다 훨씬 더 급진적이고 극적이다.

한편으로, 자본주의적 양식들은 비천한 삶을 위한 가능성들을 열

---

20. *Ibid.*, p. 353. 소련의 심리학은 (베르그송의 저작을 통해) 프랑스의 전통을 관념론으로 간주하는 한편, 또한 자신만의 수단을 통해 타르드에 의해 묘사된 기억의 이중적인 혼합을 발견했다. 비고츠키와 루르자에 따르면, 인간 존재는 내적 수단들과 외적 수단들을 사용함으로써 다른 동물들과 구별된다. 기호들, 상징들, 언어는 타자들과 협력하기 위한 외적 수단들일 뿐만 아니라 행동을 계획하고 조직하기 위한 내적 수단들이기도 하다. L.S. Vygotskij and R.L. Aleksandr, *Strumento e segno nello sviluppo del bambino*, Laterza, 1997.

어놓는다. 삶의 '차이나는' 스타일들은 실제로는 동일한 것의 변이이다. 자본주의적인 삶의 방식들은 동질화(homogenization)를 생산하지 개체성들의 특이화를 생산하지는 않는다. 가능한 것들의 창조는 사건들의 예측불가능성에 열려 있는 것이 아니라, 자본의 가치화 법칙들에 따라 코드화되어 있다. 주체화의 양식들은 인간 영혼 내부에 숨겨져 있는 괴물성들의 무한에 의존하는 것이 아니라, 현재의 미국 행정부 내부의 신보수주의자들에 의해 거의 범죄적인 방식으로 표현되고 희화화된, 백인 중간계급 남성을 자기의 준거점으로 삼는다.

또, 서구적인 삶의 방식들(미국적인 삶의 방식)은 예컨대, 지구에 대한 생태학적 파괴를 감행하지 않고서는 다른 세계의 주민들에게 확장되지 않는다. 자본주의는 더 이상 자신을 '보편적인 것'으로 드러내지 않는다. 그것의 팽창하는 힘은 정확히 자신의 삶의 방식들과 관련해서 스스로의 한계를 발견한다. 서구인들은 더 이상, 자신들의 삶의 방식들을 재생산할 마샬 계획을 나머지 세계에 부과할 수 없다. 어떠한 일반화도 이러한 삶의 방식들에 대한 근본적인 문제제기를 전제로 할 것이다. 피에 굶주린 미국 대통령이 원하는 것처럼, 만약 '사람들이 미국적인 삶의 방식을 침해하지 못하도록 하려면', 우리는 영구 전쟁에 대비하고 그것에 참여할 필요가 있다. 로마 제국과의 비교는 종종 오해를 불러일으킨다. 왜냐하면 여기에서는 평화를 기대하기 위해서가 아니라, 지구의 모든 다른 주민들을 희생시키면서 서구적인 삶의 방식들을 구하기 위해 대비하는 것이기 때문이다.

현대 자본주의의 반생산적 기능들

삶의 방식들의 생산으로서의, 가능한 세계들의 증식[확산]으로서의, 자본주의는 몇 가지 점에서 반-생산의 힘이자 지성들 사이의 협력과 그것의 생물학적 실존 조건들을 파괴하는 힘이라는 점이 드러났다.

첫째, 자본주의는 개인적·집단적 특이성들의 창조 및 재생산의 힘을 파괴하는데, 이는 자본이 차이와 반복의 구성 과정을 계속해서 '노동'으로 측정하기 때문이다. 실업, 불확실성, 빈곤은 '노동'(과 고용)의 결여에 의해 결정될 수 없다. 그것들은 발명의 힘들, 다시 말해 차이와 반복을 구성하는 과정의 주체적 조건들을 파괴하는 절차들이다. 문제가 되고 있는 것은 고용이 아니라, 우리 모두 그리고 우리 각자의 잠재적인 창조의 힘[21]이다.

천재성을 제거하는 것이 그들의 명백한 첫째 임무이다. 만약 천재성만이 문제였다면 이것은 그런 정도로 많은 관심을 끌지는 못했을 것이다. 하지만 문제가 되고 있는 천재성만이 아니다. 그것은 우리의 개인적인 독창성, 우리의 개인적인 창의력이다. 바로 이러한 유효성과 실존이 위협받고 있는 것이다. 우리 모두가, 가장 유명하지 않은 것에서 가장 유명한 것에 이르는 몇몇 방식들로, 모방함과 동시에 진실로 발명하고, 개선하고, 변화시키기 때문이다. 그/그녀의 삶 전체에 걸쳐, 그/그녀의 언어, 종교, 과학, 예술 등에 심원한 혹은 감지할 수 없는 흔적을 남기지 않는 사람은 우리들

---

21. Beuys. [옮긴이] 각주 2번 참조.

중에 아무도 없다.22

노동-고용 패러다임은 이러한 파괴에 적극적으로 연루되어 있으며, 그것과 공모관계에 놓여 있다. 왜냐하면 그것은 통제 사회들에서 힘과 전유의 조직 메커니즘들을 정당화하기 때문이다. 한편으로 그것은 노동과 비노동 사이의, 노동과 삶 사이의 어떠한 구별도 없이 세계들을 구성하는 다양한 관계들에 대한 (대부분 무상의) 전유를 정당화한다. 다른 한편으로, 그것은 여전히 고용의 실행에 묶여 있는, 사적인 혹은 공적인 상관(superior)에의 복종에 묶여 있는 소득 분배를 정당화하고 조직한다.

오늘날 잉여는 노동의 착취에서 생산되지 않고, 위에서 설명한 것처럼, 전유와 분배 사이에서, 즉 주체성들의 이질성과 조직화 방식들에 의해 생산된 부의 전유와 노동-고용에 의해 조직되고 통제되는 그것의 분배 사이에서 생산된다. 문제는 '노동의 종말'을 선언하는 것이 아니라, 또한 '모두가 노동한다'라는 반대의 논의를 주장하는 것이 아니라, 가치화의 원리들을 바꾸는 것이고, 한 세기 전에 니체가 『도덕의 계보학』에서 제시했던 것처럼, '가치의 가치'를 개념화하는 방식을 바꾸는 것이다.

현대 자본주의는 또한 창조적인 활동들을 – 펠릭스 가따리23의 제안을 다시 들어 보자면 – 두뇌들의 '오염'으로 변형시킨다는 의미에

---

22. G. Tarde, "La sociologie", in *Éudes de psychologie sociale*(Paris: Giard et Briere, 1898).
23. F. Guattari, *Les Trois Éologies*(Galilée, 1989).

서 지성들 사이의 협력을 파괴한다. 공적인, 집단적인 지각과 지성을 현실화시키는 활동들은, 욕망들과 신념들(감성적인 것들)의 구성을 가치화의 명령문들에 종속시킴으로써 빈곤화를 생산하고, '사치스런 주체성'의 매력에서부터 '주체성 상실'의 비참함에 걸쳐 있는 가능성들의 스펙트럼을 제공하는 주체성 포맷화를 생산하기 때문에, 반생산적이다. 반생산적인 기능들은 감성적인 것들, 감각, 생명(기억)을 직접적으로 손상시키기 때문에 정신(mind)을 더럽히는 그들의 모든 오염의 힘을 표현한다.

자본-노동 관계에서 자본-삶의 관계로

통제 사회에서, '소외'를 압축적으로 보여주는 것은 더 이상 노동자의 활동이 아니라, 공장 없는 회사의 논리(학)에 의해 조직되고 통제되는 두뇌들 사이의 협력의 활동이다.

타르드를 활용함으로써 우리는 다음과 같은 방식으로 이러한 활동들의 힘과 판돈들(stakes)을 확인할 수 있을 것이다. 우리는 **의지들**, **지성들**, **감각들** 위에서 작용하는 방식들에 따라 '두뇌의 작업'을 규정할 수 있다. '실제적 대상들', 즉 상호-두뇌적 행위의 생산물들은 무엇인가? 다른 확신들과 열정들을 '좌절시키고, 변형하고, 근절하기'를 원하는 확신(신념들)의 경직성과 열정들(욕망들)의 견고함. 그리고 이러한 확신들과 열정들이 만들어지는 원료, 그리고 산업 노동자들이 철, 석탄 따위를 사용했던 것과 같은 방식으로 현대의 노동자들이 사용하는 원료는 무엇인가? 이 원료는 **습관**, 다시 말해 한 사람의 발명가의 마음속에서 태어나서 모방과 반복을 통해 일상적인 것들이 되어버린 의견들, 취미들, 관습들, 노하우들이다. 그렇다면, 취미들, 의견들, 삶의 방식들이란 무엇인가? 그것들은 신체적인·정신적인 습관들의 수축이다. 구성되어야 하는 습관들과 제도들, 혹은 다른 것들로 대체되기 위하여, 해체되어야 하는 습관들과 제도들.

상호-두뇌적 노동에서 동원되어야 하는 힘들은 무엇인가? 습관들을 창조하고 구성하는 힘들로서의 **주의력과 기억**. 두뇌 노동은 그러므로, 이러한 유형의 노동의 새로운 조건들을 묘사하기 위해 오늘날 너무 성급하게 가정되는 것처럼, 스스로를 '상징들의 조작'이나 언어적 생산에 한정시키지 않는다. 행위들과 습관들의 형성, 자격들(능력들)과 지식의 형성은 편견들, 의견들, 취미들, 열정들, 지식들을 변형시키기 위해 기억과 신체의 강렬하고 전개체적인(pre-individual) 힘들을 동원해야 한다. "변형의 산업에서 장애물은 화학적 친연성들로부터 나오거나, 물리적 응집력들, 혹은 동력 혹은 여타의 힘들로부터 나온다. 상호-정신적인 행위의 노동에서, 장애물은 **제일 먼저** 부주의, 즉 말을 거는 그리고 접촉할 필요가 있는 일부 사람들에 대한 부주의로부터 연원하고, 이어서 아이디어들이나 욕망들로부터, 마치 그것들이 우리가 추구하는 목표와 반대되는 것처럼, 다시 말해 고대의 관습들, 새로운 패션들 혹은 개인적인 변덕들의 형태로 다른 사람들에 의해 행사된 상호-정신적인 행위들과 갈등을 일으키는 것처럼 그것들 안에서 근절하기 위한 느낌들로부터 연원한다."[24]

다른 말로 하면, 우리는 더 이상 산업적인 의미에서 노동의 착취에만 기초하지 않을 뿐만 아니라 지식, 삶, 건강, 레저, 문화 등등의 착취에도 기초하고 있는 자본주의적 축적 형태에 직면하고 있다. 조직들이 생산하고 판매하는 것은 물질적 혹은 비물질적 재화들을 포함할 뿐만 아니라, 소통의 형태들, 사회화의 표준들, 지각, 교육, 주택, 운송 등등 역시 포함한다. 서비스들의 급증은 직접적으로 이러한 진화와 연결되어 있다. 그리고 이것은 산업 서비스들을 포함할 뿐만 아니라 삶의 방식들을 조직하고 통제하는 메커니즘들 역시 포함한다. 우리가 현재 살아가고 있는 지구화는 조방적(비지방화[비국지화], 전지구적 시장)일 뿐만 아니라 집약적이다. 그것은 인지적, 문화적, 정동적, 소통적 자원들(개인들의 삶)뿐만 아니라, 영토들, 유전적 재산(식물들, 동물들, 인간들), 종들과 지구의 생존에 필수적인 자원들(물, 공기 등등)을 포함한다. 그것은 삶을 노동으로 바꾸는 것에 대한 것이다.

푸코는 삶이 동시에 저항의 새로운 형태들을 위한 토대가 되지 않고서는 권력(power)의 대상이 되지 않는다고 주장한다. 신단자론을 기초로 해서 우리는 어쩌면 자본-삶 관계를 규정하는 데로 몇 걸음 앞으로 나아갈 수 있을 것이다. 우리는 삶이 – 구성, 창조, 진화의 삶의 과정이 – 차이와 반복의 배치에 의해 주어짐을, 그리고 이러한 과정에 투여되는 힘들이 '순수한 감정(feeling)'과 잠재적 분기들(신념들과 욕망들)의 힘들임을 알고 있다(우리는 여기에서 푸코에서 벗어나고 있다). 더욱이 그리고 보다 근본적으로, 감정은 기억(과 그것의

---

24. *Psychologie économique*, I, p. 260.

잠재성들), 그리고 그것의 코나투스인 의지력을 전제한다.

권력은 단자들의 행위와 그들의 구성적 과정이 갖는 특징들을 변경함으로써 이러한 원동력을 포획할 수 있을 뿐이다. 왜냐하면 지성들 사이의 협력은 노동의 분할에 선행하기 때문이다. 권력은 현실화와 실현의 이러한 힘을 포획할 수 있지만, 자신이 노동에 했던 것과 동일한 방식으로 그것을 종속[포섭]시킬 수는 없다. 맑스가 기술하는, 활동의 자본주의적 가치화에의 실제적 종속[포섭]은 지성들 사이의 협력이 있으면 기능할 수 없다. 권력은 형식적으로 차이와 반복의 조직(화)을 전유할 수 있을 뿐이다. 다시 말해 권력은 군도(群島)에, 쪽매붙임에, 주체성들의 네트워크들과 '커뮤니티들'에 침입할 수 있지만, 군도나 쪽매붙임의 지도를 그릴 수도 없으며, 삶의 방식들을 창조할 수도 없다.

지성들 사이의 협력의 양식

사회주의 이론이나 자유주의 이론은 지성들 사이의 협력을 파괴하지 않고는, 반생산적 효과들을 생산하지 않고는, 지성들 사이의 협력의 조건들을 조직할 수도 고려할 수도 없다. 실천과 (계급, 가치, 사회적인 것과 같은) 그것의 집단적 전체들이나 자유주의적 패러다임(과 그것의 삼부작: 개인의 자유, 시장, 재산)은 지성들 사이의 협력의 양식을 파악할 수 없다. 만일 자본주의가 삶을 착취하고 통제하기를 원한다면, 차이와 반복의 구성 과정의 조건들을 통제해야만 한다.

이러한 조건들이란 무엇인가? 우리는 가브리엘 타르드의 신단자론에서 제시된 규정을 빌려올 것이다.

공감

여기에서 공동-생산은 공감, 신뢰, 상호적인[공동의] 소유에 기반한 삶의 구성 과정 속에서 연쇄(concatenation)의 기능을 규정한다. 단자들은 두 가지 행위 양식들을 통해 서로 관계를 이룬다.

1. 전사 대 전사, 혹은 라이벌 대 라이벌.
2. 피원조자 대 피원조자, 혹은 협력자 대 협력자.[25]

우정, 형제애의 감정, 피에타스[연민](pietas)는 사회 전체의 구성과 동학을 설명하기 위한 전제로서 필요한, 공감적인 관계의 표현들이다.[26] 고대 사회들에서조차, 사회적 관계들의 '본질과 내용'은 **동등자들**(equals) 사이의, **대등자들**(peers) 사이의 관계이며, 그리하여 노예들, 미성년 아들들, 여성들은 배제된다. 그리고 말할 것도 없이 이들 배제된 자들은 대등자들의 공통적인 이익과 관련해서는 극복해야 할 장애물이다. 이러한 동일한 이익과 관련해서, 미성년 아이들, 여성들, 노예들은 사용되어져야 하는 단순한 수단들이다. 그러나 그들 중

---

25. G. Tarde, "Darwinisme naturel et Darwinisme Social", in *Revue philosophique*, t. XVII, 1884, p. 612.
26. G. Tarde, *Les lois de l'imitation*[*The Laws of Imitation*, tr. 1903](Paris: Les empêcheurs de penser en rond, 2001), p. 378.

누구도 동료는 아니다.27

타르드에 따르면, 특유하게 현대적인 것은 '거대한 양의 인간 집단'이다. 그 속에서는 공감과 신뢰라는 '탁월한 감정'이 지배하는 것으로 보인다. 경쟁과 협력의 관계들은 언제나 다소간 서로 뒤얽히지만, 바로 이러한 공감, 상호 원조, 협력, 신뢰에 의해 창조가 발생한다. 공감은 – 갈등에도 불구하고, 그리고 갈등 덕분에 – 확산되는 경향이 있는 근본적인 사회관계이다. 일방향적인 혹은 상호적인 관계들을 확산시킴으로써, 그리고 사람들 사이의 접촉들을 증대시킴으로써, 모방은 오로지 공감을 강화하고 퍼뜨린다. "인간에 대한 인간의 공감의 감정은 한 인간을 다른 인간과의 투쟁 속에 놓는 접촉들에서 생겨나고, 모든 사회관계들에서 자양분을 얻는다."28 현대 기업들의 관리양식들에서 일어난 변화들은, 대중들/고객들의 구축과 포획 전략들처럼, 우리가 어떤 발명을 통제하거나 명령할 수 없다는 사실을, 그리고 신뢰, 공감, 사랑이 지성들의 협력의 조직(화)에 매우 유리하다는 사실을 고려해야 한다.

혼성, 마주침, 간섭

공감, 신뢰, 상호적인 소유는 세계 및 자아 구성의 전제조건들이다. 왜냐하면 차이란 지성들 사이의 협력의 동력이기 때문이다. 차이는 자유주의적 이론들 및 실천의 진화론적 원리들인 경쟁 및 모순과

---

27. *Ibid.*, pp. 377~8.
28. *Psychologie économique*, II, p. 40.

는 다른 방식으로 작동한다. 차이는 공감적인 공동-생산, 신뢰, 사랑을 통해서 자신의 창조와 구성의 힘을 펼치는 것이지, 행동하고 조정하는 이기주의를 통해서 그렇게 하는 것은 아니다. 두 개의 반대되는 맥락들은 하나의 다른 하나에 대한 결정적인 승리에 의해서만 자기들의 모순을 넘어서는 한편, 두 개의 서로 다른 맥락들은 혼성에 의해 자기들의 이질성을 결합한다. 차이의 논리학의 비옥함(fertility)은 이질적인 힘들을 마주치게 만들 수 있는 그것[차이의 논리학]의 역량의 결과물이자, 반대들의 논리에 의해 대립하지 않는 힘들을 공동-생산하고 공동-변형시킬 수 있고, 오로지 가능한 세계들의 자율적이고 독립적인 **계열**들의 논리학을 가지고 스스로를 전개시킬 수 있는 역량의 결과물이다.

이러한 개념적 차이는 우리가, 타르드와 함께, 공동-생산을 창조의 진정한 과정으로, 차이의 계열들의 혁신적인 혼종으로 간주한다면 보다 근본적으로 다시 드러난다. 공동-생산은 구성의 과정이 그것의 주변을 순환할 뿐인 발명과 이루는 적합성을 의미하지 않는다. 발명하는 것은, 역으로, 힘들을 변형시키고, 그것들을 다른 힘들과 결합시키는 것이다. 타르드는 발명-변형 짝에 갈등을 해결할 수 있는 역량을 할당한다. 왜냐하면 그것은 매개나 관례[대표자]라는 수단에 의해서가 아니라, 힘들이 그들의 관계들의 새로운 '변조'를 공동-생산하고 그것들이 스스로를 상호적으로 사용하도록 허용하는 '아직 포장되지 않은 길'(fata viam inveniunt)을 발견하는 **내재성의 새로운 평면**을 확립함으로써, 힘들 사이의 일치(agreement)를 결정하는 데 성공하기 때문이다.

발명이라는 행위 양식의 가장 의미 있는 사례는 생명의 창조이다. 타르드 자신은 새로운 종들의 탄생 안에 발명과 창조 사이의 직접적인 관계를 확립했다.[29] "하나의 **새로운 특정한 계획** 위에서 일치를 이루고자 하는 (교류하는) 두 개의 유전적 광선들의, 두 개의 선들의, 만남과 간섭이 존재한다. 다시 말해, 수정된 배종(胚種) 안에서 두 개의 서로 다른 — 그러나 전혀 반대되는 것이 아닌 — 계승적 세대들의 계열들은 하나의 총체(ensemble)를 열어젖히고, 그것들은 **새로운 조화**의 생산 속에서, 공통적인 유형의 새로운 **변조**의 생산 속에서 공동-변형된다."[30]

그와 반대로 실존을 위한 대립, 투쟁은 새로운 유형들의 이러한 발명적 유효성을 갖지 못한다. 그것들은 새로운 특정한 계획을, 새로운 변조를 끌어내지 못한다. 그것들은 스스로를 이미 창조된 유형들의 정화(淨化)와 방어에 한정짓는다. 발명은 그러므로 하나의 협정, 평화 조약이나 협약이 아니다. 그것은 하나의 균형, 평형상태나 상호 중립 상태가 아니다. 그것은 무언가 새로운 것을 창조함에 따라 그와 동시에 힘들을 위한 새로운 용도들(uses)을 발명하는 발명-힘이다. 자본주의는 바로 이러한 발명과 반복의 존재론을 갖고서 그 자신을 측정해야만 한다.

---

29. G. Tarde, *L'Opposition universelle*(Paris: Les empêcheurs de penser en rond, 1999), p. 287.
30. *L'Opposition Universelle Les Empêcheurs de Penser en Rond*, p. 136.

비물질노동과 주체성*

마우리찌오 랏짜라또·안또니오 네그리 | 김상운 옮김

비물질노동의 헤게모니로

지난 20여 년간 대공장에서 일어난 구조조정[재구조화]은 결국 가공할 만한 역설로 귀착된다. 사실 이것은 포드주의적 노동자가 패배했다는 증거인 동시에, 포스트포드주의 모델의 변종들을 구성하고 있는, 즉 생산 속에서 더욱더 지성화된 산 노동의 중심성을 승인하는 증거이기도 하다. 구조조정을 한 대기업에서 노동자의 노동이란, 상

---

* Maurizio Lazzarato·Toni Negri, 'Travail immatériel et subjectivité', *Futur antérieur*, no. 6(été, 1991).

이한 수준들에서, 다양한 대안들 사이에서 선택할 수 있는 능력을, 따라서 특정 결정들에 대한 책임감을 점점 더 포함하는 노동이다. 커뮤니케이션 사회학에서 사용되는 '인터페이스'(interface)라는 개념은 노동자의 그러한 활동(activité)을 잘 설명해 준다. 상이한 기능들 사이의, 다양한 장치들 사이의, 위계제 수준들 사이의 인터페이스. 오늘날 새로운 관리규정이 가리키고 있듯이, '작업장으로 내려가야만 하는 것은 노동자의 정신(âme)이다.' 조직되고 통제되어야 하는 것은 바로 노동자의 인격성, 노동자의 주체성이다. 노동의 질과 양은 노동의 비물질성을 축으로 하여 재조직되어야만 한다. 노동자의 노동이 통제의 노동으로, 정보관리의 노동으로, 주체성의 투여를 필요로 하는 결정능력의 노동으로 이처럼 변형된 것은, 공장 내부의 위계제 속에서는 노동자가 지닌 기능에 따라 상이한 방식으로 노동자들에게 여파를 미치지만, 그러한 변형은 이후에는 마치 비가역적인 과정인 양 일어나게 된다.

우리가 노동자의 노동을 주체성을 가리키는 추상적 활동으로 정의한다면, 그 때 우리는 [있을 수 있는] 모든 오해를 피해야만 한다. 이러한 생산적인 활동 형태는 단지 숙련노동자의 속성인 것만은 아니다. 오히려 중요한 것은 오늘날 노동력이 지닌 **사용가치**와, 보다 일반적으로 탈산업사회 안의 모든 생산적 주체의 활동 형태가 지닌 **사용가치**이다. 숙련노동자의 '소통 모델'은 이미 결정되어 있고, 구성되어 있으며, 그 잠재력(potentialité)도 이미 명확히 규정되어 있다고 말할 수 있다. 이에 반해, 청년 노동자, '임시' 노동자, 청년 실업자의 소통 모델에서는 순수한 **잠재성**(virtualité), 즉 아직 결정되지 않았으면서도, 이미 탈산업적인 생산적 주체성이 지닌 모든 특성을 가진 능력(capacité)이 발견된다. 그러한 능력의 잠재성은 무의미하지도 무역사적이지도 않다. 오히려 그것은 포드주의 노동자의 '노동에 반대하는 투쟁'의 역사적 기원들로서 존재하는 개방과 잠재력의 문제이고, 우리 주변에서 일어나는 사회화 과정, 문화적 형성(formation), 그리고 문화적 자기가치증식의 문제이다.

노동의 이러한 변형은 우리가 생산의 **사회적** 주기를 검토할 때 보다 분명하게 나타난다. ('분산된 공장', [다시 말해 한편으로는 탈중심화된 노동조직, 다른 한편으로는 3차 산업화의 상이한 형태들.) 바로 여기에서 우리는 과연 어떤 지점에서 비물질노동의 주기가 생산의 전 지구적 조직화 속에서 전략적 역할을 하게 되지를 가늠할 수 있다. 모든 3차 산업 활동과 마찬가지로, 인간 자원이 행하는 연구, 구상, 관리(gestion) 활동은 정보전산망 내에서 서로 교차하고 배열되며, 그것들을 통해서만 생산 주기 및 노동 조직화가 설명된다. 과학적 노동의 산업적, 3차 산업적 노동으로의 통합은 생산성의 주요 원천 가운데 하나가 되며, 그러한 통합은 극히 엄밀하게 검토했을 때 바로 이 통합을 조직했던 생산주기 전체를 관통한다.

따라서 우리는 다음의 테제를 제시하려고 한다. 비물질노동의 주기는 자신의 노동 자체를, 그리고 기업과 맺는 관계 자체를 조직할 수 있는 **사회적**이고 **자율적인** 노동력에 의하여 미리 구성된다. 오늘날 어떠한 '노동의 과학적 조직화'도 기업의 모든 능력의 토대를 구성하는 사회적이며 생산적인 수완(savoir-faire) 및 창의력을 미리 규정할 수 없다.

이러한 변형은, 1970년대 동안 분명하게 드러나기 시작했다. 물론 이 시기는 이전의 구조조정 국면에서 자본가가 다시 주도권을 쥐는 것에 맞서면서 노동자 투쟁 및 사회적 투쟁이 과거 10여 년 동안 쟁취했던 자율성의 공간을 공고히 했던 시기이다. 자율성의 공간과 비물질노동조직이 거대산업에 종속되는 것('재집중화 과정')은 이후의 구조조정 국면 (즉 포스트포드주의 생산양식의 출현) 동안에도 바뀌지 않았지만, [이것들의] 노동의 새로운 특질로 인식되고 평가된다. 비물질노동은 극히 명확한 방식으로 주도적인 것이 되는 경향이 있다.

그러나 노동에 포함된 변형을 이처럼 사회학적으로 서술하는 것으로 충분할까? 소통 모델을 통해 그 사용가치를 쉽게 이해할 수 있는 수완 및 창의력을, 노동력에 관한 이러한 정의가 더 풍부하게 만들 수 있다는 것은 과연 철저한 것일까? 사실, 우리가 포스트포드주의 사회의 발전 속에서 그 조건들을 제대로 규정하려면 [다음과 같은] 우리의 테제를 입증해 나가야 할 것이다.

1. 노동은 완전히 비물질노동으로 변형되며, 노동력은 '대중의 지성'으로 변형된다. (맑스가 '일반지성'이라고 부른 것이 지닌 두 가지 측면)
2. '대중의 지성'은 사회적으로, 정치적으로 주도적인 주체가 될 수 있다.

첫 번째 문제의 경우는 이에 대해 대답할 수 있는 기본적인 요소들이 이미 존재하며, 부분적으로는 최근의 노동사회학 및 과학의 발전에 의해 규정된다. [그러므로] 지금은 두 번째 문제를 논하는 것만이 남았다.

'대중의 지성'과 새로운 주체성

두 번째 질문에 답하기 위해서 우리는 여기에서 맑스의 『요강』에 있는 몇 구절을 인용해야겠다.

> 대공업이 발전하면서, 결과적으로 대공업의 토대인 타인 노동시간의 전유는 더 이상 부를 구성하거나 창출하지 못하게 된다. 이와 마찬가지로 직접적인 노동도 더 이상 생산의 기초가 되지 못한다. 왜냐하면 그것은 본질적으로 감시하고 규제하는 것으로 이루어져 있는 활동으로 변형되기 때문이다. 그리고 생산물은 더 이상 직접적인 개별노동자에 의해 창출되지 않게 되며, 오히려 사회적 활동의 **결합**이 생산자의 활동으로 나타난다.(『요강』, 제2권, 226~7쪽; 독어판, 596~7쪽)[1]

대공업이 발전함에 따라 실질적인 부의 창출은 노동시간 및 이용된 노동량보다는 노동시간 동안에 작동한 행위자들(agents)의 역량에 의존한다. 그리고 이러한 행위자들의 강력한 효율성은 그 자신의 생산에 소요되는 직접적 노동시간과는 아무런 관계가 없다. 오히려 이것은 과학의 일반적

---

[1] [옮긴이] "대공업의 발전과 더불어 대공업이 기초하는 토대인 타인 노동시간의 점취가 부를 구성하거나 창출하기를 중지하는 것과 마찬가지로, 이 발전과 더불어 직접적인 노동은 한 측면에서 보면 보다 더 감독하고 규율하는 활동으로 전환됨으로써 생산의 그러한 토대이기를 중지한다. 그러나 또한 생산물이 분산된 직접적 노동의 생산물이기를 중지하고 오히려 사회적 활동의 **결합**이 생산자로 나타나기 때문이기도 하다."(칼 맑스, 『정치경제학 비판 요강 II』, 김호균 옮김, 백의, 2000, 385쪽.)

상태와 기술 진보 또는 이 과학의 생산에의 응용에 좌우된다.(『요강』, 제2권, 220~1쪽; 독어판 592쪽)2

노동시간 – 단순한 노동량 – 이 자본에 의해서 유일한 결정원리로 설정되는 데 비례해서, 직접 노동과 그것의 양은 더 이상 생산 – 사용가치의 창출 – 의 결정원리로 존재하지 않게 된다. 또 이것은 양적으로는 보다 낮은 비율로 축소될 뿐만 아니라, 비록 필수불가결한 것이기는 하지만 질적으로도 부차적인 계기로 나타난다. 다시 말해서 이것은 일반적인 과학적 노동, 자연 과학의 기술적 응용에 비해서 부차적인 계기로 나타날 뿐만 아니라 총생산의 사회적 조직화[구조]로부터 유래하는 – (비록 역사적 산물이지만) 사회적 노동의 천부적 재질로 현상하는 – 일반적 생산성에 비해서도 부차적인 계기로 나타난다. 그리하여 생산을 지배하는 힘으로서의 자본은 자기자신의 해체에 종사한다.(『요강』, 제2권, 215쪽; 독어판, 587~8쪽)3

이러한 변환에서 생산과 부의 커다란 지주(支柱)로 나타나는 것은 인간이 수행하는 노동시간도 아니고, 그가 수행하는 직접적 노동도 아니며, 그 자신의 일반적인 생산력의 전유, 그의 자연 이해, 그를 하나의 사회적 신체

---

2. [옮긴이] "대공업이 발전함에 따라 실제적 부의 창조는 노동시간 및 이용된 노동량보다는 노동시간 동안에 운동되고 다시 그 자신의 생산에 소요되는 직접적인 노동시간과 비례 관계에 있지 않은 작동인자들의 권력 – 이들의 강력한 효율성 – 에 의존하고, 오히려 과학의 일반적 상태와 기술진보 또는 이 과학의 생산에의 응용에 좌우된다."(같은 책, 380쪽).
3. [옮긴이] "노동시간 – 단순한 노동량 – 이 자본에 의해서 유일한 가치 규정적 요소로 정립되는 데 비례해서, 생산 – 사용가치의 창출 – 의 규정적인 원칙으로서의 직접적인 노동과 그것의 양은 사라지고, 양적으로 보다 적은 비율로 낮아질 뿐만 아니라 질적으로도, 비록 필수적이지만, 한편으로는 일반적인 과학적 노동, 자연 과학의 기술적 응용에 비해서 부차적인 계기로 나타날 뿐만 아니라 총생산에서의 사회적 구조로부터 유래하는 – (비록 역사적 산물이지만) 사회적 노동의 천부적 재질로 현상하는 – 일반적 생산력[에 비해서도 부차적인 계기로 나타난다. 그리하여 자본은 생산을 지배하는 형태로서의 자기자신의 해체에 종사한다."(같은 책, 374쪽).

(un corps social)로 구성했던 능력, 즉 자연을 지배할 수 있는 그의 능력이다. 한마디로 말해 생산과 부의 지주(支柱)로 나타나는 사회적 개인의 발전인 것이다. 현재의 부가 기초하고 있는 타인 노동시간의 절도는 새롭게 발전된, 대공업 자체에 의해 창출된 이 기초에 비하면 보잘것없는 것으로 나타난다. 직접적인 형태의 노동이 더 이상 부의 위대한 원천이 아니게 되면서 곧장 노동시간도 더 이상 부의 척도가 아니게 되며 또 아니어야만 한다. 그리고 교환가치 역시 더 이상 사용가치의 척도가 아니게 된다. 대중의 잉여노동이 더 이상 일반적 부의 발전을 위한 조건이 아니게 되듯이, 소수의 바노동도 인간 두뇌의 일반적 힘들의 발전을 위한 조건이 아니게 된다. 이에 따라 교환 가치에 입각한 생산은 붕괴하고 직접적인 물질적 생산 과정 자체는 초라하고 비참하며 반복하는 형태에서 벗어난다. 바로 이것이 개성(individualités)의 자유로운 발전이다. 따라서 중요한 것은 잉여노동을 정립하기 위해 필요노동시간을 축소하는 것이 아니라, 오히려 사회의 필요노동을 최소수준으로, 전반적으로 축소하는 것이다. 이러한 축소에 힘입어 개인들은 결국, 모든 개인들이 자유롭게 이용할 수 있게 된 시간과 이를 위해 창출된 수단으로 예술적, 과학적 교양 등을 도야할 수 있게 된다. 자본은 한편으로는 노동시간을 최소한으로 축소하기 위해 노력하지만 다른 한편으로는 노동을 부의 유일한 척도이자 원천으로 설정한다는 점에서, 자본 자신은 여전히 진행 중인 모순이다. 자본은 노동시간을 잉여노동의 형태로 증대시키기 위해서 필요노동의 형태를 축소하며, 따라서 갈수록 잉여노동시간을 필요노동시간을 위한 조건 – 사활이 걸린 문제 – 으로 설정한다. [요컨대] 자본은 한 측면에서 보면 부의 창출을 그것에 이용된 노동시간에 대하여 (상대적으로) 독립시키기 위해 사회적 협력[협동] 및 사회적 교류뿐만 아니라 과학과 자연의 모든 힘을 소생시킨다. 다른 측면에서 보면 자본은 이렇게 창출된 거대한 사회적 힘들을 노동시간으로 측정하고자 하며, 이미 생산된 가치를 가치로 유지하기 위해

필요한 한계 안에 이 사회적 힘들을 묶어두고자 한다. 사회적 개인의 발전이 지닌 상이한 측면들인 생산력과 사회적 관계들은, 자본에게는 그저 수단, 즉 [자본의] 협소한 기초를 생산하기 위한 수단으로만 보일 뿐이다. 그러나 사실은 바로 이것들이 [자본의] 이 기초를 날려버릴 물질적 조건이다.(『요강』, 제2권, 221~3쪽; 독어판 592~4쪽)[4]

이 구절들은 우리의 논증이 근거하여 전개되는 그런 역설의 일반적 경향을 규정한다. 그 과정은 다음과 같다. 한편으로, 자본은 노동력을 생산과정에 더욱더 종속시킴으로써 [노동력을] '고정자본'으로

---

4. [옮긴이] "이러한 변환에서 생산과 부의 커다란 지주(支柱)로 나타나는 것은 인간 스스로 수행하는 직접적인 노동도 아니고, 그가 노동하는 시간도 아니며, 그 자신의 일반적인 생산력의 점취, 그의 자연 이해, 사회적 형체로서의 그의 현존에 의한 자연 지배 — 한마디로 말해 사회적 개인의 발전이다. 현재의 부가 기초하고 있는 타인 노동시간의 절도는 새롭게 발전된, 대공업 자체에 의해 창출된 이 기초에 비하면 보잘것없는 것으로 나타난다. 직접적인 형태의 노동이 부의 위대한 원천이기를 중지하자마자 노동시간이 부의 척도이고 따라서 교환가치가 사용가치의 [척도]이기를 중지하고 중지해야만 한다. 대중의 잉여노동이 일반적 부의 발전을 위한 조건이기를 중지했듯이, 소수의 비노동도 인간 두뇌의 일반적 힘들의 발전을 위한 조건이기를 중지했다. 이에 따라 교환 가치에 입각한 생산은 붕괴하고 직접적인 물질적 생산 과정 자체는 곤궁성과 대립성의 형태를 벗는다. 개성의 자유로운 발전, 따라서 잉여노동을 정립하기 위한 필요노동시간의 단축이 아니라 여기에는 모든 개인들을 위해 자유롭게 된 시간과 창출된 수단에 의한 개인들의 예술적·과학적 교양 등이 조응한다. 자본 자신은 노동시간을 최소한으로 단축하기 위해 노력하는 반면, 다른 한편으로는 노동을 부의 유일한 척도이자 원천으로 정립함으로써 진행되는 모순이다. 따라서 자본은 노동시간을 잉여노동의 형태로 증대시키기 위해서 필요노동의 형태를 감소시킨다. 따라서 갈수록 잉여노동시간을 필요노동시간을 위한 조건 — 사활 문제 — 으로 정립한다. 요컨대 자본은 한 측면에서 보면 부의 창출을 그것에 이용된 노동시간에 대하여 (상대적으로) 독립시키기 위해 사회적 결합 및 사회적 교류뿐만 아니라 과학과 자연의 모든 힘을 소생시킨다. 다른 측면에서 보면 자본은 이렇게 창출된 방대한 사회력들을 노동시간으로 측정하고자 하며, 이미 창출된 가치를 가치로 유지하기 위해 필요한 한계 안에 이 사회력들을 묶어두고자 한다. 생산력과 사회적 관계들 — 양자는 사회적 개인의 발전의 상이한 측면들이다 — 이 자본에게는 수단으로만 나타나며, 자본을 위해서는 그것의 협소한 기초에서 출발해서 생산하기 위한 수단일 뿐이다. 그러나 사실 그것들을 이 기초를 공중에서 폭파하기 위한 물질적 조건이다.(같은 책, 380~2쪽.)

환원시킨다. 다른 한편으로 자본은 그러한 총체적인 종속을 통해 생산의 사회적 과정이 지닌 근본적인 행위자가 (일반적인 과학적 노동의 형태 하에서든지 또는 사회적 활동과의 관련 형태, 즉 **협력**하에서든지) 오늘날 '**일반적인 사회적 지식**'으로 되는 것을 보여준다.

주체가 생산과 맺는 관계 속에서 주체의 근본적 변형에 관해 맑스가 물었던 것처럼, 주체성의 문제 역시 바로 그러한 토대 위에서 제기될 수 있다. 주체가 생산과 맺는 관계는 더 이상 자본에 대한 단순한 종속관계인 것이 아니다. 반대로 그 관계는 자본에 의해 부과된 노동시간의 독립성의 측면에서 설정된다. 두 번째로 그 관계는 착취에 대한 자율성(autonomie)의 측면에서, 즉 **향유**(*jouissance*) 능력으로 나타나는 생산적, 개인적, 집단적 능력으로서 설정된다. 바로 여기에서, 비물질노동력의 활동을 설명하기에는 고전적 노동 범주가 절대적으로 불충분하다는 점이 드러난다. 비물질노동의 활동에서는 노동시간을 재생산시간이나 생활시간과 구별하기는 더욱더 어려워진다. 사람들은 생산시간과 향유시간을 분리하는 것이 거의 불가능한 총체적 생활시간(un temps de vie global) 앞에 놓여 있다고 생각한다. 그러므로 또 다른 맑스적 직관에 따르면, 푸리에의 공로는 노동과 향유를 대립시키지 않은 것에 있다.

그것을 달리 표현하자면, 노동이 비물질노동으로 변형된다고 한다면, 또 비물질노동이 생산의 근본적인 토대라는 점이 인식된다면, 그 과정은 단지 생산뿐 아니라 '재생산-소비' 주기의 전체 형태에도 투여된다고 말할 수 있다. 비물질노동은 주체성의 재생산형태 속에서 재생산되는 것이지 착취형태 속에서 재생산되는 것은 아니다. (그리고 비물질노동은 사회를 재생산하지 않는다.)

경제주의적 용어로 이루어지는 맑스주의 담론의 발전은 경향이 지닌 가공할 만한 효과성을 인식하지 못하게 한다. [이와는 정반대로,] 경향은 우리가 그 안에서 살아가고 있으며 새로운 주체성을 구성하는 요소들을 발전시키고 있는 자본주의 발전국면이 지닌 접합들 전체를 인식하게 한다. 그 요소들 가운데 생산의 자본주의적 조직화에 대항한 생산적 활동의 **독립성**과, '대중의 지성'이라고 부르는 것을 둘러싼 **자율적 주체성의 구성과정**이라는 두 가지를 강조하는 것만으로 충분하다.

무엇보다도 우선, 자본주의적 지배와 관련하여 지성적 노동력과 비물질노동력으로서의 노동력의 독립성이 증가한다. 포스트포드주의적 공장과 탈산업적 생산사회 속에서 생산적 주체들은 경향적으로, 자본주의적 기업 활동 이전에, 그리고 이것과 무관한 방식으로 구성된다. 공장, 사회적 공장, 3차 산업 활동 속에서 사회적 노동의 사회적 협력은, 기업가의 기능이 이것[사회적 노동의 사회적 협력]의 원천이 되고 이것을 조직하는 것이라기보다는, 오히려 그 반대로 오히려 기업가의 기능이 이것에 적응해야만 하는 어떤 독립성을 나타낸다. 이러한 기업가의 기능, '자본의 인격화'는 공장, 사회적 공장 그리고 3차 산업 속에서 노동의 사회적 협력의 전제가 되기는커녕, 오히려 그러한 협력의 독립적인 접합(articulation)을 승인하고 그것에 적응해야만 하는 것이다.

사회에 대한 자본주의적 통제가 총체적이 되는 바로 그 때에, 자본주의적 기업가는 자신이 지닌 구성적 특징이 순수하게 **형식적**이 된다는 것을 안다. 사실 생산과정의 내용은 점점 더 또 다른 생산양식, 즉 비물질노동의 사회적 협동에 속하기 때문에, 자본주의적 기업가는 그 후로는 생산과정의 외부에서 통제와 감시 기능을 행한다. 통제의 시대, 즉 생산의 모든 요소들에 대한 통제가 자본가들의 의지와 수완에 종속되던 시대는 끝난다. 노동이 점점 더 자본을 규정하게 되는 것이지, 그 역은 아니다. 오늘날 기업가는 노동과정의 생산적 조건들을 집결시키기보다는 오히려 기업의 착취에 필요한 정치적 요소들을 집결시키는 데 몰두해야만 한다. 이 정치적 요소들은, 탈산업적 자본주의의 역설을 따라, 그 자신의 기능으로부터 점차 독립된다. 여기서 우리는 자본주의적 지배가 어떻게 자신의 '독재'를 행사하며, 그 발전 국면 속에서 결과들이 어떠한지를 강조하지는 않겠다.

둘째로, 주체성이라는 주제에 접근해 보자. 이에 관하여, 우리는 이 질문이 부차적이라고 답하는 경향이 있다. 그러나 분명 그렇지는 않다. 왜 1968년 이후 학생들은 사회의 더욱 큰 '일반 이익'과 영속적인 방식들을 대표하는 경향으로 나아가고 있는가? 왜 노동자운동과 노동조합들은 종종 자신들이 운동을 통해 만들어낸 돌파구 속에서 헤어나지 못하는가? 아무리 짧고 비조직적인 것일지라도, 왜 투쟁은 '즉각적으로' 정치적 수준에 도달하는가? 그러한 질문에 답하기 위해, 새로운 계급구성의 '본질'(vérité)은 학생들 사이에서 더욱 분명하게 나타난다는 사실을 고려하는 것이 필요하다. ― 그 즉각적인 본질은, 새로운 계급 구성의 주체적인 발전이 아직 권력의 마디(articulation)에 포획되지 않은 방식으로, '발생기 상태'(état naissant)에 주어지는 것이다. 자본의 상대적 자율성은 학생들, 즉 산 노동을 잠재적 상태로 재현하는 사회집단으로 이해될 때의 학생들 속에서 적대의 새로운 영역을 표시하는 능력을 결정한다. '대중의 지성'은 '임노동에 대한 저주'를 거칠 필요가 없이 구성된다. '대중의 지성'에 닥친 불행은 지식을 착취하는 것과 관련되어 있는 것이 아니라 '대중의 지성'이 지식의 형태로 집약시킬 뿐만 아니라 특히 **사회적 실천의**, 현실 생활과정의 직접적 기관으로서 집약시키는 생산적 역량과 관련되어 있다. 맑스주의적 정의에 따르면, '모든 결정을 할 수 있는 추상', 즉 그 사회적 토대에 대한 가능한 추상은 기획의 자율성을 확인해 주며, 이때의 확인은 전적으로 적극적이며 대안적이다.

여기에서 우리가 학생들에 관해 말할 때, 학생들이 구성한 사회집단 위에서, 그리고 사회적 구성의 변형에 부합하는 대안을 보여주는 학생들의 투쟁 위에서, 모범이 구성된다고 주장한다. 대안적인 기획은 직접성과 비결정성 속에서가 아니라, 그와는 반대로 계급구성의 내적 결정들을 분절하고 작동하게 만드는 능력 위에서 정립된다. 그러나 어쨌든 그 모범은 매우 중요한데, 왜냐하면 그것은 주도적이게 되는 비물질노동의 경향에, 그리고 그것에 극히 고유한 주체화 양식에 기초해 있기 때문이다.

새로운 노동규정에 대한 철학적 반향들

일련의 현대 철학적 입장들은 모두 그 나름의 방식으로, 맑스 – 그가 정교화하기 시작한 분석 – 를 따르면 자본의 사회가 향하고 있는 것, 즉 비물질노동 개념과 새로운 주체 개념에 접근하는 경향이 있다. 진정한 인식론적 단절이 이루어진 것은 1968년 5월경이다. 알려진 어떤 혁명모델과도 닮지 않은 이 혁명은 권력과 주체에 대한 완전히 새로운 '형이상학'을 내포한 현상학을 드러내 보인다. 저항과 봉기의 중심은 노동조직 및 사회적 분업과의 관계에 따라 '복수적'이고 '이질적'이며 '횡단적'이다. 권력관계에 관한 정의는 사회적 주체로서 '자기자신의 구성'에 종속된다. 그 시대를 열고 막을 내리게 한 학생운동과 여성운동은 그 형태와 내용들 속에서 권력문제를 피할 수 있을 것 같은 정치적 관계를 특징짓는다. 현실적으로 그 운동들은 노동을 거칠 필요가 없었듯이, (아무리 사람들이 정치에 의해 맑스의 정의에 따른 '우리와 국가를 분리하는 것'을 이해할지라도) 더 이상 정치를 거칠 필요가 없다.

결국 새로운 주체성과 그것을 구성하는 권력관계의 귀결은 맑스의 '일반지성'을 재독해하는 것으로 나타나는 사회과학과 철학에서의 새로운 분석관점들의 토대를 구성한다. 우리는 프랑크푸르트학파의 계보 속에서 이 구절에 대한 두 가지 해석을 발견할 수 있다. 우선 하버마스는 주체 사이의 언어, 소통과 윤리학을 '일반지성' 및 새로운 주체의 존재론적 주춧돌로서 파악하지만, 주체화 과정 그 자체의 초월론적 형식에 관한 정의를 통해 주체화 과정이 지닌 창의성을 차단한다. 다른 한편, 크랄(H. J. Krahl)은 비물질노동의 출현 및 이것의 혁명적 주체로의 변형 사이에서 행해지는 사회적 구성에 관한 이론을 정교화하기 위해 노동의 새로운 특질을 강조한다. 어쨌든 [이 두 가지 해석 모두는] 새로운 계급구성이 지닌 새로움을 강력하게 긍정한다.

이탈리아에서 1970년대 말까지 지속되었던 1968년 운동의 영속성은, 이미 1960년대 동안 강력하게 구성된 비판적 맑스주의의 전통이 혁명과정에 대한 변증법적 해석과 단절하게끔 만들었다. 정치적·이론적 목표가 된 것은, 비물질적 생산조건 속에서 주체의 적극적이고 자율적인 배치로 이해된 프롤레타리아 '자기가치화' 운동이 지닌 분리라는 규정이다.

그러나 우리가 여기서 특히 관심이 있는 것은, 노동 분석의 새로운 차원이 맑스와는 완전히 무관한 방식으로, 어떻게 푸코의 작업 속에서 존재할 수 있는가를 연구하는 것이다 – 푸코는 맑스를 완전히 경제주의적 해석에 따라 읽은 것처럼 보인다. 우리가 여기서 관심이 있는 것은 '자기자신과의 관계'에 관한 푸코적 발견을 권력과 지식의 관계가 지닌 독특한 차원으로서 고려하는 것이다. [푸코의] 1970년대의 강의 및 이후의 저작들 속에서 제시된 차원은 '대중의 지성성'의 구성을 가리키고 있는 분석이다. 자율적 주체화 과정이 자신의 힘을 부과하기 위해서 봉급 노동의 조직화를 거칠 필요가 없듯이, '대중의 지성'도 독립적으로 구성된다. '대중의 지성'은 자신이 지닌 자율성이라는 토대 위에서만 자본과 관계를 구축한다. 이러한 접근방법은 이후 들뢰즈의 작업 속에서 더 깊이 연구된다. 들뢰즈에게 중요한 것은 주체에 부과된 소통적 인터페이스가 어떻게 변형되는가를, 또 이것이 어떻게 활동 내부에 (관계의 외부에) 끼어드는가를 이해하는 것이다. 다시 말해서 권력관계 밖에서부터 역량 생산의 내부로 이르는 방식을 이해하는 것. 이 형이상학적 주제를 접한다는 것은 『요강』 속의 맑스주의적 직관의 중심으로 들어간다는 것을 의미하는데, 『요강』에서 고정자본의 총체는 완전히 **반대로**, 주체성의 생산으로 변형된다.

'일반지성'의 수준에서 '모든 결정을 할 수 있는 비결정성'이 되는 맑스적 노동력 개념은, 들뢰즈와 푸코가 발전시킨 것처럼 **주체성의 자율적 생산**과정이 된다. 절대적인 비결정 요소로서의 주체성은 절대적인 잠재력의 요소가 된다. 따라서 그것은 자본주의적 기업가의 결정적인 개입을 더 이상 필요로 하지 않는다. 자본주의적 기업가는 주체성의 생산과정에 더욱더 외재적이게 된다. 주체성의 생산과정, 다시 말해 생산과정 전체는 자본관계의 '밖에서', 대중지성의 구성적 과정을 '축으로 하여', 즉 노동의 주체화 속에서 구성된다.

새로운 적대 : 탈산업사회 속에서 구성 대안들

노동이 비물질적으로 되어 가는 경향이 있다면, 이러한 경향의 사회적 헤게모니가 '일반지성'의 구성 속에서 드러난다면, 또 이러한 변형이 사회적이고 독립적이며 자율적인 주체를 구성한다면, 이 새로운 주체성이 자본주의적 지배에 대립하도록 만드는 모순은 (사람들이 탈산업사회 속에서 지칭하고자 하는 그러한 방식의) 변증법적인 것이 아니라 처음부터 대안적이다. 다시 말해 우리에게 자율적인 동시에 주도적인 것처럼 보이는 이러한 노동형태는 이제는, 존재하기 위해서 자본 및 자본의 사회질서를 더 이상 필요로 하지 않으며, 오히려 직접 자유롭고 구성적이라고 자처한다. 이 새로운 노동력이 변증법적 관계의 내부에 한정되지 않는다고 말할 때, 이것이 자본과의 관계에서 적대적인 것만은 아니라고 말할 때, 이것은 적대를 넘어서 있는 동시에 대안이며, 또한 이것은 상이한 사회적 현실을 구성한다. 적대는 구성 권력의 형태, 즉 현존하는 권력 형태들에 대한 대안으로서 나타나는 구성 권력의 형태로 제시된다. 대안은 독립적인 주체들의 과업이다. 다시 말해서 대안은 권력의 수준에서가 아니라 역량의 수준에서 구성된다. 적대는 모순 영역에 남아 있는 한 해결될 수 없으며, 독립적이며 자율적인 구성으로 나아갈 수 있을 것임에 틀림없다. 산업사회가 지닌 오랜 적대는 적대적인 주체들 사이의 대립에도 불구하고 지속적인 관계를 확립했으며, 결과적으로 '이행'을 적대적 세력들의 승리 쪽에 주어진 권력 상황의 변화라고 생각한다. 탈산업사회 속에서 '일반지성'은 주도적인데, 여기에서는 '이행' 개념이 들어설 여지가 더 이상 없으며, 새로운 근본적 표현으로서 '구성 권력' 개념만이 존재한다. 따라서 적대적인 구성은 더 이상 주어진 자본주의적 관계에서가 아니라 이것과의 단절에 의한 분리에서, 봉급 노동에서가 아니라 이것의 해체에서 시작하는 분리에서, 노동의 형상에서가 아니라 비-노동의 형상이라는 토대 위에서 시작될 수밖에 없다.

 탈산업사회 속에서 우리가 논쟁의 사회적 과정과 대안적 과정들을 (경험적으로 이해한 채) 따라갈 때, 우리의 과학적 관심을 불러일으키는 것은 고용주와 노동자를 서로 대립하게 만드는 모순들이 아니라, 대안적 주체성을 구성하는 노동자들의 독립적인 조직을 구성하는 자율적 과정이다.

 따라서 현실적인 적대의 확인은 운동들을, 그 의미들을, 새로운 구성 권력의 내용을 확인하는 데 종속된다.[5]

혁명 개념 자체가 수정된다. 혁명이 근본적 단절이라는 그 특성을 잃는 것이 아니라, 오히려 [혁명이라는] 근본적 단절이, 그 효력을 발휘함에 있어서는 주체들의 존재론적 구성이라는 새로운 규칙, 역사적 과정 속에서 조직된 주체들의 역량에 종속되는 것이며, 이것이 실재하기 위해서는 그 자신의 힘 이외의 다른 어떤 것도 필요로 하지 않는 주체들 자신의 조직화에 종속되는 것이다.

탈산업사회 속에서 혁명과정을 고찰하는 이러한 방식에 반대하는 반박들을 애써 무시하지 않고, 오히려 여기에서 그것들에 관해 설명해 보겠다. 첫 번째 반박은 고대적 형태의 노동이 여전히 우리 사회 속에서 매우 중요하다고 주장한다. 두 번째 반박은 자본주의적 변증법이 세계 전체를 가로질러 그 최종 결과물을 생산하는 바로 그 지역에서만 '일반지성' 형태의 노동이 주도적으로 되는 경향이 있다고 주장한다. 이러한 반박들이 지니고 있는 아주 정확한 특성들은 변화의

---

5. 사회적 갈등에서 이 일반적인 사항들을 발견하기 위해 '노동자 조사'에 착수한다면, 포스트포드주의 모델의 출현과 일치하며, 우리가 그것의 주요 특징들을 다음과 같이 정의할 수 있는 투쟁의 주기를 찾아낼 수 있을 것이다. (1) 주체적 수준에서 투쟁이 조직되는 것은 투쟁의 결과가 아니라 그것의 전제조건이다. (2) 투쟁은 결코 그것의 지도를 노동조합에서 끌어내야만 하는 급진화된 투쟁은 아니다. (3) 모든 제도적 장소들과 마찬가지로 노동조합은 적인 동시에 소통의 장소로 간주된다. 모든 조합적 조작 및 정치적 조작을 거부하는 것에는, 사실상 조합적 회로 및 정치적 회로에 대한 (아무 문제없는) 활용이 덧붙여진다. (4) [투쟁] 목표의 결정은, 봉급 이외에도, 각자가 실행하는 사회적 기능의 존엄성에 대한 긍정, 각자가 다른 것에 의해 대체될 수 없다는 특성에 대한 인정 및 사회적 필요에 따른 각자의 보수에 대한 인정이 요구된다는 사실에 의해 특징지어진다. (5) 노동조합 및 당의 대표 능력에 대한 뿌리 깊은 불신을 표현하는 정치에 대한 거부, 반대로 운동이라는 행위가 오로지 정치적인 것만이 [각 사안을] 결정할 수 있는 문턱에 다다랐기 때문에, 정치적인 것과 관계를 맺어야 할 필요성. 새로운 운동들은 그 안에서 권력이 다시 정의되는 장소가 될 필요가 있다고 느낀다. 결국 거기에 비물질노동 및 가능한 정치적 재구성을 둘러싼 정치적 주체의 구성의 첫 번째 표시가 있다.[번호는 옮긴이가 내용의 명확한 전달을 위해 임의로 붙인 것이다.]

역량을 결코 부정하지도, 평가절하하지도 않는다. 새로운 노동 형태, 즉 혁명적이고 구성적인 노동이 주도적으로 되어 가는 과정이 경향으로서만 나타날지라도, 그리고 경향에 대한 증거 제시가 총체적인 분석과 혼동되어서는 안 된다고 할지라도, 총체적인 분석은 그것이 변화를 지배하는 경향에 의해 명확해지는 한에서만 가치를 지닌다.

지식인, 권력 그리고 소통

맑스가 '노동' 범주를 주체의 존재론적 기반으로 재독해했듯이, 우리는 이 범주를 권력 이론의 기반으로 내세우게 되는데, 이 때의 권력은 자유롭고 독립적인 다른 주체의 행동에 개입하는 자유롭고 독립적인 주체의 능력으로 이해된다. '다른 [사람의] 행동에 대한 행동'이라는 규정은 푸코의 권력에 대한 정의를 따른 것이다. 따라서 비물질노동과 '대중의 지성'이라는 개념은 노동과 향유의 새로운 특질뿐 아니라 새로운 권력관계를, 결과적으로 새로운 주체화 과정을 규정한다.

오늘날 푸코와 들뢰즈의 직관에 비추어 재검토된 사상사 전문가들의 공헌은 근대정치의 구성이라는 세 시기의 셰마(schéma)를 되찾게 만드는데, 이것은 우리의 작업에 유용한 도움이 될 것이다. 첫 번째 시기는 '고전적 정치'의 시대, 또는 권력을 **지배**로서 정의한 시대이다. 여기서 본원적 축적이 지닌 극단적 형태는 고전적이고 엄밀한 사회질서의 입헌적 형태들과 결합한다. 구체제의 사회 및 체제는 '토크

빌주의자'와 헌법에 대한 앵글로색슨적 전통을 옹호하는 자들이 향수에 젖어 말하는 시기의 특징이다.

두 번째 시기는 '정치적 대의제'와 '훈육기술'의 시대이다. 권력은 권리 주체들의 사법적이고 대의제적 권력으로서, 그리고 특이한(singulier) 신체를 속박하는 것으로서, 다시 말해 규범적 기능이 지닌 보편화된 내면화로서 제시된다. 그러나 법과 규범은 토대로서 '노동'을 지니고 있다.

이 시기 내내, 권력의 실행은 노동 속에서 자신의 정당화를 발견한다. 그것이 부르주아지(노동의 사회적 조직화라는 명령의 부과)에게 속하든, (생산조건의 조직자로서의) 자본주의에 속하든, 또는 (노동의 해방으로서의) 사회주의에 속하든 간에 말이다. 이후, 권력의 조직화의 세 번째 시기가 시작된다. [이 시기는] 소통의 정치의 시기, 즉 여전히 **소통** 주체의 통제를 위한 투쟁이거나 **소통** 주체의 해방을 위한 투쟁의 시기이다. 이후에는 주체들의 능동적인 참여를 포함하는 생산의 전반적 조건들의 변형은 '일반지성'을 생산의 주체적인 고정자본으로 간주하고 사회 전체와 그 질서를 객관적 토대로 받아들이며, 권력 형태의 전복을 규정한다.

(사람들이 사회주의의 실패가 아니라 그것의 실현이라고 믿었던 것과 반대로, 있는 그대로의 노동해방의 사회주의적 모델의 위기로서) 서구 공산당과 소비에트 공산주의의 위기, (정치적 형태로서) 대의체제 형태의 위기와 (통제 형태로서의) '훈육기술'의 위기는 '일반지성'의 비-노동 속에서 그 계보학을 발견한다. 만일 '노동' 속에서, 사회조직 속에서, 권력과 그 정당화 형태가 기반과 강제성(cohérence)

을 발견한다면, 오늘날 그 기능들은 따로따로 주어지면서도 적대적인 정당화 형태들과 함께 주어진다. 그것은 사회의 적대적 성격들을 변형시키고 변형시켰던 바로 거기에서 (그리고 정치의 변형 그 자체를 둘러싸고) 시작된다. 그리고 고전적 시기에는 봉기를 통해, 대의체제의 시기에는 재전유를 통해 제시되었던 근본적인 문제제기는, 소통의 정치라는 시기에는 주체의 자율적이고 구성적인 역량으로 제시된다. 주체들의 혁명적으로 되기, 바로 이것은 소통 자체에 의해 통제된 차원에 반대하는 소통의 구성적 적대이다. 다시 말해서 이것은 주체화의 기계들을 해방시키는 적대이며, 현실은 그 뒤에 구성된다. 통제에 반대한 봉기, 소통 기계들의 재전유는 필수적인 작동이기는 하지만 충분하지는 않는 작동이다. 봉기와 재전유가 소통 기계들 내부에서 형성된 주체성의 해방 과정 속에서 구체화되지 않는다면, 이것들은 낡은 국가형태를 새로운 형태로 다시 제기하는 것일 뿐이다. 정치적, 경제적, 그리고 사회적 통일은 소통 속에서 결정된다. 오늘날 혁명 과정은 그러한 통일, 사유, 체험 속에서 구상되고 활성화될 수 있다.

    동일한 방식으로, **지식인**의 형상이 변하는 것도 [위에서] 고찰한 세 시기와 밀접하게 관련되어 있다. 만약 '고전적 정치'의 시기 동안 지식인이 노동과정과 아무런 관계가 없었다면, 또 지식인의 활동이 인식론적 기능 속에서 윤리적으로 행사되기만을 바랬다면 — 이미 '훈육 국면' 동안에 노동과정에 대한 정신노동의 외재성은 부차적이 된다. 그 국면 동안에 지식인은 어쩔 수 없이 '참여'해야만 했다. 그 국면 동안 지식인은, 그 어떤 방향에든 '참여'할 수밖에 없었다. ([쥘리

앵] 방다Benda도 사르트르 못지않게 참여적이었다.) '참여', 이것은 적극적이든 소극적이든 한 계급의 다른 계급에 대한 헤게모니를 결정하는 데 기여하는 아주 중요한 긴장 지점이다. 그러나 비물질노동이 질적으로 일반화되고 경향적으로 헤게모니를 누리게 되는 오늘날의 이 시기에, 지성은 완전히 생산과정의 **내부**에 있다. 지성의 노동을 비본질적인 것으로 되돌려 버린다는 것을 조건으로 삼아 지성의 외재성 전체가 완성된다. 지성의 생산적 일반성 속에서 만일 산업에 적용된 노동이 비물질적이라고 한다면, 이와 똑같은 바로 그 노동은 오늘날 지성의 기능을 특징지으면서, 지성을 생산적 노동의 사회적 기계 속으로 불가항력적으로 끌어들인다. 지성 활동은 구성 속에서, 소통 속에서, 또는 산업 프로젝트 속에서나 여전히 홍보 기법 속에서, 다시 말해서 모든 경우 속에서 행사되는데, 그렇다면 지성은 더 이상 생산기계와 분리되지 않는다. 따라서 지성의 개입은 인식론적 기능 및 비판적 기능으로도, 참여 및 해방 증거로도 축소되지 않는다. 지성이 개입하는 것은 **집합적 배치** 자체의 수준에서이다. 따라서 노동세계의 내부에서 직접 생기는 비판적이고 해방적인 활동이 중요하다. 지성을 고용주 전체의 기생적 권력으로부터 해방시키기 위해서, 우리 존재의 (착취당하는) 성질을 구성하는 비물질노동의 협력이 지닌 거대한 역량을 발전시키기 위해서. 지성은 여기서 해방이라는 목표와 완전히 부합하게 된다. 새로운 주체, 구성 권력, 코뮤니즘의 역량.

3부

비물질노동과 다중

비물질노동과 새로운 주체성의 출현
승준

현대 자본주의와 미적 생산
정남영

비물질노동과 시간의 재구성
조정환

비물질노동과 새로운 주체성의 출현

승준

비물질노동을 둘러싼 쟁점

　필자에게, 〈맑스코뮤날레 제1회 쟁점토론회〉는 구체적 쟁점(즉 '신자유주의적 지구화'를 어떤 관점으로 볼 것인가?)을 중심으로 한정된 논의만 오고갔던 조금은 아쉬웠던 그런 만남으로 기억된다. 물론 시간이 참석자들을 제약했던 것이 분명하며, 또 그동안 폭압적인 국가권력이 우리의 소통을 가로막았었던 만큼 모임 자체로도 충분히 그 의의를 찾을 수 있는 것인지 모른다. 지난 토론회가 '자본의 운동'에 초점을 맞춰 그것을 규정지으려는 노력이었다면, 이제 쟁점은 맑스의 기획이 그렇듯, '노동의 운동', 즉 오늘날의 '노동의 성격'과 '집단적 노동자의 주체성', 그리고 자본을 넘어서는 노동자들의 '구성-능력'과 '혁명적 조직화' 등으로 이전되어야 한다. 이 주제에 대한 소통은 우리를 코뮤니즘의 기획과 융합될 공통성으로 안내할 것이 분명하다. 소통은 공통적이기 위한 노력이기 때문이다.

맑스와 공명하면서 동시에 그의 시대적 한계를 넘어서려는 노력을 꾸준히 진행해 왔던 자율주의적 맑스주의자들은, '기계의 발달'과 '정보혁명' 등으로 변형된 오늘날의 노동의 성격을 '비물질노동' 개념을 통해 이해해 왔는데, 이 개념은 이미 지난 토론회 때 여러 상이한 관점이 충돌할 격전지(激戰地)의 면모를 드러내기도 했다. 한국사회에서 '비물질노동' 개념에 대한 아마도 최초의 비판으로 기억될 정성진의 발표문은 앞으로도 반복될지 모를 몰이해와 편견을 담고 있다는 점에서 몇 가지 흥미있는 참조지점을 제공한다. '비물질노동' 개념에 한정해 보면, 그의 비판은 다음 네 가지로 정리될 수 있다.

정성진[1]은, 첫째, 오늘날 비물질노동의 중요성이 증대한다는 마이클 하트·안또니오 네그리의 주장과는 달리 "물질노동이 여전히 압도적"이기 때문에, 그 개념이 현실에 부합하지 않는다고 말한다. 이 주장이 함축하는 바는 그가 근거로 인용한 다음 구절들에서 보다 분명해진다.

---

1. 정성진, 「『제국』: 맑스주의적 비판」, 『맑스주의 연구』 창간호, 한울, 2004, 74~93쪽.

"하트·네그리는 오늘날 미국에서도 트럭 운전수 수가 컴퓨터 기술자 수보다 훨씬 더 많다는 사실을 모른다.", "미국에서도 정보기술 직종은 2010년에 가서도 직업 전체의 2.4% 이하 정도밖에 되지 않을 것으로 추정된다."(77쪽)

이러한 이해는 비물질노동이 물질노동과 직업상 분류가능하고, 각각은 노동을 수행하는 노동자의 수(數)로 경험적으로 확인될 수 있다는 식의 전제를 포함한다. 물론 실증적 접근이 불가능한 것은 아니지만 네그리·하트의 주장에서 보다 중요하게 파악되어야 할 것은 노동의 질적 측면이다. 정성진의 경우처럼 비물질노동과 물질노동이 사회학적·경제학적 범주로만 도식적으로 분류하게 되면, 이 두 가지 노동이 혼합되어 나타나는 오늘날의 노동과정을 설명하기 힘들 뿐만 아니라, 기술발달이 가속화될수록 이 두 가지 노동이 보다 밀접하게 결합되는 양상은 인식될 수 없다.

기술과 기계의 발달은 '노동시간'을 단축시키는 경향이 있다. 하지만 보다 중요하게 고려되어야 할 것은 그것이 오늘날, (특히 비-노동시간 속에서) 지식·정보·소통·정동을 노동과 결합시켜 노동생산물과 노동과정의 질을 비물질적으로 변형시킨다는 점이다. 오늘날 물질노동과 비물질노동은 노동과정 속에서 (양·질 모두에서) 긴밀하게 결합되는 방식으로 수행되며, 이는 비물질노동의 헤게모니하에서 이루어진다. 따라서 비물질노동의 '헤게모니'를 양화가능한 상태에서 노동을 범주화시키는 방식으로 이해하는 것은 일면적이다. 오히려 네그리·하트의 주장은 노동을 통해 생산되는 생산물의 성격이나 노동의 효과 및 변화하는 노동생산 방식 등 노동의 질적 측면에 주안점을 두어 파악되어야 한다.

정성진이 파악한 방식처럼 양적 지표로 이해된 노동으로는 네그리·하트가 말했듯이, "하나의 패러다임에서 또 하나의 패러다임으로의 진전에서 나타나는 질적 변형이나 각 패러다임의 맥락 안에서의 경제 부문들 사이의 위계를 파악할 수 없게"[2] 만든다.

둘째, 이어서 정성진은, 자율주의적 맑스주의자인 닉 다이어-위데포드를 인용했다고 자부하면서, 하트·네그리가 "노동 상층부의 비물질노동을 특권화하면서 여전히 제국의 노동의 저변에서 확대 재생산되고 있는 물질노동과 '궁핍노동'(immiserated labor)의 현실을 무시"(77쪽)한다고 말한다. 이것이 사실이라면 자율주의자들은 자신들 안에서 이론적 딜레마에 처해질 것이 분명하다. 물론 의견이 서로 일치하지 않는다고 해서 딜레마가 뒤따르는 것은 아니지만, 정성진의 주장대로만 본다면 비물질노동 개념은 혼란스럽게 이해되기에 충분하며, 더 나아가 그 개념 자체는 물질노동을 하위범주로 처리해 그 안에서 벌어지는 위계의 문제를 무시한다고 해석되기에 충분할 것이다.

위에서도 인용했듯, 하트·네그리는 위계의 문제를 고려하고 있으며, 또한 정성진의 이해처럼 위계 자체를 긍정하지도 않는다. '비물질노동의 헤게모니'는 오늘날 노동과정의 일반적인 경향을 기술한 용어일 뿐이다. 사실판단을 가치판단으로 환원하는 정성진은 '자연주의의

---

2. 안토니오 네그리·마이클 하트, 『제국』, 윤수종 옮김, 이학사, 2001, 371쪽.

오류'를 범한 것이다. '비물질노동의 헤게모니'가 위계화로 나타난 것은, 노동의 질적 차이를 특정한 기준하에서 분할·계산·배치하는 자본의 노력이 반영된 결과일 뿐이다. 바로 이 점을 고려해야 한다. 가치의 질은 그 자체로는 위계화될 수 없다. 박지성의 슈팅과 농민의 낫질이 가치량으로 환산되어 위계화될 수 있는 것은 자본이 행하는 특정한 분할과 배치 속에서 (화폐 척도로) 양적으로 환원될 때에만 가능하다.

또한 이 비판에는 위데포드의 주장이 오인용되었거나 오해되어 있다는 것 역시 지적되어야 한다. 필자는 뒤에서 이 비판이 위데포드의 생각을 오인해서 나온 주장임을 밝히고, 위데포드의 강조점을 검토할 것이다. 이러한 검토 속에서 맑스의 '일반지성'이 네그리와 비르노에 의해 '대중지성' 개념으로 전환되는 맥락이 분명하게 부각될 수 있을 것이며, 그것으로 '비물질노동' 개념을 출현시킨 발상의 기초들이 설명될 수 있으리라 기대해 본다.

셋째, 정성진은, "'상징분석' 노동 혹은 '정서노동' 등 소외되지 않은 노동은 압도적 다수의 소외된 혐오스런 노동의 희생을 바탕으로 한 것이기 때문에 그 자체 바람직한 것이 아니라 변혁되어야 할 성질의 것"(77쪽)이라고 말한다. '정동적 노동'이 그가 산업노동자를 지칭한 방식인 '압도적 다수의 고되고 혐오스런 노동'에 기반해서 이루어진다는 그의 견해는, 그리고 그것이 '변혁되어야 할 성질의 것'이라는 그의 견해는, '정동적 노동'과 '산업적 노동'을 위계적으로 분할하려는 자본의 전략을 이해하지 못한 채, 두 노동을 대립적인 것으로만 파악했기 때문에 나올 수 있었다.

정성진의 이러한 관점은 노동의 성격을 노동자의 인격에 반영시킨 방식(산업노동 → 산업노동자, 정동적 노동 → 정동적 노동자)에서도 그 문제를 지적할 수 있지만[3] 더 중요하게 지적되어야 할 것은 노동생산물이 지닌 내용상의 차이나 노동과정 자체의 질적 측면을 구분하려는 '물질노동/비물질노동'을, 노동과정 속에서 사용하는 신체기관의 차이로 구분짓는 '육체노동'/'정신노동'과 동일시하는 그의 이해방식이다. 맑스에게 노동과정 상에서의 '육체노동'과 '지식노동'의 분할은 그 어떤 자연적 내용도 가질 수 없음은 주지의 사실이다.[4] 하지만 맑스에게는 다음의 구절들이 있다고 반론을 제기할 수 있다. "자연계에서는 머리와 손이 짝이 되어 활동하듯이, 노동과정에서는 정신적 노동과 육체적 노동이 통합된다. 뒤에 가서는 이 두 개가 분리되고 심지어는 적대적으로 대립하게 된다."[5] 맑스에게서 이처럼 '정신노동'과 '육체노동'이 분리되고 적대적으로 대립하게 되는 것은 다음의 맥락 때문이다.

---

3. 그는 노동을 양적으로 파악하는 데에만 모든 신경을 곤두세운다. 무엇 때문일까? 혹시 그의 혁명관 때문은 아닐까? 나는 그의 혁명관이 어떤지는 솔직히 잘 모르기 때문에, 이것을 다루기는 조금 조심스러웠다. '그의 혁명관이 노동을 양적으로만 파악하게 만든다'는 주장은 혐의를 두는 정도로 한정하고 싶다.
4. "인간은 자연의 소재를 자기자신의 생활에 적합한 형태로 획득하기 위해 자기의 신체에 속하는 자연력인 팔과 다리, 머리와 손을 운동시킨다. […] 가장 서투른 건축가라도 가장 훌륭한 꿀벌보다 뛰어난 점은, 그는 집을 짓기 전에 미리 자기의 머리 속에서 그것을 짓고 있다는 것이다. 노동과정의 끝에 가서는 그 시초에 이미 노동자의 머리 속에 존재하고 있던 (즉 관념적으로 이미 존재하고 있던) 결과가 나오는 것이다." 칼 맑스, 『자본론 I (상)』, 김수행 옮김, 비봉출판사, 1995, 226쪽.
5. 칼 맑스, 『자본론 I (하)』, 김수행 옮김, 비봉출판사, 2001, 683~4쪽.

지휘와 감독과 조절의 기능은 자본의 지배 하에 있는 노동이 협업적으로 되자마자 자본의 기능이 된다. […] 협업하는 노동자의 수가 증가함에 따라 자본의 지배에 대한 그들의 반항도 증대하며, 또한 이 반항을 억누르기 위한 자본의 압력도 필연적으로 증대한다. 자본가에 의한 통제는 사회적 노동과정의 성질로부터 유래하는 하나의 특수기능일 뿐만 아니라, 그와 동시에 이 사회적 노동과정을 착취하는 기능이며 따라서 착취자와 그의 착취대상[즉 노동자] 사이의 불가피한 적대관계에 근거하고 있다.[6]

이러한 맑스의 설명은 한편으로는 옳았다. 하지만 무엇이 그렇게 만드는가? 노동자들 스스로? 어쩔 수 없이 상이한 노동도구를 사용하기 때문에? 산업혁명과 함께 "육체노동에게서 그 '지적' 기능을 박탈함과 동시에 고유하게 육체적인 자질(장인적 기술, '손재주' 등)도 박탈하는 과정이 시작"[7]된 것은 분명하며, 그 속에서 위계적인 계급분할이 발생했던 것도 분명하다. 하지만 중요한 것은 맑스의 초점이, 노동과정 자체의 자연적 특성으로서의 '육체/정신'으로의 분할에 있는 것이 아니라, 이 분할이 자본에 의해 임의적으로 이루어진다는 것을 강조하고 있다는 점이며, 그 역시도 회고적으로 기술될 뿐이라는 점이다.[8]

---

6. 칼 맑스, 『자본론 I (상)』, 421~2쪽.
7. 에티엔 발리바르, 「육체노동과 지적노동의 분할'에 대하여」, 『역사유물론의 전화』, 서관모 옮김, 민맥, 1993, 181쪽.
8. 발리바르는 이것을 올바르게 이해했다. "자본주의적 산업혁명이 창출한 가장 탈숙련화하고 가장 '따분한' 노동조차도 항상 불가결한 '지적' 측면을 포함한다. 항상 이와 반대로 되도록 희구하고 또한 이와 반대로 만들고자 하는 (노동력이라는 '인간-황소'에 대한 테일러와 그 경쟁자들의 유명한 선언을 참조하라) 자본은 모순적이게도 실상 이 점을 끊임없이 고려해야만 한다. 이는 계급사회가 사회적 노동의 두 가지 기능 사이의 점점 더

기계의 발달과 함께 자본주의는 장인적 숙련을 계승한 '육체적 노동'을 최대한 '기계화'하려 한다. 그 결과 자본가는 기계화를 통해 자신들이 수행하는 계획입안, 조정, 명령 등을 일반화시킴으로써 '정신/육체노동'의 분할을 계급분할로 대치시킨다. '정신/육체노동'은 위계적으로 분할되는 것이다. 그러나 문제는 다음의 국면에 들어서면 상황이 달라진다는 점이다.

> 노동의 자본에의 실제적 포섭과 더불어 [...] 사회적으로 결합된 노동-역량은 아주 상이한 방식으로 [...] 생산물을 창조하는 직접적 과정에 참여한다. 어떤 이들은 그들의 손을 더 잘 쓰는 일을, 다른 이들은 그들의 두뇌를 더 잘 쓰는 일을 한다. 어떤 이들은 관리자, 기계공, 산업기술자 등으로, 다른 이들은 감시자로, 또 다른 이들은 수공업자나 심지어는 단순 작업공으로 일한다. 점점 더 증가하는 수많은 노동-역량의 유형들은 직접적인 생산적 노동 개념에 포함되고, 그것을 수행하는 이들은 생산적 노동자로 분류된다. 노동자들은 자본에 의해 직접적으로 착취당하며, 그것의 생산과정 및 가치증식 과정에 종속된다. 우리가 공장에 있는 저 집단적인 노동자를 관찰한다면, 우리는 그들의 결합된 활동이 집적된 생산물을 물질적으로 산출한다는 것을 보게 되는데, 그것은 동시에 상품의 총량이기도 하다. 그리고 여기에서 집단적 노동자의 한 구성원인 개별노동자의 기능이 현실적인 손노동과 더 멀리 떨어져 있건 더 가까이 있건 상관없이 매우 비물질적이다. 하지만 그렇다면, 이러한 집단적 노동-역량의 활동은 자본에 의한 직접적인 생산적 소비이다.[9]

심화하는 적대로 귀결하지 않는다는 것을 뜻하는 것은 아니다. 오히려 이는 이들 각 영역은 끊임없이 전화하며 회고적으로만 정의될 수 있다는 것을 뜻한다." (같은 책, 183~4쪽)

맑스는 "집단적 노동자"라는 말 속에서, 관리자, 기계공, 산업기술자, 단순 작업공 일체를 포괄한다. 그들 전체가 "직접적으로 착취"당하는 한, 그들 사이에 '계급적 위계'가 적용될 여지는 없다. 자본에 의한 위계적 분할이 계급적 위계와 동일시되어서는 안 된다. 단지 그들은 기능상의 차이로 인해 특정 방식으로 자본에 의해 배치될 뿐이다. 왜냐하면 그들이 두뇌를 사용하건, 손을 사용하건 그들이 직접적인 생산과정에 참여하는 한, 그로써 잉여가치를 착취당하는 한, 그들은 모두 '공장에 있는' '생산적 노동자'이기 때문이다. 하지만 맑스는 왜 생산물을 '물질적'으로 산출하는 개별노동자의 기능이 '비물질적'이라고 말하는 것일까? 그들이 기계 속에서 대상화되어 있는 한, 그들의 노동과정 전체는 '일반지성'의 통제 아래에 놓이게 되기 때문이다.[10]

필자가 보기에 맑스의 이 구절은 '비물질노동' 개념의 고전적 근거가 된다. 하지만 문제는 '물질적' 생산물이며, 이는 '비물질노동' 개념과 충돌한다는 점이다. 그래서 다음의 의문을 떠올려 보는 것은 유용할지 모른다. '왜 그리고 어떻게 맑스는 "비물질적인" 기능을 가진 집단적 노동자가 "물질적인" 생산물을 산출한다고 말하는 것일까?' 이것은 아래에서 좀더 자세하게 다뤄 보고 싶다. 미리 암시해 두자면, 맑스는 '최종-결과물이-없는-노동'을 즉 '비물질적인 생산물'을 산출하는 노동을 당시로서는 주목하지 않았을 뿐만 아니라, 그것이 '비-노동시

---

9. Marx, *Capital*, vol. 1, trans. B. Fowkes(London, Penguin Books), pp. 1039~40. 이에 대한 번역은 다음을 참고하라.[한국어판: 칼 맑스, 『경제학 노트』, 김호균 옮김, 이론과 실천사, 1988, 107~8쪽.]
10. 칼 맑스, 『정치경제학 비판 요강 II』, 김호균 옮김, 백의, 2000, 382쪽을 참고하라.

간' 속에서 이루어지는 '비생산적 노동'으로만 파악했기 때문이다.

넷째, 정성진은, 알렉스 캘리니코스를 인용해 하트·네그리가 "오늘날 세계에서 작동하고 있는 가치와 공황의 메커니즘"을 부정하며, "『제국』에는 맑스의 정치경제학 비판의 핵심인 공황론이 전적으로 부재"(77쪽)한다고 말한다. 그래서 도출된 결론은 "『제국』에는 위기가 없다"(같은 쪽)는 것이다. 이는 비록 "가치법칙이 완전히 파산했다"[11]는 네그리의 말을 인용한 것이긴 하지만, 이것은 추론과정에서 비약된 터무니없는 결론일 뿐이다.

정성진의 이 비판은 캘리니코스가 숙고 없이 네그리에 대해 인상비평한 내용을 그대로 자신의 주장으로 옮겨 놓은 것에 불과하다. 네그리·하트는 '제국에는 위기가 없다'는 식의 주장을 그 어디에서도 한 적이 없기 때문이다. 그렇다면 이러한 결론은 어디에서 나온 것인가? 그것의 출처 : '네그리·하트의 글을 읽은 캘리니코스나 정성진의 두뇌'. 정성진의 주장과는 정반대로, 오히려 제국(그리고 『제국』)은 위기로 넘쳐 난다.[12]

---

11. 안토니오 네그리·마이클 하트, 『디오니소스의 노동 I』, 이원영 옮김, 갈무리, 1996, 41쪽.
12. 그와 관련해 네그리·하트의 다음 주장은 귀기울일 만 하다. "제국의 행위가 효과적일 때, 이것은 제국 자신의 힘 때문이 아니라, 제국적 권력에 대항하는 다중의 저항으로부터 생긴 반향에 의해 제국이 움직인다는 사실 때문이다. […] 제국적 권력은 자신의 생명력을 항상 새로운 에너지 및 가치의 원천을 창조하는 다중의 능력에서 끌어오는 기생충이다. 하지만 자신의 힘을 짜내는 기생충은 자기자신의 실존을 위태롭게 할 수 있다. 제국적 권력의 기능은 불가피하게 자신의 쇠퇴와 연결되어 있다. […] 위기는 자본의 생산의 탈근대적 총체성과 공존한다. 즉 위기는 제국적 통제에 고유한 것이다."(안토니오 네그리·마이클 하트, 『제국』, 윤수종 옮김, 이학사, 2001, 461~2쪽; 489쪽.) 네그리는 이러한 관점을 맑스의 『요강』으로부터 추출하는데, 그가 위기를 주체성의 관점에서 보려고 했음에 주목할 필요가 있다. "위기와 혁명적 주체성의 출현 사이의 관계라는

그의 주장(혹은 추론)을 좀더 자세히 재구성해 보자. 추론의 재구성: '네그리는 가치법칙이 파탄났다고 말한다' → '가치법칙이 파탄났다고 말하는 것은, 가치법칙에 기초한 맑스의 이윤율 저하 경향을 부정하는 것으로 귀결된다' → '이윤율 저하 경향은 자본주의의 고유한 법칙으로, 이는 자본주의가 봉착하는 위기의 구조이다' → '따라서 가치법칙이 파탄났다는 네그리의 문제의식은 자본의 가치 및 공황 메커니즘을 부정하는 것이다' → '결론적으로 네그리·하트의 『제국』에는 위기가 없다'. 문제는 이러한 추론이 맑스를 '주체성의 운동'과 무관한, 즉 **객관주의적 시각을 견지한** 붕괴론자로 전락시킨다는 점이다. 이러한 추론 속에서, "노동계급의 투쟁은 자본주의의 발전과정에 작동하는 내인(內因)이 되기보다 자본주의 발전이 궁극적으로 이르게 될 붕괴의 시점에 부르주아지로부터 권력을 이양받아 질곡에 빠진 생산력의 발전을 담당할 예비군으로 사고된다. 제2인터내셔널의 사회민주주의는 이 같은 객관주의에 의해 깊이 침윤되어 있다."13

네그리·하트의 작업 전체의 의의는 바로 이 객관주의를 역전시켜 계급투쟁을 역사 발전의 근본적인 동학으로 재강조하는 데 있다. 그들은 자본주의의 발전과 이행이 노동계급의 투쟁에 의해 규정되고

문제가 역동적이고 개방적인 체계인 『요강』을 완전히 지배한다. 이러한 관계는 아주 근본적이어서 맑스주의를 위기와 전복의 과학이라고 이름붙일 수 있다. 위기를 처리하고 고쳐야 할 병으로 간주하려는 것은, 혁명적 운동을 배반하는 것일 뿐만 아니라, 맑스의 범주들과도 전혀 공통점을 갖지 않는 조롱거리로 전락하는 것이다. 주체성을 착취로 환원하려는 것은 전복과 이행으로 제시되는 맑스의 주체성에 대한 규정을 회피하는 것이다. 『요강』은 이러한 관점에 입각해 볼 때, 이행에 관한 유일하진 않지만 가장 중요한 맑스의 저작이다." Negri, *Marx beyond Marx*, p. 11.

13. 조정환, 『아우또노미아』, 갈무리, 2003, 338쪽.

있다는 사실을 밝히려 했을 뿐만 아니라, 그러한 발전과 이행이 비록 외관상으로는 개별자본이 벌이는 경쟁의 양상으로 나타난다 할지라도, 궁극적으로는 노동계급의 투쟁을 회피하고 벗어나려는 한에서만 변화된다는 점을 밝히려 노력했다.[14]

결론적으로 말해 보자면, 정성진(혹은 캘리니코스)이 자신의 관점을 고수하는 한(더욱 위험하게는 그러한 관점이 맑스에 충실하다는 식의 이해에 기초해 있는 한), 현대의 노동계급이 발산하는 주체성의 운동을 이해하는 것은 불가능하며, 그 주체성에 담지되어 있는 노동자의 노동-능력과 산-노동을 그것의 독특한 변화 양상 속에서 파악하는 것은 더더욱 요원한 일이다. 정성진의 비판은 '비물질노동' 개념을 완전히 잘못 이해한 상태에서 제출되어 나왔지만, 이것은 그의 지적 능력이 부족해서라기보다는 그가 맑스로부터 객관주의적 관점을 벗겨내지 못한 데에서 비롯된 것이라고 말할 수 있다.[15]

---

14. 이에 대해서는 같은 책, 339쪽을 참고하라. "예컨대 자유경쟁 자본주의의 케인즈주의로의 이행에서 1917년 프롤레타리아 혁명의 규정적 역할을 규명하려는 노력, 케인즈주의에서 신자유주의로의 이행에서 1968년 혁명의 역할을 밝히려는 노력, 그리고 제국주의의 제국으로의 이행에서 거부, 탈주, 이민, 유목의 형태로 나타나는 다중의 새로운 투쟁이 수행한 역할을 밝히려는 노력 등이 그것이다."
15. 새롭게 등장하는 '개념'들과 문제틀은 얼마든지 오해될 수 있으며, 또한 경우에 따라서는 그런 오해가 오히려 개념과 문제틀을 이해하는 데 유용하게 작용할 때도 있다. 하지만 그것도 개방적 사고 속에서나 가능할 일이다. 당연하게도 객관주의적 사고 속에서 새로운 개념들은 "평균적인 무차별적 용어로 환원"될 뿐만 아니라, "범주들은 단조로워"지며, "상상은 정체"되어 멈출 뿐이다.(안토니오 네그리, 『맑스를 넘어선 맑스』, 윤수종 옮김, 새길, 1994, 74~5쪽.)

비물질노동 개념의 다층적 차원

'비물질노동' 개념은 현대적으로 변형된 노동을, 산출된 노동생산물의 성격, 생산의 과정, 노동생산물이 파급되는 영역과 그 생산물을 소비한 효과, 노동자의 생산방식 및 행위능력 등에 초점을 맞춰 그것이 맺는 관계들을 고찰하는 가운데 창안된 개념으로, 다음과 같이 세분화할 수 있다.

① '산출된 생산물의 내용과 성질이 비물질적인' 노동
② '노동과정 및 생산과정 자체가 수행적인' 노동
③ '산출된 생산물이 파급되는 영역과, 그 효과가 정동적인' 노동
④ '생산방식 및 행위의 경향과 능력이 잠재적인' 노동

이 개념을 자신의 저술 속에서, 의미있게 사용하는 자율주의적 맑스주의의 저자들로는 마우리찌오 랏짜라또, 안또니오 네그리, 마이클 하트, 빠올로 비르노 등으로, 이들이 규정한 '비물질노동' 개념은 바로 이 네 가지 차원 속에서 중첩적으로 연결되어 있다. 필자는 이러한 세부화된 비물질노동의 구체적인 양상을 통해 그것이 드러내는 다층적 전제들을 분석적으로 살펴보고, 자율주의적 맑스주의 안에서 형성될 수 있는 몇 가지 관점 상의 차이도 추적코자 한다.

랏짜라또에 따르면, 비물질노동은 "상품의 정보적·문화적 내용을 생산하는 노동"으로, 그 내용을 이루는 노동의 형태는 각각 "싸이버네틱스와 컴퓨터 통제를 포함하는 숙련기술"과 "문화적·예술적 표준들, 유행들, 취미들, 소비규범들 그리고 더 전략적으로는 공공 여론

등을 정의하고 고정시키는 것에 수반되는 종류의 활동들"16을 지시한다. 랏짜라또의 정의에서 '비물질적'인 것은, 한편으로는 현대적 노동으로 산출된 상품의 질을 이루는 정보적·문화적 내용이며, 다른 한편 그 상품을 생산하는 과정에서 수행된 노동의 형태의 성격이다. 이것은 ①과 ②의 차원에서 비물질노동을 정의한 것임을 알 수 있다.

네그리·하트는 좀더 확장된 규정하에서, 비물질노동의 구체적인 형태를 "상징분석 노동"과 "정동적 노동"으로 구분한다.17 "상징분석 노동"이 "문제를 해결하고 문제를 명시하며 전략적으로 중개하는 활동"18이라면, "정동적 노동"은 "인간적 상호작용과 소통의 계기들 속에 심어진 서비스 산업 전체에 걸쳐 일정한 역할을 수행"19하는 노동이다. 이러한 노동으로 생산된 생산품은 "비물질적 재화"이며, "만질 수 없고", "편안한 느낌, 행복, 만족, 흥분, 열정"20이 포함된다는 의미에서 비물질적이라는 것이다. 그리고 이러한 현대적 생산에서 "가치의 구축은 척도를 넘어 발생한다." 그들의 설명에 따르면, 이 때 "척도를 넘어서"가 의미하는 것은 "전체 삶-정치적 직조를 물들이는 잠재성21"이라는 것이다.

---

16. 마우리찌오 랏짜라또, 「비물질적 노동」, 『이딸리아 자율주의 정치철학 1』, 이원영 옮김, 갈무리, 1997, 311~2쪽.
17. 이에 대해서는 안토니오 네그리·마이클 하트, 『제국』, 윤수종 옮김, 이학사, 2001, 381~7쪽을 참고하라. 필자가 인용하는 과정에서 문맥상 수정이 있었다. 또한 질 들뢰즈 외 지음, 『비물질노동과 다중』, 자율평론 기획, 갈무리, 2005, 138~57쪽에 수록된 마이클 하트, 「정동적 노동」 역시 참고하라.
18. 질 들뢰즈 외 지음, 같은 책, 149쪽.
19. 같은 책, 149쪽.
20. 같은 책, 150쪽.
21. 『제국』, 456쪽. 네그리·하트는, 이 때의 "잠재성"(virtuality)을 "다중 속에 있는 (존재하

이로써 우리가 확인할 수 있는 것은, 그들이 비물질노동으로, 한편으로는 산출된 상품의 성격을, 다른 한편으로는 그 상품이 영향을 미치는 범위와 그것을 소비함으로써 산출되는 소비자의 정서적 상태를, 그리고 마지막으로 이러한 생산적 활동의 특징을 지칭하고 있다는 점이다. 이것으로 그들이 ①과 ③, ④의 차원에서 비물질노동을 규정한다는 것을 확인할 수 있다.

비르노는 보다 상이한 접근방식으로 현대적 노동 개념을 규정한다. 비르노는 『다중』에서, 현대적 생산방식에서, "정신생활"이 "생산의 시간·공간 안에 완전히 포함되기 때문에", "'노동'과 '비노동'의 경계선"이 "자의적이고 가변적"이 됨에 따라, 노동이 "항상 **보이지 않는**

고, 사랑하고, 변형하고, 창조하는) 행동할 능력"으로 규정한다고 말하는데, 이것은 한편으로는 베르그송에 대한 들뢰즈의 구절, "가능성은 (비록 현실성을 가질 수는 있지만) 실재성을 갖고 있지 않다. 역으로 잠재성은 현실적이지는 않지만, 그러한 것[잠재성]으로서 실재성을 소유하고 있다"를 연상시키기에 충분하다. 베르그송으로부터 잠재성·가능성·현실성·실재성을 구분하는 들뢰즈의 착상은, 질 들뢰즈, 『베르그송주의』(김재인 옮김, 문학과 지성사, 1996), 134~46쪽을 참조하라. 네그리·하트는 이것에 다음의 코멘트를 덧붙인다. "베르그송의 주된 관심은 존재의 창조적 힘을 강조하고, […] 존재가 항상 창조와 예측할 수 없는 새로움의 행위라는 것을 강조하는 것이다. […] 우리는 확실히 잠재성의 창조적 역량을 강조할 필요를 인정하지만, […] 창조된 존재의 현실성, 그것의 존재론적 무게, 세계를 구조화하고 우연성에서 필연성을 창조해 내는 제도들을 강조할 필요가 있는 한 우리에게는 불충분하다."(『제국』, 457쪽, 필자의 번역 수정이 있었음.) 바로 이러한 불충분성이 베르그송에 대한 들뢰즈의 관심이 니체와 스피노자로 옮겨갈 수 있었던 지점일 것이다. 들뢰즈 스스로도 흥미롭게 발견하는 "8년(1953~1961)의 공백". "흄-베르그송에서 니체-스피노자로의 이동". 바로 "존재론에서 윤리학·정치학으로의 이행". 이에 대해서는 하트, 『들뢰즈 사상의 진화』, 33~103쪽을 참고하라. 그리고 '잠재성'을 "제국에서의 가치척도의 해체" 속에서, "척도를 넘어서는" '해방적 능력', 즉 공통적인 것의 측면에서 "자유의 힘, 존재론적 구축의 힘 그리고 전면적인 확산의 힘"으로 이해함으로써, 그것을 올바르게 "정치투쟁" 및 "윤리적" 지평으로 안내하는 네그리·하트의 논의로는 「가상들」, 『제국』, 451~71쪽을 참고하라.

노동"(176쪽)으로 나타난다는 것에 주목한다. 이 때, "보이지 않는 노동"은 "생산력으로 계산되지 않는 인간활동의 부분"(177쪽)을 지칭하는데, 그 결과, '노동시간'은 '보이지 않는 노동시간(비-노동시간)'인 '생산시간'의 "보잘것없는 잔여물"22로 등장한다는 것이다.

  노동시간이 부차화되고, 생산의 주요 계기가 비-노동시간으로 이동함에 따라, 이제 '산 노동'의 중요한 속성은 "공식적·비공식적 앎, 상상, 윤리적 기질, 멘탈리티, '언어놀이'를 포함"하며, 그러한 속성에 입각해 "산 노동은 점점 더 언어적 수행으로 구성"(182, 183쪽)되는 것으로 나타난다. 여기에, 그가 맑스의 '일반지성' 개념을 (네그리와 동일한 맥락에서) '대중지성'으로 전화시키려는 노력을 덧붙일 필요가 있겠다. 맑스가 '일반지성'을 "고정자본 및 기계 시스템의 '객관화된 과학적인 능력'과 등치"(181, 182쪽)시킨 것과는 달리, 비르노에게 있어, "기계 시스템으로 객관화될 수 없는 인지능력과 소통의 집행자"의 형상을 띠는 오늘날의 현대적 노동은 "대중지성으로서 정신의 가장 유적인 소질, 즉 언어능력, 배우려는 경향, 기억, 추상화 및 상관시킬 수 있는 능력, 자기-성찰을 향한 경향"23과 등치되어야 할 것

---

22. 비르노는 다음과 같이 말함으로써 맑스의 '노동시간'과 '생산 시간'의 구분을 자신의 이해 속에 합치시킨다. "파종과 수확의 주기를 생각해 보자. 농업 노동자는 한 달 동안 일한다(노동시간). 이후 곡물이 자라는 데는 오랜 막간의 시간이 소요된다(노동시간이 아니라 생산 시간이다). 그리고 마침내, 수확의 시기가 도달한다(새로운 노동시간). 농업과 다른 산업부문에서 생산은 노동활동보다 훨씬 더 외연이 넓다. […] 맑스가 제시한 목가적인 예들을 넘어서, '생산'과 '노동' 사이의 간극은 「기계에 대한 단상」에서 노동시간을 그저 '보잘것없는 잔여물'에 불과한 것으로 제시하고 있는 상황에도 딱 들어맞는다."(빠올로 비르노, 『다중』, 김상운 옮김, 갈무리, 2004, 178쪽.)
23. 같은 책, 184~5쪽. 문맥상의 압축과 수정이 있었음.

이다.[24] 따라서 "대중의 지성성은 사유의 최종 결과물(책, 수학공식 등)과는 무관하며, 그저 사유한다/말한다 등의 능력과 관련되어 있다."(185쪽) 이것으로 우리는 비르노가 '비물질노동' 개념을, 아니 [좀 더 비르노의 맥락에 충실해 본다면] '수행적 노동', 현대적 '산 노동', '대중의 지성성'을 특히나 ②와 ④의 차원에서 규정내린다는 것을 확인할 수 있었다.

이들의 개념적 규정에서 가장 문제될 수 있는 부분은 비르노의 마지막 인용 구절이다. 다분히 맑스를 염두하고 사용된 이 구절은 ①과 대립하는 것처럼 보이며, 그에 따라 랏짜라또·네그리·하트 등의 개념 규정과도 충돌한다는 인상을 남긴다. 예컨대 ④ '대중의 지성성'은 ① '사유의 최종 결과물'과 무관하다는 식으로 말이다. 하지만 이러한 개념적 충돌의 여지는 문제를 보다 본질적인 차원으로 이끈다. 비르노가 현대적 노동형태를 "비물질노동"보다는 "수행적 노동"이나 "대중의 지성성" 등으로 표현한 것은 '비물질'의 개념이 낳는 다음과 같은 오해를 피하고 싶었으리라는 가설을 세워 봄직하다.

> 네그리는 […] 비물질적 지식노동과 육체노동을 구분하면서 사회적 노동자의 탈근대적인 비물질노동이 지닌 '다중지성'에서 새로운 사회적-정치적인 주도적 주체가 형성될 잠재력을 발견하고 있다. 이런 그의 주장은 그러나 생산적 노동과 비생산적 노동의 구분의 폐기를 주장하는 그의 논리

---

[24]. 그러나 시대적 제약으로 인한, '일반지성' 개념의 '불충분성'이 맑스 사유의 불충분성으로 읽혀서는 안 된다. 노동-력(혹은 노동-능력)에 대한 맑스의 정의는 오히려 '대중의 지성성' 속에서 더 올바르게 자리매김할 것이기 때문이다.

대로 하면 탈근대의 시대에는 물질노동과 비물질노동의 긴밀도 역시 비교할 수 없을 정도로 높아진다는 점에서 노동을 물질노동과 비물질노동으로 구분하는 것 역시 어렵다는 문제점을 지닌다.[25]

김세균의 이러한 비판은 '비물질노동'을, 이분화된 구분 속에서 도입시킨 '지성'과 일치시킴으로써 자신이 빠져 있는 데카르트식의 정신/육체 이분법의 침대 위에 네그리·하트를 결박시킨 것에 불과하다. 필자는 앞에서 이러한 이해를 비판했다. 하지만 이것이 철학적 쟁점이기도 한 만큼, 그와는 다른 방식의 접근이 유용할지 모른다.

[지면관계상 간략히 논평해 보면] 김세균이 '지식(지성)=비물질적', '육체=물질적'이라는 식의 수(數)적으로 구분된 존재 차원을 인식에 반영하는 데 반해, 하트와 네그리는 (스피노자와 들뢰즈를 따라) 존재적 차원에서는 "단성성"만을 승인할 뿐, 관념/육체, 정신/물질을 존재적 차원의 차이로 바라보지는 않으며, 더 나아가 지성/육체의 구분은 단지 질적으로 구분된 인식의 차원에서만 도입되어, 잠재성과 현실성의 용어로 구분지어질 뿐이다.[26] 그들의 이러한 논지를 고려해

---

25. 김세균, 「계급, 그리고 민중, 시민, 다중」, 『진보평론』 20호, 2004년 여름호. 웹상으로는 http://www.communnale.net/bbs/zboard.php?id=is_for_02를 참고하라.
26. 네그리의 다음 구절을 주목하라. "존재는 단성적이다. [⋯] 그러나 인식의 지형에서는 여전히 단성적으로 되는 것이 불가능하다. 다시 말하면 현실의 분석은 우리에게 단성적으로 결정된 존재를 보여주는데, 이것은 존재론적 지형 위에서만 그러므로 자신의 총체성에 유착해서 그 자체로 유지될 수 있는 존재이다. 인식의 지형 위에서 이것은 다성적 존재로 나타난다."(안토니오 네그리, 『야만적 별종』, 윤수종 옮김, 푸른숲, 1997, 135쪽.) 그리고 하트의 다음 구절 역시 주목하라. "[통상] 추상적이라는 것이 관념적 영역에 속해 있다고 가정되는 반면, 실천적인 것은 항상 추상화의 최소치를 포함하고 있다고, 구체적이라고 가정된다. 하지만 들뢰즈·가따리는 실천적 정치학에서 추상적인 것의 역할을 주장한다. [⋯] [이들은 추상적인 것을 관념적인 것이 아니라 잠재적인 것

본다면, '대중지성'은 물질/비물질성의 존재적 구분 속에서 이해되기보다는, 오히려 현실성/잠재성의 인식적 범주로 파악되어야 하며, 바로 이러한 문제틀 속에서 비르노가 맑스를 인용했던 맥락 역시 부각될 수 있다. "노동력 또는 노동능력이라는 것은 인간의 신체[물질성] 속에 존재하는, 또 그가 어떤 종류의 사용가치를 생산할 때마다 운동시키는, **육체적·정신적 능력의 총체**[바로 행동할 능력으로서의 창조적 역량]를 가리킨다."27 따라서 '물질/비물질의 구분'은 노동의 생산물이나 노동과정의 '질적' 특성의 인식적 구분 속에서만 유효하게 승인되어야 할 것이다.

맑스와 비물질노동

비물질노동과 '최종 결과물이 없는 활동'

필자는 앞에서 '비물질노동'의 고전적 근거가 맑스에 기원을 두고 있음을 맑스의 「실제적 포섭에 대한 장」 속에서 설명했었다. 그것은

으로 생각한다는 것이다. 관념적인 것은 실재적인 것에 대립하지만 잠재적인 것은 실재적인 것에 대립하지 않는다. 잠재적인 것은 현실적인 것에 대립하지만 그것은 또한 완전히 실재적이다."(마이클 하트, 『들뢰즈 사상의 진화』, 김상운·양창렬 옮김, 갈무리, 2004, 394쪽.)

27. 비르노는 '능력'(혹은 역량)에 다음의 설명을 덧붙인다. "역량은 다시 말해, 능력, 재능, 잠재태(dynamis)이다. 유적이고 미결정된 역량. 이 때의 역량은 특정한 종류의 노동행위만을 가리키는 것이 아니라, 또 이러저러한 종류의 노동을 가리키는 것이 아니라 모든 형태의 노동을 가리킨다."(빠올로 비르노, 『다중』, 김상운 옮김, 갈무리, 2004, 137쪽.) 옮긴이들이 dynamis를 가능태로 읽은 것을 필자는 잠재태로 옮겼다.

『자본론』 초판의 미간행된 6부28에 포함되어 있는데, 다음의 주장은 그것을 보다 분명한 이해에 이르게 한다. 맑스는 "비물질적 생산"이라는 이름하에서 '비물질노동'의 두 가지 형태를 다음과 같이 구분짓는다.29 "(1) 실행하는 예술가의 예술행위라는 상이한 책, 그림, 예술 생산물처럼, 생산자와는 분리되어서 존재하는, 그러므로 생산과 소비의 중간에 상품으로서 유통될 수 있는 상품으로"(맑스, 116쪽) 귀결되는 비물질적인 생산. "(2) 생산물이 생산하는 행위와 분리될 수 없는"(117쪽) 모든 활동들이 그것이다. 비르노는 이것을 각각, "최종-결과물을-지닌-활동"과 "최종-결과물이-없는활동"으로 명명하면서, 맑스에게 있어, "첫번째 유형은 '생산적 노동' 정의"(비르노, 91쪽)에 부합하지만, '두 번째 유형'은 "자율적인 최종 생산물이 없는 곳에서는 일반적으로 생산적(잉여가치적) 노동"을 접할 수 없기 때문에, 비록 "임금노동의 한 형태이지만, […] 그렇다고 생산적인 노동인 것은 아니"(92쪽)라고 말한다.

비르노는 이러한 맑스의 구분을 현대적 노동에 적용하면서 그것을 역전시키려 한다. "이러한 [맑스의] 구분은 생산적 노동이 공연 예술가의 특수한 성격을 총체적으로 전유하면, 실효성을 잃으며 산산조각난다."(92쪽), "포스트포드주의적 노동 조직화에서는 지금 우리가 여기에서 다루는 특별하고 문제적인 사례인 최종-결과물이-없는활

---

28. 이에 대해서는 칼 맑스, 『경제학 노트』, 김호균 옮김, 이론과 실천사, 1988, pp. 45~194를 참고하라.
29. 비르노는 이때, '비물질적 생산'을 '지성적 노동과 동치시키는데, 이것은 네그리·하트가 보다 강조하는 '정동적 노동'을 상대적으로 주목하지 못하게 하는 효과를 낳을 수 있다.

동이 모든 임금노동의 원형이 된다. […] 이것은 자동차 계기판이 더 이상 생산되지 않는다는 것을 의미하는 것이 아니라, 전문적인 과제의 수가 아무리 증가한다고 하더라도 그 행위의 성과물이 행위 자체에 내부적이라는 것을 의미한다."(105쪽) 정리하면, 비르노에 따르면 맑스의 '생산적/비생산적 노동' 개념은 '최종-생산물이-없는-활동들'이 모든 임금노동의 원형이 되는 현대적 노동에서는 더 이상 유효할 수 없는데, 왜냐하면 모든 인간의 정신적·육체적 활동이 잉여가치를 산출한다는 점에서는 생산적 노동이겠지만, 맑스의 구분에만 머무른다면 비생산적 노동이 되어야 하기 때문이며, 또한 이러한 생산활동의 대부분이 비-노동시간에 구성되기 때문이다.

주체성의 변형 - '일반지성'과 '대중지성'

서론에서 필자는 정성진이 위데포드를 불충분하게 인용 및 이해하고 있으며, 그 속에서 위데포드의 주장이 왜곡되었다는 지적을 했었다. 정성진의 인용과는 다르게 위데포드는 "하트·네그리가 제국의 노동의 상층부의 비물질노동을 특권화하면서 여전히 제국의 노동의 저변에서 확대재생산되고 있는 물질노동과 '궁핍노동'의 현실을 무시한다"는 식의 비판에 대한 네그리·하트의 응답을 밝히고 그것에 우호적인 평가를 내리려 했지, 정성진의 주장처럼 말한 적은 없다. 위데포드에 따르면,

[정성진이 인용한 내용의 비판에 맞서 하트와 네그리는 '대중지성'이 '재구성된 전위나 지도부'가 아니라, 포스트포드주의 시대의 프롤레타리아트

가 지닌 일반적인 경향이라는 점을 보여주려고 애썼다. […] 게다가 첨단의 포스트포드주의 생산방식에 초점을 맞추고 있다고 해서 『전미래』[30]가 포드주의 생산방식이나 그보다 더 케케묵은 생산방식이 남반구에 잔존한다는 것까지 부정하는 것은 아니라는 게 이들의 주장이다. […] 내 견해를 말하자면, 『전미래』의 분석은 다소 제한적이지만 중요한 점을 '파악'하고 있다. 네그리, 랏짜라또, 하트의 초기 명제들은 성별과 인종에 따라 숙련기술과 능력의 배분을 양극화하는 자본의 경향을 완벽히 설명하려면 폭넓게 수정되어야겠지만, '대중지성' 개념까지 무효화할 필요는 없다.[31]

여기에서 좀더 나아가, 정성진의 문제제기에 올바르게 응답하는 것은 위데포드가 언급한 '대중지성' 개념의 내용을 구체화시키는 것이지 않을까? 하지만 그 전에 먼저 맑스를 살펴보는 것이 필요하다. 네그리(혹은 비르노)는 맑스의 문제의식이기도 한 '주체성의 변형'을 실제적 포섭 너머로 확장되는 자본주의의 새로운 권력관계 속에서 고찰하기 때문이다. "맑스가 '노동' 범주를 주체의 존재론적 기반으로 재독해했듯이, 우리는 이 범주를 권력 이론의 기반으로 정립하게 된다. […] 따라서 비물질노동과 '대중지성' 개념은 노동과 향유의 새로운 특질뿐 아니라 새로운 권력관계를, 결과적으로 새로운 주체화 과정을 규정한다."[32]

---

30. 네그리가 프랑스 망명기간 참여했던 1990년에 창간된 잡지로, 여기에서 그는 자율주의적 경향의 지식인, 예컨대 마이클 하트나 얀 물리에 부땅뿐만 아니라 발리바르와 같은 알튀세주의 지식인들, 그리고 페미니스트 지식인들과 폭넓은 교류를 가졌다. 이 잡지의 지향은 네그리의 이탈리아 귀환 이후 얀 물리에 부땅이 책임편집하는 저널 *Multitudes*로 이어지고 있다. 조정환, 『아우또노미아』, 갈무리, 2003, 55쪽; 442쪽을 참고했다.
31. 닉 다이어-위데포드, 『사이버-맑스』, 신승철·이현 옮김, 이후, 2003, 474~7쪽. 강조는 필자의 것.

맑스에게 있어 '형식적 포섭'에서 '실제적 포섭'으로의 이행은 "과학기술의 생산에의 응용, 즉 기계류 체제의 구축(이른바 '자동화')에 의해 추동"[33]되는데, "이러한 기계적 재배치는 기계의 부속물로 된 노동자들을 협력하게 하는 원인으로 될 뿐만 아니라 동시에 선행하는 노동자 협력의 결과이기도 하다. 일단 기계를 매개로 한 노동자들의 협력이 등장하면 그것은 개별 공장 수준에 그치지 않고 전 사회적 수준의 협력으로 발전하게 된다."[34]

맑스가 『자본론』, 「협업」 장에서 밝혔듯이, 협력이 "하나의 동일한 생산과정에, 또는 서로 다르지만 상호 관련된 생산과정에 많은 사람이 계획적으로 함께 협력해서 일하는 노동형태"(415~6쪽)로 정의되는 이상, "결합된 노동일의 특수한 생산력"은 어떤 경우에도 "노동의 사회적 생산력 또는 사회적 노동의 생산력"으로 나타날 수밖에 없는 것이다. 여기에 덧붙여 맑스는, "다른 노동자들과 체계적으로 협력하고 있는 노동자"가 자신의 개인적 한계를 벗어날 뿐만 아니라, 바로 자신의 "종족적[혹은 유적] 능력"(420쪽)을 발전시킨다는 것을 강조한다. 개인의 한계를 벗어난 개인, 즉 사회적 개인으로서의 '유적 존재'.

맑스는 이러한 '사회적 수준의 협력', '협력으로 결합된 유적 능력'을 기계류로 대표되는 고정자본 속에서 파악하고, 그것에 '일반지성'이라는 이름을 부여한다. "고정자본의 발전은 일반적인 사회적 지식

---

32. 안또니오 네그리·마우리찌오 랏짜라또, 「비물질노동과 주체성」, 이 책, 304쪽. [문맥상의 수정이 있었음.]
33. 칼 맑스, 『정치경제학 비판 요강 1』(김호균 옮김, 백의, 2000), 62쪽과 조정환, 『제국기계 비판』(갈무리, 2005), 41쪽의 해설을 재인용했으며, 문맥상의 수정을 가했다.
34. 조정환, 위의 책, 41~2쪽.

이 어느 정도까지 직접적인 생산력으로 되었고, 따라서 사회적 생활 과정 자체의 조건들이 어느 정도까지 **일반지성**의 통제 아래 놓였으며, 이 지성에 따라 개조되는가를 가리킨다."35

이 때 강조되어야 할 것은, 맑스가 이러한 일반지성을 기계류 속에서 "대상화된 지력"(382쪽)과 동일시한다는 점이다. 바로 이것이 네그리와 비르노로 하여금 '대중지성' 개념으로의 변화를 추동케 하는 지점이다. 네그리가 보기에, 포스트포드주의 사회에서는 맑스의 "일반지성"의 두 가지 측면인 노동과 노동력이, '비물질노동'과 '대중지성'36으로 변형된다고 말하는데, 이로써 그는 맑스의 일반지성 개념을 전화시킬 필요성을 제기한다.37 네그리가 보기에, '주체의 발본적인 변형'이 이미 다음과 같이 나타났기 때문이다.

[첫째, 주체와 생산의] 관계는 자본에 의해 부과된 노동시간의 독립성의 측면에서 설정되며, 두 번째로 그 관계는 착취에 대한 자율성의 측면에서, 즉 향유 능력으로 나타나는 생산적, 개인적, 집단적 능력으로 설정된다.38

---

35. 칼 맑스, 『정치경제학 비판 요강 2』, 김호균 옮김, 백의, 2000, 382쪽.
36. 이에 대해서는 마우리찌오 랏짜라또·안또니오 네그리, 「비물질노동과 주체성」(질 들뢰즈 외 지음, 앞의 책, 287~304쪽)을 참고하라.
37. 조정환은 『제국기계 비판』에서 네그리의 '대중지성(혹은 다중지성)' 개념이 등장한 맥락을 필자보다는 훨씬 더 적극적인 의미로 받아들인다. "네그리는 맑스가 '일반지성'을 사고하면서 그것이 기계류가 아니라 산 노동 속에서 나타나는 경우를 무시했다고 보았다. 그가, 지성의 객관화를 강하게 함축하는 '일반지성'이라는 개념 대신 지성의 주체화를 강하게 함축하는 '대중지성'이라는 용어를 필요로 했던 것은 이 때문이다. 맑스는 고정자본을 일반지성과, 아니 인간 자신과 동일시했다. 하지만 역사 속에서 기계류의 발전 자체는 그 어떤 해방적 역전도 가져오지 못한 채 인간을 억압하는 거대한 괴물로서 실현되었다." 이에 대해서는 조정환, 『제국기계 비판』, 갈무리, 2005, 44쪽을 참고하라. 그리고 이것을 필자의 주석 24와 비교해 보라.

그래서 네그리는 비물질노동의 헤게모니적 경향과 함께, "프롤레타리아트는 더욱더 완벽히 과학·기술적 지식"을 다루기 때문에, 맑스의 분석과는 달리 "과학기술이 대중들로부터 분리된 '신비화된' 명령으로 기능한다고 볼 수 없다"[39]고 말한다. 또한 네그리는 그 결과 "노동과 사회적 삶, 사회적 삶과 개인적 삶, 생산과 삶의 형태를 가르는 모든 차이들이 사라졌기 때문에" 정치와 경제는 동전의 양면처럼 통합되고 노조와 정당, 대중운동과 전위운동 등을 가르는 낡은 선들 역시 사라졌다고 말한다. 그가 보기에 이제 "정치와 과학과 삶은 함께 작동"(261쪽)한다. 네그리의 주장이 비르노에게서도 다음과 같이 동일한 형태로 나타난다는 점을 고려했을 때, 이들의 문제의식은 공동작업(맑스에 대한 재독해) 속에서 형성된 것이라고 짐작해 볼 수 있다.

오늘날 일반지성은 무엇보다도 소통으로, 살아 있는 주체의 추상화로, 자기-반영으로 제시된다. 이를 경제적 발전의 논리에 따라 일반지성의 일부가 고정자본으로 공고화되는 것이라고 주장하는 것이 아니라, 인식론적 패러다임, 대화법적인 퍼포먼스, 언어 놀이의 형태를 띤 채 소통적 상호작용 안에서 실행될 수 밖에 없는 것이라고 주장하는 것은 정당해 보인다. 말하자면 공적 지성은 협력, 산 노동의 공동 행위, 제반 개인들의 소통능력과 하나를 이룬다.(111~2쪽)

---

38. 안토니오 네그리·마우리찌오 랏짜라또, 「비물질적 노동과 주체성」, 『지배와 사보타지』, 윤수종 옮김, 새길, 1996, 203~4쪽.
39. 안토니오 네그리, 「제헌적 권력 : 대중지성으로 소비에트를!」, 『미래로 돌아가다』, 조정환 옮김, 갈무리, 2000, 261쪽.

오늘날의 코뮤니즘의 의미

지금까지 살펴본 것처럼, '비물질노동'은 오늘날의 노동의 성격을 '산출된 생산물의 내용과 성질', '노동과정 및 생산과정', '산출된 생산물이 파급되는 영역과, 그 효과', '생산방식 및 행위의 경향과 능력'의 차원에서 다층적으로 개념 규정되어 있으며, 이러한 각각의 차원들은 상호-중첩되어, 각 규정이 지닌 약점들을 보완한다. 이렇게 본다면, '비물질노동'은 단지 하나의 개념으로 파악되어야 할 것이 아니라, '현대적 노동'을 둘러싼 일정한 문제틀로서 접근되는 것이 더 옳은 것일지도 모른다. 그래서 필자가 보기에 '비물질노동'의 문제틀은 '비물질노동'·'수행적 노동'·'정동적 노동'·'가상실효적/잠재적 노동'·'대중지성' 등의 붉은 실로 조밀하게 짜여진 직조와도 같다. 이는 한편으로는 맑스에 고전적 기원을 두지만, 다른 한편 '맑스를 넘어서려는' 도전이기도 하다.

자율주의적 맑스주의자들이 '비물질노동'에 집중적인 관심을 보였던 것은 그 속에서 생산되는 새로운 주체성('사회적 노동자'의 주체성, 바로 다중의 주체성)을 읽고 싶었기 때문이며, 바로 그 주체들의 성격이 "코뮤니즘의 모체이자 물질적 전제"[40]로 이해되어야 하기 때문이다. 하지만 무엇이 코뮤니즘의 모체인가? 어떻게 코뮤니즘이 구성된다는 말인가? 오늘날의 노동은 직접적으로 사회적인 상호작용과 협력을 포함하며, 그래서 이제 "협동은 [오늘날의 비물질적] 노동활동

---

40. 조정환, 『아우또노미아』, 갈무리, 2003, 277쪽.

그 자체에 완전히 내재적이다."[41] 이러한 협동적인 노동-능력의 힘은 노동이 자본에 의존하지 않고도 자기-가치화할 수 있는 잠재성을 드러낸다. 네그리·하트는 바로 이러한 특징을 코뮤니즘의 물질적 전제로 이해한다. "오늘날 생산성, 부 그리고 사회적 잉여의 창조는 언어적, 소통적 그리고 정서적 네트워크들을 통한 협동적 상호작용의 형태를 띤다. 자기자신의 창조적 에너지를 표현하는 데서, 비물질노동은 일종의 자생적이고 초보적인 코뮤니즘을 위한 잠재력을 제공하는 것 같다."(387쪽)

네그리·하트의 말처럼, 오늘날의 산 노동은 노동의 자본주의적 조직화로부터 독립적으로 조직된다. 한때 자본이 지휘자·감독관·통제자로서 자신을 형상화했던 것과는 달리, 이제 자본은 이러한 산 노동의 새로운 배열들을 외재적·초월적으로만 통제하는 포획(포섭)의 기구일 뿐이다. 달리 말해, 오늘날의 산 노동 속에서 자본은 생산적 협력을 지휘·감독·조절하는 자신의 전통적 역할을 더 이상 행사하지 않으며(그리고 행사하지 못하며), 더 이상 노동을 매개하거나 협력을 조직하지 않는다. 노동자들은 다질적인 차이 속에서 자신들의 협력을 구축하고 있으며, 자본은 그러한 차이에 위계의 선을 그음으로써 그들을 경쟁시키고 경우에 따라서는 대립하게 만들려고 애쓸 뿐이다. 이것은 무엇을 말하는가? 노동자들의 협력 자체가 지닌 생산성에 자본이 끼어들 여지는 없으며, 오직 위계화의 분할자로만 개입할 뿐이다. 그에 따라 이 둘(집합적 노동자와 집합적 자본) 사이의 분리는

---

41. 안토니오 네그리·마이클 하트, 『제국』, 윤수종 옮김, 이학사, 2001, 386쪽.

완전히 심화되며 양자 사이에 공통된 것이란 더 이상 아무것도 남아 있지 않게 된 것이다. 공통된 것이 더 이상 아무것도 남아 있지 않는 자본, 즉 오로지 초월성의 형태로만 지배를 행사하는 자본을 우리의 삶으로부터 벗겨내는 것. 이것이 오늘날 우리들의 코뮤니즘의 기획일지 모른다.

이제 우리의 모든 생산활동은 우리의 책임성하에 놓여 있게 되었다. 우리의 행위는 우리 자신에 입각한 것이다. 그렇기 때문에, "어떤 가능한 초월성과는 별개로, 심지어는 어떤 논리적 혹은 도덕적 초월성과도 별개로, 완전한 충만함이 존재한다. 활동의, 활동의 책임성의 이러한 강렬함이 존재한다."[42] 따라서 "'우리 모두 함께 결정합시다!'라고 말하는 시간"[43], 이것이 혁명의 시간이자 코뮤니즘의 시간이다. 그렇다면, 이제 우리 모두에게 중요한 것은 우리 자신에게 초월적 권력으로서 군림하는 국가와 자본의 권력이 지닌 환상에 "작별을 고하는 것"이다.

하지만 어떻게 작별을 고할 것인가? 어떻게 혁명적 조직화를 이뤄낼 것인가? 어떻게 삶의 모든 것이 자본으로 표상되는 '총체적 포섭'을 벗겨낼 수 있겠는가? 모든 것이 권력이라면, 모든 것이 지배라면, 어떻게 권력으로부터 벗어나, 지배로부터 벗어나 해방의 시간을 누릴 수 있겠는가? 모든 것이 지배라면, 이제 우리는 모든 것을 재창안해야 한다. "사회적 삶의 양식들뿐만 아니라 노동의 목적도. 자유뿐

---

42. 안또니오 네그리·펠릭스 가따리, 『미래로 돌아가다』, 조정환 편역, 갈무리, 2000, 46쪽.
43. 안또니오 네그리, 『혁명의 시간』, 정남영 옮김, 갈무리, 2004, 250쪽.

만 아니라 권리도. 우리는 다시 한번 코뮤니즘을 노동의 해방을 위한 집단적 투쟁으로서, 즉 현재 상황의 즉각적 종식으로 규정하기 시작할 것이다."[44] 그렇기 때문에 우리는 자본의 포섭의 시간을 벗어나, 우리 자신의 삶-시간을 창출해야 한다. "새로운 시간을 창출하는 것"[45]. 그래서 코뮤니즘은 다른 언어로 구축되어야 한다. 코뮤니즘은 우리들 자신의 잠재적인 구성-역량을 '공통적으로 구축'하는 것이어야 한다. 모든 허구적인 것, 초월적인 것을 배제한 우리들 자신의 '자기가치화'. 바로 이것이 오늘날의 코뮤니즘의 의미이다.

---

44. 안또니오 네그리·펠릭스 가따리, 앞의 책, 97쪽.
45. 같은 책, 256쪽.

현대 자본주의와 미적 생산

정남영

> 오늘날 시는 경제학, 인간과학들 그리고 정신분석을 합친 것보다
> 우리에게 가르쳐 줄 것이 더 많을 수 있다.
> - 펠릭스 가따리

들어가며

  이 글은 탈근대 시기 자본주의의 극복에서 미적 패러다임이 갖는 중요성을 살펴보기 위한 것이다. 사회변혁에서 미적 혹은 예술적 활동이 갖는 중요성이라는 주제는 결코 새로운 것은 아니다. 맑스주의의 이론적·실천적 관심사에서도 예술과 혁명의 관계는 빠져 본 적이 없다. 다만 탈근대라는 조건이 미적 패러다임의 중요성을 다시 한번

생각하기를 요구하는 것이다. 근대에서는 예술적·미적 생산이 자본주의적 생산으로서는 주변부에 위치하고 있었다. 맑스는 생산적 노동과 비생산적 노동을 논하는 자리에서 **자본주의적 생산이 제한적으로 적용되는** 즉 아직 자본주의 특유의 생산이 아닌 '비물질적 생산'(non-material production)의 경우로서 ① 책, 그림 등의 '예술적 창조의 산물들'의 생산, ② 생산의 결과물이 생산자와 분리되지 않는 '공연예술가, 연설가, 배우, 교사, 의사, 성직자들'의 생산을 든다.[2] 그런데 탈근대에서는 이 '비물질적 생산'이 자본주의적 생산으로서 중심적인 위치로 이동하게 된다. 저널리즘에 유통되는 언어로 말하자면 문화적 영역에서의 생산이 가장 큰 '부가가치'를 낳는 생산으로 부각되고 있는 것이다. 바로 이러한 위치 이동이 미적 패러다임의 새로운 중요성을 생각해 보게 하는 것이다.

이와 연관된, 또 하나의 고려사항 – 미적 패러다임의 중요성과 관련된 고려사항 – 이 있다. 맑스가 통찰하였듯이 상품생산을 비롯한 모든 생산은 주체성의 생산을 필수적으로 포함한다.[3] 그런데 단순한

---

1. 나는 '미적'과 '예술적'을 전자가 후자를 포함하는 의미로 사용할 것이다.
2. 칼 맑스, 『경제학 노트』, 김호균 역, 이론과 실천사, 1988, 116~7쪽 참조.
3. "만일 우리가 부르주아 사회를 전체적으로 본다면 [이 지점에서 맑스는 직접적인 생산과 정만을 다루고 있는 중이다 - 정남영] 사회적 생산과정의 최종적 결과로서 나타나는 것은 항상 사회 자체 즉 사회적 관계들을 맺고 있는 인간 자체이다. 생산물 등등처럼 견고한 형태를 띠고 있는 모든 것은 단순히 한 계기로서, 이 운동 내에서의 생겼다 곧 사라지는 순간으로서 나타난다. 직접적인 생산과정 자체도 여기서는 단지 한 계기로서 나타난다. 그 과정의 조건들과 대상화들 자체도 마찬가지로 계기들이다. 주체로서 나타나는 것은 오직 개인들이다. 물론 서로 관계를 맺고 있는 개인들이다. 이 주체들은 새로 생산되는 것만큼이나 재생산되기도 한다. 이 주체들이 그들이 창출하는 부의 세계를 갱신하는 정도로 자신들을 갱신하는 연속적 운동과정." Karl Marx, *Collected Works*, vol. 29 (Moscow: Progress Publishers 1987), p. 98.

생활수단으로 작용하는 상품들과는 달리 예술적·미적 생산의 결과물들은 주체성에 직접 작용하므로, 그것이 자본주의적 생산으로서 중심적 위치에 서는 경향 — 이것의 다른 측면은 '상업화'이다 — 은 주체성의 생산에 큰 변동이 일어날 가능성을 말해 주는 것이다. 우리는 이 변동의 핵심부에 자리하는 것이 바로 탈근대 프롤레타리아인 다중의 형성이라고 말할 수 있다.

벤야민의 「기계복제 시대의 예술작품」(1936)은 주체성의 측면에서 일어난 변화[4]를 예술의 변화와 연결시키고 있다는 점에서 주목할 만하다. 벤야민은 맑스를 거론하면서 자신의 글을 시작한다. 맑스는 아직 자본주의가 유아기였던 때에 미래의 자본주의를 보여주었다는 것이다. 벤야민은 맑스와는 다른 시점 즉 이제는 문화의 모든 영역에서도 생산의 변화가 분명해진 시점에서 예술의 미래를 가늠해 보려고 한다. 우리는 벤야민에서 또 한참(약 70년) 나아간 자본주의, '정보화'로 주로 지칭되는 단계의 자본주의에 진입했다. 우리는 이 새로운 단계의 자본주의에서도 '영화'에 집중된 벤야민의 통찰이 상당히 유효함을 발견한다. 다만 그가 말하는 '대중의 형성'은 이제 '다중의 형성'으로 바뀌어야 할 것이다. 그러면 이러한 수정을 요구하는, 새로운 단계의 자본주의의 특징은 과연 무엇인가?

---

4. 대중의 형성과 대중이 예술작품에 보이는 새로운 태도, 그리고 새로운 인식방식(정신이 분산된 상태에서의 인식)이 그러한 변화이다.

자본주의의 새로운 단계의 특징들

정보화에서 드러나는 기본적인 특징들로 거론되는 것은 지식의 직접적 생산력화(비물질적 생산), 자동화(디지털화), 소통과 교류의 확대이다.5 그런데 여기서 내가 주목하고 싶은 것은 이러한 변화의 확대로 지구 각 부분의 연결성이 극대화되고, 그 연결로로 소통과 교류가 때로는 광속으로 이루어지며, 그리하여 거리가 사라지고 전통적인 의미의 시간마저도 사라지는, 하나의 거대한 '자본주의체'가 되었다는 것이다. 네그리는 여기서 온전한 의미의 '공통적인 것'의 등장을 본다. 물론 아직은 자본과 제국적 주권의 지배 아래 있지만 말이다. 자본의 전위도 이러한 현상을 놓치지 않는다. 저명한 경영혁신이론가인 크리스토퍼 메이어와 스탠 데이비스는 특히 정보경제의 제2국면(대략 1990년대 이후이다)에서 일어난 변화를 '블러'(blur)경제라고 부른다.6 블러경제에서는 이런 일이 일어난다.

무엇을 보게 될 것이냐고? 전통적인 경계선들의 붕괴이다. 블러의 세계에서는 생산물들과 서비스들이 서로 융합한다. 판매자들이 사며, 구매자들

---

5. 이는 실상 이미 150여 년 전에 맑스가 자본주의 발전이 가져오리라고 예측하였던 것이다. Karl Marx, *Collected Works*, vol. 29, p. 90 참조. 그런데 맑스는 과학기술의 자본에의 종속만을 지적하지 않는다. 이러한 발전을 통해서 역설적으로 자본에 내재한 모순이 증폭되게 됨을 동시에 지적한다. 자본은 노동에의 의존으로부터 벗어나기 위해 노력을 다하지만, 바로 그럼으로써 자신의 존립근거인 '가치관계' — 노동시간이 부의 원천이자 척도가 되는 관계 — 를 위협하게 되고 앞으로 자본주의적 관계를 대체할 힘 — "사회적 결합과 사회적 교류의 모든 힘" — 을 살리게 되는 것이다. 같은 책, pp. 91~2 참조.
6. 'blur'는 사물이 희미해지고 불명료해지는 상태를 말한다.

이 판다. 윤곽이 뚜렷한 가치연쇄들은 혼탁한 경제적 웹들로 된다. 집이 곧 사무실이다. 구조와 과정 사이에, 소유와 사용 사이에, 앎과 배움 사이에, 현실적인 것과 가상적인 것 사이에 명확한 구분선이 없다. 고용주와 피고용인은 점점 덜 분리된다. 자본 – 이는 그 자체가 자산인 만큼 부채이다 – 의 세계에서는 가치가 너무나도 빨리 움직여서 당신은 축적(stock)과 흐름을 구분할 수 없을 정도이다. 모든 전선에서 대립들이 흐려진다.7

이러한 '블러'경제의 3요소는 연결성(connectivity), 속도, 무형적인 것(the intangible)이다. 데이비스와 메이어는 이 셋을 우주를 구성하는 근본적인 요소들이 시간, 공간, 질량에 일어난 변화에 대응하는 것으로 볼 정도로 '블러'경제로의 이행을 근본적인 것으로 보고 있다. 물론 메이어와 데이비스는 이를 자본의 관점에서 즉 해방의 조건으로서가 아니라 새로운 자본주의적 경영의 조건으로서 인식한다. 그러나 이들의 인식에서도 이른바 근대를 특징지었던 조건이 현실 속에서 사라지고 있음은 충분히 드러나고 있다.8 이렇게 볼 때 네그리

---

7. Stan Davis & Christopher Meyer, *Blur: the Speed of Change in the Connected Economy*(New York: Warner Books, 1999), p. 7. 앞으로 특별한 언급이 없는 한 인용문들의 번역은 필자의 것이다.
8. 근대의 특징들 몇 가지를 들자면 다음과 같다. ① 정신과 몸, 사유와 감정의 분리 ② 주체와 객체의 분리 ③ 사회, 문화, 정치, 경제영역들의 자립성 (상부/하부구조의 변별, 공적인 것과 사적인 것의 분리) ④ 주체성에 대한 개인주의적 혹은 인격주의적(personological) 파악. 로렌스의 다음 발언은 ④에 대한 탁월한 설명이다. "인간은 자신을 의식하게 되는 순간 자신이 되기를 그친다. 그 이유는 명백하다. 어떤 개별적 존재가 자신의 개별적 고립성을 깨닫게 되는 순간 그 존재는 즉시 자신의 바깥에 있는 것을 깨닫게 되어 자신의 한계를 형성한다. 즉, 정신이 주관적 현실과 객관적 현실의 양자로 갈라지는 것이다. 이 일이 일어나자마자 원초적인 통합적 자아(the primal integral *I*) – 이는 대체로 다른 모든 살아 있는 것들과의 살아 있는 **연속체**이다 – 는 붕괴되고 자신이 아닌 현실을

와 하트가 현대 자본주의를 지칭하는 말로서 자주 사용하는 '탈근대'라는 말은 현대에 들어와서 새롭게 일어난 성취를 지적하는 장점을 갖는다고 할 수도 있다.

다시 논의를 탈근대에 등장한 '공통적인 것'으로 되돌려보자. 네그리는 '공통적인 것'이 ① 언어적 존재 ② 주체성의 생산으로서의 존재 ③ 삶정치적 존재의 세 규정 아래서 등장한다고 한다. 여기서 우리는 이 글의 주제에 맞추어 '주체성'의 생산이라는 주제에 집중하기로 하자. (실상 이 세 규정은 동일한 것의 세 측면이기에 무엇에 집중하든 결과적으로는 마찬가지이다.)

위데포드는 『사이버-맑스』 2장에서 여러 갈래의 정보혁명론자들의 공통된 주장 일곱 가지를 요약하는데[9], 이 주장들 중 앞의 여섯은 맑스가 이미 예측한 것들과 통한다. 물론 그 강조점은 정반대이지만 말

창문으로 내다보는 자아가 생긴다. 이것이 어린아이 때부터 처하게 되는 현대적 의식의 상태이다." D. H. Lawrence, *Phoenix: The Posthumous Papers of D. H. Lawrence* (London: William Heinenmann Ltd., 1936), p. 761.

9. 그 일곱 가지는 다음과 같다. ① 세계는 지금 농업 사회에서 산업사회로의 이행에 비견되는 이행을 겪고 있다. ② 새로운 사회의 결정적 자원은 기술-과학적 지식이다. ③ 새로운 시기의 주된 발현이자 동력은 정보테크놀로지의 창안과 확산이다. ④ 부의 생성은 점점 더 '정보경제'에 의존한다. 여기서는 상징적 데이터의 교환과 조작이 물질적 과정의 중요성과 부합되거나, 그것을 넘어서거나 아니면 그것을 포함한다. '정보 유물론'(informational materialism). 높은 수준의 교육과 훈련을 요하는 추상적이고 지적인 숙련이 노동력의 결정적 속성들이 된다. ⑤ 이 기술-경제적 변화는 더 작용범위가 넓은, 근본적으로 긍정적인 사회변혁을 수반한다. 산업사회의 모순이 해결된다. ⑥ 정보혁명의 범위는 전(全)지구적이다. ⑦ 정보혁명은 인간 문명의 새로운 국면일 뿐만 아니라, 생명의 발전에서 새 단계이다. 지성을 갖춘 기계가 인공생명에 이른다. 기계능력이 인간능력을 능가한다. 컴퓨터는 그리하여 인간의 하인이 아니라 인간을 계승할 잠재적인 종이다. 진화의 새 단계이다. Nick Dyer-Witheford, *Cyber-Marx: Cycles and Circuits of Struggle in High-Technology Capitalism*(Urbana and Chicago: University of Illinois Press 1999, pp. 22~6 참조.

이다. 그러나 컴퓨터를 인간을 계승할 잠재적인 종으로 보고 진화의 새 단계로 보는 일곱 번째 주장은 정보혁명론자들의 고유한 '브랜드'이다. 정보혁명론자들은 컴퓨터에 의한 인간의 대체를 주장한다. 그러나 맑스는 – 물론 그는 현재 우리가 보는 것과 같은 컴퓨터의 발전을 목격하지 못했지만 본질적인 것은 변하지 않는다 – 아무리 기계가 발전하더라도 그것이 인간을 대체하는 것으로 보지 않았다. 앞에서 보았듯이, 그 모든 발전은 결국 인간 주체성의 재생산 혹은 새로운 주체성의 생산으로 귀결된다는 것이 그의 견해이다.[10] 이는 전통적인 의미의 주체성이 영속적이라는 말이 아니라, 인간과 기계(도구)의 융합이 일어난다는 말이다.[11]

앞에서 언급한 자본의 전위들이 맑스의 이러한 통찰의 진실성을 – 아마 자신들은 모르겠지만 – 역설적으로 확인해 준다. 메이어와 데이비스는 농업 시대에는 토지가, 산업시대에는 공장이 부(富)였는데, 최근에 와서는 무형적인 것(the intangible)이 부를 창출하는 주된 수단으로서 산업적 능력을 대신했다고 한다. 그런데 무형적인 것 내에서도 단계를 가르는데, 1950년대에서 1970년대까지는 서비스, 1970년대에서 1990년대까지는 소프트웨어와 정보서비스, 1990년대 이후로는 인간 자본(human capital)과 지적 자본이 가장 높이 평가받는 자원이 되었다고 한다.[12] 이제 인간 주체의 지적 능력은 부를

---

10. 앞의 주석3 참조.
11. 네그리는 이를 '인간-기계'(man-machine)라고 부른다.
12. Stan Davis & Christopher Meyer, *Future Wealth*(Boston: Harvard Business School Press, 2000), pp. 5~6 참조.

창출하는 최고의 자원인 동시에 그 자체가 최고의 부가 된다. 따라서 현대 자본주의의 핵심은 결국 주체적 힘들의 전 지구적 연결 그 자체에 다름 아니게 된다. 주체와 객체가 노동력과 생산수단으로 분리되어, 자본가의 매개를 통해 만나야만 생산이 이루어졌던 시대와는 달리, 이제는 주, 객의 분리는 사라지고 객관적인 힘이자 부인 동시에 주체적 힘인 주체성의 관계가 곧 현실세계의 실질적 짜임새가 된 것이다.

자본주의적 주체성과 전복적·창조적 주체성

이렇듯 현재의 자본주의는 주체성이 곧 최대의 관건이 된 세상이다. 이러한 상황에서 자본의 최대 관심은 주체성을 어떻게 착취하느냐 즉 어떻게 자본을 증식하는 방향으로 움직이게 할 것이냐일 것이다. 따라서 주체성은 자본과의 싸움의 행위자(agent)인 동시에 그 지형이 된다. 주체와 객체의 관계라는 이원적 사고방식은 이제 들어설 여지가 없다.[13]

---

[13] 자연과학에서는 이미 약 50년 전에 주객 이분법이 비판된 바 있다. 양자역학자인 슈뢰딩거(Erwin Schrödinger)는, 과학적 방법의 토대를 이루는 두 일반적 원칙의 하나인 '객관화'(objectivation) — 우리가 사는 현실 세계에서 '주체' 혹은 '정신'을 제거하고 남은 '객관적 현실'을 관찰대상으로 삼는 것으로서 그리스 시대부터 현실적으로 작용해 왔다 — 가 이제는 "막다른 골목"에 도달했으며 "안티노미(antinomy) 상태"에 놓여 있음을 지적한다. 그리고 그 해결을 위해서는 "과학적 태도가 새로이 정립되어야 한다"고 역설한다. Erwin Schrödinger, "Mind and Matter", *"What Is Life?" with "Mind and Matter"* & *"Autobiographical Sketches"*(1992; Cambridge: Cambridge University Press 2000) p. 112. "Mind and Matter"는 1958년에 처음 발표되었다.

그런데 이제는 무엇보다도 시간의 차원이 달라졌으므로, 착취의 성격도 근대 자본주의와는 다를 수밖에 없게 될 것이다.[14] 데이비스와 메이어의 말 대로 이제는 주체성이 곧 자본(인간 자본)이므로 자본은 주체성을 해방과 탈주의 힘으로서가 아니라 자본으로 기능하도록 하면 된다.[15] 즉 이른바 자본주의적 주체성으로 전환 혹은 고정시키면 된다. 이에 대한 가따리의 말을 경청해 보자.

자본주의적 주체성은 각종 종류와 크기의 작동요소들(operators)을 통하여 생성되며, 여론을 뒤흔들거나 파열할 수 있는 사건들의 침입으로부터 실존을 보호하기 위해 제조된다. 자본주의적 주체성은 모든 특이성(singularity)이 전문가들을 중심으로 한 장치들과 참조틀 속에서 회피되거나 짓밟혀지기를 요구한다. 따라서 이 주체성은 걱정, 광기, 고통, 죽음, 혹은 우주 속에서 길을 잃고 있다는 느낌과 연관된 모든 것만이 아니라 어린 시절, 사랑, 예술의 세계들 또한 관리하고자 하는 것이다 … 통합세계자본주의[16]는 가장 개인적인(personal) – 심지어는 그 하부에 있는(infra-personal) – 실존적 소여(所與)들로부터 주체적 집합체를 형성한다. 통합세계자본주의는 이 소여들을 종족, 민족, 전문적 노동력, 경쟁적 스포츠, 지배적 남성성, 매스미디어를 타는 유명인 등과 결합시킨다 … 자본주

---

14. 산업 자본주의에서는 임금이 나타내는 가치 즉 사회적으로 필요한 노동시간 이상의 시간 동안 노동을 시키는 것(부불노동)이 착취였다.
15. 가따리는 주체적 힘의 자본화를 향한 이러한 경향 – 이는 자본주의의 엘리트들의 수준에서도 일어나고 프롤레타리아트의 수준에서도 일어난다 – 은 이전의 자본주의에서도 보였던 것이지만, 이러한 성향의 진정한 중요성은 온전하게 드러나지 않았으며, 노동운동의 이론가들에게 제대로 이해되지 않았다고 한다. Félix Guattari, *The Three Ecologies*, trans. Ian Pindar and Paul Sutton(London and New Brunswick: The Athlone Press, 2000), pp. 47~8 참조.
16. Integrated World Capitalism. 가따리가 현 단계 자본주의를 지칭하는 용어이다.

적 주체성은 가능한 많은 수의 실존적 후렴들을 통제하고 중립화함으로써 권력을 얻는다. 그것은 사이비영원성에 대한 집단적 느낌에 의해 도취되고 마비된다.17

다른 곳에서 그는 자본주의적 주체성을 일반화된 등가성의 주체성(the subjectivity of generalized equivalence)이라고 부른다.18 그 핵심은 특이성을 무력화하는 데, 그것을 표준화하고 중립화하여 현재의 자본주의적 실존에 대한 위협이 되지 못하게 하는 데 있다. 이것을 가따리는 '재영토화'라고 부른다. 이 재영토화의 방식은 다양하다. 매스미디어를 통한 계열화(serialization) — 동일한 생활수준의 이상, 동일한 패션, 동일한 락음악 유형들 등19 — 정보학적 표준화, 유행에의 순응, 광고나 설문에 의한 여론조작 등등.20

이제 가따리에게 있어서 중요한 것은 이러한 주체성의 탈영토화이다. 이것은 무력화된 특이성의 회복 혹은 (재)창조이기에 그는 이것

---

17. *The Three Ecologies*, p. 50. 후렴에 대해서는 뒤에 언급할 것이다.
18. Félix Guattari, *Chaosmosis: An Aesthetic Paradigm*, trans. Paul Bains and Julian Pefanis(Bloomington & Indianapolis: Indiana UP, 1995), p. 22.
19. *The Three Ecologies*의 영역자들은 역자주석을 통하여 '계열주의'(serialism)를 이렇게 설명한다: 여기서 '계열주의'는 사르트르의 『변증법적 이성 비판』에 나오는 '계열적 존재'(serial being)를 염두에 두고 있다. 이것을 가따리는 한 글에서 이렇게 요약한다. '어떤 계열의 구성원들은 그들이 공통적인 관심을 가지고 있는 외부의 사물을 대하되 공통의 기획이 없이 그리고 서로를 반드시 의식하지도 않고 대하는 데서 통일성을 보인다. 계열의 통일성은 능동적이지 않고 수동적이고 우연하다. 미리 만들어져 있기 때문이다.' 가따리에게는 '계열성으로부터 나와서 … 자기본질화(auto-essentialization)라고 부를 수 있는 것을 실존에 복원시켜 주는 특이화의 과정들로 진입하는 것'이 중요하다.
20. 다른 곳에서 가따리는 자본주의 사회가 창출하는 세 유형의 주체성을 다음과 같이 꼽는다. ① 계열적 주체성. 이는 봉급받는 계층들에 상응한다. ② 엄청난 수의 '비보장' 대중. ③ 중역들에 상응하는 엘리트 주체성. *The Three Ecologies*, p. 62 참조.

을 '재특이화'(resingularization)라고 부른다.21 그런데 줄곧 미적·예술적 생산의 핵심원리였던 것이 바로 이 재특이화이다.

미적 생산의 핵심 원리로서의 재특이화

재특이화란 예술이 "전례 없는, 예상치 못하고 생각하지 못한 존재의 질을 생성"하는 원리이며22 미적 패러다임에서 모든 것이 계속적으로 재창안되고 처음부터 시작되는 원리이다.23 미적·예술적 생산에서 재특이화는 "감각적이고 유한한 실존적 〈영토들〉과 초감각적이고 무한한 참조의 〈우주들〉의 인터페이스"(an interface between the sensible finitude of existential Territories and the transsensible infinitude of the Universes of reference)로 구성된다.24 전자는 실제적인 것(the actual) 혹은 유형적인 것(the tangible)에 상응하며 전통적인 의미에서 물질적이고, 후자는 버츄얼한 것(the virtual) 혹은 무형적인 것(the intangible)에 상응하며 비물질적(incorporeal)이다.

(재)특이화는 언제 어디서나 전복적이다. 앞에서 말했듯이 자본은

---

21. 가따리는 특이성들의 생성은 존재 자체의 특성이라고 본다. 따라서 이 특이성들이 재영토화된 상태에서의 특이화는 다름 아닌 재특이화가 되는 것이다. 그런데 우리의 출발점은 이미 스스로를 재생산하는 자본주의이므로, 앞으로 이 글에서는 특이화와 재특이화를 별다르게 구분하지 않고 사용할 것이다.
22. *Chaosmosis*, p. 106.
23. *The Three Ecologies*, p. 39 참조.
24. *Chaosmosis*, p. 111.

등가화, 중립화, 표준화, 계열화를 통하여 이 전복성을 무력화하지 않고서는 자신의 존재를 유지하지 못한다. 자본의 유지는 자본의 증식을 가능하게 하는 특정 구조의 재생산을 통해 이루어진다. 바꾸어 말하자면, 특정 형태의 반복에 종속된 구조의 재생산이다. 이렇게 반복되는 것을 '정상적인' 질서라고 부를 때 이 '질서'를 벗어나는 탈주는 곧 (재)특이화의 노력을 이루게 마련이다. 그런데 이러한 탈주가 다른 탈주들과 결합되지 않는다면 "그냥 혼자 돌고 있는 고립되고 억압된 특이성들"에 지나지 않게 되어[25], 덧없이 사라져 버리게 된다. 이와 달리 특이성들이 서로 결합되어 일관성(consistency)이 있는 네트워크적 연결의 웹(아쌍블라주)을 형성할 때 이를 가따리는 "과정적인(processual) 방식"의 "부드러운 탈영토화"라고 부른다.[26] 과정적 아쌍블라주의 결과물도 어떤 반복을 한다. 그런데 이는 지배질서를 구성하는 "사멸적 반복"이 아니라 "역(逆)반복"(counter-repetition)이며, 창조적 반복이다. 가따리는 이 창조적 반복을 예술적 생산의 경우 '후렴'이라고 부른다.

후렴은 '무기표기의적 기호화'(無記標記意的 記號化, a-signification) 즉 '기표-기의관계의 파열'을 통해 일어난다.(그림 참조) '기표기의적 기호화'(signifying)는 기호가 기정의 담론적 연쇄, 즉 기표와 기의의 정해진 일대일 상응관계(재현 혹은 지시 관계)의 연쇄에 따르는 기호화를 말한다. 이러한 기호화는 재현 혹은 지시의 기능에 종속된다.

---

25. *The Three Ecologies*, p. 51.
26. *Ibid.*, p. 45.

다시 말하자면, 이미 존재하고 확정된 것을 전달하거나 가리키는 기능에 종속된다. 이에 반해서 '무기표기의적 기호화'가 가져오는 창조적 반복은 외부에 대한 종속을 제거하고 담론적 연쇄로 하여금 비담론성(non-discursivity)의 담지자가 되게 함으로써 스스로를 하나의 특이한 '다수체-몸'으로 자기조직화한다.27 담론적 연쇄에서 벗어난다는 의미에서 가따리는 이를 "자기지시적 아쌍블라주"(auto-referential assemblage)라고 부르기도 한다. 기호들의 아쌍블라주 외부의 그 어떤 것에도 의존하지 않기 때문이다.

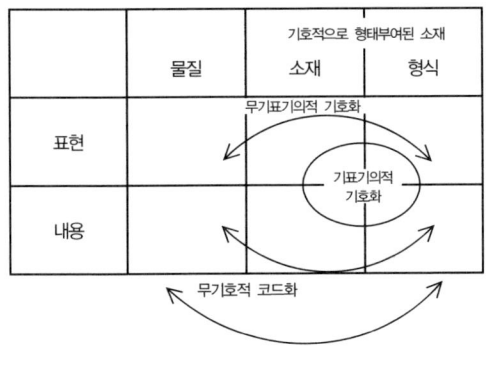

〈가따리의 기호 도표〉

이 비물질적 참조의 〈우주들〉이 형성되는 특이한 사건들은 예술적·미적 사건에 국한되는 것이 아니라 개별적·집단적 역사성의 진

---

27. 가따리는 이 특이한 다수체들을 비물질적인 객체들, 추상적 기계들, 가치의 우주들, 비물질적 참조의 〈우주들〉이라고 부른다.

보를 이루는 순간(계기)들이기도 하다. 가따리는 예술적·미적 영역에 국한되지 않고 인간 실존 자체를 새로운 역사적 맥락에서 생산하는 문제를 담당하는 지적 노력을 생태지(ecosophy)라고 부른다. 이 생태지는 세 개의 생태학의 마디결합으로 구성되는데28 이 세 생태학들에 공통된 기율을 가따리는 윤리적-미적 패러다임이라고 부른다. 의사과학적(pseudo-scientific) 패러다임29은 버려져야 할 것으로 제시된다.30 미적 패러다임이 요구되는 이유는 인간 실존 자체를 새로운 역사적 맥락에서 생산하는 것이 바로 재특이화를 통하여 일어나기 때문이다.

재특이화가 담지하는 사유는 재현적이 아니라 표현적이다. '표현'은 특이성을 생성하는 사유이므로, 이미 존재하는 것을 단순히 전달하거나 가리키는 데 국한될 수가 없다. 이미 존재하는 것을 단순히 전달하거나 가리키는 데 국한될 수가 없다. 사유가 이미 존재하는 것을 지시하고 전달하는 데 갇혀 있는 한 사유는 새로운 삶의 창조와는 무관한 것이 되고 마는 것이다.31 표현은 새로운 것을 잉태, 발견, 실

---

28. ① 새로 탄생하는 주체성 (정신적 생태학) ② 늘 변이하는 사회체 (사회적 생태학) ③ 재창안되는 과정에 있는 환경 (환경적 생태학).
29. 이는 열역학, 위상수학, 정보이론, 체계이론(system theory), 언어학 등의 '엄정' 과학(hard science)에서 빌려온 패러다임을 말한다.
30. 과학에서도 전통적인 과학적 패러다임은 종말을 고하고 있다. 주관을 배제한 '객관성' 개념은 무너졌으며, 법칙, 가역적 시간, 확실성 등의 개념도 무너졌다. 가따리도 '내러티브적 요소'를 도입하려는 물리학자들의 견해를 소개하고 있다. *Three Ecologies*, p. 40 참조.
31. 물론 창조적 사유가 기표/기의 체계를 완전히 이탈하는 것은 거의 불가능하다. 다만 그것에 종속되지 않고 오히려 그것을 도구로서 활용하는 것이다. 즉 기호적 흐름으로 하여금 가장 탈영토화된 물질 ─ 여기서 물질이란 기표의 기의 모두 포괄한다 ─ 의 흐름과 새로운 연관을 맺도록 허용하는 기호적 탈영토화의 수단으로서 활용한다. 이에

험하는 사유이다.

정보는 표준화되고 중립화된 앎의 형태이다. 그것은 특이성의 등가성으로의 환원을 함축한다. 가따리는 『세 생태학들』의 마지막에 정보의 우선성에 수반되는 환원주의와 벤야민의 '이야기하기'를 대립시킨다. 벤야민은 이렇게 말한다. "이야기하기는 … 정보나 보고처럼 사물의 순전한 본질을 전달하는 것을 목적으로 하지 않는다. 사물을 이야기하는 이의 삶 속으로 집어넣었다가 다시 꺼내는 것이다. 이야기하는 이의 흔적은 도공의 손자국이 질그릇에 남아 있듯이 그렇게 이야기에 남아 있게 된다."[32] 벤야민은 바로 특이성이 살아 있는 형태의 소통에 대하여 말하고 있는 것이다.

자본주의적 생산이란 기본적으로 협동에 바탕을 둔 생산이며, 따라서 협동에 참가하는 부분들 사이의 소통을 필수적으로 수반한다. 그러나 자본의 입장에서는 이 소통을 살아 있는 것으로 놔두면 자신의 존재근거가 위협을 받는다. 따라서 자본은 살아 있는 형태의 소통을 죽은 소통으로 환원시킴으로써 소통을 전유하고 통제한다. (이는 죽은 노동에 의한 산 노동의 지배에 상응한다.) 다시 말해서 협동적 관계를 자본의 명령 – 그 육화된 형태는 화폐이다 – 에 종속시켜야 하는 것이다. 소통을 통제하는 방식 중 하나가 소통을 정보의 전달로 환원하는 것이다. 살아 있는 소통은 상호적이며 (소통에는 다수가 참

대해서는 Félix Guattari, *The Guattari Reader*, ed. Gary Genosko(Cambridge: Blackwell Publishers, 1996), p. 150 참조.

32. Walter Benjamin, *Illuminations*, trans. Harry Zohn(New York: Schocken Books, 1969), pp. 91~2.

여하므로) 다방향적인 데 반해 정보의 전달은 일방향적이다.33

일방향적 전달은 재현에 국한된 소통이며, 특이성의 제거를 통한 표준화, 등가화, 중립화를 촉진한다. 예컨대 특정의 시에 대하여 누구에게나 '보편적으로 타당한 답'을 전제하는 문학교육은 그 표면적 의도가 무엇이든 결국은 자본의 증식에 바쳐지는 주체성의 훈육을 담당하게 된다. 따라서 소통의 착취가 관건인 탈근대 자본주의에서 살아 있는 소통과 그에 의한 특이성의 생성은 자본을 그 뿌리에서부터 극복하는 일이 된다. 이것이 정치권력을 둘러싼 싸움보다 온건하게 보인다고 생각하는 사람이 있다면 그는 잘못 생각한 것이다. 여기서는 "삶과 죽음이 맞선다. 이 관계에 의하여 발현되는 격렬함은 표현할 수 없다. 윤리적이거나 시적인 실천만이 이것을 포착하는 데 성공한다."34

---

33. 네그리는 ① 소통으로부터 그 자연발로적이고 창조적인 내용을 제거하여 소통을 정보로 환원하는 것, ② 소통행위의 자연발로적 창발성보다는 컴퓨터화된 작업방식에 더 적절한 다양한 주체성들을 창출함으로써 프롤레타리아적인 소통행위들을 반격하는 것을 소통을 통제하는 자본의 두 가지 전략으로서 든다. Antonio Negri, *The Politics of Subversion: A Manifesto for the Twenty-first Century*(Cambridge: Polity Press 1989), p. 117 참조. 다만, 그는 소통과 정보를 구분하는 데 있어서 조심해야 할 점 즉 양자는 별도의 실체로서 구분되는 것이 아니라는 점을 지적하는 것을 잊지 않는다. 순전한 유토피아로서의 소통이란 없으며, 마찬가지로 순전히 공허한 반복으로서의 정보, 잉여적 사실로서의 정보도 존재하지 않는다는 것이다. 같은 책, p. 119 참조.
34. *Ibid.*, p. 122.

언어에서의 특이성 생성의 사례

여기서는 앞의 이론적 논의에 대한 보충설명으로 언어에서의 특이성의 생성의 사례로서 두 편의 시에서 한 대목씩을 간략하게 살펴보기로 한다. 다만, 이로써 특이화의 일반적 모델을 제시하는 것은 절대로 아니다. 특이화의 양태는 무한하여 일반화란 불가능하기 때문이다.

첫째 사례는 김수영의 「꽃잎(一)」 마지막 두 연이다.

바람의 고개는 자기가 일어서는 줄
모르고 자기가 가닿는 언덕을
모르고 거룩한 산에 가닿기
전에는 즐거움을 모르고 조금
안 즐거움이 꽃으로 되어도
그저 조금 꺼졌다 깨어나고

언뜻 보기엔 임종의 생명같고
바위를 뭉개고 떨어져내릴
한 잎의 꽃잎같고
혁명같고
먼저 떨어져 내린 큰 바위같고
나중에 떨어진 작은 꽃잎같고

나중에 떨어져내린 작은 꽃잎같고

여기서 주요 단어들인 '바람의 고개,' '거룩한 산,' '즐거움,' '임종의 생명,' '바위,' '꽃잎,' '혁명' 등이 가진 의미연관은 분명하지 않다. 또한 문법상의 주어로 추정될 수 있는 '바람의 고개'와의 연관도 불분명하다. 심지어는 주어와 술어가 주종관계에 놓인 것 같지 않고 각자 자신의 고유한 자립성을 잃지 않는 듯하다. 요컨대 통사구조가 통상적인 기능에서 벗어나 있는 것이다.

분명히 확정된 대상의 재현에 복무하는 언어는 기본적으로 문법적으로 표준화된 통사구조의 틀에 의존한다. 비록 생략된 부분이 있더라도 생략된 것을 복원했을 때는 그 통사구조를 벗어나지 않는다. 이 통사구조가 하는 일은 각 부분들을 관습적으로 정해진 서열[35]에 고정하는 것이다. 대체적으로 한 단어는 통사구조 속에서 사전에 수록된 여러 의미 중 하나를 할당받아 정착한다. 그리고 그 '하나'가 분명하게 읽는 이에게 전달되는 것이다.

그런데 위의 행들에서 일어나는 일은 이와는 반대되는 것이다. 연관이 불분명한 이질적인 단어들이 배열되면서 단어 사이에 측정하기 힘든 무정형의 '거리'(距離)가 발생하고 이 '거리'의 집적으로 어떤 공간이 형성된다. 이 공간은 그 불확정성으로 인하여 의미의 공간이라고도 하기 어렵고 그렇다고 무의미의 공간이라고도 하기 어렵다. 이 공간 속에서 각 단어들은 비록 불확정적이지만 단순한 '무'는 아닌 어떤 의미를 담지한다. 그런데 이 의미는 어떤 힘 혹은 기운과 분리하기 힘든 의미이다. 이 의미는 사전 속에도 없고 다른 텍스트들 속에

---

35. 술어는 주어에 종속되고, 형용사는 명사에, 부사는 형용사나 동사에 종속된다.

도 없으며, 오직 이 시에서만 존재한다. 즉 특이한 힘으로서 존재하는 것이다.[36]

두 번째 예는 신경림의 「목계장터」 5-7행이다.

뱃길이라 서울 사흘 목계 나루에
아흐레 나흘 찾아 박가분 파는
가을볕도 서러운 방물장수 되라네

여기서 "가을볕도 서러운"이라는 구절에 주목해 보자. 이 구절은 가난이 주는 서러운 고통을 단 두 마디로 탁월하게 구현한다. 이러한 탁월함은 언어를 재현의 방식으로 사용하는 데서 오지 않고, '가을볕'과 '서러운'에 이미 충전된 다수의 의미들 — 여기에는 정확하고 분명하게 확정되지 않는 것들도 포함된다 — 을 포괄적으로 결합하는 방식으로 사용하는 데서 온다. (만일 '가을볕'이 특정 상황에서의 가을볕을 재현하는 기능에 그친다면 이 다수의 의미들 중에서 하나의, 혹은 기껏해야 둘의 사전적 의미만 남고 나머지는 제거되는 방식이 택해질 것이다.) 이런 의미에서 그 결합의 결과물은 외부 현실의 어떤 사물이나 사태를 지시하는 것과는 다른 방식으로, 앞에서 가따리가

---

36. 우리는 의미를 단순한 재현관계(지시관계)로 파악하는 데 길들여져 있다. 그러나 예컨대 니체에게서 의미란 힘들의 관계로써 구성된다. 하이데거에게서도 의미란 단순한 재현내용이 아니라 사물들로 향하는 '배려'(Besorge)의 벡터들[Gegend]로서 구성된다. 실상 의미내용과 힘의 불가분한 공존 즉 '애펙트'(affect)야말로 살아 있는 언어의 핵심이라고 할 수 있다.

말한 '자기지시적 아쌍블라주'로서 존재하는 것이다.

이러한 언어사용방식의 특징은 이 구절을 '눈물이 나도록 서러운'이라는 가상의 (그러나 더 사실적인) 구절과 실험적으로 비교해 보면 금세 드러난다. '눈물이 나도록'은 '서러운'에 이미 포함된 시각적 이미지를 가시화한 것에 지나지 않으며 (이러한 가시화가 시적 효과를 얻는 경우도 있을 수 있지만, 이 경우는 아니다) 따라서 단어의 추가에 의하여 새로이 표현되는 것이 거의 없다. 오히려 우리는 '서러움'에 갇히는 느낌을 받는데, 「목계장터」는 이렇게 갇히는 것과는 정반대 방향으로, 즉 모든 사물을 향해 열리는 방향으로 움직이는 시이다.

맺으며

지금까지 예술적·미적 생산의 핵심으로서 논한 (재)특이화 혹은 특이성의 생성이란 자본주의의 극복과정에 – 수단이나 방편 등의 형태로 – 단순히 첨가되는 요소가 아니라 그러한 극복과정 그 자체이다. 이는 이미 맑스에게서 통찰되고 있는 바이다. 『1844년 경제철학 수고』에서 맑스는 "인간의 사적 소유의 지양은 인간의 감각과 속성의 온전한 해방"이며 이렇게 해방된 감각은 "실천 속에서 직접적으로 이론가가 된다"고 말함으로써37 자본주의의 극복이 사회·정치적 기획

---

37. Karl Marx, "Economic and Philosophic Manuscripts of 1844", *Karl Marx·Frederick Engels Collected Work*, vol. 3(Moscow: Progress Publishers, 1975), p. 300. [필자의 번역.]

인 동시에 미적 기획임을 시사했던 것이다. 더군다나 생산이 점증적으로 언어적(기호적) 생산으로 되어 가는 현재의 경향으로 미루어 볼 때 언어에서의 특이성의 생성은, 혹은 (같은 말이지만) 상호협동에 의하여 새로운 의미를 창출하는 살아 있는 언어적 소통은 그 자체가 비(非) 혹은 반(反)자본주의적 공동체의 실존형태가 되리라고 예상된다.

특이화 과정이 자본주의의 극복에서 이토록 중요한 이유는 그것이 탈가치화에 다름 아니기 때문이다. 실상 자본주의화란 가치화(valorization)와 동의어이다. 가치화는 모든 관계들을 가치관계로 환원하는 과정 즉 어떤 사물을 생산하는 데 사회적으로 필요한 시간을 척도로 하여 모든 사물들을 양적 비례관계 — 이는 이 비례관계에 상응하는 양의 교환가능성을 함축한다 — 로 편입시키는 과정인 것이다. 이 가치관계를 전면화시키기 위해서는 모든 사용가치에 들어 있는 특이성(singularity)은 억압되거나 무력화되어야 한다. 이에 반해서 특이화는 그 자체로 가치관계로부터의 해방이며 따라서 탈가치화 혹은 자기가치화이다. 특이화와 가치화는 실제 현실에서는 중첩되어 보이기도 하지만, 원리적으로 전혀 상이한 별개의 벡터이며 따라서 이들 사이에 변증법적 화해란 있을 수 없다. 그것은 네그리의 말대로 삶과 죽음의 싸움이다. 그리고 이 싸움에서 미적 패러다임은 삶의 패러다임으로서 우뚝 서게 되는 것이다.

비물질노동과 시간의 재구성

조정환

맑스주의와 시간

맑스의 자본주의 분석은 **시간을 둘러싼 투쟁**에 초점을 맞추었다. 그의 분석을 통해 두 가지 점이 명확해졌다. 하나는 교환관계의 일반화가 노동시간을 가치척도로 정립한다는 것이고 또 하나는 노동시간을 필요노동시간과 잉여노동시간으로 분절하는 것이 자본주의적 착취의 기반으로 정립된다는 점이다. 그의 분석에서 시간은 양적 '길이'로 나타난다. 그리고 이것은 자본주의 현실에서 사람들의 경험과 부합한다. 시간은 그 무엇보다도 길이로, 연장으로 경험되고 또 측정되었기 때문이다.

이 글은 맑스의 분석의 주요 대상인 이 **현실적**[1] 시간과 그 경험 내용을 근대 자본주의 사회가 시간을 조직하는 특수한 방식이자 그 효과로 이해한다. 이런 이해 위에서 이 글은 우선 현실적 시간을 구성하면서도 그것에서 독립적인 **가능적** 시간실체로서의 '때'[2]에 주목한다. '때'는 **잠재적** 시간으로서의 영원의 한 **동적** 단면이다. 『자본론』의 맑스는 노동과정 개념을 통해 가능적 시간을 사유하지만 잠재적 시간을 자신의 분석 속으로 가져오지는 않았다. 어디까지나 그의 분석의 초점은 노동의 지속시간에 의해 파악되는 현실적 시간에 두어져 있었다. 그는 노동력의 교환가치(척도)와 사용가치(가능)의 모순이라는 개념을 통해 현실적 시간, 지속으로 평가되는 시간의 한계를 분명히 지적했다. 하지만 그가 현실적 시간의 외부에 놓인 것으로 설정한 사용가치는 잠재적인 것으로서보다는 그것의 질에 따라 즉 현실적 외면성에 따라 사유되었다. 그 결과 잠재적 시간은 그 다질성 속에서 이해되기보다 사용가치를 갖는 가치실체(노동)로서 동질적인 것으로 이해되었다. 이 글은 구성능력(constituent power)으로서의 가능적 시간 및 잠재적 시간이 부르주아 사회의 현실적 시간형식에 미친 해

---

1. 질 들뢰즈는 가능성-실재성 계열을 비판하면서 잠재성-현실성 계열을 존재론적 계열로 정립하려 시도한다. 즉 그에게서 가능성은 실재의 모방으로 격하된다. 나는 들뢰즈의 이 비판을 관념성-실재성 계열에 해당하는 것으로 받아들이면서 가능성 범주를 잠재성-가능성-현실성으로 이어지는 존재론적 시간 계열의 일부로 파악한다. 실제로 들뢰즈의 텍스트에서도 가능성을 모방 이상의 것으로 이해하는 경우를 찾아볼 수 있다.
2. 우리말 때(時)는 '시간의 어떤 점이나 부분'(아무 때나 오너라./때는 바야흐로 봄이다), 무엇인가를 행하기에 가능하고 적절한 시점(때를 기다리다), 행위의 특정한 경우(꿈꿀 때./생각날 때) 등을 뜻한다. 때는 시간의 절단면이면서 주로는 **가능성**의 실현과 연관된 **동적** 단면을 의미한다. '어렸을 때'처럼 그것이 지나간 어떤 시점을 뜻할 때에도 그것은 동적 단면으로서의 시간을 지시하는 경향이 있다.

체적 영향으로 인해 시간의 재구성을 둘러싼 투쟁이 사회적 갈등의 초점으로 등장하고 있음에 주목한다. 이것이 사회적 갈등의 탈근대적 지형이다.[3]

전통적 맑스주의에서 시간 개념은 노동과정과 가치화과정이라는 자본주의적 생산과정의 두 계기 중에서 후자에 초점을 맞추어 왔고 노동과정은 분석에서 배제되는 경향이 있었다. 맑스주의의 급진적 재구성의 시기에 노동과정론이 부상하곤 하는 것은 아마도 전통적 맑스주의의 이러한 일면성에 대한 비판으로서일 것이다. 우리의 분석에서 초점은 노동과정에 두어지며 가치화과정은 오히려 노동과정에 의해 규정되는 것으로 간주된다. 그래서 우리의 분석은 가치형태에서 출발하지 않고 노동형태에서 출발한다. 그래서 우리는 비물질노동이라는 새로운 노동형태의 대두를, 그리고 물질노동에서 비물질노동으로의 헤게모니적 노동형태의 이행을 시간 재구성의 역사적 조건으로 이해한다.

공장노동, 형식적 포섭, 그리고 시간의 공간화

농경은 유목이 아니다. 농업노동은 대지를 분절한다. 그것은 자연의 힘이 인간적으로 조직된 특수한 회로를 통과하도록 한다. 그럼에도 농업노동은 자연을 뒤따르며 자연이 하는 일을 돌보는 성격을 갖

---

3. 맑스는 『정치경제학 비판 요강』과 「직접적 생산과정의 제 결과」에서 '사회적 노동' 개념과 '실제적 포섭'의 개념을 통해 이 지형에 대한 예비적이고 논리적인 분석을 시도했다.

는다. 농경에서 시간은 **무시간적 순환**의 한 계기였다. 인간은 동일한 것의 영원한 반복과정의 한 계기로 종속되어 있었다. 농업노동의 이 양면적 성격은 반인반마(半人半馬)로 표상된다. 이 켄타우루스 존재에게서 시간은 존재하지 않는 것으로 경험되거나 반복의 단순한 계기로만 경험되었다. 다시 말해 시간은 영원에서 구분되지 않았고 영원의 계기로서만 경험되었다. '사는 것이 덧없다'고 하는 고대적 통념에서 이것은 뚜렷이 표현된다. '덧없음'은 시간의 부재, 무시간을 의미하기 때문이다.4

공장은 근대에 탄생한 특수한 '곳'5, 즉 장소적 공간이다. 그것은 대지의 절단된 일부를 의미할 뿐만 아니라 자연에서 분리된 자율적 공간의 구축을 의미한다. 그것은 순환하는 자연, 즉 무시간으로부터 시간을 독립적으로 구축한다. 이런 의미에서 근대적 의미의 시간은 공장에서 탄생했다고 해도 과언이 아닐 것이다. 사람들은 특수한 장소적 공간인 공장을 통해 현실적 변화를 생산하고 또 변화를 경험하며 동시에 자신을 변화시킨다. 더 이상 사는 것은 덧없지 않다. 점점 시간이 모든 것이고 나머지는 아무 것도 아닌 것으로 된다. 그것은 '시간이 돈이다' 혹은 '시간 도둑이 가장 큰 도둑이다'라는 관념 속에서 표현된다.

그렇지만 공장적 삶에서 왜 사람들은 '바쁘다'고, '시간이 없다'고 말하는 것일까? '바쁨'은 덧없음과는 다른 의미에서 '시간이 없음'을

---

4. '어느 덧'에서 '덧'은 시간을 의미한다.
5. '때'가 영원의 동적 단면이라면 '곳'은 우주의 동적 단면이다.

의미한다. 노동자들은 자신의 노동력의 재생산을 위한 시간 외의 대부분의 시간을 빼앗긴다. 공장노동은 욕망의 활동이 아니라 강제되는 활동이다. 공장의 노동시간은 자신을 위한 시간이 아니라 타인을 위한 시간이다. 타인을 위한 시간이 길어지면 그럴수록 자신을 위한 시간은 줄어든다. 노동자가 '시간이 없다'고 말할 때 그것은 이 박탈의 구조를, 강제되는 삶을, 때의 균열을 보여준다.

노동의 시간은 영원으로부터의 절단이다. 영원은 자기반복하는 누승적 힘이다. 시간은 영원의 화살, 그 누승적 힘의 새로운 펼침이며 혁신적 드러남이다. 시간은 영원의 동적 단면, 즉 '때'이다. 영원은 때들을 통해 자신을 펼친다. 시간이 영원으로부터 움직일 때 영원은 이제 '때들'인 시간으로 구성된다. 때는 영원이 현실로 펼쳐질 수 있는 시간, 즉 구체적 상황 속에서 구체적 힘으로서의 영원의 시간이다. 그렇다면 노동의 시간은 그 구체적 상황 속에서의 구체적 힘으로서의 때인가?

공장은 대지(大地)에서 부지(敷地)를 잘라냈을 뿐만 아니라[6] 영원에서 시간을 잘라냈다. 그런데 공장의 시간은 노동시간이다. 노동시간은 영원한 자연적 삶으로부터 잘라져 나와 사건화하며 나머지 삶을 무의미한 것으로 만드는 **의미의 시간**으로 조직된다. 공장은 출근에서 퇴근으로 이어지는 노동시간과 그 밖의 무의미한 시간을 양분하는, 아니 오히려 영원을 노동시간과 무의미시간으로 분할하는 특수한 시간조직의 장소이다. 자본주의는 이 분할을 통해 체계적으로 시

---

6. '敷'는 나누다, 자르다는 뜻이다.

간을 절도하는 기계이다.

산업혁명이 증기기관에서 시작된 것이 아니라 시계에서 시작되었다는 말은 우스갯소리가 아니다. 노동시간은 기계시간이다. 영원으로부터 절단되어 나온 노동시간은 무엇보다도 길이로서 표상된다. 길이란 연장, 즉 '여기에서 저기까지'의 시간이다. 길이로서의 시간은, 공간이 연장에 의해 파악되는 것처럼, 연속에 의해 파악된다. 시간은 사물적으로, 공간적으로 파악된다. 힘으로서의 시간이 공간적으로 펼쳐지는 것이 노동시간이며 노동시간 속에서 시간은 공간화되는 것이다.

노동시간에서 시간은 연속을 통해 정의된다고 했다. 그것은 동일한 것의 지속을 통해 정의되는 시간이다. 지속으로서의 노동시간에서 '때'는, 다시 말해 틈과 단절이며 새로움의 구성인 때의 시간은 낭비로 정의되며 제거되어야 할 것으로 정의된다. 노동시간은 활동력이 갖고 있는 다질적 창조의 때들을 억압하면서 오직 그것을 하나의 목적론적 과제(가치생산)에 복무하게 한다. 노동시간이 삶을 지배하면 그럴수록 시간이 억압되고 사라지는 것은 이 때문이다. 공장의 구축 이후에 찾아오는 바쁨은 바로 창조적 때들의 이러한 박탈과 제거의 효과이다.

삶의 시간인 때들과 삶의 공간인 곳들을 지속과 연장의 동일성으로 고정시키는 것은 **권력**이다. 왜냐하면 그 어느 누구도 공장의, 그리고 공장에서의 강제력이 없다면 동일한 지속의 노동시간에, 감금의 장소인 공장에 자신을 맡기고 있지 않을 것이기 때문이다. 영원으로부터 노동시간을 절단할 수 있게 하는 것은 강제력이며 권력이다. 공장은 이런 의미에서 권력 그 자체이다.

공장은 영원의 힘에서 권력을 잘라냄으로서 형성되는 유기적 '몸'7이다. 좀더 정확하게 말하면 공장은 힘으로서의 영원을 위계적 배치에 종속시킴으로써 탄생하는 특정한 형태의 몸이다. 권력에서 영원은 높낮이(高度)에 종속된다. 권력은 때들의 수직적 배치이다. 권력은 영원의 때들을 노동력으로 조직한다. 노동력은 권력에 의해 파악된 관념적 노동능력이며 노동은 그것의 실현이다. 이렇게 길이로서의 시간인 노동시간은 높이로서의 시간인 권력에 의해 조직된다. 공장은 이 두 가지의 시간을 씨줄과 날줄로 합성된 몸이다.

원래는 지속을 알지 못하는 틈이자 단절이며 창조인 '때들'은 노동과정에서 지속의 갑옷 속에 봉인된다. '때들'에게 높이와 길이는 외부적이며 이런 의미에서 척도이다. 그것들은 '때'에게 부과되는 가치이다. 길이는 때의 경제적 가치를, 높이는 그것의 정치적 가치를 표상한다. 전자가 가치법칙(노동의 지속시간에 의한 가치측정)이라면 후자는 권력법칙(높이에 의한 가치측정)이라고 부를 수 있을 것이다. 이리하여 부르주아 사회에서는 부자가 되고 권력의 사다리를 오르는 것이 삶의 목표로 강제되는 것이다.

척도는 '지속이 아니기 때문에 그 자체로는 측정불가능한 시간'을 봉인하고 그것의 힘을 흡수하는 방식이다. 척도로서의 시간은 때들의 협력과정을 교환과정으로 만든다. 교환의 보편화는 보편적 등가

---

7. 몸은 살들의 다양체이다. 근대 주권의 유기적 몸은 이 다양체의 특수한 정치적 조직형태이다.

물이자 물화된 척도시간인 화폐를 삶의 보편적 조건으로 만든다. 화폐의 측정가능성, 분할가능성, 계산가능성은 시간이 공간화를 넘어 **사물화**하고 때의 힘들이 단순한 수로 전화함을 보여준다. 권력은 이제 수의 위계적 집합화를 통해, 다수성(majority)과 소수성(minority)의 위계적 구축을 통해 작용할 수 있게 된다.

그러나 권력은 단순히 높이만으로 자립할 수는 없다. 높이는 길이와 엮어짜임으로써만 그 구조를 유지할 수 있다. 다수성은 따라서 더 큰 길이를 장악하는 것을 필요로 한다. 잉여가치는 길이로서의 시간의 착취이지만 그것은 높이를 수단으로 달성된다. 척도에 종속된 노동시간에서 때의 창조성은 잉여의 창출로, 잉여노동시간으로 나타난다. 잉여노동시간의 집적과 집중이 권력의 존재방식이다. 그리하여 삶은 높은 곳에 더 긴 시간이 집중된 불안정한 역피라미드, 가분수의 모양을 취한다. 이것이 삶을 짓누르는 더 없는 무게이며 공간화된 사회로서의 자본주의의 근본적 불안정성이다.

실제적 포섭에서 시간의 공간화

그 불안정성은 저항(抵抗)이나 봉기(蜂起), 즉 아래로부터의 항거에 의해 뚜렷이 반증된다. 이것들은 '아래부터의 일어남'으로서 현존하는 높낮이의 공간구조에 대한 거역이며 도전이다. 저항과 봉기에서 시간은 다시 유기적 몸을 벗어나 화살의 모양을 취한다. 때의 힘이 회복되기 시작한다. 이로 인해 기존의 공간구조가 위기에 직면한다.

근대의 저항들은 힘의 흐름을 아래에서 위로 재조직하려 했다. 그 것은 구조의 역전을 꾀했지만 높낮이의 공간구조를 유지했다. 또 그 것은 길이로서의 노동을 보전했을 뿐만 아니라 오히려 더 폭넓게 일 반화하는 길을 선택했다. 사회주의적 저항은 무엇보다도 평등의 이 념에 의해 이끌렸는데, 이것은 높이의 가파름을 제거하고자 했지만 높낮이의 구조 자체를 문제 삼지는 않았다. 이 저항은 필요노동시간 에서 잉여노동시간의 분리와 후자의 절도를 제거하고자 했지만 시간 이 길이로 나타나는 구조로서의 노동 그 자체를 문제 삼지는 않았다. 시간의 공간화 경향은 완고하게 유지되었다. 그 결과 길이로서의 시 간을 분절하는 것에 기초한 가치법칙은 사회주의에서도 온존되었다.

근대적 저항이 시간의 공간화를 파열시키지 못했다는 것은 저항이 권력에 다시 흡수되었음을, 다시 말해 자본이 때의 힘을 공간화할 새 로운 방법을 개발했음을 의미한다. 예컨대 노동시간 단축을 위한 아 래로부터의 투쟁은 공간의 밀도화를 통해 흡수되었다. 그것은 공간 화된 시간 속에 잔존하는 틈과 단절의 제거를 통해 이루어진다. 시간 의 밀도화는 틈과 단절로서의 때를 가속적으로 제거하는 과정이며 노동시간의 동질성을 드높이는 과정이다. 테일러주의는 여기에 복무 한다. 이렇게 시간의 지속과정에 밀도의 차원을 더함으로써 비노동 시간의 축소 없이 때로는 비노동시간의 확장을 통해서도 잉여노동시 간을 확장할 수 있게 된다.

우리가 잊지 말아야 할 것은 선형적 시간의 밀도화가 시간의 고도 화에 의해 뒷받침된다는 사실이다. 요컨대 테일러주의와 포드주의는 권력의 테크놀로지인 스딸린주의와 케인즈주의에 의해 육성되었다.

그것들은 시간의 압축기술이다. 시간을 압축하는 일차적 방법은 기계화였다. 그것은 권력의 더 큰 집중, 즉 시간의 고도화를 통해 달성되었다. 이제 국가가 시간의 직접적 압축자로 나타난다. 국가는 사회에 흩어져 있는 분산된 시간들을 모으고 그것들을 합성함으로써 잔존하는 때들을 조밀한 시간의 계기로 포섭한다. 이것이 시간의 공간에의 실제적 포섭이다.[8]

시간의 공간에의 실제적 포섭은 더 많은 시간의 공간화를 수반한다. 공장이라는 특수한 공간에서만 시간이 공간화되는 것이 아니라 공장 밖의 더 많은 삶의 때들이 공간화된다. 대지의 더 많은 부분이 부지화되며 영원의 더 많은 부분이 시간화된다. 그리하여 사회 전체가 하나의 공장적 공간으로 전화하며 삶 자체가 노동시간으로 전화한다. 다시 말해 대지와 부지, 삶과 노동의 교집합이 점점 넓어지게 된다.

다른 한편 기계화를 통한 시간의 압축은 점차 더 많은 노동의 지성화, 서비스화, 정동화를 가져온다. 자본은 인간의 개체적 몸에 대한 포섭을 넘어선다. 그것은, 지각, 정동, 지성, 상상의 힘이자 그 무엇보다도 행동의 힘인 '뜻'[9]을 포섭한다. 우선 시간을 압축하는 수단인 기계화는 과학기술의 생산에의 응용이었는바, 그것은 지력을 포섭한다.

---

8. 실제적 포섭과 가상실효적 포섭을 구분하지 않는 네그리는 실제적 포섭의 국면에서 시간의 공간화의 역전, 즉 공간의 시간화가 전개된다고 말한다(Antonio Negri, *Time for Revolution*, Continuum, 2003, p. 35). 나는 이 글에서 가상실효적 포섭과 구분되는 국면인 실제적 포섭에서 시간의 공간화가 질적으로 완성되며 이것을 기초로 하여 탈근대의 가상실효적 포섭에서 비로소 공간화된 시간의 와해 및 시간, 삶, 생산의 상호겹침이, 그리고 이와 동시에 시간의 초시간화라는 새로운 포섭의 양상이 나타나는 것으로 이해한다.
9. '때'가 결정과 행위의 순간이라면 '뜻'은 결정하고 행동할 능력이다.

그리하여 이전에는 노동으로 파악되지 않았던 지성적 때들이 노동시간으로 봉인된다. 다음으로 기계화는 노동하는 사람들의 활동을 기계의 감독활동이자 보호활동으로 만든다. 즉 산업노동이 점차 서비스화한다. 전통적 물질노동이 감정, 정동 등과 깊은 연관을 갖게 되는 것이다. 이어서 교환과정에 포섭되지 않았던 사회의 정동적 협력과정이 교환과정 속에 포섭되어 가치화한다. 노동 외적 협력의 때들이었던 가사, 의료, 교육, 주거, 안전보장(보험), 놀이, 다양한 유형의 관리활동 등이 교환에 의해 매개되는 노동관계 속으로 포섭된다.

나아가 지식, 정보, 소통, 정동 등을 포괄하는 비물질노동이 이른바 '기간산업'으로 전화한다. 정보고속도로와 두뇌들과 '살'[10]이, 그리고 그것들의 연결인 사회체가 핵심적 생산수단으로 전화하기 시작한다. 기계류는 인간의 두뇌에 통합된다. 싸이보그 사회가 출현한다. 물질적 상품을 생산하는 산업노동이 비물질적 상품을 생산하는 비물질노동에 에워싸인다. 산업노동이 비물질노동에 에워싸일수록 노동은 삶에 에워싸이고 공간은 시간에 에워싸이며 시간은 영원에 에워싸인다.

비물질노동, 가상실효적 포섭, 그리고 시간의 초시간화

상대적 잉여가치의 생산을 위한 시간의 밀도화, 즉 시간압축은 역설적이게도 시간을 영원의 한 계기로 통합한다. 그래서 비물질노동

---

10. 메를로 퐁띠는 살을 물질도 정신도 실체도 아닌 존재의 원소로 정의한다. 오늘날 유전자 공학 및 생물공학의 산업에의 응용은 살의 산업화로 볼 수 있다.

에서 시간의 절단, 영원과 시간의 분리는 어렵게 된다. 물질노동과 달리 비물질노동은 시작과 끝이 불분명하다. 그래서 노동시간과 비노동시간의 분절이 어렵다. 소통은 언어를 통해 공통적인 것[11]을 구축하는 '때'로 나타나고 지식은 공통적 지성의 화살, 지성적 '때'로 나타나며 정동은 공통의 삶을 구축하는 돌봄의 '때'로 나타난다. 이것이 탈근대적 조건이다.

탈근대적 조건에서 근대적 공간구조는 흔들린다. 길이, 밀도, 고도로 짜여진 물질적 공간구조물은 더 이상 견고한 기반을 갖지 않는다. 그것은 출렁이는 때들의 소용돌이 위에서 불안정한 동요를 겪게 된다. 사회화, 지구화, 유연화, 금융화 등은 시간의 견고한 물질적·공간적 조직을 해체하는 과정으로 나타난다.

가장 먼저 허물어져 내리는 것은 길이의 축이다. 비물질노동에서 노동은 **연속**으로서보다는 오히려 **접속**으로 나타나기 때문에 더 이상 지속시간에 의해 측정될 수 없게 되는 것이다. 노동시간에 의한 가치평가로서의 가치법칙은 근거를 잃고 동요하며 자신을 법칙으로 세우기 위해 정치적 기억의 힘에 더욱더 크게 의탁하게 된다. 노동의 일반화, 노동복지, 무노동무임금, 지적재산권 … 등 지속으로서의 노동을 상기시키는 많은 법적 제도적 장치들이 가치법칙을 호위한다. 기억은 현재로까지 이어지는 과거이다. 무엇이 시간의 연속을 가능케 하는가? 연속을 결정하는 것으로서의 기억은 항상 권력의 기능이다.[12] 그리하여 가치는 이제 측정과 **척도**의 기능이 아니라 권력과 **명**

---

11. 공통적인 것은 때들의 생산물이며 새로운 때들이 생성되는 터전인 집단적 뜻이다.

령의 기능으로 나타난다.

다음으로 높이의 축 역시 허물어져 내린다. 기반이 붕괴되는 조건에서 초월로서의 높이는 더 이상 때들을 절단하는 기능을 수행할 수 없다. 권력은 공통의 살들 쪽으로 한층 가까이 밀착하는 방향으로 자신을 재구조화한다. 그러나 그 밀착이 시간의 공간화를 포기하는 방식으로 이루어지는 것은 아니다.

권력은 한편에서 지구화하고 다른 한편에서 군주화한다. 지구화가 점점 다양화하고 이질화하면서 동시에 공통화하는 시간의 화살들을 포획하기 위한 권력의 수평운동이라면 군주화는 그것을 다시 한번 수직적 위계공간의 형태로 배치하려는 수직운동이다. 제국은 이 두 운동의 합종연횡의 공간이다. 제국이 신자유주의(카리브디스)와 신보수주의(스킬라)의 두 얼굴을 갖는 것은 이 때문이다.

제국은 영원으로부터 시간이 절단될 수 없고 모든 시간이 영원의 출렁거림으로 된 조건 위에서의 권력이다. 제국은 영원으로부터 시간의 절단이 아니라 때들의 공통성, 즉 영원의 **포획**을 겨냥하는 권력이다. 그것의 본질은 **공통적인 것에 대한 전쟁의 지구화와 영속화**이다. 영원에 대한 포획은 더 이상 역사의 이름으로 전개되지 않는다. '역사의 종말'이 선언된다. 진보의 관념이 기각된다. 구원의 관념이 부상한다.[13] 공통에 대한 제국의 전쟁, 영원에 대한 제국의 포획은 공통적

---

12. '기억의 정치'론에서 권력에 의한 상처와 권력에 의존하는 기억을 혼동하곤 한다. 그러나 상처는 살의 문제이고 기억의 문제가 아니며 치유할 것이지 상기할 것이 아니다.
13. 9/11 이후 '테러에 대한 전쟁' 논리에서 등장한 '악의 축' 담론의 세계화, 유대교의 지원을 받은 제2차 이라크 전쟁의 흥행, 구원론적 이미지를 깊이 내장하고 있는 매트릭스의 흥행이 이 지점에서 오버랩된다.

영원의 파괴를 지향하지 않는다. 제국은 저 비물질적 공통을 **신비화**할 뿐이다. 제국은 영원을 시간의 화살들, 때들의 구성적 힘이 아니라 초월자의 권능으로 명명한다. 근대 전쟁의 암호명이 **진보**였다면 탈근대 전쟁의 암호명은 **구원**이다.

다중은 시간의 화살들, 때들이며 그 때들의 떼이다. 다중은 단일한 연장으로 통일된 몸 형태를 거부하면서 새로운 유형의 몸을 찾고 있는 특이한 살이다. 다중은 시간의 동질성에 의해 구축된 노동계급과는 달리 다질적으로 움직인다. 다중은 비동일자이며 이름 없는 사람들이다. 그럼에도 불구하고 다중은 집단적 뜻을 통해 공통적 영원을 구성하고 재구성한다. 다중은 공장적 부지(와 그에 기초한 노동계급)나 국가적 영토(와 그에 기초한 주권적 민중)를 넘쳐흐르는 삶의 곳들의 재출현을 보여준다.14 지속으로서의 동질적 시간을 구축하기 위해 억압되고 배제되었던 틈과 단절들, 저 영원의 때들의 복귀이다.

제국은 다중의 이 넘쳐흐름을 뒤쫓는 주권의 재배치라는 점에서 다중에 의해 불러내어진 주권형태이다. 다중이 영원의 화살들이라는 점 때문에 제국도 특정한 시간이 아니라 영원과 마주한다. 제국에서 무기가 심리화(공포로서의 핵)하고 자본이 금융화(비물질화한 명령으로서의 화폐)하며 기술이 에테르화(지성과 정동의 상품화)하는 것은 이 때문이다.

---

14. 더 나은 삶의 곳을 찾아 이동하는 유목적 이민들, 자신이 살아온 곳을 지키려는 원주민 자치운동과 철거반대투쟁, 삶의 터전을 죽음으로부터 지키려는 생태운동, 빈 공간을 살 곳으로 전환시키려는 빈집점거운동, 사진을 필요로 하는 곳이라면 어디에든 찾아가 빈 공간을 점거하여 전시회를 여는 홈리스갤러리(homeless gallery) 운동 등.

비물질노동, 삶시간, 그리고 구성

　비물질노동은 실재적 공통성의 표현이자 동시에 재생산이다. 이 때문에 비물질노동은 분리된 단위 시간으로 측정될 수 없다. 비물질노동은 사유될 수 있지만 인식론적으로 대상화될 수는 없다. 비물질노동에 대한 연구는 가치형태론에서 노동과정론으로의 전환을 가져오며 이와 더불어 가치론을 인식론에서 존재론으로 전환하도록 촉구한다. 노동과정이 공통적 삶에 기초하는 한에서 투쟁은 공통적 삶을 둘러싸고 전개된다. 그것은 삶권력과 삶정치의 갈등이다. 이것들은 동일평면에서 전개되는 두 개의 벡터이다.
　탈근대에 갈등은 이처럼 직접적으로 공통적 영원, 생태적 우주를 둘러싸고 전개된다. 그렇다면 영원과 우주가 삶권력에 의해 주권적으로 포획되는 것을 저지하고 그것들을 공통적인 것의 다중적 구성과 재구성으로 만들 수 있는 방법은 무엇인가?
　이 문제에 직면하여 우리가 탈근대적 운동과 탈근대적 사유들 속에서 발견하는 것은 **시간에 대한 반동**이다. 한편에서 이것은 고도화와 밀도화를 수반하면서 선형적 진보를 표상해 온 근대적 시간관념에 대한 거부를 표현한다. 다른 한편에서 이것은 시간의 부정, 시간의 **초시간화**, 초시간적 영원에로의 귀의를 표현한다. 전자는 탈근대적 운동과 사유 속에서 발견되는 강함이며 후자는 그것들의 취약함이다. 제국이 영원의 신비화를 통한 포섭을, 가상실효적 포섭을 꾀하고 있는 현실에서 시간의 공간화에 대한 저항이 초시간적인 것에 의지할 때 저항력은 취약해지고 제국의 논리에 포섭되기 쉽기 때문이다.

영원을 초시간화하는 사유는 다양한 양상을 띤다. 때로 그것은 영원을 순수자연과 동일시하는 특정한 생태주의적 사유[15]로 나타난다. 영원을 순수자연으로 이해하는 사유는 근대적 진보에 대한 근본적 부정 위에서 시간적 진화의 모든 계기들을, 진화적 때들을 부정하게 된다.[16] 영원을 대지와 모성에 연결지으려는 페미니즘적 사유 중의 일부도 역사적인 것에 대한 근본적 부정 위에서 새로운 때들과 그 가능성에 대한 부정을 함축한다. 이러한 경향은 영원을 기억으로 해석하곤 한다. 영원을 무의식의 범주 속에서 해석하려는 정신분석적 시도 중의 일부도 기억을 삶의 중심적 계기로 부각시킨다. 때로 이러한 경향은 영원의 미적 경험을 숭고(崇高)로 해석하려는 포스트모더니즘적 미의식으로 나타나기도 한다. 이와 같은 여러 경향들에서 영원은 정태화하며 시간은 정지된다.[17] 요컨대 영원은 지금 여기에서의 행위를 벗어나 존재하는 신비적인 것으로 사유된다. 영원을 기억으로 이해하며 시간을 초시간화하는 이 다양한 형태들은, 영원으로부터 시간의 분리나 시간의 사물적 공간화라는 근대의 시간편성에 대한 그 심원한 비판에도 불구하고, 영원의 신비화와 가상실효적 포섭을 꾀하는 제국의 논리에 쉽게 포섭된다. 왜냐하면 이것은 실제로는 영원을 무한한 지속으로 이해하는 것이며 지속으로서의 시간이라는

---

15. 그래서 이러한 생태주의적 사유에서 '가이아'는 영원성이 아니라 '불사조와 같은 불멸성'으로 이해된다(테오도르 로작, 『지구의 외침』, 오휘영 옮김, 조경출판사, 2002, 188-9쪽).
16. 여기서 진화는 단선적 발전을 의미하는 것이 아니라 특이한 때에 영원을 집약하는 것을 의미한다.
17. 몇 년이고 집밖을 나가지 않고 홀로 은둔하는 생활양식(히끼꼬모리), 혹은 면도날로 자신의 살을 베면서 비로소 현실을 실감하는 '컷터'의 체험양식 등은 이러한 '시간의 정지'와 무관하지 않을 것이다.

근대적 시간 개념의 무한한 확장이기 때문이다.

영원은 잠재적인 것이다. 그러나 잠재적인 것이란 무엇인가? 잠재적인 것은 현실화되지 않은 실재이다. 그러나 기억으로서의 영원은 실재적인 것으로서의 잠재적인 것이 아니라 '상징적인 것'의 흔적이며 권력이 남긴 자취이다. 그것은 권력의 잉여효과이다.

잠재적인 것은 실재적인 것이다. 그것은 관념적인 것이 아니며 또 상징적인 것도 아니다. 잠재적인 것은 시간의 화살들을 통해, 가능의 때들을 통해 공통적인 것을 생산하는 실재적 힘이다. 한편에서 그것은 지속으로서의, 기억으로서의 시간을 파열시키는 틈이자 미분의 힘이다. 다른 한편에서 그것은 공통적인 것을 생산하는 **구성**의 힘이다.

비물질노동은 잠재적인 것의 실재성을 보여준다. 비물질노동은 공통성의 화살들, 특이한 때들이다. 비물질노동의 확장과 더불어 물질노동도 잠재적인 것의 현실화로, 공통성의 화살들로, 특이성의 떼들의 일부로 구성된다. 그것들은 내재하는 코뮤니즘의 시간으로 집대성된다.

하지만 시간의 적대적 발전 속에서 이 내재적 시간은 포획의 그물망, 제국의 네트워크에 걸려 있다. 핵우산이 육체의 안보를 대변하며 금융과 신용이 생활의 안보를 대변하고 정보가 정신적 삶의 안보를 대변한다. 영원을 포획한 제국이 마치 자신이 영원이자 공통인 것처럼 위장한다. 누구도 제국의 바깥에서는 살 수 없다고 위협한다. 상징적인 것인 제국이 그 자신을 현실적인 것을 규정하는 잠재적인 것인 양 내세운다. 이것이 제국이 창출하는 가상현실이며 가상실효적 포섭의 형식이다.

가능적 잠재는 본질적으로 기억적인 가상현실의 권력을 파괴하는 시간의 화살들, 특이한 때들, 지금 여기에서의 사건적 시간이다. 그것은 영원의 능동적 힘들이다. 공통적인 것은 이 특이한 때들의 네트워킹을 통해, 네트워크들의 네트워킹을 통해, 다양한 삶들의 접속을 통해 구성된다. 이것이 비물질노동에 내재하는 시간, 즉 척도를 넘어선 시간이다. 이것은 공간적으로 사물화된 시간도 초시간적으로 신비화된 시간도 아니다. 이것은 지금 여기에서의 실재적 때로서의 시간이다. 이것은 진보의 시간도 구원의 시간도 아니다. 이것은 특이한 발명과 창조의 시간인 구성의 시간이다. 이 시간은 '다른 세상은 가능하다'의 시간이다. 이것은 진보와 구원을 유물론적 방식으로 달성하는 다중의 시간이다.[18] 이 시간에서 영원의 살은 새로운 몸으로 구성되고 뜻은 새로운 때와 곳으로 실현된다.

구성의 시간에서 삶의 때들은 직접적으로 정치적이다. 다중은 삶정치적 구성의 시간의 화살들, 그 특이한 때들의 떼이다. 다중의 특이한 때들을 통해 영원은 부단히 새로워진다. 구성적 때들은 **새로운 시작**의 시간이며 영원을 부단히 새롭게 한다는 의미에서 **발생적 역사**(Geschichte) 그 자체이다.

---

18. 이에 대해서는 조정환, 『제국기계 비판』, 갈무리, 2005, 425~49쪽 참조.

참고문헌

|한글|

기 드보르, 『스펙타클의 사회』, 이경숙 옮김, 현실문화연구, 1996.
김세균, 「계급, 그리고 민중, 시민, 다중」, 『진보평론』 20호, 2004년 여름호.
닉 다이어-위데포드, 『사이버-맑스』, 신승철·이현 옮김, 이후, 2003.
다나 해러웨이, 『유인원, 사이보그, 그리고 여자』, 민경숙 옮김, 동문선, 2002.
다나 해러웨이, 『한 장의 잎사귀처럼』, 민경숙 옮김, 갈무리, 2005.
레오뽈디나 포르뚜나띠, 『재생산의 비밀』, 윤수종 옮김, 박종철출판사, 1997.
마우리찌오 랏짜라또, 「비물질적 노동」, 『이딸리아 자율주의 정치철학 1』, 이원영 옮김, 갈무리, 1997.
마이클 하트, 『들뢰즈 사상의 진화』, 김상운·양창렬 옮김, 갈무리, 2004.
빠올로 비르노, 『다중』, 김상운 옮김, 갈무리, 2004.
안또니오 네그리, 『혁명의 시간』, 정남영 옮김, 갈무리, 2004.
안또니오 네그리·펠릭스 가따리, 『미래로 돌아가다』, 조정환 편역, 갈무리, 2000, 46쪽.
안또니오 네그리, 『맑스를 넘어선 맑스』, 윤수종 옮김, 새길, 1994.
안또니오 네그리·마우리찌오 랏짜라또, 「비물질적 노동과 주체성」, 『지배와 사보타지』, 윤수종 옮김, 새길, 1996.
안또니오 네그리·마이클 하트, 『디오니소스의 노동』, 이원영 옮김, 갈무리, 1996/7.
안또니오 네그리·마이클 하트, 『제국』, 윤수종 옮김, 이학사, 2001.
이진경, 『자본을 넘어선 자본』, 그린비, 2004.
에티엔 발리바르, 「육체노동과 지적노동의 분할'에 대하여」, 『역사유물론의 전화』, 서관모 옮김, 민맥, 1993.
정성진, 「『제국』: 맑스주의적 비판」, 『맑스주의 연구』 창간호, 한울, 2004.

조정환, 『아우또노미아』, 갈무리, 2003.
조정환, 『제국기계 비판』, 갈무리, 2005.
질 들뢰즈, 『의미의 논리』, 이정우 옮김, 한길사, 1999.
질 들뢰즈, 『차이와 반복』, 김상환 옮김, 민음사, 2004.
질 들뢰즈·펠릭스 가타리, 『천 개의 고원』, 김재인 옮김, 새물결, 2001.
칼 맑스, 『경제학 노트』, 김호균 옮김, 이론과 실천사, 1988.
칼 맑스, 『자본론 I (상)』, 김수행 옮김, 비봉출판사, 1995.
칼 맑스, 『자본론 I (하)』, 김수행 옮김, 비봉출판사, 2001.
칼 맑스, 『정치경제학 비판 요강 1』, 김호균 옮김, 백의, 2000.
칼 맑스, 『정치경제학 비판 요강 2』, 김호균 옮김, 백의, 2000.
테오도르 로작, 『지구의 외침』, 오휘영 옮김, 조경출판사, 2002.

|외국어|

Agamben, Giorgio. "Form-of-Life", trans. Cesare Casarino, in *Radical Thought in Italy*, ed. Paolo Virno and Michael Hardt, Minneapolis:Hardt / 17 University of Minnesota Press, 1996.

Agamben, Giorgio. *Homo Sacer*, Turin: Einaudi, 1995.

Arendt, Hannah. *The Human Condition*, Chicago: University of Chicago Press, 1958.

Bar, François. "Information Infrastructure and the Transformation of Manufacturing", in *The New Information Infrastructure: Strategies for U.S. Policy*, ed. William Drake, New York: Twentieth Century Fund Press, 1995.

Beasley-Murray, J.. "Ethics as post-political politics", In *Reaserch and Society*, No. 7, 1994, pp. 5-26.

Benjamin Coriat, *Penser à l'envers: travail et organisation dans l'entreprise japonaise*, Paris: Christian Bourgois, 1994.

Benjamin, Walter. *Illuminations*, trans. Harry Zohn, New York: Schocken Books, 1969.

Blunden, Andy. "Negri & Hardt's Concept of Immaterial Labour", http://home.mira. net/~andy/blackwood/empire03.htm.

Castells Manuel and Aoyama, Yuko. "paths towards the informational society: Employment structure in G-7 countries, 1920-90", *International Labour Review* 133:1, 1994.

Castells, Manuel. Materials for an Exploratory Theory of the Network Society, the Special Millennium Issue of the British Journal of Sociology, January 2000.

Clot, Yves. "Renouveau de l'industrialisme et activité philosophique", *Futur antérieur*, no. 10, 1992.

Davis Stan. & Meyer Christopher. *Blur: the Speed of Change in the Connected Economy*, New York: Warner Books, 1999.

Day, Ronald E.. "Social Capital, Value and Measure: Antonio Negri's challenge to capitalism", *Journal of the American Society for Information Science and Technology*, 53(12), 2002, http://www.lisp.wayne.edu/~ai2398/socialcapital.html.

Deleuze Gilles and Guattari, F.. *A Thousand Plateaus: Capitalism and Schizophrenia*, trans. B. Massumi, London: Athlone Press. Ch. 4, 1988.

Deleuze, Gilles. "Lecture Transcripts on Spinoza's Concept of Affect", http://www.webdeleuze.com/php/sommaire.html.

Deleuze, Gilles. *Negotiations 1972~1990*, trans. M. Joughin, NY: Columbia UP, 1995.

Drucker, Peter. *Post-Capitalist Society*, New York: Harper, 1993.

Dyer-Witheford, Nick. *Cyber-Marx: Cycles and Circuits of Struggle in High-Technology Capitalism*, Urbana and Chicago: University of Illinois Press 1999.

Dyer-Witheford, Nick. 'Immaterial Labor, the New Combinations, and the Global Worker', *Rethinking Marxism*, vol. 13, no. 3~4, 2001.

Empson, Erik and Bove, Arianna, 'A politics of the present? Negri's contribution to the critique of power', http://theater.kein.org/blog?from=60.

Foucault, Michel. *The History of Sexuality*, vol. 1, trans. Robert Hurley, New York: Vintage, 1978.

G. Tarde, *Les lois de l'imitation*[*The Laws of Imitation*, tr. 1903], Paris: Les empêcheurs de penser en rond, 2001.

Guattari, Félix. *Chaosmosis: An Aesthetic Paradigm*, Trans. Paul Bains and Julian Pefanis, Bloomington & Indianapolis: Indiana UP, 1995.

Guattari, Félix. *Les Trois Éologies*, Galilée, 1989.

Guattari, Félix. *The Guattari Reader*, ed. Gary Genosko, Cambridge: Blackwell Publishers, 1996.

Guattari, Félix. *The Three Ecologies*, trans. Ian Pindar and Paul Sutton, London and New Brunswick: The Athlone Press, 2000.

Habermas, Jürgen. *The Theory of Communicative Action*, trans. Thomas McCarthy, Boston: Beacon Press, 1984.

Hardt, Michael. "Affective Labor", *Boundary 2*, vol. 26, no. 2, Summer 1999.

Lawrence, D. H.. *Phoenix: The Posthumous Papers of D. H. Lawrence*, London: William Heinenmann Ltd., 1936.

Lazzarato, Maurizio. "European Cultural Tradition and the New Forms of Production and Circulation of Knowledge", http://www.moneynations.ch/topics/euroland/text/lazzarato.htm.

Lazzarato, Maurizio. "Immaterial Labor", *Radical Thought in Italy*, ed. Paolo Virno and Michael Hardt, Minneapolis: University of Minnesota Press, 1996.

Lazzarato, Maurizio. *Les Révolutions du Capitalisme*, Paris: Empêheurs de Penser en Rond / Le Seuil, 2004.

Lazzarato, Maurizio · Negri, Toni. "Travail immatériel et subjectivité", *Futur antérieur*, no. 6, été, 1991.

Marazzi, Christian. *Il posto dei calzini: la svolta linguistica dell'economia e i suoi effetti nella politica*, Bellinzona, Switzerland: Casagrande, 1995.

Marx, Karl. "Economic and Philosophic Manuscripts of 1844", *Karl Marx · Frederick Engels Collected Work* vol. 3, Moscow: Progress Publishers, 1975.

Marx, Karl. *Capital*, vol. 1, trans. B. Fowkes, London, Penguin Books.

Marx, Karl. *Grundrisse*, trans. Martin Nicolaus, New York: Vintage, 1973.

Massumi, Brian. *Parables for the Virtual*, Duke, 2002.

Musil, Robert. *The Man Without Qualities*, vol. 2, trans. Sophie Wilkins, New York: Vintage, Hardt, 15 1996.

Negri, Antonio. "Value and Affect", *Boundary 2*, vol. 26, no. 2, Summer 1999.

Negri, Antonio. *Marx beyond Marx*, 1989.

Negri, Antonio. *The Politics of Subversion: A Manifesto for the Twenty-first Century*, Cambridge: Polity Press 1989.

Negri, Antonio. *Time for Revolution*, Continuum, 2003.
Osten, Marion von. 'de-, dis-, ex- on Immaterial Labour: An Interview with Marina Vishmidt', http://www.ateliereuropa.com/4.1_vschmidt.php.
Reich, Robert. *The Work of Nations: Preparing Ourselves for 21st-Century Capitalism*, New York: Knopf, 1991.
Rolnik, S.. "L'effet Lula, Politiques de la Réistance", *Chimèes*, 49, printemps, 2003.
Ruddick, Sara. *Maternal Thinking: Towards a Politics of Peace*, New York: Ballantine Books, 1989.
Schrödinger, Erwin. "Mind and Matter", "*What Is Life?*" with "*Mind and Matter*" & "*Autobiographical Sketches*", 1992; Cambridge: Cambridge University Press 2000.
Shiva, Vandana and Moser, Ingunn. ed., *Biopolitics: A Feminist and Ecological Reader*, London: Zed Books, 1995.
Shiva, Vandana. *Staying Alive: Women, Ecology and Survival in India*, London: Zed Books, 1988.
Smith, Dorothy. *The Everyday World as Problematic: A Feminist Sociology*, Boston: Northeastern University Press, 1987.
Sørensen, Bent Meier. "Immaterial labor and the production of subjectivity", Paper for the 2002 LOK Conference, Kolding, Denmark, http://www.lok.cbs.dk/images/publ/Bent%20Meier%20SÃ.rensen.pdf.
Spivak, Gayatri Chakravorty. "Scattered Speculations on the Question of Value", in *In Other Worlds*, New York: Routledge, 1988.
Tarde, G.. "Darwinisme naturel et Darwinisme Social", in *Revue philosophique*, t. XVII, 1884, p. 612.
Tarde, G.. "La sociologie", in *Éudes de psychologie sociale*, Paris: Giard et Briere, 1898.
Tarde, G.. *L'Opposition universelle*, Paris: Les empêcheurs de penser en rond, 1999.
Tarde, G.. *L'Opinion et la Foule*. PUF. Paris, 1998.
Tarde, G.. *Les Transformations du pouvoir*, Paris: Felix Alcan, 1899.
Tarde, G.. *Psychologie éonomique*, I, Paris: Felix Alcan, 1902.
Terranova, Tiziana. "Free labor: producing culture for the digital economy", *Social*

Text, 63, Vol. 18, No. 2, Summer 2000, pp. 33~57. http://www.btinternet.com/~t.terranova/freelab.html.

Torrant, Julie. 'Empire versus Imperialism and the Question of Family Labor', *THE RED CRITIQUE* 5 (July/August 2002).

Virno, Paolo. "Notes on the 'General Intellect'", Translated by Cesare Casarino; Cesare Casarino et al. ed., *Marxsim beyond Marxism*, Routledge, New York; London, 1996.

Vygotskij, L.S. and Aleksandr, R.L.. *Strumento e segno nello sviluppo del bambino*. Laterza. 1997.

Weeks, Kathi. *Constituting Feminist Subjects*, Ithaca: Cornell University Press, 1998.

Zarifian, P.. *À Quoi Sert Le Travail?*, La Dispute, 2003.

찾아보기

ㄱ

가따리, 펠릭스 14, 271, 277, 328, 338, 339, 341, 349~355, 359, 381
가사노동 162
가상실효성 16, 150
가상실효적 16, 150, 153, 254, 336, 372, 373, 377~379
가치-정동 162, 163, 170, 176, 177
가치화 104, 139, 193, 199, 245, 258, 262, 274, 275, 277, 278, 281, 361, 365, 373
감각 72~77, 80, 81, 101, 103~105, 233~235, 243, 245, 271~273, 278, 351, 360
개별노동자 185, 291, 318, 319
거시경제(학) 161, 162, 191
고전학파 164~166
공간화 370~372, 378
공동-생산 282, 284
공장 142, 146, 148, 152, 184, 187, 188, 200, 213, 214, 219, 223, 239, 242, 245, 248, 249, 251, 254, 257, 266~268, 270, 278, 288, 289, 296, 318, 333, 347, 366~369, 372, 376

공장노동 145, 365, 367
공통 통념 132, 133, 56, 60, 63~66
공통성 172, 173, 312, 375, 377, 379
공통재 264, 267~270, 274
공통적인 것 59, 173, 174, 177, 325, 344, 346, 374, 375, 377, 379, 380, 59
관념 11, 21, 23~39, 42, 43, 45, 46, 49, 51, 53, 54, 56, 58~60, 62, 63, 66, 69, 71, 89, 103, 114, 117, 123~126, 128~130, 132~134, 224, 225, 228, 234, 236, 273, 274, 316, 328, 364, 366, 369, 375, 379
교환가치 164, 166, 167, 210, 224, 293, 294, 364
구성능력 364
국가 162, 211, 239, 241, 247, 299, 306, 311, 338, 372, 376
『국부론』 175, 241
궁핍노동 314, 331
권력 15, 16, 57, 150, 153, 154, 181, 184, 186, 198, 230, 241, 280, 281, 292, 297, 299, 300, 302, 304, 305, 307, 320, 321, 332, 335, 338, 350, 368~372, 374, 375, 379, 380
『그룬트리세』 211

근대화 141~145, 160
금융지구화 161
금융화 195, 374, 376
기계 101, 142, 148, 152, 209, 210, 211, 218, 242, 243, 245, 250, 258, 273, 306, 307, 313, 318, 319, 326, 333, 334, 334, 346, 347, 353, 368, 373
기계화 318, 372, 373
기쁨 32, 42, 45, 48, 49, 50, 51, 52, 57~63, 94, 95, 97, 98, 100, 101, 104, 105, 121, 129, 136, 236
기업가 159, 188, 193, 203, 204, 296, 297, 301
기호 115, 121, 171, 176, 219, 244, 247, 248, 250, 254, 274, 352~354
김세균 328, 381
김수영 357
꽁트주의자 68, 71

ㄴ

내부성 134, 135, 256
내재 51, 123, 135, 138, 202, 210, 237, 262, 284, 337, 344, 379, 380
네그리, 안또니오 13, 14, 16, 17, 159, 287, 312~315, 320~328, 330~335, 337~339, 344~347, 356, 361, 372, 381
네트워크 17, 145, 151, 153, 187~189, 191, 193, 195, 199, 201, 224, 246, 247, 253, 258, 263, 264, 281, 337, 352, 379, 380
노동사회 212, 213, 215, 220
노동가치론 160, 161
노동계급 165, 181, 183, 186, 321, 322, 376
노동능력 163~169, 175, 329, 369
노동생산물 313, 316, 323
노동시간 189, 209~214, 274, 291~295, 326, 334, 349, 363, 367~374
노동자주의 165, 171, 199, 200
노동조직화 181, 191, 197, 270
녹색혁명 155
농업노동 365, 366
느낌 150, 208, 279, 324, 349, 350, 360
능동[행위] 71, 124, 125, 133
능동적 주체들 184
능력을 갖고 있는 46, 47
니체 14, 52, 102, 174, 229, 277, 325, 359

ㄷ

다국적화 161
다수성 66, 258, 264~266, 270, 271, 274, 370
다중 11, 16~18, 240, 241, 270, 320, 322, 325~329, 334, 336
대량소비 195, 205
대중지성 12, 182, 183, 212, 218~220, 301, 315, 326, 329, 331, 332, 334~336

덕(virtue) 73, 76, 77, 234
데이비스, 스탠 344, 345, 347, 349
데카르트 42, 43, 328
도요타 145, 146
독립 39, 114, 164~166, 168, 169, 189, 190, 191, 215, 222, 248, 255, 257, 271, 284, 293~297, 300~304, 334, 337, 364, 366
돌봄 노동 140, 150, 151, 155
동물 44~48, 60, 103, 115, 274, 280
되기 60, 114, 115
두뇌 노동 279
뒤샹, 마르셀 267
들뢰즈, 질 13, 14, 16, 17, 21, 68, 72, 73, 91, 101, 106, 112, 244, 247, 254, 300, 301, 304, 325, 328, 329, 364, 381, 382
'때' 364, 366~369, 372, 374

ㄹ

라이센스 265
라이시, 로버트 149
라이프니츠 65, 111, 241, 243, 247, 254, 255
랏짜라또, 마우리찌오 13, 181, 221, 239, 287, 323, 324, 327, 332~335, 381
로렌스 61, 135, 138, 345
롤닉, 슐리 247
루소 116
룩셈부르크, 로자 165

ㅁ

마샬 계획 275
마이크로소프트 263, 265, 269
마케팅 195, 198, 242~246, 265
맑스 12~14, 16, 17, 139, 148, 164~166, 169~171, 175, 177, 202, 208~211, 213, 214, 217, 241, 251, 263, 265, 267, 268, 272, 274, 281, 291, 295, 298~301, 311, 315~317, 319~322, 326, 327, 329~336, 342~344, 346, 347, 360, 364, 365, 381, 382
맑스주의 11, 12, 14, 17, 165, 194, 200, 209, 250, 263, 269, 270, 272, 296, 298, 300, 312, 314, 321, 323, 336, 341, 363, 365, 381
메이어, 크리스토퍼 21, 110, 111, 113, 344, 345, 347, 349
명령 12, 161, 163~169, 171, 183~185, 196, 200, 205, 210, 238, 245, 246, 250, 260, 270, 278, 283, 305, 318, 335, 355, 374, 376
모스, 마르셀 175
무장소 168~170, 172, 174, 177
무질, 로베르트 142, 152
무한 40, 49, 55, 59, 61, 66, 67, 87, 112, 113, 125, 127~129, 131~133, 215, 228, 261, 262, 264, 267, 269, 271, 273, 275, 351, 357, 378, 379
문화 47, 50, 58, 104, 149, 151, 152, 156, 182, 187~189, 219~223, 232,

237~239, 267, 280, 289, 342, 343, 345
물질적 85, 147, 168, 190, 215, 220, 224, 246, 262, 269, 280, 293, 294, 318, 336, 337, 346, 351, 373, 374
미-가치 225, 226, 231, 232, 237, 238
미립자들 125, 126
미시경제학 191, 193
미적 생산 13, 14, 201, 206, 341~343, 351, 360

ㅂ

바흐찐 205, 206
벌거벗은 삶 153
범신론 135
베르그송 14, 86, 87, 274, 325, 325
벡터 29~35, 45, 49, 51~53, 55, 60, 63, 85, 86, 91, 189, 200, 237, 247, 271, 275, 343, 354, 355, 359, 361, 377
벤야민 200
변이 21
변증법 166, 171, 172, 175, 204, 300, 301, 303, 361
보육 노동 155, 156
보이스, 요세프 239
본질 34, 35, 50, 53, 66~68, 79~81, 83, 84, 89, 93, 108, 110, 113, 120, 122~127, 130~135, 138, 150, 212, 225, 227, 234, 255, 259, 270, 291, 297, 327, 347, 355, 375, 380

본질의 정서 83, 84, 122~124, 126, 130~134
부르디외 249
부르주아지 182, 305, 321
블러(경제) 344, 345
블레이혼베르흐 42, 72, 75, 76, 79, 81, 82, 93
비르노, 빠올로 13, 16, 207, 219, 315, 323, 325~327, 329~332, 334, 335, 381
비물질노동 11~14, 16, 17, 140, 141, 145, 147, 149, 150~154, 181~183, 187~194, 197~201, 203~205, 240, 289, 290, 295~299, 303, 304, 307, 307, 312~316, 319, 322~325, 327~337, 365, 373, 374, 377, 379, 380
비물질적 11, 12, 147~150, 161, 168, 188, 191~193, 195, 197, 203, 205, 206, 226, 231, 232, 240, 280, 300, 301, 307, 313, 318, 319, 323, 324, 327, 328, 330, 335, 336, 342, 344, 351, 353, 373, 376, 381
비재현적 15, 24, 25, 233

ㅅ

사르트르 307, 350
사물(사태) 34, 74
사용가치 139, 164~167, 169~171, 173~175, 186, 190, 201, 223, 224,

288, 290, 292~294, 329, 361, 364
사유양식 15, 23~25, 27, 33, 36
『사이버-맑스』 332, 346, 381
사회계급 184
사회성 140, 151, 153
사회적 소통 224, 226
사회적인 것 198, 281
사회화 187, 201, 219, 221, 222, 229, 230, 232, 257, 268, 273, 280, 289, 374
산 노동 155, 156, 159, 163, 183, 189, 200, 217, 218, 272, 287, 297, 326, 327, 334, 335, 337, 355
산업노동 232, 233, 235, 237, 273, 315, 316, 373
산업생산 145, 152, 230, 233, 263
산업혁명 143, 317, 368
삶권력 140, 153, 153~155, 377
삶능력 141, 151, 153~156
삶시간 377
삶정치 17, 154, 377
삶정치적 13, 141, 154~156, 163, 169, 171, 173, 174, 177, 346, 380
상업화 195, 343
상황주의(자) 200, 249
생산성 165, 170, 175, 184, 187, 197, 204, 266, 289, 292, 337
생산양식 199~212, 221, 223, 224, 231, 240, 242, 274, 290, 297
서발턴 역사서술 165
서비스 141, 143~145, 147, 149, 152, 162, 194~197, 242, 243, 246, 247, 251, 251, 254, 263, 264, 280, 324, 344, 347, 372, 373

세계시장 145
소비 141, 146, 182, 189, 190, 194~199, 201~203, 205, 219, 224, 226~228, 230, 232, 233, 235~238, 242, 243, 245, 251, 256, 257, 263, 267~269, 271, 274, 305, 318, 323~325, 330, 335
소수성 370
소통 12, 13, 137, 143, 146~152, 161, 162, 174, 176, 185, 222, 227, 229~231, 240, 242~246, 253, 254, 263, 280, 288, 290, 299, 300, 303~307, 311, 312, 324, 326, 335, 337, 344, 355, 356, 361, 373, 374
소프트웨어 188, 197, 263~265, 347
수동[정념] 32, 33, 51~54, 59, 63, 66, 71, 97, 124~129, 131, 134
숙련기술 182, 323, 332
숙련노동자 288
순간성 79~81, 83, 109
『순수 이성 비판』 208
슘페터주의적 204
스딸린주의 371
스미스, 아담 175, 223, 241
스피노자 14, 21~24, 26, 28~47, 49~52, 54~62, 65~86, 89~91, 93, 94, 96~98, 100~112, 114~117, 119~124, 126~131, 134, 135, 138, 163, 174, 254,

325, 328
슬픔 32, 33, 45, 49~52, 57~59, 61~63, 94~98, 100, 101, 103, 104, 106, 107, 121, 124, 129
시간 12~14, 16~18, 22, 25, 34, 86~88, 100, 119, 122, 213, 215, 252, 263, 273, 293, 294, 311, 325, 326, 338, 339, 344, 345, 349, 354, 361, 363~381
시간의 공간화 14, 365, 368, 370~372, 375, 377
시간의 재구성 13, 363, 365
시뮬라크라 246
시장 146, 147, 159, 161, 168, 174, 176, 191~193, 195, 197, 205, 224, 228, 229, 253, 258, 260, 261, 263, 280, 281
신경림 359
신고전주의 191, 192
신단자론 241, 251, 258, 263, 270, 280, 282
신자유주의 159, 270, 311, 322, 375
신체 35~49, 53~59, 61~67, 73, 74, 91, 98, 99, 105, 117, 125~127, 130, 132, 136, 137, 163, 242, 245~250, 254, 257, 271, 279, 292, 305, 316, 329
실업 186, 214, 255, 266, 276, 288
실재 23, 25~27, 30, 33, 76, 150, 178, 247, 303, 325, 329, 364, 377, 380
실제적 포섭 238, 318, 329, 332, 333, 365, 370, 372

싸이버네틱스 182, 323
싸이보그 373

ㅇ

'아래부터의 일어남' 370
아렌트 147
아리스토텔레스 115, 209
아쌍블라주 352, 353, 360
앵글로색슨적 305
에코페미니스트 155
에코페미니즘 154
『에티카』 22, 28, 40, 42, 51, 59, 82, 94, 98, 99, 103, 104, 122, 127, 134
여론 182, 243, 258, 259, 324, 349, 350
영원성 80, 83, 109, 350, 378
영토 85, 161, 170, 182, 188, 193, 280, 376
영혼 12, 38~40, 45, 46, 54~56, 58, 62, 63, 101, 142, 152, 218, 234, 241, 242, 244~248, 250, 251, 256, 257, 275
예술 131, 200, 222, 227, 232~239, 263, 267, 276, 293, 294, 330, 341~343, 349, 351~354, 360
예술노동 232~237, 272
오이디프스적 156
완전성 26, 27, 30, 30~33, 43
『요강』 291, 292, 294, 300, 319~321, 333, 334, 365, 382
욕구 72~77, 80, 81, 103~106, 118, 139,

164, 167, 223, 231, 232, 235~238
욕망 72, 164, 167, 172, 175, 227, 232, 233, 235~238, 253, 256, 264, 268, 273, 278~280, 367
용어쌍 15
위데포드 314, 315, 332, 346, 381
유(類) 46, 56, 68
유물론 38, 116, 346, 380
유용가치 224, 225, 230
유통 160, 164, 167, 169, 185, 195, 221, 222, 231, 268, 268, 330, 342
의사소통 185, 186, 189, 191, 193~195, 197~204
이데올로기적 50, 190, 198~203, 216, 244, 256
이성 60, 69~71, 115, 116, 120, 121, 208, 350
이슬람 주체성 248
이행 32, 33, 129, 141, 142, 145, 148, 154, 160, 161, 233, 253, 321, 322, 325, 333, 345, 346, 365, 85~93, 95
인식 37, 39, 42, 56, 60, 64, 66, 67, 117, 121, 132, 134~138, 141, 145, 147, 149, 156, 166, 167, 172, 175, 182, 183, 192, 194, 216, 290, 295, 296, 313, 328, 329, 343, 345
인식론 209, 217, 299, 306, 307, 335, 377
인터페이스 183, 189, 198, 288, 300, 351
일반지성 12, 13, 148, 209, 211, 212, 214, 215~218, 290, 299, 301~303, 305, 315, 319, 326, 327, 331, 333~335
임금노동 193, 210~213, 215, 219, 330, 331
잉여가치 263, 319, 330, 331, 370, 373
잉여노동시간 293, 294, 363, 370, 371

ㅈ

자기가치화 157, 163, 173, 183, 187, 300, 339, 361
자동기계 29, 34, 271
자동-정서 51, 133, 134, 138
자리피앙, 필립 251, 253~258, 263
자본가 162, 188, 193, 261~263, 290, 297, 317, 318, 348
자본-노동 13, 266, 267, 269, 270, 278
『자본론』 17, 194, 241, 316, 317, 330, 333, 364, 382
자본-삶 13, 278, 280
자본주의 139~141, 143, 144, 154, 160, 164, 165, 167~169, 182, 183, 185, 193, 198, 201, 204, 205, 208, 209, 212, 220, 230, 232, 241~243, 248, 249, 251, 251, 253, 254, 262, 263, 266, 269, 270, 274~277, 280, 281, 285, 296, 297, 301~303, 305, 318, 321, 322, 332, 337, 341~346, 348~351, 356, 360, 361, 363~365, 367, 370

자율 18, 139, 140, 157, 163, 193, 222, 232, 237, 248, 254, 255, 257, 284, 289, 290, 296, 300~302, 306, 366
자율성 185, 186, 190, 192, 201, 209, 216, 290, 295, 297, 298, 300, 334
자율주의 12, 13, 312, 314, 323, 324, 332, 336, 381
잠재력 13, 14, 60, 140, 141, 151, 156, 157, 186, 237, 288, 289, 301, 327, 337
잠재성 14~16, 150, 153, 186, 187, 213, 248, 261, 262, 281, 288, 289, 324, 328, 329, 337, 364
잠재적인 것 214, 262, 328, 364, 379
재생산 151, 155~157, 160, 165~167, 169~171, 175, 176, 189, 193, 194, 198~201, 236, 251, 266, 271~276, 295, 296, 314, 331, 342, 347, 351, 352, 367, 377, 381
재특이화 14, 351, 354
재화 147, 224~227, 231, 238, 246, 267~269, 274, 280, 324
전 지구적 140, 161, 163, 167, 168, 187, 192, 256, 280, 289, 348
정동 12, 13, 21, 25, 27, 28, 31~36, 38~40, 45~52, 55, 57~64, 68, 70~72, 84, 85, 89~91, 93~96, 100, 102, 108~110, 122, 124, 126~135, 138~141, 143, 145, 149~153, 155~157, 159, 161~163, 171~178, 262, 264, 280, 316, 323, 372, 373, 374, 376

정동적 노동 17, 141, 149~153, 156, 157, 17, 315, 316, 324, 330
정보 12, 13, 18, 148, 152, 153, 182, 184, 194, 195, 201, 204, 213, 218, 219, 232, 246, 253, 263, 267, 288, 289, 313, 323, 324, 347, 354, 355, 356, 373, 379
정보경제 143, 145, 152, 225, 231, 233, 344, 346
정보혁명론자 346, 347
정서 17, 23, 35~39, 42, 43, 45, 47, 49, 51~54, 56, 75, 78~80, 83~86, 88, 88~95, 98, 122~124, 126, 128~134, 325, 337
정성진 312~316, 320, 322, 331, 332, 381
정신들 17, 56
정체된 것 214
정체성 138, 212, 219
정치경제학 12~15, 159, 161~163, 167, 174~177, 220, 223, 224, 226, 230, 240, 241, 243, 253, 261, 263~269, 291, 319, 320, 333~365, 382
제3부문화 187
제3세계 166
제국 11, 167, 168, 241, 275, 314, 320, 322, 331, 344, 375~379
제조업 143, 144, 152, 195, 270
조절학파 258~260
존재 능력 29~31, 34, 49
존재론 15, 134, 156, 156, 160, 171,

173, 176, 285, 299, 303, 304, 325, 328, 332, 364, 364, 377
종(種) 46, 56, 68, 83
주목 경제 162
주체성 13, 14, 17, 139, 140, 151, 153, 156, 157, 162, 164, 165, 168, 175, 176, 178, 182~187, 194, 198, 199, 211, 219, 243, 247, 248, 254~257, 264, 267, 270~272, 274, 277, 278, 281, 287~289, 291, 295~297, 299, 301, 302, 306, 311, 320~322, 331~336, 342, 343, 345~350, 354, 356, 381
죽음 349, 356, 361, 376, 55, 58, 58, 64, 64, 67
중간계급 205, 275
지각 15, 22, 28, 36, 37, 59, 85, 105, 123, 125, 126, 129, 131~133, 136, 200, 211, 226, 232, 245, 278, 280, 372
지구제국 12
지구화 167~170, 221, 280, 311, 374, 375
지도자 259, 260
지식 12, 13, 107, 143, 145, 147~149, 182, 183, 198, 202, 209~211, 213, 215~219, 221~230, 232, 238, 261, 264, 268, 274, 279, 280, 295, 298, 300, 306, 313, 327, 332, 333, 335, 344, 346, 373, 374
지식인 222, 304, 306, 332

짐멜, 게오르그 205, 223, 231
집착 75, 99

ㅊ

차이 25, 28, 31, 32, 39, 51, 56, 66, 68, 70, 71, 73, 74, 77, 78, 84~86, 110, 112, 113, 124, 134, 149, 156, 176, 200, 201, 219, 232, 233, 236, 237, 245, 249, 257, 261, 262, 270, 271, 273, 276, 281, 283, 284, 284, 315, 316, 319, 323, 328, 335, 337
차이와 반복 240, 245, 252, 261, 270, 271, 276, 280~382
창의 232, 235, 265, 276, 289, 290, 299
창조성 184, 188, 203~206, 239, 370
초시간화 14, 372, 373, 377, 378
총체 50, 95, 125, 192, 202, 203, 209, 217~219, 242, 251, 255, 285, 295, 295, 296, 301, 304, 320, 328~330
축적 157, 164, 165, 167, 193, 220, 251, 263, 280, 304, 345
친족 노동 140, 151

ㅋ

카피레프트 265
칸트 22, 208
캘리니코스, 알렉스 320, 322
커뮤니케이션 182~184, 213, 216~219, 288

커뮤니티 68, 264, 281
컴퓨터 145, 147~152, 161, 182, 187, 208, 218, 224, 313, 323, 346, 347, 356
케인즈주의 168, 194, 322, 322, 371
코나투스 68, 69, 120, 271, 281
코드화 185, 186, 252, 275, 353
코뮤니즘 14, 210, 211, 212, 307, 312, 336~339, 379
쿠르츠, 로버트 142
크랄(H. J. Krahl) 299

톰슨, E.P. 165, 171
통제 사회 249, 261, 277, 278
통제 148, 153, 154, 162~164, 167, 168, 174~176, 182~184, 186, 191, 198, 203, 204, 212, 214, 249, 249, 253, 257, 261, 269, 274, 277, 278, 280, 281, 283, 288, 296, 297, 305, 306, 317, 319, 320, 323, 334, 337, 350, 355, 356
특이성 173, 248, 256, 256~258, 264, 276, 349, 350~352, 354~357, 360, 361, 379
특이화 173, 275, 350, 351, 357, 361

ㅌ

타르드, 가브리엘 223~227, 229, 230, 232, 233, 235, 237, 240, 241, 246, 250~252, 254, 255, 258~262, 267, 271, 272, 274, 278, 282~285
타자 98, 103, 105, 226, 244, 274
탈가치화 361
탈근대성 11, 166
탈근대주의 12
탈근대화 140~144, 147, 153, 154
탈산업 12, 143, 186~188, 195~198, 204, 205, 288, 289, 296, 297, 301~303
탈식민지적 161
탈영토화 350, 352, 354
테일러주의 189, 195~197, 255, 257, 371
테크놀로지 16, 161, 221, 248, 249, 261, 263, 346, 371

ㅍ

페미니스트 139, 155, 332
포드 145, 146, 183, 187, 194, 195, 269, 287, 289, 332, 371
포스트모더니스트 166
포스트테일러주의적 193, 195
포스트포드주의 183, 191, 193, 194, 219, 223, 233, 287, 290, 296, 303, 330, 331, 332, 334
표현기계 243, 258, 261
푸코, 미셸 141, 153, 154, 250, 280, 300, 301, 304
프랑크푸르트학파 249, 299
프로이트 139
프롤레타리아 164, 165, 166, 189, 300, 322, 331, 335, 343, 349, 356

피지도자 259
필요노동 293, 294
필요노동시간 293, 294, 363, 371

ㅎ

하버마스 146, 147, 299
하이데거 359
하트, 마이클 13, 14, 16, 17, 139, 312~314, 320, 321, 323~325, 327~332, 337, 346, 381
합리적 60, 114, 115, 122
합성 41, 54, 62, 66, 95, 96, 98, 99, 101~103, 105~107, 109, 116, 120, 121, 369, 372
행동할 능력 171~173, 325, 329, 372
행위[능동] 72

헤게모니 11, 287, 301, 307, 313~315, 335, 365
형식적 포섭 333, 365
혼합물 38, 39, 42, 43, 53, 54, 57
홉스 46
화폐 160, 167~169, 175, 229, 230, 258, 261, 262, 355, 370, 376
활력 15
후삭(Husak) 210
훈육 162, 214, 226, 242, 249, 250~252, 257, 258, 261, 274, 305, 356
힘(power) 52, 69, 70, 78, 227

기타

1968년 297, 299, 300, 322

갈무리 신서

1. **오늘의 세계경제 : 위기와 전망**
   크리스 하먼 지음 / 이원영 편역
   1990년대에 자본주의 세계경제가 직면한 위기의 성격과 그 내적 동력을 이론적·실증적으로 해부한 경제 분석서.

2. **동유럽에서의 계급투쟁 : 1945~1983**
   크리스 하먼 지음 / 김형주 옮김
   1945~1983년에 걸쳐 스딸린주의 관료정권에 대항하는 동유럽 노동자계급의 투쟁이 어떻게 전개되어 왔는가를 실증적으로 분석한 역사서.

7. **소련의 해체와 그 이후의 동유럽**
   크리스 하먼·마이크 헤인즈 지음 / 이원영 편역
   소련 해체 과정의 저변에서 작용하고 있는 사회적 동력을 분석하고 그 이후 동유럽 사회가 처해 있는 심각한 위기와 그 성격을 해부한 역사 분석서.

8. **현대 철학의 두 가지 전통과 마르크스주의**
   알렉스 캘리니코스 지음 / 정남영 옮김
   현대 철학의 역사에 대한 비판적 분석을 통해 철학에서 마르크스주의의 역할은 무엇인가를 집중적으로 탐구한 철학개론서.

9. **현대 프랑스 철학의 성격 논쟁**
   알렉스 캘리니코스 외 지음 / 이원영 편역·해제
   알뛰세의 구조주의 철학과 포스트구조주의의 성격 문제를 둘러싸고 영국의 국제사회주의자들 내부에서 벌어졌던 논쟁을 묶은 책.

11. **안토니오 그람시의 단층들**
    페리 앤더슨·칼 보그 외 지음 / 김현우·신진욱·허준석 편역
    마르크스주의 내에서 그리고 밖에서 그람시에게 미친 지적 영향의 다양성을 강조하면서 정치적 위기들과 대격변들, 숨가쁘게 변화하는 상황에 대한 그람시의 개입을 다각도로 탐구하고 있는 책.

12. **배반당한 혁명**
    레온 뜨로츠키 지음 / 김성훈 옮김
    혁명적 마르크스주의의 입장에서 통계수치와 신문기사 등 구체적인 자료를 바탕으로 소련 사회와 스딸린주의 정치 체제의 성격을 파헤치고 그 미래를 전망한 뜨로츠키의 대표적 정치분석서.

14. 포스트모더니즘 이후의 정치와 문화
    마이클 라이언 지음 / 나병철·이경훈 옮김
    마르크스주의와 해체론의 연계문제를 다양한 현대사상의 문맥에서 보다 확장시키는 한편, 실제의 정치와 문화에 구체적으로 적용시키는 철학적 문화 분석서.

15. 디오니소스의 노동·I
    안토니오 네그리·마이클 하트 지음 / 이원영 옮김
    '시간에 의한 사물들의 형성'이자 '살아 있는 형식부여적 불로서의 '디오니소스의 노동', 즉 '기쁨의 실천'을 서술한 책.

16. 디오니소스의 노동·II
    안토니오 네그리·마이클 하트 지음 / 이원영 옮김
    이딸리아 아우또노미아 운동의 지도적 이론가였으며 『제국』의 저자인 안토니오 네그리와 그의 제자이자 가장 긴밀한 협력자이면서 듀크대학 교수인 마이클 하트가 공동집필한 정치철학서.

17. 이딸리아 자율주의 정치철학·1
    쎄르지오 볼로냐·안또니오 네그리 외 지음 / 이원영 편역
    이딸리아 아우또노미아 운동의 이론적 표현물 중의 하나인 자율주의 정치철학이 형성된 역사적 배경과 맑스주의 전통 속에서 자율주의 철학의 독특성 및 그것의 발전적 성과를 집약한 책.

19. 사빠띠스따
    해리 클리버 지음 / 이원영·서창현 옮김
    미국의 대표적인 자율주의적 맑스주의자이며 사빠띠스따 행동위원회의 활동적 일원인 해리 클리버 교수(미국 텍사스 대학 정치경제학 교수)의 진지하면서도 읽기 쉬운 정치논문 모음집.

20. 신자유주의와 화폐의 정치
    워너 본펠드·존 홀러웨이 편저 / 이원영 옮김
    사회 관계의 한 형식으로서의, 계급투쟁의 한 형식으로서의 화폐에 대한 탐구, 이 책 전체에 중심적인 것은, 화폐적 불안정성의 이면은 노동의 불복종적 권력이라는 것을 이해하는 것이다.

21. 정보시대의 노동전략 : 슘페터 추종자의 자본전략을 넘어서
    이상락 지음
    슘페터 추종자들의 자본주의 발전전략을 정치적으로 해석하여 자본의 전략을 좀더 밀도있게 노동의 관점에서 분석하고 또 이로부터 자본주의를 넘어서려는 새로운 노동전략을 추출해 낸다.

22. 미래로 돌아가다
    안토니오 네그리·펠릭스 가따리 지음 / 조정환 편역
    1968년 이후 등장한 새로운 집단적 주체와 전복적 정치 그리고 연합의 새로운 노선을 제시한 철학·정치학 입문서.

23. 안토니오 그람시 옥중수고 이전
리처드 벨라미 엮음 / 김현우·장석준 옮김
『옥중수고』이전에 씌어진 그람시의 초기저작. 평의회 운동, 파시즘 분석, 인간의 의지와 윤리에 대한 독특한 해석 등을 중심으로 그람시의 정치철학의 숨겨져 온 면모를 보여준다.

24. 리얼리즘과 그 너머 : 디킨즈 소설 연구
정남영 지음
디킨즈의 작품들에 대한 치밀한 분석을 통해 새로운 리얼리즘론의 가능성을 모색하는 문학이론서.

31. 풀뿌리는 느리게 질주한다
시민자치정책센터
시민스스로가 공동체의 주체가 되고 공존하는 길을 모색한다.

32. 권력으로 세상을 바꿀 수 있는가
존 홀러웨이 지음 / 조정환 옮김
사빠띠스따 봉기 이후의 다양한 사회적 투쟁들에서, 특히 씨애틀 이후의 지구화에 대항하는 투쟁들에서 등장하고 있는 좌파 정치학의 새로운 경향을 정식화하고자 하는 책.

피닉스 문예

1. 시지프의 신화일기
석재연 지음
오늘날의 한 여성이 역사와 성 차별의 상처로부터 새살을 틔우는 미래적 '신화에세이'!

2. 숭어의 꿈
김하경 지음
미끼를 물지 않는 숭어의 눈, 노동자의 눈으로 바라본 세상! 민주노조운동의 주역들과 87년 세대, 그리고 우리 시대에 사랑과 희망의 꿈을 찾는 모든 이들에게 보내는 인간 존엄의 초대장!

3. 볼프
이 헌 지음
신예 작가 이헌이 1년여에 걸친 자료 수집과 하루 12시간씩 6개월간의 집필기간, 그리고 3개월간의 퇴고 기간을 거쳐 탈고한 '내 안의 히틀러와의 투쟁'을 긴장감 있게 써내려간 첫 장편소설!

4. 길 밖의 길
백무산 지음
1980년대의 '불꽃의 시간'에서 1990년대에 '대지의 시간'으로 나아갔던 백무산 시인이 '바람의 시간'을 통해 그의 시적 발전의 제3기를 보여주는 신작 시집.